FUNCIONALIDADES DO LIVRO ELETRÔNICO **PROVIEW**

SELECIONE E DESTAQUE TEXTOS

Faça anotações e escolha entre uma variedade de cores para organizar suas notas e destaques.

USE O TESAURO PARA BUSCAR INFORMAÇÕES

Neste tipo de busca, ao começar a escrever um termo, irão aparecer diversas palavras do índice Tesauro relacionadas ao termo pesquisado.

HISTÓRICO DE NAVEGAÇÃO

Acompanhe as páginas navegadas.

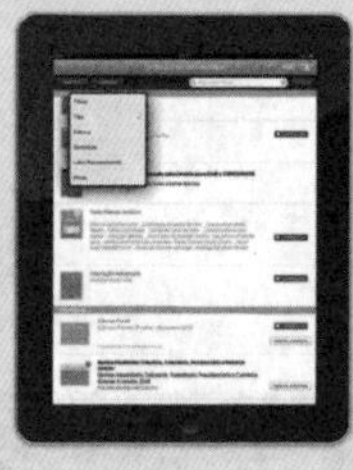

ORDENAR

Ordene sua biblioteca por: Título (ordem alfabética), Tipo (livros e revistas), Editora, Lidos Recentemente, Posse (exibe apenas os livros próprios, não os emprestados de uma biblioteca).

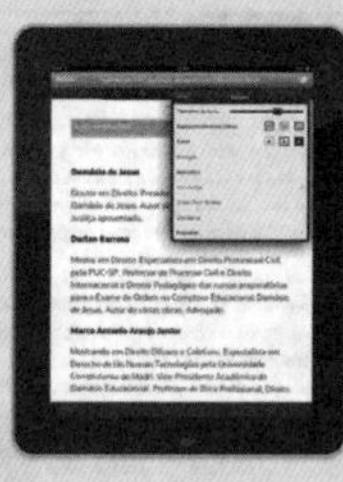

CONFIGURAÇÕES E PREFERÊNCIAS

Escolha a aparência dos seus livros/periódicos no ProView mudando a fonte do texto, o tamanho do texto, o espaçamento entrelinhas e o esquema de cores.

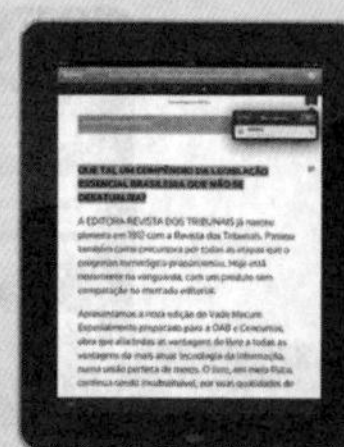

MARCADORES DE PÁGINA

Crie um marcador de página no livro tocando no ícone de Marcador de Página 1 situado no canto superior direito da página.

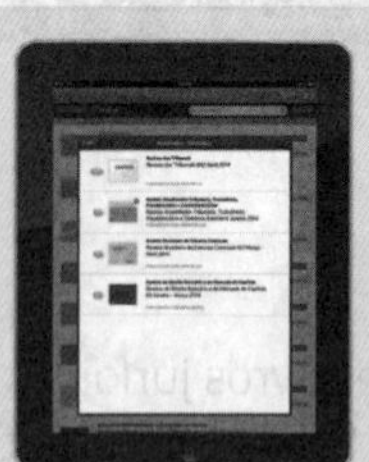

PESQUISE EM SUA BIBLIOTECA

Pesquise em todos seus *e-books* baixados e obtenha resultados com os nomes dos livros/periódicos onde os termos foram encontrados e o número de vezes que eles aparecem em cada livro/periódico.

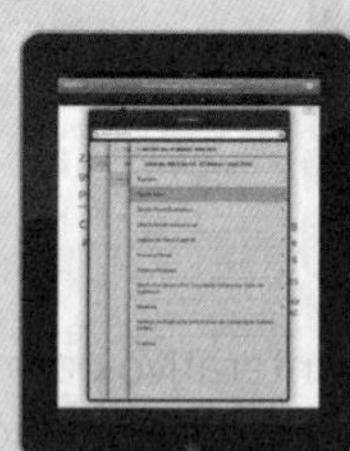

LINKS NO SUMÁRIO

Sumário com *links* diretos para o conteúdo abordado.

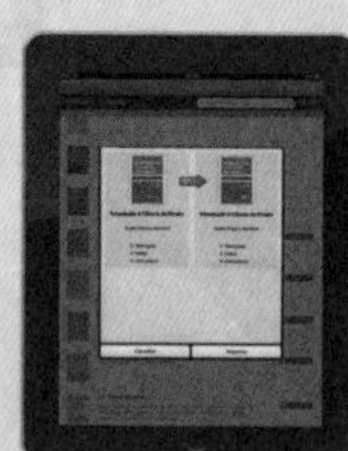

TRANSFIRA ANOTAÇÕES PARA UMA NOVA EDIÇÃO

Transfira todas as suas anotações e marcadores de maneira automática com a função "Importar Anotações".

THOMSON REUTERS

ProView

Para baixar seu livro eletrônico:

1. Acesse o link www.livrariart.com.br/proview
2. Digite seu nome, seu e-mail e o CÓDIGO DE ACESSO que se encontra na etiqueta adesiva colada neste livro.
3. Você receberá no e-mail informado a validação do código de acesso.
4. Se você já é usuário ProView, seu livro aparecerá em sua biblioteca. Caso ainda não seja, siga os passos do e-mail que recebeu para criar seu usuário OnePass, um sistema de login que permite o acesso a vários sites da Thomson Reuters com um único nome de usuário e senha.
5. Faça seu cadastro no OnePass e em seu primeiro acesso ao ProView, digite a chave que recebeu por e-mail.
6. O uso é pessoal e intransferível ao proprietário da obra, sob pena de multa.

Aproveite seu livro eletrônico e boa leitura!

Obrigado por escolher a Thomson Reuters.

ABAIXO O SEU CÓDIGO DE ACESSO:

B53-R3E-RP7V-UMBB-6I8X

THOMSON REUTERS

Comentários à

Lei de Falências e de Recuperação de Empresas

Diretora Responsável
Marisa Harms

Diretora de Operações de Conteúdo
Juliana Mayumi Ono

Editores: Aline Darcy Flôr de Souza, Andréia Regina Schneider Nunes, Cristiane Gonzalez Basile de Faria, Diego Garcia Mendonça, Iviê A. M. Loureiro Gomes, Luciana Felix e Marcella Pâmela da Costa Silva

Assistentes Administrativos Editoriais: Francisca Lucélia Carvalho de Sena e Juliana Camilo Menezes

Produção, Qualidade Editorial e Revisão
Coordenação
Luciana Vaz Cameira

Analistas de Operações Editoriais: André Furtado de Oliveira, Bryan Macedo Ferreira, Damares Regina Felício, Danielle Rondon Castro de Morais, Felipe Augusto da Costa Souza, Felipe Jordão Magalhães, Fernanda Teles de Oliveira, Gabriele Lais Sant'Anna dos Santos, Juliana Cornacini Ferreira, Maria Eduarda Silva Rocha, Mayara Macioni Pinto, Patrícia Melhado Navarra, Rafaella Araujo Akiyama, Thiago César Gonçalves de Souza e Thiago Rodrigo Rangel Vicentini

Estagiários: Angélica Andrade, Guilherme Monteiro dos Santos, Larissa Gonçalves de Moura, Miriam da Costa e Sthefany Moreira Barros

Analistas de Qualidade Editorial: Carina Xavier Silva, Daniela Medeiros Gonçalves Melo, Marcelo Ventura e Maria Angélica Leite

Analistas Editoriais: Daniele de Andrade Vintecinco, Maria Cecilia Andreo e Mayara Crispim Freitas

Capa: Chrisley Figueiredo

Administrativo e Produção Gráfica

Coordenação
Caio Henrique Andrade

Analista de Produção Gráfica: Rafael da Costa Brito

Dados Internacionais de Catalogação na Publicação (CIP)
(Câmara Brasileira do Livro, SP, Brasil)

Coelho, Fábio Ulhoa
Comentários à lei de falências e recuperação de empresas / Fábio Ulhoa Coelho. -- 12. ed. rev. atual. e ampl. -- São Paulo : Editora Revista dos Tribunais, 2017.

ISBN: 978-85-203-7298-2

1. Falências - Leis e legislação 2. Falências - Leis e legislação - Brasil 3. Recuperação judicial (Direito) - Leis e legislação - Brasil I. Título.

17-03827 CDU-347.736(81)(094.56)

Índices para catálogo sistemático: 1. Brasil: Leis comentadas: Falência: Direito comercial 347.736(81)(094.56)

Fábio Ulhoa Coelho

Comentários à **Lei de Falências e de Recuperação de Empresas**

12ª edição
revista, atualizada e ampliada

THOMSON REUTERS
REVISTA DOS TRIBUNAIS™

Comentários à Lei de Falências e de Recuperação de Empresas

FÁBIO ULHOA COELHO

12.ª edição revista e atualizada

10.ª edição: 2014 Editora Saraiva; *11.ª edição:* 2016.

THOMSON REUTERS ProView™ INCLUI VERSÃO ELETRÔNICA DO LIVRO

EDITORA REVISTA DOS TRIBUNAIS LTDA.

MARISA HARMS

Diretora responsável

Rua do Bosque, 820 – Barra Funda

Tel. 11 3613-8400 – Fax 11 3613-8450

CEP 01136-000 – São Paulo, SP, Brasil

CENTRAL DE RELACIONAMENTO RT

(atendimento, em dias úteis, das 8 às 17 horas)

Tel. 0800-702-2433

e-mail de atendimento ao consumidor: sac@rt.com.br

Visite nosso *site*: www.rt.com.br

Impresso no Brasil [05-2017]

Profissional

Fechamento desta edição: [28.03.2017]

ISBN 978-85-203-7298-2

Os professores-assistentes são importantíssimos: aliviam tarefas administrativas, coordenam seminários, esclarecem dúvidas dos alunos, auxiliam na avaliação. Em mais de trinta anos de docência, tenho tido a felicidade de contar com a colaboração desinteressada – além da amizade – de valiosos assistentes e quero agradecer dedicando-lhes este livro. Abaixo nomeio os que são ou foram meus assistentes nos cursos de graduação e especialização da Pontifícia Universidade Católica de São Paulo. Procurei lembrar de todos. Se acaso alguém me escapou, peço-lhe que me perdoe e se considere também destinatário desta dedicatória e de meus agradecimentos.

ALESSANDRA RIVERALAINEZ TRIDENTE
ANA LÚCIA ALVES DA COSTA ARDUIN
ANDRÉ MARCOS CAMPEDELLI
CARLOS DAVID ALBUQUERQUE BRAGA
CARLOS DIAS MOTTA
CELESTE MARIA GAMA MELÃO
CLÁUDIO VILLAR
FÁBIO COSTA COUTO FILHO
HELGA ARARUNA SILVA FERRAZ DE ALVARENGA
HENRIQUE HILDEBRAND GARCIA
JULIANA DARINI TEIXEIRA
MAGDA PREVIERO
MÁRCIO FERRO CATAPANI
MARCOS ANDREY DE SOUSA
MARIA ISABEL ALMEIDA ALVARENGA
MIRELLE BITTENCOURT LOTUFO
PEDRO CORDELLI
RICARDO BERNARDI
RITA DI TOMASSO
ROSEMARIE ADALARDO FILARDI
SHIRLEY MESCHKE MENDES
VERA BOLCIONI FRISONI

SUMÁRIO

Capítulo I
DISPOSIÇÕES PRELIMINARES

CAPÍTULO II
DISPOSIÇÕES COMUNS À RECUPERAÇÃO JUDICIAL E À FALÊNCIA

SEÇÃO I
DISPOSIÇÕES GERAIS

SEÇÃO II
DA VERIFICAÇÃO E DA HABILITAÇÃO DE CRÉDITOS

Seção III
Do Administrador Judicial e do Comitê de Credores

Seção IV
Da Assembleia Geral de Credores

CAPÍTULO III
DA RECUPERAÇÃO JUDICIAL

SEÇÃO I
DISPOSIÇÕES GERAIS

Seção II
Do Pedido e do Processamento da Recuperação Judicial

Seção III
Do Plano de Recuperação Judicial

Seção IV
Do Procedimento de Recuperação Judicial

Seção V
Do Plano de Recuperação Judicial para Microempresas e Empresas de Pequeno Porte

Capítulo IV
DA CONVOLAÇÃO DA RECUPERAÇÃO JUDICIAL EM FALÊNCIA

Capítulo V
DA FALÊNCIA

Seção I
Disposições Gerais

Seção II
Da Classificação dos Créditos

Seção III
Do Pedido de Restituição

Seção IV
Do Procedimento para a Decretação da Falência

Seção V
Da Inabilitação Empresarial, dos Direitos e Deveres do Falido

Seção VI
Da Falência Requerida pelo Próprio Devedor

SEÇÃO VII
DA ARRECADAÇÃO E DA CUSTÓDIA DOS BENS

SEÇÃO VIII
DOS EFEITOS DA DECRETAÇÃO DA FALÊNCIA SOBRE AS OBRIGAÇÕES DO DEVEDOR

Seção IX
Da Ineficácia e da Revogação de Atos Praticados antes da Falência

Seção X
Da Realização do Ativo

Seção XI
Do Pagamento aos Credores

Seção XII
Do Encerramento da Falência e da Extinção das Obrigações do Falido

Capítulo VI
DA RECUPERAÇÃO EXTRAJUDICIAL

Capítulo VII
DISPOSIÇÕES PENAIS

Seção I
Dos Crimes em Espécie
Fraude a Credores

Seção II
Disposições Comuns

Seção III
Do Procedimento Penal

CAPÍTULO VIII
DISPOSIÇÕES FINAIS E TRANSITÓRIAS

COMENTÁRIOS À LEI DE FALÊNCIAS E DE RECUPERAÇÃO DE EMPRESAS

LEI 11.101, DE 9 DE FEVEREIRO DE 2005

Regula a recuperação judicial, a extrajudicial e a falência do empresário e da sociedade empresária.

O Presidente da República

Faço saber que o Congresso Nacional decreta e eu sanciono a seguinte Lei:

Capítulo I
DISPOSIÇÕES PRELIMINARES

Art. 1.º Esta Lei disciplina a recuperação judicial, a recuperação extrajudicial e a falência do empresário e da sociedade empresária, doravante referidos simplesmente como devedor.

1. Âmbito de incidência da lei

A Lei de Falências (LF) se aplica à execução concursal (e aos meios de evitá-la, que passam a ser a recuperação judicial e a extrajudicial) do devedor sujeito às normas do Direito Comercial.

Desde a entrada em vigor do Código Civil de 2002, o sujeito às normas do Direito Comercial passou a ser identificado segundo os ditames da teoria da empresa.

Por isso, a identificação do âmbito de incidência da nova lei depende do exame dessa teoria.

2. Conceito de empresa

Conceitua-se empresa como sendo atividade, cuja marca essencial é a obtenção de lucros com o oferecimento ao mercado de bens ou serviços, gerados estes mediante a organização dos fatores de produção (força de trabalho, matéria-prima, capital e tecnologia). Esse modo de conceituar empresa, em torno de uma peculiar atividade, embora não seja totalmente isento de imprecisões, é corrente hoje em dia entre os doutrinadores.[1]

No passado, contudo, muito se discutiu sobre a unidade da noção jurídica da empresa, que era vista como resultante de diferentes fatores, objetivos e subjetivos.[2] Certo entendimento bastante prestigiado considerava-a, em termos jurídicos, um conceito plurivalente. Para um dos expoentes da doutrina italiana sobre a empresa, Alberto Asquini,[3] não se deve pressupor que o fenômeno econômico poliédrico da empresa necessariamente ingresse no direito por um esquema unitário, tal como ocorre na ciência econômica. No emaranhado de teorias jurídicas na doutrina comercialista italiana da primeira metade do século passado, Asquini encontra o que parecia ser a chave para a questão: a consideração da empresa como um "fenômeno econômico poliédrico".

Dizia o jurista italiano: "O conceito de empresa é o conceito de um fenômeno econômico poliédrico, o qual tem sob o aspecto jurídico, não um, mas diversos perfis em relação aos diversos elementos que o integram. As definições jurídicas de empresa podem, portanto, ser diversas, segundo o diferente perfil, pelo qual o fenômeno econômico é encarado".[4]

Baseando-se, então, no multifacetado fenômeno econômico da empresa, Asquini distinguia quatro perfis: subjetivo, funcional, patrimonial (ou objetivo) e corporativo. Pelo primeiro perfil, a empresa é

---

1. Sobre as imprecisões conceituais de empresa, ver Waldirio Bulgarelli, *A teoria jurídica da empresa*, São Paulo: Ed. RT, 1985, p. 113 e s. Sobre o acento no aspecto da "atividade", este autor anota: "a falta de um especial relevo quanto [à atividade] é explicável pela quase inexistência então de estudos específicos da doutrina jurídica a seu respeito, o que só seria feito a seguir, até com certo pioneirismo, por Tullio Ascarelli" (p. 124).
2. Confrontar com Giuseppe Fanelli, *Introduzione alla teoria giuridica dell'impresa*, Milano: Giuffrè, 1950, p. 73-75.
3. "Perfis da empresa", tradução de Fábio Konder Comparato publicada na *Revista de Direito Mercantil*, v. 104, p. 109-126, out./dez. 1996.
4. *Obra citada*, p. 109-110.

vista como empresário, isto é, como o exercente de atividade autônoma, de caráter organizativo e com assunção de risco. Neste caso, a pessoa (física ou jurídica) que organiza a produção ou circulação de bens ou serviços é identificada com a própria empresa. Corresponde este perfil subjetivo a certo uso coloquial da palavra ("a empresa faliu", "a empresa está contratando pessoal" etc.). Segundo Asquini, "na economia de troca o caráter profissional da atividade do empresário é um elemento natural da empresa. O princípio da divisão do trabalho e a necessidade de repartir no tempo as despesas da organização inicial, de fato, orientam naturalmente o empresário, para especializar sua função por meio de uma atividade em série, dando lugar a uma organização duradoura, normalmente, com escopo de ganho".[5]

Pelo perfil funcional, identifica-se a empresa à própria atividade. Neste caso, o conceito é sinônimo de empreendimento e denota uma abstração,[6] um conjunto de atos racionais e seriais organizados pelo empresário com vistas à produção ou circulação de bens ou serviços. É este perfil da empresa que a evolução doutrinária da teoria irá prestigiar. Para Asquini, porém, ele é apenas um dos conceitos jurídicos atribuíveis ao fenômeno: "em razão da empresa econômica ser uma organização produtiva que opera por definição, no tempo, guiada pela atividade do empresário, é que, sob o ponto de vista funcional ou dinâmico, a empresa aparece como aquela força em movimento que é a atividade empresarial dirigida para um determinado escopo produtivo".[7]

Pelo terceiro perfil, a empresa corresponde ao patrimônio aziendal ou estabelecimento. É o conceito objetivo, que muitas vezes corresponde a certo uso coloquial do termo ("vou à empresa", "a empresa fica em São Paulo" etc.), em que há a identificação dela com o local em que a atividade econômica de produção ou circulação de bens ou serviços é explorada. Neste sentido, Asquini pondera: "O fenômeno econômico da empresa, projetado sobre o terreno patrimonial, dá lugar a um

5. *Obra citada*, p. 111.
6. Para Rubens Requião, "o conceito de empresa se firma na ideia de que é ela o *exercício de atividade produtiva*. E do *exercício* de uma atividade não se tem senão uma ideia abstrata" (*Curso de direito comercial*, 20. ed., São Paulo: Saraiva, 1991, v. 1, p. 57).
7. *Obra citada*, p. 116.

patrimônio especial distinto, por seu escopo, do restante patrimônio do empresário (exceto se o empresário é pessoa jurídica, constituída para o exercício de uma determinada atividade empresarial, caso em que o patrimônio integral da pessoa jurídica serve àquele escopo)".[8]

E, por fim, pelo perfil corporativo, a empresa é considerada, na formulação asquiniana, uma instituição, na medida em que reúne pessoas – empresário e seus empregados – com propósitos comuns. Asquini reputava que "o empresário e os seus colaboradores dirigentes, funcionários, operários, não são de fato, simplesmente, uma pluralidade de pessoas ligadas entre si por uma soma de relações individuais de trabalho, com fim individual; mas formam um núcleo social organizado, em função de um fim econômico comum, no qual se fundem os fins individuais do empresário e dos singulares colaboradores: a obtenção do melhor resultado econômico na produção".[9]

A visão multifacetária da empresa proposta por Asquini, sem dúvida, recebeu apoio entusiasmado da doutrina.[10] É certo, por outro lado, que a teoria asquiniana da empresa como conceito multifacetado ainda repercute na doutrina produzida atualmente nos países de tradição romântica.[11]

8. *Obra citada*, p. 118.
9. *Obra citada*, p. 122.
10. Para Sylvio Marcondes, por exemplo: "Estes perfis jurídicos do conceito econômico de empresa são obra do grande comercialista italiano Alberto Asquini, que resolveu uma pendência na doutrina italiana, dividida em inúmeras correntes, cada qual pretendendo que a sua fosse a verdadeira conceituação de empresa, em termos jurídicos. A tese de Asquini, hoje generalizadamente acolhida, é de que a empresa tem um conceito unitário econômico, mas não um conceito unitário jurídico, porque a lei ora a trata como uma, ora, como outra" (*Questões de direito mercantil*, São Paulo: Saraiva, 1977, p. 7-8).
11. Jorge Manuel Coutinho de Abreu, professor da Faculdade de Direito de Coimbra, leciona em obra publicada em 1999: "Penso ser legítima a utilização sinonímica dos dois vocábulos [empresa e estabelecimento] – e tomando em conta quer o espaço jurídico-mercantil quer outros domínios. Com efeito, as leis não se opõem a tal equipolência. É certo: 'empresa' denota preferencialmente o 'perfil subjectivo' do fenómeno e o 'institucional'; por sua vez, 'estabelecimento' anda tradicionalmente ligado ao 'perfil objectivo'. Não obstante, 'estabelecimento' pode também ligar-se,

Mas dos quatro perfis delineados por Asquini, a rigor, apenas o funcional realmente corresponde a um conceito jurídico próprio. A evolução da teoria da empresa, porém, implicou a paulatina desconsideração dos perfis subjetivo, objetivo e corporativo. Concentraram-se, com efeito, os autores no perfil funcional como sendo o conceito jurídico mais apropriado para a empresa. Os perfis subjetivo e objetivo não são mais que uma outra denominação para os conhecidos institutos de sujeito de direito (empresário) e estabelecimento. O perfil corporativo, por sua vez, sequer corresponde a algum dado de realidade, pois a ideia de identidade de propósitos a reunir na empresa proletários e capitalista apenas existe em ideologias populistas de direita, ou totalitárias (como a fascista).[12-13]

---

uma vez ou outra, àqueles dois perfis, tal como 'empresa' serve muito bem para significar ainda a dimensão objectiva do fenómeno – a empresa como instrumento ou estrutura produtiva de um sujeito, e objecto (...) de relações jurídicas" (*Da empresarialidade – as empresas no direito*, Coimbra: Almedina, 1999, p. 4-5).

12. Segundo Francesco Ferrara: "O problema [*do conceito de empresa*] foi analisado deste modo por Asquini, que fez uma cuidadosa investigação sobre o assunto, chegando ao resultado de que a palavra empresa tem no Código diferentes significados, usados em acepções diversas: umas vezes para indicar o sujeito que exercita a atividade organizada; outras, o conjunto de bens organizados; outras, ainda, o exercício da atividade organizada e, finalmente, a organização de pessoas que exercitam em colaboração a atividade econômica. Todavia, (...) nenhuma norma se pode encontrar, com segurança, em que a palavra empresa possa ser utilizada no último sentido, de organização de pessoal, porque, na realidade, os quatro sentidos do termo – os quatro perfis de que falou Asquini – se reduzem a três. Pode-se observar, porém, que, fora dos casos em que a palavra se emprega em sentido impróprio e figurado de empresário ou de estabelecimento, e que deve o intérprete retificar, a única significação que resta é a da atividade econômica organizada (...)" (*La teoria giuridica dell'azienda*, Firenze: Il Castellacio, 1945, p. 90-91 – transcrição da tradução de Rubens Requião, *Curso de direito comercial*, cit., p. 53-54).

13. Como destaca Waldirio Bulgarelli: "não há dúvida (...) de que o perfil que ganhou mais relevo foi o da atividade econômica organizada, que veio merecendo os favores da doutrina, inclusive da mais atual e não só na Itália (...), que decididamente nela assenta a construção da teoria jurídica da empresa, deduzida do conceito de empresário e vinculada à do estabelecimento" (*A teoria*, cit., p. 142).

Na verdade, no direito brasileiro, "empresa" deve forçosamente ser definida como atividade, uma vez que há conceitos legais próprios para empresário (CC, art. 966) e estabelecimento (CC, art. 1.142).[14] Estas faces do poliédrico fenômeno descrito por Asquini, entre nós, devem ser adequadamente referidas pelos termos que o legislador a elas reservou. Ademais, como deflui do conceito legal de empresário, "empresa" só pode ser entendida mesmo como uma atividade revestida de duas características singulares: é econômica e é organizada.

3. Conceito legal de empresário

Empresário é definido na lei como o profissional exercente de "atividade econômica organizada para a produção ou a circulação de bens ou de serviços" (CC, art. 966). Destacam-se da definição as noções de *profissionalismo*, *atividade econômica organizada* e *produção ou circulação de bens ou serviços*.

Profissionalismo. A noção de exercício profissional de certa atividade é associada, na doutrina, a considerações de três ordens. A primeira diz respeito à habitualidade. Não se considera profissional quem realiza tarefas de modo esporádico.

Não será empresário, por conseguinte, aquele que organizar episodicamente a produção de certa mercadoria, mesmo destinando-a à venda no mercado. Se está apenas fazendo um teste, com o objetivo de verificar se tem apreço ou desapreço pela vida empresarial ou para socorrer situação emergencial em suas finanças, e não se torna habitual o exercício da atividade, então ele não é empresário. O segundo aspecto do profissionalismo é a pessoalidade.

---

14. Oscar Barreto Filho, com clareza, assinala: "Ao conceito básico de *empresário* se ligam as noções, também fundamentais, de *empresa* e de *estabelecimento*. São três noções distintas, mas que na realidade se acham estreitamente correlacionadas. O *empresário*, como vimos, é um sujeito de direito, e a *empresa* é a atividade por ele organizada e desenvolvida, através do instrumento adequado que é o *estabelecimento*. A figura do empresário é determinada pela natureza da atividade por ele organizada e dirigida; sob este aspecto, a noção de empresário é, logicamente, um corolário da noção de empresa" (*Teoria do estabelecimento comercial*, São Paulo: Saraiva, 2. ed., 1988, p. 115).

O empresário, no exercício da atividade empresarial, deve contratar empregados. São estes que, materialmente falando, produzem ou fazem circular bens ou serviços. O requisito da pessoalidade explica por que não é o empregado considerado empresário. Enquanto este último, na condição de profissional, exerce a atividade empresarial pessoalmente, os empregados, quando produzem ou circulam bens ou serviços, fazem-no em nome do empregador.

Estes dois pontos normalmente destacados pela doutrina, na discussão do conceito de profissionalismo, não são os mais importantes. A decorrência mais relevante da noção está no monopólio das informações que o empresário detém sobre o produto ou serviço objeto de sua empresa. Este é o sentido com que se costuma empregar o termo no âmbito das relações de consumo.

Como o empresário é um profissional, as informações sobre os bens ou serviços que oferece ao mercado – especialmente as que dizem respeito às suas condições de uso, qualidade, insumos empregados, defeitos de fabricação, riscos potenciais à saúde ou vida dos consumidores – costumam ser de seu inteiro conhecimento. Porque profissional, o empresário tem o dever de conhecer estes e outros aspectos dos bens ou serviços por ele fornecidos, bem como o de informar amplamente os consumidores e usuários.

Atividade. Se empresário é o exercente profissional de uma atividade econômica organizada, então empresa é uma atividade; a de produção ou circulação de bens ou serviços.

É importante destacar a questão. Na linguagem cotidiana, mesmo nos meios jurídicos, usa-se a expressão "empresa" com diferentes e impróprios significados. Se alguém diz "a empresa faliu" ou "a empresa importou essas mercadorias", o termo é utilizado de forma errada, não técnica. A empresa, enquanto atividade, não se confunde com o sujeito de direito que a explora, o empresário. É ele que irá falir ou importar mercadorias. Similarmente, se uma pessoa exclama "a empresa está pegando fogo!" ou constata "a empresa foi reformada, ficou mais bonita", está empregando o conceito equivocadamente.

Não se pode confundir a empresa com o local em que a atividade é desenvolvida. O conceito correto nessas frases é o de estabelecimento empresarial; este sim pode incendiar-se ou ser embelezado, nunca a atividade.

Por fim, também é equivocado o uso da expressão como sinônimo de sociedade. Não se diz "separam-se os bens da empresa e os dos sócios em patrimônios distintos", mas "separam-se os bens sociais e os dos sócios"; não se deve dizer "fulano e beltrano abriram uma empresa", mas "eles contrataram uma sociedade".

Somente se emprega de modo técnico o conceito de empresa quando for sinônimo de empreendimento. Se alguém reputa "muito arriscada a empresa", está certa a forma de se expressar: o empreendimento em questão enfrenta consideráveis riscos de insucesso, na avaliação desta pessoa. Como ela se está referindo à atividade, é adequado falar em empresa. Outro exemplo: no princípio da preservação da empresa, construído pelo moderno Direito Comercial, o valor básico prestigiado é o da conservação da atividade (e não do empresário, do estabelecimento ou de uma sociedade), em virtude da imensa gama de interesses que transcendem os dos donos do negócio e gravitam em torno da continuidade deste; assim os interesses de empregados quanto aos seus postos de trabalho, de consumidores em relação aos bens ou serviços de que necessitam, do Fisco voltado à arrecadação e outros.

Econômica. A atividade empresarial é econômica no sentido de que busca gerar lucro para quem a explora. Note-se que o lucro pode ser o objetivo da produção ou circulação de bens ou serviços, ou apenas o instrumento para alcançar outras finalidades. Religiosos podem prestar serviços educacionais (numa escola ou universidade) sem visar especificamente o lucro. É evidente que, no capitalismo, nenhuma atividade econômica se mantém sem lucratividade e, por isso, o valor total das mensalidades deve superar o das despesas também nesses estabelecimentos. Mas a escola ou universidade religiosas podem ter objetivos não lucrativos, como a difusão de valores ou criação de postos de emprego para os seus sacerdotes. Neste caso, o lucro é meio e não fim da atividade econômica.

Organizada. A empresa é atividade organizada no sentido de que nela se encontram articulados, pelo empresário, os quatro fatores de produção: capital, mão de obra, insumos e tecnologia. Não é empresário quem explora atividade de produção ou circulação de bens ou serviços sem alguns desses fatores. O comerciante de perfumes que leva ele mesmo, à sacola, os produtos até os locais de trabalho ou residência dos potenciais consumidores explora atividade de circulação de bens, fá-lo com intuito de lucro, habitualidade e em nome próprio, mas não é empresário, porque em seu mister não contrata empregado, não organiza mão de obra. A tecnologia, ressalte-se, não precisa ser necessariamente de ponta para que se caracterize a empresarialidade. Exige-se apenas que o empresário se valha dos conhecimentos próprios aos bens ou serviços que pretende oferecer ao mercado – sejam estes sofisticados ou de amplo conhecimento – ao estruturar a organização econômica.

Produção de bens ou serviços. Produção de bens é a fabricação de produtos ou mercadorias. Toda atividade de indústria é, por definição, empresarial. Produção de serviços, por sua vez, é a prestação de serviços. São exemplos de empresários que produzem bens: os donos de montadora de veículos, fábrica de eletrodomésticos, confecção de roupas; e dos que produzem serviços: os de banco, seguradora, hospital, escola, estacionamento, provedor de acesso à *internet*.

Circulação de bens ou serviços. A atividade de circular bens é a do comércio, em sua manifestação originária: ir buscar o bem no produtor para trazê-lo ao consumidor. É a atividade de intermediação na cadeia de escoamento de mercadorias. O conceito de empresário compreende tanto o atacadista como o varejista, tanto o comerciante de insumos como o de mercadorias prontas para o consumo. Os donos de supermercados, concessionárias de automóveis e lojas de roupas são empresários. Circular serviços é intermediar a prestação de serviços. A agência de turismo não presta os serviços de transporte aéreo, traslados e hospedagem, mas, ao montar um pacote de viagem, os intermedeia.

Bens ou serviços. Até a difusão do comércio eletrônico via *internet*, no fim dos anos 1990, a distinção entre bens ou serviços não comportava, na maioria das vezes, maiores dificuldades. Bens são corpóreos, enquanto os serviços não têm materialidade. A prestação de serviços consistia sempre numa obrigação de fazer. Com a intensificação do uso da *internet* para a realização de negócios e atos de consumo, certas atividades resistem à classificação nesses moldes. A assinatura de jornal-virtual, com exatamente o mesmo conteúdo do jornal-papel, é um bem ou serviço? Os chamados bens virtuais, como programas de computador ou arquivo de música baixada pela *internet*, em que categoria devem ser incluídos? Mesmo sem resolver essas questões, não há dúvidas, na caracterização de empresário, de que o comércio eletrônico, em todas as suas várias manifestações (páginas *B2B*, *B2C* ou *C2C*), é atividade empresarial.

4. A teoria da empresa no direito brasileiro

O legislador brasileiro, a exemplo do italiano que o inspirou em muitos aspectos, não define empresa, mas sim empresário. Segundo o art. 966, *caput*, do CC: "Considera-se empresário quem exerce profissionalmente atividade econômica organizada para a produção ou a circulação de bens ou de serviços".

É possível extrair, deste conceito legal de empresário, o de empresa. Se empresário é definido como o profissional exercente de "atividade econômica organizada para a produção ou a circulação de bens ou de serviços", a empresa somente pode ser a atividade com estas características. Destacam-se da definição de empresa as noções de *atividade econômica organizada* e *produção ou circulação de bens ou serviços*. Convém examinar com mais vagar cada uma delas.

Começo por aclarar o que a empresa não é; isto se faz necessário porque, na linguagem cotidiana, mesmo nos meios jurídicos e até na lei, usa-se frequentemente a expressão "empresa" com significados diferentes de atividade. Viu-se, nos itens anteriores, que empresa, por ser atividade, não se confunde nem com quem a exerce (o empresário, que pode ser pessoa física ou jurídica), nem com o local em que é explorada (estabelecimento empresarial). Não se confunde empresa, também – e aqui trato de equívoco bastante usual nos meios jurídicos que, a partir da entrada em vigor do Novo Código Civil, convém descartar –, com "sociedade". Tecnicamente, não se deve dizer "separam-se os bens da empresa e os dos sócios em patrimônios distintos", mas "separam-se os bens sociais e os dos sócios"; não é correto falar "fulano e beltrano abriram uma empresa", mas "eles contrataram uma sociedade".[15]

15. "Somente se emprega de modo tecnicamente adequado o conceito de 'empresa' quando tiver o sentido de '*empreendimento*'. Se alguém reputa 'muito arriscada a empresa', está certa a forma de se expressar: o empre-

Pois bem, feitas estas distinções (quer dizer, relembrando o que a empresa não é) e retomando o conceito de empresa que se pode concluir do art. 966 do CC, destaco que ele deve-se referir sempre à *atividade econômica organizada*.

A primeira característica da empresa (ser uma atividade "econômica") não costuma despertar dificuldades: a atividade empresarial é econômica no sentido de que é apta a gerar lucro para quem a explora. Ou, nos termos propugnados por Sylvio Marcondes (redator do Livro II do projeto do Código Civil): "Este conceito [do Projeto de 1965] conjuga, ou nele se conjugam, três elementos que formam a noção de empresário. Em primeiro lugar, trata-se de atividade econômica, isto é, atividade referente à criação de riquezas, bens ou serviços. A economicidade da atividade está na criação de riquezas; de modo que aquele que profissionalmente exerce qualquer atividade que não seja econômica ou não seja atividade de produção de riquezas, não é empresário".[16]

Já a delimitação dos contornos da segunda característica da empresa (ser uma atividade "organizada") é um tanto mais complexa. A empresa é atividade organizada no sentido de que nela se encontram articulados, pelo empresário (que a organiza), os quatro fatores de produção: capital, mão de obra, insumos e tecnologia.[17] A noção de

---

endimento em questão enfrenta consideráveis riscos de insucesso, na avaliação desta pessoa. Como ela se está referindo à atividade, é adequado falar em 'empresa'. Outro exemplo: no princípio da *preservação da empresa*, construído pelo moderno Direito Comercial, o valor básico prestigiado é o da conservação da atividade (e não do empresário, do estabelecimento ou de uma sociedade), em virtude da imensa gama de interesses que transcendem os dos donos do negócio e gravitam em torno da continuidade deste; assim os interesses de empregados quanto aos seus postos de trabalho, de consumidores em relação aos bens ou serviços de que necessitam, do fisco voltado à arrecadação e outros" (Fábio Ulhoa Coelho. *Manual de direito comercial*, São Paulo: Saraiva, 14. ed., 2003, p. 13).

16. *Questões de direito mercantil*, São Paulo: Saraiva, 1977, p. 10. Os conceitos de empresário do Projeto de Código das Obrigações de 1965, do Projeto de Código Civil de 1975 e da lei em vigor são idênticos.

17. Waldirio Bulgarelli adverte: "O que caracteriza, em termos pragmáticos, a empresa, não é a própria organização em si, mas a forma de produzir organizadamente, o que não é o mesmo que organização da atividade de produção. Em termos históricos, por exemplo, é incontestável que a

organização, ínsita à ideia de empresa, envolve, portanto, um certo grau de sofisticação da produção ou circulação de bens ou serviços. Sylvio Marcondes é claro ao definir esta característica da atividade empresarial, em prosseguimento à lição acima transcrita: "Em segundo lugar, esta atividade deve ser organizada, isto é, atividade em que se coordenam e se organizam os fatores da produção: trabalho, natureza, capital. É a conjugação desses fatores, para a produção de bens ou de serviços, que constitui a atividade considerada organizada, nos termos do preceito do Projeto".[18-19]

Assim, não é empresário quem explora atividade de produção ou circulação de bens ou serviços sem alguns desses fatores de produção. O comerciante de perfumes que leva ele mesmo, à sacola, os produtos até os locais de trabalho ou residência dos potenciais consumidores, explora atividade de circulação de bens, fá-lo com intuito de lucro, habitualidade e em nome próprio, mas não é empresário, porque em seu mister não contrata empregado, não organiza mão de obra. O feirante que desenvolve seu negócio valendo-se apenas das forças de seu próprio trabalho e de familiares (esposa, filhos, irmãos) e alguns

---

perspectiva pela qual se deve ver a empresa é justamente a da evolução das técnicas de produção, portanto, forma de produzir que de rudimentar familiar e artesanal, passou a ser mecanizada ou maquinizada, com mão de obra alheia e com maior grau de organização, já que esta última sempre existiu e existe em qualquer tipo de trabalho" (*Teoria*, cit., p. 149).

18. *Obra citada*, p. 10-11.
19. Rubens Requião, por sua vez, sintetiza: "O empresário assim *organiza* a sua atividade, coordenando os seus bens (capital) com o *trabalho* aliciado de outrem. Eis a *organização*. Mas essa organização, em si, o que é? Constitui apenas um complexo de bens e um conjunto de pessoal inativo. Esses elementos – bens e pessoal – não se juntam por si; é necessário que sobre eles, devidamente organizados, atue o empresário, dinamizando a organização, imprimindo-lhes atividade que levará à produção. Tanto o capital do empresário como o pessoal que irá trabalhar nada mais são isoladamente do que bens e pessoas. A empresa somente nasce quando se inicia a *atividade* sob a orientação do empresário. Dessa explicação surge nítida a ideia de que a empresa é essa *organização* dos fatores de produção *exercida*, posta a funcionar, pelo empresário. Desaparecendo o exercício da atividade organizada do empresário, desaparece, *ipso facto*, a empresa" (*Curso de direito comercial*, cit., p. 57).

poucos empregados, também não é empresário porque não organiza uma unidade impessoal de desenvolvimento de atividade econômica. O técnico em informática que instala programas e provê a manutenção de *hardware* atendendo aos clientes em seus próprios escritórios ou casa, o professor de inglês que traduz documentos para o português contratado por alguns alunos ou conhecidos deste, a massagista que atende a domicílio e milhares de outros prestadores de serviço – que, de telefone celular em punho, rodam a cidade – não podem ser considerados empresários, embora desenvolvam atividade econômica. Eles não são empresários porque não desenvolvem suas atividades empresarialmente, não o fazem mediante a organização dos fatores de produção.

Por fim, apenas para finalizar os elementos componentes do conceito de empresa extraível da definição legal de empresário, anote-se que produção de bens é a fabricação de produtos ou mercadorias em massa (toda grande indústria é, por definição, empresarial); produção de serviços é a prestação de serviços (banco, seguradora, hospital, escola, estacionamento, provedor de acesso à *internet* etc.); circulação de bens é a atividade de intermediação típica do comércio em sua manifestação originária (ir buscar o bem no produtor para trazê-lo ao consumidor); e circulação de serviços é a intermediação da prestação de serviços (a agência de turismo não presta os serviços de transporte aéreo, traslados e hospedagem, mas, ao montar um pacote de viagem, os intermedeia, pondo-os em circulação).

O conceito legal de empresário não recobre todas as atividades econômicas. Permanece, no interior da teoria da empresa, a classificação destas em empresariais ou não empresariais. No item subsequente, serão delimitados os contornos de cada uma delas.

5. Atividades econômicas empresariais e atividades econômicas não empresariais

A adoção da teoria da empresa pelo direito brasileiro não implicou a superação da bipartição do direito privado, que o legado jurídico de Napoleão tornou clássica nos países de tradição romana.

Alterou, isto sim, o critério de delimitação do objeto do Direito Comercial – que deixa de ser os atos de comércio e passa a ser a empresarialidade –, mas não suprimiu a dicotomia entre o regime jurídico civil e comercial. A partir da introdução da teoria da empresa no direito positivo brasileiro, o Direito Comercial (*empresarial*, *de empresa*, *dos negócios* – é indiferente a denominação que se lhe dê) deixa de ser o ramo jurídico aplicável à exploração de certas atividades (as listadas como atos de comércio) e passa a ser o direito aplicável quando a atividade é explorada de uma determinada forma (qual seja, a forma empresarial).[20]

Assim, de acordo com o Código Civil de 2002, continuam excluídas da disciplina do direito comercial algumas atividades econômicas.

A nova Lei de Falências reforçou a bipartição do direito privado brasileiro, ao manter um regime diferenciado para os empresários e sociedades empresárias, quando a crise se abate sobre a empresa.

São quatro as atividades econômicas não empresariais, cujos exercentes não são empresários e não podem, por exemplo, pleitear o benefício da recuperação judicial, nem falir.

A primeira atividade econômica não empresarial a considerar é a explorada por quem não se enquadra no conceito legal de empresário. Se alguém presta serviços diretamente, mas não organiza uma empresa, mesmo que o faça profissionalmente (com intuito lucrativo e habitualidade), ele não é empresário e o seu regime não será o de Direito Comercial. Aliás, com o desenvolvimento dos meios de transmissão eletrônica de dados, estão surgindo atividades econômicas de relevo exploradas sem empresa, em que o prestador dos serviços trabalha sozinho em casa. As demais atividades econômicas não empresariais que existem no direito brasileiro são as dos profissionais intelectuais, as dos empresários rurais não registrados na Junta Comercial e as das cooperativas.

---

20. Waldemar Ferreira ensina que "a empresa constitui, atualmente, o verdadeiro critério da comercialidade. O Direito Comercial deve ser o das empresas. Essa ideia o unifica. Restitui-lhe seu caráter profissional, sem que se regresse ao direito de casta e de formalismo antigo. Ligam-se-lhes as noções de atos de comércio e de comerciante. O Comerciante é o chefe da empresa, indivíduo ou sociedade, conforme o caso. Quanto aos atos de comércio, eles se reputam mercantis pela teoria do acessório, salvo alguns, verdadeiramente objetivos" (*Tratado de direito comercial*, São Paulo: Saraiva, 1960, v. 1, p. 212).

Quanto aos exercentes de profissão intelectual, importa destacar que eles não se consideram empresários por força do parágrafo único do art. 966 do CC: "Não se considera empresário quem exerce profissão intelectual, de natureza científica, literária ou artística, ainda com o concurso de auxiliares ou colaboradores, salvo se o exercício da profissão constituir elemento de empresa". Vale a pena atentar, desde logo, para a locução "ainda com o concurso de auxiliares ou colaboradores". Por que teria o legislador se preocupado em fazer tal esclarecimento? A resposta é simples: a caracterização da empresa como atividade econômica organizada pressupõe, como assinalado, a articulação dos fatores de produção, entre os quais a mão de obra. Quis o legislador deixar bem claro, no parágrafo único do art. 966, que os profissionais intelectuais não são empresários mesmo que organizassem o trabalho de empregados, porque seria apenas neste caso que a possibilidade de confusão existiria.

O profissional intelectual que não conta com o concurso de auxiliares ou colaboradores nunca poderia ser considerado empresário porque não se enquadraria no conceito legal estabelecido pelo *caput* do mesmo dispositivo. Uma vez mais, confirma-se que a lei não quer atribuir a qualidade jurídica de empresário a quem não articula os fatores de produção.

Os profissionais intelectuais exploram, portanto, atividades econômicas não sujeitas ao Direito Comercial. Entre eles se encontram os profissionais liberais (advogado, médico, dentista, arquiteto etc.), cujo serviço é intrinsecamente ligado à própria pessoa do prestador e independe da estrutura organizada para dar-lhe suporte.[21]

21. Para Jorge Manuel Coutinho de Abreu, parece ser "mais ajustado sustentar que, em regra, os escritórios, consultórios, estúdios dos profissionais liberais não constituem empresas. O que aí avulta é a pessoa dos profissionais (com específica capacidade técnico-científica para a prestação de serviços), não um objectivo complexo produtivo; o conjunto dos instrumentos de trabalho não têm autonomia funcional nem identidade própria, não mantém idêntica 'eficiência' ou 'produtividade' na titularidade de terceiro (profissional da mesma especialidade); a actividade do sujeito exaure praticamente o processo produtivo (de prestação de serviços)" (*obra citada*, p. 102).

Também se consideram exercentes de profissão intelectual os escritores e artistas de qualquer expressão (plásticos, músicos, atores etc.), bem assim os técnicos com alguma formação profissional específica (técnicos em contabilidade, em eletrônica, em informática, corretor de seguros, de imóveis etc.).

Há uma exceção, prevista no mesmo dispositivo legal (parágrafo único do art. 966), em que o profissional intelectual se enquadra no conceito de empresário. Trata-se da hipótese em que o exercício da profissão constitui elemento de empresa, ou seja, sempre que o exercente de profissão intelectual dedicar-se mais à atividade típica de empresário (organização dos fatores de produção) do que propriamente à função científica, literária ou artística.

Atividade econômica rural, por sua vez, é a explorada normalmente fora da cidade. Certas atividades produtivas não são costumeiramente desenvolvidas em meio urbano, por razões de diversas ordens (materiais, culturais, econômicas ou jurídicas). São rurais, por exemplo, as atividades econômicas de plantação de vegetais destinadas a alimentos, fonte energética ou matéria-prima (agricultura, reflorestamento), a criação de animais para abate, reprodução, competição ou lazer (pecuária, suinocultura, granja, equinocultura) e o extrativismo vegetal (corte de árvores), animal (caça e pesca) e mineral (mineradoras, garimpo).

As atividades rurais, no Brasil, são exploradas em dois tipos radicalmente diferentes de organizações econômicas. Tomando-se a produção de alimentos por exemplo, encontram-se na economia brasileira, de um lado, a agroindústria (ou agronegócio) e, de outro, a agricultura familiar. Naquela, emprega-se tecnologia avançada, mão de obra assalariada (sempre numerosa, por vezes permanente ou temporária), especialização de culturas, grandes áreas de cultivo; na familiar, trabalham o dono da terra e seus parentes, um ou outro empregado, e são relativamente menores as áreas de cultivo.[22]

---

22. Consultar, a respeito: *Agricultura familiar – realidades e perspectivas* (João Carlos Tedesco, organizador, 3. ed., Passo Fundo: UPF, 2001), *Gestão agroindustrial* (Mário Otávio Batalha, coordenador, 2. ed., São Paulo: Atlas, 2001) e *Economia e gestão dos negócios agroalimentares* (Décio Zylbersztajn e Marcos Fava Neves, organizadores, São Paulo: Pioneira, 2000).

Atento a esta realidade, o Código Civil de 2002 reservou para o exercente de atividade rural um tratamento específico. Dispõe o art. 971: "O empresário, cuja atividade rural constitua sua principal profissão, pode, observadas as formalidades de que tratam o art. 968 e seus parágrafos, requerer inscrição no Registro Público de Empresas Mercantis da respectiva sede, caso em que, depois de inscrito, ficará equiparado, para todos os efeitos, ao empresário sujeito a registro". Deste modo, se o exercente de atividade econômica rural requerer a inscrição no registro das empresas (Junta Comercial), será considerado empresário e submeter-se-á às normas de Direito Comercial. Esta é, normalmente, a opção adotada pelo agronegócio. Caso, porém, o exercente de atividade econômica rural não requeira a inscrição neste registro, não se considera empresário e seu regime será o do Direito Civil. Esta última deverá ser a opção predominante entre os titulares de negócios rurais familiares. Neste caso, se os exercentes de atividade rural se unirem numa sociedade, ela terá a natureza de simples.

Finalmente, em relação às cooperativas, convém registrar que, desde o tempo em que a delimitação do objeto do Direito Comercial era feita pela teoria dos atos de comércio, sempre houve duas exceções a assinalar no contexto do critério identificador desse ramo jurídico. De um lado, a sociedade por ações, que sempre se reputou comercial, independentemente da atividade explorada. De outro, as cooperativas, que são necessariamente sociedades exercentes de atividades civis (integram a categoria das "sociedades simples"), independentemente da atividade que exploram. A este respeito preceitua o art. 982 e seu parágrafo único do CC: "salvo as exceções expressas, consider-se empresária a sociedade que tem por objeto o exercício de atividade própria de empresário sujeito a registro (art. 967); e, simples, as demais. Independentemente de seu objeto, considera-se empresária a sociedade por ações; e, simples, a cooperativa". As cooperativas, normalmente, dedicam-se às mesmas atividades dos empresários e costumam atender aos requisitos legais de caracterização destes (profissionalismo, atividade econômica organizada e produção ou circulação de bens ou serviços), mas, por expressa disposição do legislador, que data pelo menos desde 1971, não se submetem ao regime jurídico-empresarial. Quer dizer, não estão sujeitas à falência e não podem pleitear a recuperação judicial. Ela é, sempre, uma sociedade simples e nunca, empresária.

6. Associação não titula o direito à recuperação

O *São José Esporte Clube* ingressou com pedido de recuperação judicial, na Comarca de São José dos Campos, São Paulo. O pedido foi julgado extinto sem apreciação de mérito, por força da impossibilidade jurídica do pedido.

Ao desacolher a Apelação Cível com Revisão 619.652-4/8-00, o TJSP, em Acórdão relatado pelo Des. Boris Kauffmann, decidiu: "Não se poderia estender o direito conferido aos empresários e sociedades empresárias às associações. Lembra-se que a recuperação judicial tem por objetivo viabilizar a superação da situação de crise econômico-financeira do devedor, a fim de permitir a manutenção da fonte produtiva, do emprego dos trabalhadores e dos interesses dos credores, promovendo, assim, a preservação da empresa, sua função social e o estímulo à atividade econômica (art. 47). Ora, não há que se falar em 'fonte produtora', 'função social da empresa' e 'estímulo à atividade econômica' em relação à associação apelante, e nem se poderia adotar a analogia quando a lei aponta, especificamente, aqueles beneficiários dos direitos nela previstos".

7. Sócios de sociedade empresária não são empresários

Os sócios da sociedade empresária, em termos jurídicos, não são considerados empresários e, portanto, não podem pedir a recuperação judicial em nome próprio.

No Agravo de Instrumento n. 582.621-4/4-00, relatado pelo Des. Lino Machado, concluiu-se: "Os sócios de sociedade empresária não podem se beneficiar da recuperação judicial, como empresários individuais, se pois não exercem esta atividade em nome próprio, mas, sim, como órgãos da pessoa jurídica por eles representados. (...) Empresário [no art. 1.º da LF], leia-se *empresário individual*, como tal distinto da *sociedade empresária*. Ainda que se possa discutir a caracterização como empresário do sócio controlador da sociedade empresária e como tal reconhecer consequências jurídicas que disso lhe decorram (e a questão não é isenta de discordâncias, como pode confirmar o acórdão desta Câmara proferido nos Agravos de Instrumento n. 553.068.4/2 e 521.791.4/2, em que fui voto vencido), para o efeito do art. 1.º da

NLF acima referido, *empresário individual* com titularidade para pleitear a recuperação judicial é o que exerça a *empresarialidade* em nome próprio, e não como representante ou controlador de pessoa jurídica empresária. Neste sentido, a definição dada pelo art. 966, *caput*, do CC, há de ser lida, para o fim do art. 1.º da NLF, com pequeno acréscimo: 'Considera-se empresário quem exerce profissionalmente, *em nome próprio*, atividade econômica organizada para a produção ou a circulação de bens ou de serviços'".

8. Empresário individual

O empresário pode ser pessoa física ou jurídica. No primeiro caso, denomina-se empresário individual; no segundo, sociedade empresária.

Deve-se desde logo acentuar que os sócios da sociedade empresária não são empresários. Quando pessoas (naturais) unem seus esforços para, em sociedade, ganhar dinheiro com a exploração empresarial de uma atividade econômica, elas não se tornam empresárias. A sociedade por elas constituída, uma pessoa jurídica com personalidade autônoma, sujeito de direito independente, é que será empresária, para todos os efeitos legais. Os sócios da sociedade empresária são empreendedores ou investidores, de acordo com a colaboração dada à sociedade (os empreendedores, além de capital, costumam devotar também trabalho à pessoa jurídica, na condição de seus administradores, ou as controlam; os investidores limitam-se a aportar capital). As regras que são aplicáveis ao empresário individual não se aplicam aos sócios da sociedade empresária – é muito importante levar isso em conta na interpretação e aplicação das normas do Direito Comercial, inclusive, as da nova lei de falências.

O empresário individual, em regra, não explora atividade economicamente importante. Em primeiro lugar, porque negócios de vulto exigem naturalmente grandes investimentos. Além disso, o risco de insucesso, inerente a empreendimento de qualquer natureza e tamanho, é proporcional às dimensões do negócio: quanto maior e mais complexa a atividade, maiores os riscos. Em consequência, as atividades de maior envergadura econômica são exploradas por sociedades empresárias anônimas ou limitadas, que são os tipos societários que melhor viabilizam a conjugação de capitais e limitação de perdas. Aos empresários individuais sobram os negócios rudimentares e marginais, muitas vezes ambulantes. Dedicam-se a atividades como varejo de produtos estrangeiros adquiridos em zonas francas (sacoleiros), confecção de bijuterias, de doces para restaurantes ou bufês, quiosques de miudezas em locais públicos, bancas de frutas ou pastelarias em feiras semanais etc.

Para ser empresário individual, a pessoa deve encontrar-se em pleno gozo de sua capacidade civil. Não têm capacidade para exercer empresa, portanto, os menores de 18 anos não emancipados, ébrios habituais, viciados em tóxicos e os pródigos, e, nos termos da legislação própria, os indígenas. Destaque-se que o menor emancipado (por outorga dos pais, casamento, nomeação para emprego público efetivo, estabelecimento por economia própria, obtenção de grau em curso superior), exatamente por se encontrar no pleno gozo de sua capacidade jurídica, pode exercer empresa como o maior.

No interesse do incapaz, prevê a lei hipótese excepcional de exercício da empresa: pode ser empresário individual o incapaz autorizado pelo juiz. O instrumento desta autorização denomina-se alvará. A circunstância em que cabe essa autorização é especialíssima. Ela só poderá ser concedida pelo Judiciário para o incapaz continuar exercendo empresa que ele mesmo constituiu, enquanto ainda era capaz, ou que foi constituída por seus pais ou por pessoa de quem o incapaz é sucessor. Não há previsão legal para o juiz autorizar o incapaz a dar início a novo empreendimento.

O exercício da empresa por incapaz autorizado é feito mediante representação (se absoluta a incapacidade) ou assistência (se relativa). Se o representante ou o assistido for ou estiver proibido de exercer empresa, nomeia-se, com aprovação do juiz, um gerente. Mesmo não havendo impedimento, se reputar do interesse do incapaz, o juiz pode, ao conceder a autorização, determinar que atue no negócio o gerente. A autorização pode ser revogada pelo juiz, a qualquer tempo, ouvidos os pais, tutores ou representantes legais do menor ou do interdito. A revogação não prejudicará os interesses de terceiros (consumidores, empregados, Fisco, fornecedores etc.).

Os bens que o empresário incapaz autorizado possuía, ao tempo da sucessão ou interdição, não respondem pelas obrigações decorrentes da atividade empresarial exercida durante o prazo da autorização, a menos que tenham sido nela empregados, antes ou depois do ato autorizatório. Do alvará judicial constará a relação destes bens.

9. Sociedade empresária

Para entender o conceito de sociedade empresária, é necessário ter presente o de empresa. Sociedade empresária é a que explora sua atividade econômica de forma empresarial, isto é, organizada.

Contrapõe-se à empresária a sociedade simples, cujo exame ajuda a aclarar o conceito da primeira. A sociedade simples é, na verdade, uma das mais significativas novidades do Código Reale.[23] Cuida-se de figura de larga importância porque cumpre *três* diferentes funções.

Em primeiro lugar, a sociedade simples é um dos vários tipos societários que a lei põe à disposição dos que pretendem explorar atividade econômica conjuntamente. Presta-se bem, por sua simplicidade e agilidade,[24] às atividades de menor envergadura. É o tipo societário

23. Infelizmente, as normas do Código Civil italiano sobre *società semplice* não podem servir de subsídios ao estudo das sociedades simples do direito brasileiro. Lá, os empresários são classificados em comerciais e não comerciais e as sociedades simples são as reservadas a estes últimos empresários. Não existe, portanto, no direito italiano, como claramente dispôs o legislador brasileiro, a contraposição entre sociedades simples e empresárias. Sobre a matéria, consultar Francesco Ferrara Jr., *Gli impreditori e le società*, 9. ed., Milano: Giuffrè, 1994, especialmente os Capítulos II e IX.

24. A simplicidade e agilidade das sociedades simples, em especial quando adotado o tipo societário simples, são características facilmente identificáveis. Em primeiro lugar, embora possam, por cláusula inserida no contrato social, *limitar* validamente a responsabilidade dos sócios pelas obrigações da sociedade (CC, art. 997, VIII), não estão obrigadas às formalidades societárias periódicas, previstas, por exemplo, para as sociedades limitadas. Tais formalidades, que exigem, por exemplo, a realização de assembleia ou reunião de sócios anual para simplesmente registrar a aprovação das contas, não precisam ser observadas pelas sociedades simples. Além disso, admitem a figura do sócio que integraliza sua participação societária com serviços (CC, art. 997, V), espécie de contribuição inadmissível nas sociedades limitadas (CC, art. 1.055, § 2.º). Em terceiro lugar, não se submete à restrição que o art. 977 do CC estabeleceu para os sócios casados em regime de comunhão universal ou separação obrigatória. Aliás, é bastante

adequado, por exemplo, aos pequenos negócios, comércios ou prestadores de serviços não empresários (isto é, que não exploram suas atividades empresarialmente), aos profissionais liberais (à exceção dos advogados, cuja sociedade tem disciplina própria na Lei n. 8.906/94), aos artesãos, artistas etc.

A segunda função que o Código Reale reservou para a sociedade simples foi a de servir de modelo genérico para os demais tipos societários contratuais. A disciplina da sociedade simples, que se encontra nos arts. 997 a 1.038 (Capítulo I do Subtítulo II do Título II do Livro II da Parte Especial), aplica-se também, em caráter subsidiário, à sociedade em nome coletivo (art. 1.040), em comandita simples (arts. 1.040 e 1.046) e, em regra, à sociedade limitada (art. 1.053, *caput*). É também a disciplina supletiva das sociedades cooperativas (art. 1.096).

Além de tipo societário e de modelo geral, ela é, finalmente, uma categoria de sociedade. É esta a terceira função do conceito que interessa destacar para os objetivos deste item. Pelo art. 982 do Código Civil, as sociedades se consideram simples se não tiverem "por objeto o exercício de atividade própria de empresário sujeito a registro".

As sociedades desta categoria podem adotar, como autoriza o art. 983 do CC, qualquer um dos tipos das sociedades empresárias (exceto os de sociedades por ações: anônima e comandita por ações) e, se não o fizerem, subordinar-se-ão às regras que lhe são próprias.

Então, a expressão "sociedade simples" é, em decorrência da primeira e última funções assinaladas, ambígua. Em sentido estrito designa um tipo de sociedade (ombreia-se, neste caso, à limitada, anônima, comandita por ações etc.); em sentido lato, designa a categoria das sociedades não empresárias. Quer dizer, de acordo com o sistema adotado pelo Código Reale, as sociedades personificadas se classificam, inicialmente, em empresárias e simples (não empresárias). As empresárias podem adotar um de 5 tipos: nome coletivo, comandita simples, limitada, anônima e comandita por ações. As simples (em

---

provável que, em vista do significativo aumento da complexidade das sociedades limitadas, estas acabem sendo a opção de negócios de algum porte econômico, tendendo a sociedade simples a ser a escolha dos micros, pequenos e médios negócios.

sentido lato), por sua vez, também podem adotar um de 5 tipos (em parte, diferentes): nome coletivo, comandita simples, limitada, cooperativa e simples (em sentido estrito).

Enquanto designação de categoria de sociedades, as sociedades simples são definidas legalmente como aquelas que não têm por objeto o exercício de atividade própria de empresário sujeito a registro.[25] Como a atividade típica de empresário não se define por sua natureza, mas pela forma com que é explorada, quando a atividade econômica é explorada de forma organizada (ou seja, mediante a articulação dos fatores de produção), então tem-se uma empresa; quem a exerce é empresário; e, se pessoa jurídica, uma sociedade empresária.

Tome-se, por exemplo, o comércio de algum bem qualquer: peixe. Tanto o supermercado como o feirante adquirem peixe para revendê-lo ao consumidor. A atividade econômica tem, nos dois casos, a mesma natureza. O supermercado, porém, será, via de regra, uma empresa, porque se trata de comerciante que não consegue operar a não ser pela organização de trabalho alheio em estabelecimento adequado, de porte, com o emprego de controles e tecnologias apuradas. O feirante, por sua vez, pode explorar a mesma atividade sem dotar necessariamente desta organização. É claro que se for um feirante bem-sucedido, titular de concessão em feira de grande movimento localizada em bairro de alto poder aquisitivo, é possível que seu movimento justifique organizar uma empresa. Não se verificando tais pressupostos, entretanto, aquela atividade comercial poderá ser adequada e inteiramente explorada sem a organização dos fatores de produção; ou seja, com o trabalho pessoal e da família, sem sofisticados controles operacionais, de estoque e de caixa, sem estabelecimento complexo.

Não é, deste modo, a natureza da atividade que define o empresário, mas, em regra, a forma pela qual é explorada. Quando não houver exploração empresarial de certa atividade – isto é, quando a atividade econômica não for organizada – e o exercente for uma sociedade, não se encontram os pressupostos que o art. 982 do CC estabeleceu para lhe

---

25. Disse "em regra" porque as sociedades dedicadas a atividades intelectuais, por exemplo, são sempre enquadradas na categoria de sociedades simples (CC, art. 966, parágrafo único).

atribuir a classificação de sociedade empresária. Se não há empresa, a sociedade que se dedica à atividade econômica em questão pertence à categoria das simples (sentido lato). Apenas dois tipos societários não se submetem à regra assinalada: de um lado, as sociedades por ações, que serão sempre empresárias, ainda que não explorem seu objeto empresarialmente; de outro, as cooperativas, que serão sempre simples, ainda que organizem de forma empresarial seu negócio.

10. A crise da empresa

Quando se diz que uma empresa está em crise, isso pode significar coisas muito diferentes. Para sistematizar o assunto, proponho que se distinga entre crise econômica, financeira e patrimonial. Normalmente, uma desencadeia a outra, mas a complexidade da economia e das relações jurídicas do nosso tempo tem gerado, cada vez mais, situações em que se manifesta uma dessas crises, sem despertar nenhuma preocupação nos agentes econômicos.

Por crise *econômica* deve-se entender a retração considerável nos negócios desenvolvidos pela sociedade empresária. Se os consumidores não mais adquirem igual quantidade dos produtos ou serviços oferecidos, o empresário varejista pode sofrer queda de faturamento (não sofre, a rigor, só no caso de majorar seus preços). Em igual situação está o atacadista, o industrial ou o fornecedor de insumos que veem reduzidos os pedidos dos outros empresários. A crise econômica pode ser generalizada, segmentada ou atingir especificamente uma empresa; o diagnóstico preciso do alcance do problema é indispensável para a definição das medidas de superação do estado crítico. Se o empreendedor avalia estar ocorrendo retração geral da economia, quando, na verdade, o motivo da queda das vendas está no atraso tecnológico do seu estabelecimento, na incapacidade de sua empresa competir, as providências que adotar (ou que deixar de adotar) podem ter o efeito de ampliar a crise em vez de combatê-la.

A crise *financeira* revela-se quando a sociedade empresária não tem caixa para honrar seus compromissos. É a crise de liquidez. As vendas podem estar crescendo e o faturamento satisfatório – e, portanto, não existir crise econômica –, mas a sociedade empresária ter dificuldades de pagar suas obrigações, porque ainda não amortizou o capital investido nos produtos mais novos, está endividada em moeda estrangeira e foi surpreendida por uma crise cambial ou o nível de inadimplência na economia está acima das expectativas. A exteriorização jurídica da crise financeira é a impontualidade. Em geral, se a sociedade empresária não está também em crise econômica e patrimonial, ela pode superar as dificuldades financeiras por meio de operações de desconto em bancos das duplicatas ou outro título representativo dos créditos derivados das vendas ou contraindo mútuo bancário mediante a outorga de garantia real sobre bens do ativo. Se estiver elevado o custo do dinheiro, contudo, essas medidas podem acentuar a crise financeira, vindo a comprometer todos os esforços de ampliação de venda e sacrificar reservas imobilizadas.

Por fim, a crise *patrimonial* é a insolvência, isto é, a insuficiência de bens no ativo para atender à satisfação do passivo. Trata-se de crise estática, quer dizer, se a sociedade empresária tem menos bens em seu patrimônio que o total de suas dívidas, ela *parece* apresentar uma condição temerária, indicativa de grande risco para os credores. Não é assim necessariamente. O patrimônio líquido negativo pode significar apenas que a empresa está passando por uma fase de expressivos investimentos na ampliação de seu parque fabril, por exemplo. Quando concluída a obra e iniciadas as operações da nova planta, verifica-se aumento de receita e de resultado suficiente para afastar a crise patrimonial.

Esses índices de crise são muito relativos e não se revelam úteis à análise de mercado em algumas situações. No fim do século XX, por exemplo, com o início da difusão do comércio eletrônico via *internet*, muitas empresas que realizavam ainda incipientes negócios pela rede mundial de computadores, registravam prejuízos consideráveis e ostentavam patrimônio líquido acentuadamente negativo foram, apesar desses indicativos clássicos de crise, negociadas por milhões de dólares. Se confirmadas, no futuro, as estimativas de lucratividade do comércio eletrônico que embasaram a avaliação dessas empresas, o preço terá sido vantajoso para quem o pagou. Em geral, cabe dizer que determinada sociedade empresária está em crise após a manifestação das três formas pela qual se manifesta. A queda das vendas acarreta falta de liquidez e, em seguida, insolvência: este o quadro crítico que preocupa os agentes econômicos (credores, trabalhadores, investidores etc.).

A crise da empresa pode ser fatal, gerando prejuízos não só para os empreendedores e investidores que empregaram capital no seu desenvolvimento, como para os credores e, em alguns casos, num encadear de sucessivas crises, também para outros agentes econômicos. A crise fatal de uma grande empresa significa o fim de postos de trabalho, desabastecimento de produtos ou serviços, diminuição na arrecadação de impostos e, dependendo das circunstâncias, paralisação de atividades satélites e problemas sérios para a economia local, regional ou, até mesmo, nacional. Por isso, muitas vezes o direito se ocupa em criar mecanismos jurídicos e judiciais de recuperação da empresa.[26] Nos Estados Unidos, o primeiro diploma de direito estatutário dispondo sobre recuperação judicial de empresas surgiu em 1934, visando atenuar os efeitos da crise provocada pela quebra da Bolsa de Valores de Nova York em 1929. Em França, o instituto foi introduzido na lei em 1967 e aperfeiçoado em 1985 e 1995. Na Itália, sob a denominação atual de "administração extraordinária", ele apareceu nos fins dos anos 1970. Em Portugal, em 1976, criou-se a "declaração da empresa em situação economicamente difícil", embrião do "Código dos Processos Especiais de Recuperação da Empresa e de Falência", de 1993. Áustria (1982), Reino Unido (1986), Colômbia (1989), Irlanda (1990), Austrália (1992), Espanha (1992) e Argentina (1994) são outros países que, no fim do século passado, introduziram mudanças no direito falimentar com o objetivo de criar mecanismos mais eficientes de preservação das empresas viáveis diante das crises. No Brasil, a nova Lei de Falências introduziu o procedimento da recuperação das empresas, em substituição à concordata.

11. Sociedades simples

Súmula 49 do TJSP: "a Lei n. 11.101/2005 não se aplica à sociedade simples".

Somente a sociedade empresária pode ter a falência decretada e pleitear a recuperação judicial. A sociedade simples, ainda que revestida da forma "limitada", não está sujeita à LF.

26. Jorge Lobo. *Direito concursal*. Rio de Janeiro: Forense, 1996.

Art. 2.º Esta Lei não se aplica a:

I – empresa pública e sociedade de economia mista;

II – instituição financeira pública ou privada, cooperativa de crédito, consórcio, entidade de previdência complementar, sociedade operadora de plano de assistência à saúde, sociedade seguradora, sociedade de capitalização e outras entidades legalmente equiparadas às anteriores.

12. Sociedades empresárias excluídas da falência e da recuperação judicial

Nem todo exercente de atividade econômica empresarial encontra-se sujeito à nova Lei de Falências.

Alguns empresários (na verdade, sociedades empresárias), embora produzam ou circulem bens ou serviços por empresas organizadas, estão excluídos da nova Lei de Falências.

A lei prevê, no art. 2.º, a exclusão completa e absoluta dessas sociedades. Em relação às hipóteses albergadas no inciso I, isso é verdade desde logo. A sociedade de economia mista e a empresa pública não estão em nenhuma hipótese sujeitas à falência, nem podem pleitear a recuperação judicial.

Mas em relação às hipóteses previstas no inciso II, o dispositivo deve ser interpretado e aplicado em conjugação com os arts. 197 a 199.

O art. 197 estabelece que a nova Lei de Falências se aplica às sociedades empresárias nele referidas, *enquanto* não for aprovada legislação específica sobre cada uma delas. O art. 198, por sua vez, obsta a recuperação judicial e extrajudicial às sociedades empresárias impedidas de impetrar concordata de acordo com sua legislação específica. E, por fim, o art. 199 excetua desse último dispositivo as sociedades de transporte aéreo e de infraestrutura aeronáutica.

O que resulta dessa conjugação?

Resulta que há sociedades empresárias excluídas total ou parcialmente da *falência*; e há também as excluídas totalmente da *recuperação*.

Das sociedades empresárias excluídas da falência cuido nos comentários ao art. 75; das excluídas da recuperação judicial ou extrajudicial, nos comentários ao art. 49.

Art. 3.º É competente para homologar o plano de recuperação extrajudicial, deferir a recuperação judicial ou decretar a falência o juízo do local do principal estabelecimento do devedor ou da filial de empresa que tenha sede fora do Brasil.

13. Competência dos feitos falimentares

A competência para a apreciação do processo de falência e de recuperação judicial, bem como de seus incidentes, é do juízo do *principal estabelecimento* do devedor no Brasil.

Quando o empresário individual ou a sociedade empresária explora empresa pequena e tem apenas um só estabelecimento, a questão de se delimitar o conceito legal que circunscreve a competência no direito falimentar, por evidente, não se põe. Quando, porém, possui mais de um estabelecimento, situados em localidades abrangidas por diferentes jurisdições territoriais, é necessário discutir os contornos do conceito, para se encontrar o juízo competente.

Por principal estabelecimento entende-se não a sede estatutária ou contratual da sociedade empresária devedora, a que vem mencionada no respectivo ato constitutivo, nem o estabelecimento maior física ou administrativamente falando.[27] Principal estabelecimento, para fins de definição da competência para o direito falimentar, é aquele em que se encontra concentrado o maior volume de negócios da empresa; é o mais importante *do ponto de vista econômico*.

O juiz do local onde se encontra tal estabelecimento é o competente para o processo falimentar, porque estará provavelmente mais próximo aos bens, à contabilidade e aos credores do falido. Por outro

27. Idem, ibidem.

lado, se a lei reputasse competente o juiz da sede estatutária ou contratual, esse critério poderia dificultar a instauração do concurso de credores, porque a devedora, antevendo a possibilidade de falir, poderia alterar, por simples ato registrário, o local a que se deveriam dirigir os credores para pedirem a falência dela. É claro que, existindo, como no caso das grandes redes de varejo, construtoras de atuação nacional e outros, diversos estabelecimentos igualmente importantes sob o ponto de vista econômico, e sendo um deles o da sede da devedora, este prevalece sobre os demais, na definição do juízo competente.

Quando o devedor é sociedade estrangeira, a competência para a decretação da falência será definida também em função do principal estabelecimento, levando-se porém em conta somente as filiais sediadas no Brasil. Entre as filiais brasileiras, verifica-se qual concentra o maior volume de negócios.

14. Competência e sede contratual ou estatutária

Diversas vezes, o Judiciário é chamado a reiterar que o critério legal para a definição da competência dos feitos falimentares (recuperação judicial, homologação de recuperação extrajudicial e falência) é o local do principal estabelecimento do devedor *sob o ponto de vista econômico*. A sede contratual ou estatutária é, em tudo, irrelevante para fixar a competência.

Reiterou-se o entendimento, por exemplo, no julgamento do Agravo de Instrumento n. 620.554 4/3-00: "Não resta dúvida de que a requerente mantém sua sede na comarca de Itupeva apenas para sua produção, demonstrando ser seu principal estabelecimento o escritório localizado nesta capital, local no qual se desenvolvem as funções de gestão administrativa, financeira, econômica e comercial. Isto posto, por meu voto o recurso é provido, determinada a permanência dos autos no Juízo da 2ª Vara de Falências e Recuperações Judiciais da comarca de São Paulo, perante o qual distribuído o pedido de recuperação" (relator Des. Elliot Akel).

Portanto, a mera alteração da sede contratual ou estatutária não desloca a competência para os feitos falimentares, que continua sendo definida pela noção substancial de principal estabelecimento. Ao desprover o Agravo de Instrumento n. 542.416-4/6-00, o TJSP assentou: "Recuperação Judicial. Pedido formulado em comarca diversa daquela em que havia sido apresentado pedido, (...) 37 dias antes, e que foi extinto. Modificação da sede, nesse interregno. Fato que não altera a competência, fixada pelo local onde se situa o principal estabelecimento. Anterior pedido que já definia o estabelecimento principal da devedora. Incompetência declarada com remessa dos autos ao outro juízo" (relator Des. Boris Kauffmann).

Art. 4.º (*Vetado.*)

15. Dispositivo vetado

O veto recaiu sobre dispositivo com a seguinte redação no *caput*: "o representante do Ministério Público intervirá nos processos de recuperação judicial e de falência"; e no parágrafo único: "além das disposições previstas nesta Lei, o representante do Ministério Público intervirá em toda ação proposta pela massa falida ou contra esta".

O dispositivo da lei anterior que disciplinava a atuação do Ministério Público nos feitos falimentares era o art. 210: "O representante do Ministério Público, além das atribuições expressas na presente Lei, será ouvido em toda ação proposta pela massa ou contra esta. Caber-lhe-á o dever, em qualquer fase do processo, de requerer o que for necessário aos interesses da justiça, tendo o direito, em qualquer tempo, de examinar todos os livros, papéis e atos relativos à falência ou à concordata".

Pela simples comparação dos dois dispositivos (o da lei anterior e o vetado), percebe-se que uma das mais importantes alterações trazidas pela nova Lei de Falências diz respeito ao papel do Ministério Público nos feitos falimentares. Ele não atua mais em *toda* ação de que seja parte a massa; não mais tem o dever de se pronunciar *em qualquer fase do processo*. A inexistência, na lei atual, de uma previsão genérica implica que o Ministério Público só terá participação na falência ou recuperação judicial nas hipóteses especificamente apontadas na lei (por exemplo: arts. 52, V, 99, XIII, 142, § 7.º, 154, § 3.º etc.).

Em suma, o promotor de justiça não tem mais, na falência, as mesmas extensas incumbências que lhe haviam sido dadas pela Lei de 1945.

Com a eliminação do inquérito judicial e a supressão de dispositivos que previam sua constante manifestação em simplesmente todos os atos e incidentes do processo falimentar (verificação de crédito, pedido de restituição, presença obrigatória na arrecadação e no leilão etc.), reduz-se a sua participação nos processos falimentares.

Por isso, o juiz somente deve enviar o processo de falência ou de recuperação judicial ao Ministério Público quando houver expressa e específica previsão legal (ver comentário do item seguinte) ou constitucional.

Espera-se que o novo perfil que a lei atribui à atuação do Ministério Público nos feitos falimentares seja *prestigiado* pelos seus membros e pelo juiz. Digo que os promotores se abstenham de falar e os juízes não lhes enviem os autos a cada passo da falência ou da recuperação judicial, isto é, que a manifestação do Ministério Público se resuma estritamente aos casos em que é necessária.

Não se justificavam as inúmeras manifestações reservadas a esse órgão pela lei anterior. Serviam, na maioria das vezes, unicamente para retardar o andamento do processo. A cultura forense associada à sistemática da Lei de 1945 deve ser, por isso, diluída, de forma a prestigiar a atuação minimalista do Ministério Público prevista pela nova lei. Isso será bom para todos: otimização do tempo do promotor de justiça, menor demora no andamento dos processos de falência e de recuperação judicial, menos distorção às funções constitucionais do órgão.

Depois que a norma de direito intertemporal contida no art. 192 produzir seus principais efeitos, será conveniente que o Ministério Público de cada Estado reorganize as promotorias atualmente dedicadas apenas à falência e concordatas, remanejando seus membros para outras funções relevantes. A diminuição da participação do Ministério Público nos feitos falimentares, para produzir seus frutos esperados, deve vir acompanhada, no tempo oportuno, do enxugamento (ou até mesmo supressão) das antigas "curadorias de massa falida", que, com essa ou outra designação, foram dimensionadas tendo em vista a lei anterior.[28]

28. No Substitutivo Tebet, aprovado pelo Senado, o dispositivo estabelecia que a participação do Ministério Público era cabível "quando constatado

16. Atuação do Ministério Público na falência

O Ministério Público só começa a participar do processo falimentar *depois* da sentença declaratória da falência. A lei prevê sua intimação apenas no caso de o juiz decretar a quebra do devedor insolvente (art. 99, XIII).

Durante a tramitação do *pedido de falência*, não há sentido nenhum em colher sua manifestação (ver comentário ao art. 98). E mesmo depois de decretada a falência, a atuação desse órgão deve – ao contrário do que inspira a cultura forense associada à Lei de 1945 – ser a menor possível. Se não houver expressa e específica previsão legal de oitiva do Ministério Público, o juiz não deve remeter-lhe os autos da falência, para prestigiar a nova sistemática e garantir uma das medidas adotadas com vistas à celeridade do processo falimentar.

As hipóteses em que a lei prevê a participação do Ministério Público na falência são as seguintes:

a) ele tem legitimidade para impugnar a relação de credores (art. 8.º), a venda dos bens do falido (art. 143), para pedir a substituição do administrador judicial ou de membro do Comitê (art. 30, § 2.º) e para propor a ação de rescisão de crédito (art. 19) e a revocatória (art. 132);

b) ele deve ser intimado da sentença declaratória da falência (art. 99, XIII), do relatório do administrador judicial que apontar a responsabilidade penal de qualquer dos envolvidos no processo (art. 22, § 4.º) e da designação da hasta para a venda ordinária dos bens do falido (art. 143), bem como ser informado pelo juiz de qualquer indício da prática de crime falimentar (art. 187, § 2.º);

---

indício de crime, infração à lei ou ameaça de lesão ao interesse público". Na votação final do projeto de lei na Câmara, por força do destaque de votação em separado (DVS) de autoria da bancada do Partido Trabalhista Brasileiro, rejeitou-se a formulação do Senado. Restabeleceu-se, em decorrência, o texto aprovado pela Câmara em outubro de 2003. Parece que a intenção dos autores do DVS era a de manter, relativamente à atuação do Ministério Público, o mesmo largo alcance do art. 210 da Lei de 1945. Com o veto, define-se que o Ministério Público só participa da falência e da recuperação judicial quando houver específica previsão legal.

c) ele pode pedir explicações ao falido (art. 104, VI) e deve-se manifestar na prestação de contas do administrador judicial (art. 154, § 3.º); e

d) ele deve, ao ser intimado da sentença declaratória da falência, propor a ação penal ou requisitar a instauração do inquérito policial, sempre que houver indícios de crime falimentar (art. 187).

Não há, em suma, nenhuma razão para o Ministério Público participar de todos os pedidos de falência, das verificações e habilitações de crédito, dos pedidos de restituição e de todos os atos do processo falimentar. Deixou, por outro lado, de ser obrigatória sua intervenção em todo e qualquer processo de que é parte ou interessada a massa falida. Nesses casos (pedido de falência, verificação de crédito, todo e qualquer processo que envolve a massa etc.), só há fundamento legal para a oitiva do Ministério Público quando o juiz constatar fatos como indício de crime, desrespeito à lei ou ameaça de lesão ao interesse público.

Quando não houver tais elementos, os interesses em conflito não ultrapassam os limites dos privados entre o devedor empresário em crise e seus credores. Não se revela, por isso, suficiente fundamento para a reiterada e constante manifestação do Ministério Público ao longo dos atos do processo de falência.

17. Atuação do Ministério Público na recuperação de empresa

Também em relação aos processos de recuperação de empresa (judicial e extrajudicial) prevê a nova Lei de Falências uma atuação minimalista do Ministério Público. Estando em jogo interesses privados, não há razões para exigir-se do órgão uma constante intervenção. Na recuperação judicial, o Ministério Público só deve ser chamado a intervir no processo de recuperação de empresa quando expressamente previsto.

Os casos em que a lei prevê a participação do Ministério Público na recuperação de empresa são apenas os seguintes:

a) ele tem legitimidade para impugnar a relação de credores (art. 8.º), para pedir a substituição do administrador judicial ou de membro do Comitê (art. 30, § 2.º) e para recorrer da concessão da recuperação judicial (art. 59, § 2.º);

b) ele deve ser intimado do despacho de processamento da recuperação judicial (art. 52, V), da sentença concessiva de recuperação judicial (art. 187) e do relatório do administrador judicial que apontar a responsabilidade penal de qualquer dos envolvidos no processo (art. 22, § 4.º), bem como ser informado pelo juiz de qualquer indício da prática de crime falimentar (art. 187, § 2.º);

c) ele deve-se manifestar na prestação de contas do administrador judicial (art. 154, § 3.º); e

d) ele deve, ao ser intimado da sentença de convolação em falência, propor a ação penal ou requisitar a instauração do inquérito policial, sempre que houver indícios de crime falimentar (art. 187).

Capítulo II
DISPOSIÇÕES COMUNS À RECUPERAÇÃO JUDICIAL E À FALÊNCIA

Seção I
Disposições Gerais

Art. 5.º Não são exigíveis do devedor, na recuperação judicial ou na falência:

I – as obrigações a título gratuito;

II – as despesas que os credores fizerem para tomar parte na recuperação judicial ou na falência, salvo as custas judiciais decorrentes de litígio com o devedor.

18. Credores não admitidos

Dois são os credores não admitidos no processo de falência e na recuperação de empresa. De um lado, os titulares de crédito derivado de obrigação gratuita e, de outro, os de crédito por despesas para tomar parte nos feitos falimentares.

A inadmissão das obrigações gratuitas tem o sentido de economizar os poucos recursos disponíveis para o atendimento dos credores que titulam crédito derivado de negócio oneroso ou de natureza pública. Não seria justo comprometer parte dos recursos disponíveis na massa ou no patrimônio do devedor em recuperação no atendimento a obrigação gratuita, quando não há suficientes para pagamento de todos os credores.

Por seu turno, a inadmissão das despesas para fazer parte do processo de falência ou de recuperação judicial representa uma exceção à regra geral da distribuição dos ônus da sucumbência. Nos feitos falimentares, as custas e honorários de advogado despendidos pelo credor para habilitar-se e eventualmente defender seu crédito não podem ser reclamados da massa ou do devedor em recuperação.

Excetua-se da inadmissão – e, portanto, são reclamáveis nos feitos falimentares – as custas judiciais decorrentes de litígio com o devedor. Se determinado credor precisou, por ação de conhecimento, obter inicialmente a declaração da existência e extensão de seu crédito, as custas judiciais desse processo ele pode habilitar na massa falida, mas não poderá reclamar as despesas e honorários de advogado que pagar para promover a habilitação.

19. Garantias concedidas dentro do grupo

As garantias que um sujeito presta em favor de outro são classificadas entre os contratos gratuitos, porque o garante, se for chamado a responder pela obrigação, poderá, no máximo, recuperar o despendido do garantido. Quer dizer, não ganha nada com a operação; ao contrário, *perde* a oportunidade de ganhar com o dinheiro que desembolsaria e atrás do qual teria, depois, que correr.[29] Deste modo, em princípio, estão excluídos da falência e da recuperação judicial do garante os créditos objeto de garantia.

Houve, porém, um caso em que as circunstâncias específicas levaram o TJSP a não considerar a outorga de garantia um ato gratuito. Trata-se da recuperação judicial de uma sociedade limitada que prestou

29. Fábio Ulhoa Coelho. *Curso de direito civil*, 3. ed., São Paulo: Saraiva, 2009, v. 3, p. 217 e s.

garantia em favor de sua própria *holding*, que controlava a recuperanda quase completamente. Tanto em primeiro grau, como em nível de recurso, considerou-se que o negócio jurídico nada tinha de gratuito, já que inserido no contexto da exploração de atividade empresarial.

Segundo os Acórdãos relatados pelo Des. Lino Machado (0033753-70.2008.8.26.0000 e 0033752-85.2008.8.26.0000): "Não é possível ver ato gratuito na participação de pessoas jurídicas de um mesmo grupo econômico, como garantidoras, em empréstimo contraído pela *holding* visando à sua reestruturação econômica e financeira, o que significa reestruturação econômica e financeira de todo o grupo. Por isso, no AI n. 460.339.4/7 desta Câmara, em acórdão por mim relatado, lê-se na ementa: '*Não é gratuita a responsabilidade assumida pela devedora de dívida de empresa do mesmo grupo econômico, e ainda tendo adquirido ações dadas em caução pela devedora original*'. Já no AI n. 555.224.4/0-00, também desta Câmara, relatado pelo Desembargador Romeu Ricupero, lê-se na ementa: '*Não é ato gratuito aquele em relação ao qual é possível identificar contraprestação, ainda que intangível; não é ato gratuito aquele que não está isolado da atividade empresarial; se a relação existente entre o devedor e o garante aponta para uma comunhão de interesses comerciais, decorrente de uma determinada sinergia, a garantia produzirá seus regulares efeitos; em suma, a garantia pessoal pode ser ato gratuito, quando nenhum interesse tinha o garante no ato praticado, o que se presume se o ato não tem o caráter comercial ou dele nenhuma vantagem era possível resultar para o devedor*'. Evidentemente que, estando em situação econômica de perigo a *holding*, natural será que se movimente em busca do apoio das demais pessoas jurídicas pertencentes ao mesmo grupo econômico, as quais, não só por subordinação à sua controladora, mas também por seu interesse próprio de manter saudável a situação econômica do grupo do qual faz parte, vinculadas à sorte comum, não estarão fazendo nenhum favor em prestar sua garantia para o *pool* de bancos que tenha aceito o risco de financiar a tentativa de salvação de uma grande empresa multinacional".

Art. 6.º A decretação da falência ou o deferimento do processamento da recuperação judicial suspende o curso da prescrição e de todas as ações e execuções em face do

devedor, inclusive aquelas dos credores particulares do sócio solidário.

§ 1.º Terá prosseguimento no juízo no qual estiver se processando a ação que demandar quantia ilíquida.

§ 2.º É permitido pleitear, perante o administrador judicial, habilitação, exclusão ou modificação de créditos derivados da relação de trabalho, mas as ações de natureza trabalhista, inclusive as impugnações a que se refere o art. 8.º desta Lei, serão processadas perante a justiça especializada até a apuração do respectivo crédito, que será inscrito no quadro-geral de credores pelo valor determinado em sentença.

§ 3.º O juiz competente para as ações referidas nos §§ 1.º e 2.º deste artigo poderá determinar a reserva da importância que estimar devida na recuperação judicial ou na falência, e, uma vez reconhecido líquido o direito, será o crédito incluído na classe própria.

§ 4.º Na recuperação judicial, a suspensão de que trata o *caput* deste artigo em hipótese nenhuma excederá o prazo improrrogável de 180 (cento e oitenta) dias contado do deferimento do processamento da recuperação, restabelecendo-se, após o decurso do prazo, o direito dos credores de iniciar ou continuar suas ações e execuções, independentemente de pronunciamento judicial.

§ 5.º Aplica-se o disposto no § 2.º deste artigo à recuperação judicial durante o período de suspensão de que trata o § 4.º deste artigo, mas, após o fim da suspensão, as execuções trabalhistas poderão ser normalmente concluídas, ainda que o crédito já esteja inscrito no quadro-geral de credores.

§ 6.º Independentemente da verificação periódica perante os cartórios de distribuição, as ações que venham a ser propostas contra o devedor deverão ser comunicadas ao juízo da falência ou da recuperação judicial:

I – pelo juiz competente, quando do recebimento da petição inicial;

II – pelo devedor, imediatamente após a citação.

§ 7.º As execuções de natureza fiscal não são suspensas pelo deferimento da recuperação judicial, ressalvada a concessão de parcelamento nos termos do Código Tributário Nacional e da legislação ordinária específica.

§ 8.º A distribuição do pedido de falência ou de recuperação judicial previne a jurisdição para qualquer outro pedido de recuperação judicial ou de falência, relativo ao mesmo devedor.

20. Suspensão da prescrição

A prescrição das obrigações do falido suspende-se com a decretação da quebra; a das obrigações do devedor em recuperação judicial quando do deferimento do processamento desta. Elas voltam a fluir a partir do trânsito em julgado da sentença de encerramento da falência ou, no caso de recuperação judicial, no término do prazo mencionado no § 4º.

Não se suspendem, no entanto, a prescrição das obrigações de que era credor o falido ou titular da empresa em recuperação, nem a fluência de prazos decadenciais, mesmo das obrigações devidas por eles (cabendo, na hipótese de falência, ao administrador judicial atentar para uma e outra no interesse da massa).

Desse modo, se o devedor era o sacado de uma duplicata mercantil, vencida 6 meses antes da sentença de falência ou despacho de processamento da recuperação judicial, susta-se a fluência da prescrição, que no caso é de 3 anos, a contar do vencimento. Proferida a sentença de encerramento de um ou outro processo, os 2 anos e 6 meses restantes passam a fluir do trânsito em julgado desta. Caso se encontrem bens do falido ou do titular da empresa em recuperação durante esse prazo, o credor pode executá-los singularmente, já que a duplicata ainda não prescreveu.

Se, ao revés, o falido ou titular da empresa em crise era o sacador do título (ou seja, credor), o administrador judicial (no primeiro caso) e o empresário ou sociedade empresária (no segundo) têm os mesmos 3 anos, a contar do vencimento, para ajuizar a execução contra o devedor, uma vez que a decretação da falência ou o deferimento do processamento da recuperação judicial não alteram o curso da prescrição nesse caso.

Se o prazo não é prescricional, mas decadencial, não se opera, como visto, a suspensão. E aqui é irrelevante se o falido ou o titular da empresa em crise é sujeito ativo ou passivo da obrigação. Os consumidores que desejam reclamar por vícios no produto ou serviço adquirido deles têm o mesmo prazo que possuíam antes da falência (30 ou 90 dias, conforme seja fornecimento não durável ou durável etc.).[30] Do mesmo modo, se o falido havia adquirido de outro empresário um insumo com vício, o prazo de 30 dias para reclamar a rescisão do contrato ou a redução proporcional do preço (CC, art. 445) não se altera pela decretação da falência.

21. Suspensão das execuções individuais na falência

Um dos principais efeitos da decretação da falência em relação aos credores do falido é a suspensão das execuções individuais em curso. Cuida-se de consequência da edição da sentença declaratória da falência, que inicia o processo de execução concursal do empresário individual ou da sociedade empresária insolvável. Seria de fato despropositado que os credores pudessem continuar exercendo individualmente seu direito à cobrança judicial, concomitante à tramitação do concurso. Estariam, nesse caso, sendo desenvolvidas duas medidas judiciais de idênticas finalidades, a execução individual e a concursal. Por essa razão, suspendem-se as execuções em que seja executado o falido (aquelas em que ele é exequente prosseguem).

Essa suspensão, na grande maioria das vezes, será definitiva, isto é, corresponderá à extinção do processo. As execuções individuais apenas retornarão seu curso regular caso a decretação da falência seja reformada no julgamento de recurso (agravo ou embargos).

A *única* exceção da lei à regra da suspensão das execuções diz respeito às fiscais. Isto porque, tecnicamente falando, as ações que

---

30. Fábio Ulhoa Coelho. *Curso de direito comercial*, 8. ed., São Paulo: Saraiva, 2004, v. 1, p. 298-299.

demandam quantia ilíquida e as reclamações trabalhistas não são execuções, mas processos de conhecimento. Com ênfase, de acordo com a lei, a instauração da execução concursal apenas não inibe o prosseguimento das execuções fiscais. O art. 187 do CTN determina que o crédito tributário não participa de concurso de credores.

Há, contudo, duas situações a considerar, em que cabe ao juiz ampliar o leque de exceções à regra geral de suspensão das execuções individuais contra a falida.

Assim, devem continuar tramitando simultaneamente à falência:

a) Execução individual com hasta já designada. O juiz da falência pode, na sentença declaratória, determinar que não se suspendam as execuções individuais com hasta já designada como medida de economia processual. Sendo um dos objetivos da falência a venda dos bens do ativo da falida, e a execução individual estando já adiantada a ponto de se encontrar às vésperas da alienação judicial, recomenda o princípio da economia que se realize o ato nesta última. Nesse sentido, a hasta (praça ou leilão) é realizada na época da designação, mas o seu produto não é levantado pelo exequente, e sim entregue à massa. O credor que movia a execução individual deverá habilitar o seu crédito na falência. Resultando infrutífera a hasta, e não mais subsistindo as razões de economia processual que justificavam a exceção, suspende-se também essa execução individual. O bem penhorado é arrecadado para oportuna alienação na falência.

b) Execução individual com hasta já realizada. Esta execução não se suspende porque, na verdade, o bem da devedora já foi liquidado. Considera-se, então, que a execução individual atingiu seu objetivo antes da decretação da falência. Nesta hipótese, o credor que movia a execução individual levanta, do produto apurado em hasta, o valor de seu crédito. Se o produto da venda judicial do bem penhorado não for suficiente para a integral satisfação do crédito exequendo, o credor poderá habilitar na falência o saldo em aberto. Se, após o pagamento do exequente individual, restar ainda produto da hasta, ele será entregue à massa.

As ações e execuções que não se suspendem com a falência terão prosseguimento com a massa falida no polo ativo ou passivo da relação processual, representando-a, judicialmente, o administrador judicial.

22. Suspensão das execuções na recuperação judicial

Se a suspensão das execuções contra o falido justifica-se pela irracionalidade da concomitância de duas medidas judiciais satisfativas (a individual e a concursal) voltadas ao mesmo objetivo, na recuperação judicial o fundamento é diverso.

Suspendem-se as execuções individuais contra o empresário individual ou sociedade empresária que requereu a recuperação judicial para que eles tenham o fôlego necessário para atingir o objetivo pretendido da reorganização da empresa. A recuperação judicial não é execução concursal e, por isso, não se sobrepõe às execuções individuais em curso. A suspensão, aqui, tem fundamento diferente. Se as execuções continuassem, o devedor poderia ver frustrados os objetivos da recuperação judicial, em prejuízo, em última análise, da comunhão dos credores.

Por isso, a lei fixa um prazo para a suspensão das execuções individuais operada pelo despacho de processamento da recuperação judicial: 180 dias. Se, durante esse prazo, alcança-se um plano de recuperação judicial, abrem-se duas alternativas: o crédito em execução individual teve suas condições de exigibilidade alteradas ou mantidas. Nesse último caso, a execução individual prossegue.

Também na recuperação judicial, a suspensão não atinge as execuções fiscais, que devem prosseguir.

23. As ações contra o devedor

As ações de conhecimento contra o devedor falido ou em recuperação não se suspendem pela sobrevinda da falência ou do processo visando o benefício. Não são execuções e, ademais, o legislador reservou a elas um dispositivo específico preceituando o prosseguimento (§ 1.º).

As ações monitórias também não se suspendem se estiverem tramitando para discussão de obrigação ilíquida. Mas se não foram embargadas, como deveriam prosseguir com observância das normas atinentes às execuções (CPC, art. 702, § 8.º), as ações monitórias se suspendem.

Nas reclamações trabalhistas e nas ações que não se suspendem, cabe a reserva do valor em discussão. Prevê a lei atual – diferentemente da anterior – que a competência para determinar a reserva é a do juiz perante o qual tramita a reclamação trabalhista ou a ação não suspensa.

24. Prevenção

Nas comarcas em que houver mais de um juízo com competência para a matéria falimentar, a distribuição do primeiro pedido de falência ou de recuperação judicial referente a determinado empresário individual ou sociedade empresária previne a competência para apreciação dos pedidos seguintes.

Na Comarca de São Paulo, por exemplo, a falência e recuperação judicial tramitam por 2 varas especializadas do Foro Central. A distribuição do primeiro pedido de falência contra certa sociedade limitada, para uma delas torna-a competente, por prevenção, para todos os pedidos de falência posteriormente aforados contra essa mesma sociedade.

A execução, no caso de tríplice omissão, e o pedido de homologação de plano de recuperação extrajudicial não geram prevenção. Como se trata de norma excepcional a que determina a prevenção – ela, na verdade, excepciona o princípio do juiz natural –, deve ser interpretada restritivamente. Não havendo expressa menção à homologação de plano de recuperação extrajudicial ou à execução que se revelar frustrada, deve-se considerar que a distribuição desses feitos não previne a jurisdição.

25. Suspensão das execuções contra os sócios avalistas

Ao julgar os Embargos Infringentes 7.166.479-6/02, o TJSP considerou, em Acórdão relatado pelo Des. Antonio Marson, que a recuperação judicial da sociedade empresária importa a suspensão da execução movida contra os seus sócios, na condição de avalistas da recuperanda. Considerou-se que, se a lei determina a suspensão das execuções em andamento contra os sócios solidários, não haveria motivos para não se suspenderem também as que executam os sócios na condição de devedores solidários. Segundo o Acórdão: "Se suspensas as ações e execuções dos credores particulares dos sócios solidários, com mais razão se suspendem as ações e execuções ajuizadas em face da pessoa jurídica devedora e seus sócios, na qualidade de devedores solidários".

O melhor entendimento sobre a matéria, contudo, está com os votos vencidos.

Do voto do Des. Silveira Paulilo extrai-se: "Não há que se fazer confusão, *venia concessa*, entre *sócio solidário* e *devedor solidário, ainda que sócio*. O art. 6.º da nova Lei de Falências trata do primeiro, e não do segundo. Sócio solidário é aquele em que a natureza jurídica da sociedade os impõe, como é o caso da sociedade em nome coletivo. Na hipótese presente, contudo, os coobrigados executados são *avalistas* das notas promissórias exequendas, pouco importando ostentarem a condição de sócios da sociedade garantida, que é uma *limitada*".

E do voto do Des. Mauro Conti Machado: "A compreensão da suspensão sob a ótica do art. 6.º da Lei 11.101, de 2005, tem, como se vê, inicialmente, o óbice da independência da obrigação do avalista, que não é e nem pode ser compreendida como semelhante à do avalizado se é pelo contrário exigível independente. É dizer, em outras palavras, seria exigível com ou sem a vigência do art. 6.º da Lei 11.101, de 2005. O motivo, próximo e objetivo, que determina a suspensão com o deferimento da recuperação judicial tem em mira essa realidade fática, onde está presente a supremacia do interesse coletivo da massa de credores inicialmente com a sua projeção a toda coletividade, ao próprio Estado pela continuidade da atividade econômica que ensejará a exigibilidade dos tributos, que são essenciais à realização de sua missão constitucional na distribuição do bem comum, e não outra qualquer, como seria, e é, aí, com a devida vênia, a proteção do interesse individual do avalista".

26. Registro da falência no distribuidor

Súmula 54 do TJSP: "O registro do ajuizamento de falência ou de recuperação de empresa no cartório do distribuidor ou nos cadastros de proteção ao crédito não constitui ato ilegal ou abusivo".

Seção II
Da Verificação e da Habilitação de Créditos

Art. 7.º A verificação dos créditos será realizada pelo administrador judicial, com base nos livros contábeis e

documentos comerciais e fiscais do devedor e nos documentos que lhe forem apresentados pelos credores, podendo contar com o auxílio de profissionais ou empresas especializadas.

§ 1.º Publicado o edital previsto no art. 52, § 1.º, ou no parágrafo único do art. 99 desta Lei, os credores terão o prazo de 15 (quinze) dias para apresentar ao administrador judicial suas habilitações ou suas divergências quanto aos créditos relacionados.

§ 2.º O administrador judicial, com base nas informações e documentos colhidos na forma do *caput* e do § 1.º deste artigo, fará publicar edital contendo a relação de credores no prazo de 45 (quarenta e cinco) dias, contado do fim do prazo do § 1.º deste artigo, devendo indicar o local, o horário e o prazo comum em que as pessoas indicadas no art. 8.º desta Lei terão acesso aos documentos que fundamentaram a elaboração dessa relação.

27. Visão geral da verificação de crédito

A verificação dos créditos é tarefa do administrador judicial. Para cumpri-la, deve levar em conta não só a escrituração e documentos do falido, como todos os elementos que lhe forem fornecidos pelos credores. Havendo divergência entre o administrador judicial e um ou mais credores acerca dos próprios créditos que titularizam ou o de outros, cabe ao juiz decidir o conflito.

O ponto de partida da verificação dos créditos é a publicação da relação dos credores.

Quando se trata de autofalência, entre os documentos que a lei determina sejam apresentados pelo devedor requerente encontra-se a lista dos credores com discriminação do valor do crédito e a classificação de cada um deles.

Na falência decretada a pedido de credor ou sócio dissidente, ao falido é determinado que elabore e apresente a relação dos credores nos 5 dias seguintes, sob as penas do crime de desobediência. Se atendida a lei, portanto, os autos da falência, quando decretada essa ou alguns dias depois, devem conter uma relação dos credores. Se, contudo, o falido não a tiver entregue (preferindo, por exemplo, responder pelo crime de desobediência a elaborá-la), ela deve ser providenciada pelo administrador judicial.

Uma vez juntada aos autos a relação dos credores (elaborada pelo falido ou pelo administrador judicial), providencia-se sua publicação no *Diário Oficial*. Aliás, se no momento da publicação da sentença declaratória já se encontra a relação nos autos, ambas são publicadas simultaneamente por edital, quer dizer, na íntegra.

28. Súmula 44 do TJSP

Embora a falência seja uma execução concursal, uma vez decretada, a pluralidade de credores não é pressuposto de seu regular processamento.

Este entendimento está sumulado no âmbito do TJSP: "a pluralidade de credores não constitui pressuposto da falência" (Súmula 44).

29. Habilitação de crédito e apresentação de divergências

Nos 15 dias seguintes à publicação da relação, os credores devem conferi-la. De um lado, os que não se encontram relacionados devem apresentar a *habilitação* de seus créditos perante o administrador judicial. Estão dispensados da habilitação apenas o credor fiscal (porque não participa de concurso) e os titulares de créditos remanescentes da recuperação judicial, se tinham sido definitivamente incluídos no quadro geral de credores dessa quando da convolação em falência.

De outro lado, os que se encontram na relação publicada, mas discordam da classificação ou do valor atribuído aos seus créditos, devem suscitar a *divergência* também junto ao administrador judicial. A apresentação da habilitação ou divergência deve ser feita por escrito e conter o nome e qualificação do credor, a importância exata que atribui ao crédito, a atualização monetária até a data da decretação da falência, bem como sua origem, prova, classificação e eventual garantia.

Na habilitação de crédito ou apresentação de divergência não é exigida a intervenção de advogado, podendo o credor se dirigir diretamente ao administrador judicial por escrito.

O administrador judicial, diante da habilitação ou divergência, pode-se convencer ou não das razões do credor. Imagine que da relação elaborada pelo falido constava certo credor como quirografário. Ao suscitar a divergência, porém, esse credor exibe documento com o objetivo de provar sua condição de privilegiado. O administrador judicial, diante disso, pode-se convencer ou não da existência de erro na relação publicada. Se entender que a divergência suscitada procede, ele introduz a correção na republicação da relação de credores; caso a tome por improcedente, faz a republicação sem corrigi-la nesse particular. Veja que o administrador judicial não precisa dar qualquer resposta aos credores que suscitam divergência, nem levá-la ao juiz. Com a simples republicação da relação, contendo ou não a correção, saberão os habilitantes e os suscitantes de divergência se seus pontos de vista foram acolhidos ou não pelo administrador judicial.

A republicação da relação dos credores é feita também por edital e deve providenciá-la o administrador judicial. Nele, serão indicados local e horário em que qualquer credor (incluindo, portanto, os membros do Comitê), o representante legal da sociedade empresária falida, seus sócios ou acionistas e o representante do Ministério Público poderão ter acesso aos documentos que fundamentaram a elaboração e revisão, se houve, da relação de credores. O prazo para a republicação da relação é de 45 dias, contados do término do prazo para habilitação ou apresentação de divergências; isto é, 60 dias após a primeira publicação.

30. Convenção de arbitragem e recuperação judicial

São *duas* as espécies de convenção de arbitragem: a cláusula compromissória e o compromisso arbitral (Lei n. 9.307/96, art. 3.º).

Quando um dos contratantes vinculado à cláusula compromissória ingressa com recuperação judicial, a eficácia desta fica suspensa e qualquer divergência relativamente à existência e extensão do crédito deve ser levada ao juízo recuperacional (exceto, claro, se o credor for daqueles que a lei exclui da recuperação). Vale dizer, não se instaura a arbitragem quando uma das partes vinculada à convenção de arbitragem tem deferido o processamento da recuperação judicial.

A suspensão da eficácia da cláusula compromissória deve-se à circunstância de ser a recuperação judicial um processo que envolve outras partes além dos diretamente vinculados à convenção de arbitragem. Como a recuperação judicial é processo de que participa a generalidade dos credores, que não é alcançada pela convenção acordada com um deles somente, a suspensão da eficácia da convenção é incontornável.

Além disso, como já pronunciou o TJSP, são incompatíveis os exíguos prazos da recuperação judicial e a dinâmica do procedimento arbitral. De acordo com o relator, Des. Boris Kauffmann, "não poderia o juízo da recuperação suspender o processamento do pedido, ou o próprio deferimento da recuperação, para aguardar a solução a ser dada na arbitragem. A própria sistemática da Lei n. 11.101/2005 impede esse tipo de solução posto que estabelece prazos exíguos para o processamento do pedido, já que durante ele ficam suspensas as ações e execuções contra as devedoras por créditos sujeitos à recuperação judicial" (Agravo de Instrumento n. 553.932-4/6-00).

Em relação à outra modalidade de convenção de arbitragem, o compromisso arbitral, também opera sua temporária ineficácia, caso o credor não esteja excluído da recuperação judicial. Aqui, deve-se liberar à arbitragem o mesmo tratamento que a LF reserva às ações e execuções movidas contra o devedor em crise; em outros termos, deve-se aplicar o art. 6.º e seus parágrafos, da LF, às arbitragens em curso, suspendendo-as por 180 dias, salvo quando demandarem obrigação ilíquida.

Art. 8.º No prazo de 10 (dez) dias, contado da publicação da relação referida no art. 7.º, § 2.º, desta Lei, o Comitê, qualquer credor, o devedor ou seus sócios ou o Ministério Público podem apresentar ao juiz impugnação contra a relação de credores, apontando a ausência de qualquer crédito ou manifestando-se contra a legitimidade, importância ou classificação de crédito relacionado.

Parágrafo único. Autuada em separado, a impugnação será processada nos termos dos arts. 13 a 15 desta Lei.

31. Impugnação de crédito

Nos 10 dias seguintes à republicação, os sujeitos legitimados podem apresentar a *impugnação* da relação elaborada pelo administrador judicial. Estão legitimados para impugnar a relação qualquer credor, o Comitê, o falido, sócio ou acionista dela ou o promotor de justiça.

Aquele credor que suscitara divergência e constata, ao checar a relação republicada, que seu ponto de vista não foi acolhido, deve apresentar a impugnação. É este o instrumento processual adequado para aduzir judicialmente a pretensão de ingressar no quadro de credores ou ver o valor do crédito ou sua classificação alterados. Como a divergência suscitada perante o administrador judicial não teve acolhida, o assunto é, pela impugnação, submetido ao juiz.

O credor que discorda da classificação dada a crédito alheio pode também impugnar a relação. Ele tem legitimidade para impugnar a admissão, quantificação ou classificação do crédito de outrem porque eventual pagamento indevido implica redução dos parcos recursos da massa e maior risco de não recebimento. Igualmente estão legitimados, pela mesma razão, o falido ou qualquer dos seus membros (sócio ou acionista). Se houver pagamento a crédito já satisfeito, inexistente, viciado ou excessivo, reduzem-se por óbvio os recursos que comporiam eventual saldo remanescente a ser-lhes devolvido, no final do processo de falência.

Por fim, também têm legitimidade para a impugnação o Comitê (pelo voto da maioria de seus membros) e o promotor público, que devem atuar no sentido de buscarem a consistência da relação dos credores. Quando impugnam um ou mais créditos, embora indiretamente beneficiem credores em suas pretensões individuais, eles estão diretamente postulando a prevalência das regras do direito falimentar que visam à tutela dos interesses transindividuais da comunhão.

A impugnação é feita por petição instruída com os documentos que o impugnante tiver. Nela, devem ser indicadas as provas que pretende produzir para sustentação do alegado. Aqui, trata-se de postulação judicial, ato privativo de advocacia. Ao contrário da apresentação de divergência, portanto, a impugnação não pode ser feita pelo próprio credor. Ela deve ser obrigatoriamente elaborada e subscrita por advogado. Enquanto pendente a impugnação, será feita reserva do valor para seu eventual atendimento e, se for parcial, a parte incontroversa do crédito pode ser satisfeita independentemente de sua tramitação.

Art. 9.º A habilitação de crédito realizada pelo credor nos termos do art. 7.º, § 1.º, desta Lei deverá conter:

I – o nome, o endereço do credor e o endereço em que receberá comunicação de qualquer ato do processo;

II – o valor do crédito, atualizado até a data da decretação da falência ou do pedido de recuperação judicial, sua origem e classificação;

III – os documentos comprobatórios do crédito e a indicação das demais provas a serem produzidas;

IV – a indicação da garantia prestada pelo devedor, se houver, e o respectivo instrumento;

V – a especificação do objeto da garantia que estiver na posse do credor.

Parágrafo único. Os títulos e documentos que legitimam os créditos deverão ser exibidos no original ou por cópias autenticadas se estiverem juntados em outro processo.

32. Requisitos da habilitação de crédito

O credor pode apresentar ao administrador judicial sua habilitação de crédito sem a necessária intervenção de advogado.

Em qualquer caso, a habilitação deve atender aos requisitos do artigo agora comentado.

Em relação ao habilitante, ela deve identificá-lo pelo nome e endereço. Além disso, deve indicar o endereço em que vai receber comunicações sobre o processo, se diferente. Convém, a propósito, informar o correio eletrônico, para facilidade nas comunicações.

Quanto ao crédito habilitado, a habilitação deve conter o valor atualizado até a data da decretação da falência ou do pedido de recuperação judicial. Note-se que não interessa a atualização do dia da habilitação, mas unicamente até as datas indicadas pela lei. Além do valor, a habilitação deve mencionar a origem e classificação do crédito. Note-se que o habilitante deve informar a origem do seu direito creditório em qualquer hipótese. Se é credor, por exemplo, de uma nota promissória devida pelo falido que titula por endosso, deve esclarecer na habilitação os negócios jurídicos subjacentes a esses atos cambiários, quando houver. Se a origem é exclusivamente a operação cambial, é claro que nenhum outro negócio jurídico subjacente existe para ser informado. No tocante à classificação do crédito, deve a habilitação indicar a que o habilitante considera pertinente (quirografário, trabalhista, com garantia real etc.).

A habilitação deve vir instruída com os documentos comprobatórios do crédito. Se houver provas testemunhais ou periciais a produzir, deve o habilitante indicá-las. Nesse caso, contudo, convém que conte com o patrocínio de um advogado, desde logo, em vista da complexidade que passa a revestir o tema.

Quando o crédito contar com alguma garantia (real ou de terceiros), o habilitante deve indicá-la e apresentar, se for o caso, o instrumento correspondente. Se a garantia estiver na posse do credor (como no caso do penhor), a habilitação deve especificar-lhe o objeto.

Art. 10. Não observado o prazo estipulado no art. 7.º, § 1.º, desta Lei, as habilitações de crédito serão recebidas como retardatárias.

§ 1.º Na recuperação judicial, os titulares de créditos retardatários, excetuados os titulares de créditos derivados da relação de trabalho, não terão direito a voto nas deliberações da assembleia geral de credores.

§ 2.º Aplica-se o disposto no § 1.º deste artigo ao processo de falência, salvo se, na data da realização da assembleia geral, já houver sido homologado o quadro-geral de credores contendo o crédito retardatário.

§ 3.º Na falência, os créditos retardatários perderão o direito a rateios eventualmente realizados e ficarão sujeitos ao pagamento de custas, não se computando os

acessórios compreendidos entre o término do prazo e a data do pedido de habilitação.

§ 4.º Na hipótese prevista no § 3.º deste artigo, o credor poderá requerer a reserva de valor para satisfação de seu crédito.

§ 5.º As habilitações de crédito retardatárias, se apresentadas antes da homologação do quadro-geral de credores, serão recebidas como impugnação e processadas na forma dos arts. 13 a 15 desta Lei.

§ 6.º Após a homologação do quadro-geral de credores, aqueles que não habilitaram seu crédito poderão, observado, no que couber, o procedimento ordinário previsto no Código de Processo Civil, requerer ao juízo da falência ou da recuperação judicial a retificação do quadro-geral para inclusão do respectivo crédito.

33. Habilitação retardatária

Os credores que não habilitarem seus créditos no prazo do art. 7.º, § 1.º, podem fazê-lo posteriormente. Serão processados os respectivos créditos como habilitação retardatária. Se apresentada antes da homologação do quadro geral, seu procedimento é idêntico ao das impugnações; se após, depende de ação judicial própria, pelo procedimento ordinário do Código de Processo Civil.

Far-se-á reserva para eventualmente atender ao retardatário, a pedido deste.

Em qualquer caso, as consequências da intempestividade da apresentação são quatro: *a*) os rateios já realizados não serão revistos para atender o retardatário; *b*) ele perde o direito aos consectários (correção monetária, por exemplo) incidentes entre o término do prazo de apresentação e sua efetivação; *c*) são devidas custas judiciais; *d*) o retardatário não tem direito de voto na Assembleia de credores na hipótese de recuperação judicial e, em caso de falência, não tem esse direito enquanto seu crédito não for incluído no quadro geral homologado, a menos que seja titular de crédito trabalhista.

34. Divergência retardatária

Após conferir a publicação da relação, o credor insatisfeito tem duas alternativas. Se não se encontra relacionado, deve apresentar a *habilitação* de seu crédito perante o administrador judicial. Se se encontra na relação publicada, mas discorda da classificação ou do valor atribuído aos seus créditos, deve suscitar a *divergência* também junto ao administrador judicial.

A lei fixa como prazo para a habilitação ou apresentação da divergência os 15 dias seguintes à publicação da relação dos credores. Autoriza, ademais, de modo expresso, a habilitação de crédito quando já vencido esse prazo.

Cabe indagar, diante disso, se seria possível a apresentação de *divergência* retardatária? O credor cujo crédito encontra-se contemplado na relação publicada pelo administrador judicial e discorda do valor ou classificação, tendo perdido o prazo do art. 7.º, § 1.º, não pode mais suscitar divergência?

A resposta parece-me simples. Por medida de isonomia, deve-se aplicar o disposto no artigo aqui comentado também para o caso de divergência. Em outros termos, não se pode rejeitar a divergência retardatária, porque isso significaria tratar de forma discriminatória o credor que foi incorretamente mencionado na relação e o omitido. Se admitida a declaração retardatária em favor desse último, não cabe negar-se a apresentação da divergência extemporânea em favor do primeiro. Não há fundamento para a discriminação. A interpretação do art. 10 da LF *conforme a Constituição* impõe, a partir do princípio constitucional da igualdade, a conclusão pela admissão da divergência retardatária.

35. Custas na habilitação de crédito

Na habilitação ou impugnação tempestivas, não são devidas custas judiciais. Mas elas são devidas na habilitação retardatária.

O Des. Pereira Calças sintetizou o entendimento do TJSP na matéria, ao relatar o julgamento do Agravo de Instrumento n. 580.260-4/0-00: "Esta Câmara Especializada já decidiu que não é cabível o recolhimento de taxa judiciária na habilitação tempestiva de crédito em concordata preventiva (Agravo de Instrumento n. 491.882.4/6-00,

Comarca de Nova Odessa/Americana), como também não é exigida a taxa judiciária na impugnação tempestiva em recuperação judicial (Agravo de Instrumento n. 468.219.4/8-00, Comarca de São Paulo), ambos de minha relatoria. Porém, em se tratando de habilitação retardatária, o entendimento é diferente, conforme se verifica pela ementa do v. aresto proferido na Apelação Cível com Revisão n. 574.375.4/7--00, da Comarca de Nova Odessa/Americana, relatado pelo eminente Desembargador Romeu Ricupero: '*Falência. Habilitação intempestiva. No Estado de São Paulo, o § 8.º do art. 4.º da Lei Estadual n. 11.608/2003 (Lei de Custas do Estado) prevê ser devida a taxa judiciária em caso de habilitação retardatária de crédito em processo de concordata, agora substituída pela recuperação judicial. Ademais, o § 3.º do art. 10 da Lei n. 11.101/2005 também prevê o pagamento de custas em caso de habilitação intempestiva de crédito em falência.* (...)'".

> **Art. 11. Os credores cujos créditos forem impugnados serão intimados para contestar a impugnação, no prazo de 5 (cinco) dias, juntando os documentos que tiverem e indicando outras provas que reputem necessárias.**

36. Contestação da impugnação

Cada impugnação apresentada à relação dos credores é autuada em separado.

As autuações serão feitas em função dos objetos impugnados, de modo que se reúnam nos mesmos autos todas as impugnações referentes ao mesmo crédito, independentemente de quem seja o impugnante. Após autuar as impugnações, o cartório providencia a intimação dos credores impugnados. Eles terão 5 dias para contestar a impugnação, juntar documentos e indicar as provas que pretendem produzir.

> **Art. 12. Transcorrido o prazo do art. 11 desta Lei, o devedor e o Comitê, se houver, serão intimados pelo juiz para se manifestar sobre ela no prazo comum de 5 (cinco) dias.**

Parágrafo único. Findo o prazo a que se refere o *caput* deste artigo, o administrador judicial será intimado pelo juiz para emitir parecer no prazo de 5 (cinco) dias, devendo juntar à sua manifestação o laudo elaborado pelo profissional ou empresa especializada, se for o caso, e todas as informações existentes nos livros fiscais e demais documentos do devedor acerca do crédito, constante ou não da relação de credores, objeto da impugnação.

37. Processamento da verificação de créditos

Em seguida à contestação da impugnação (ou ao decurso do prazo sem ela), intimam-se o falido ou o representante legal da sociedade falida e o Comitê, se existente, para no prazo comum de 5 dias se manifestarem sobre as matérias litigiosas.

Vencido o prazo de manifestação do devedor e do Comitê, o administrador judicial deve exarar seu parecer, em 5 dias contados da respectiva intimação.

O parecer deverá ser instruído por todas as informações existentes nos livros e demais documentos do falido e pela parte relevante do laudo de auditoria, se levantado.

Art. 13. A impugnação será dirigida ao juiz por meio de petição, instruída com os documentos que tiver o impugnante, o qual indicará as provas consideradas necessárias.
Parágrafo único. Cada impugnação será autuada em separado, com os documentos a ela relativos, mas terão uma só autuação as diversas impugnações versando sobre o mesmo crédito.

Art. 14. Caso não haja impugnações, o juiz homologará, como quadro geral de credores, a relação dos credores constante do edital de que trata o art. 7.º, § 2.º, desta Lei, dispensada a publicação de que trata o art. 18 desta Lei.

38. Homologação do QGC (Quadro Geral de Credores)

Se, decorrido o prazo para as impugnações, nenhuma for apresentada, o juiz deve homologar a relação de credores apresentada pelo devedor como quadro geral de credores.

Nesse caso, dispensa-se a publicação. Como todos já tiveram conhecimento da relação publicada e republicada, e nada há a acrescentar, alterar ou extrair dela, a nova publicação teria apenas o sentido de acrescer despesas ao processo.

> **Art. 15. Transcorridos os prazos previstos nos arts. 11 e 12 desta Lei, os autos de impugnação serão conclusos ao juiz, que:**
>
> **I – determinará a inclusão no quadro geral de credores das habilitações de créditos não impugnadas, no valor constante da relação referida no § 2.º do art. 7.º desta Lei;**
>
> **II – julgará as impugnações que entender suficientemente esclarecidas pelas alegações e provas apresentadas pelas partes, mencionando, de cada crédito, o valor e a classificação;**
>
> **III – fixará, em cada uma das restantes impugnações, os aspectos controvertidos e decidirá as questões processuais pendentes;**
>
> **IV – determinará as provas a serem produzidas, designando audiência de instrução e julgamento, se necessário.**

39. Decisão da verificação e das impugnações

Retornando os autos de impugnação de crédito com o parecer do administrador judicial, serão todos promovidos à conclusão.

Aquelas impugnações, em que não se impõe a dilação probatória, são, então, julgadas desde logo. O juiz decide se a relação de credores republicada está correta ou se tem razão o impugnante.

Em relação às demais, o juiz fixa os aspectos controvertidos, decide as questões processuais pendentes e determina as provas a serem produzidas (nomeia perito, designa audiência de instrução e julgamento etc.). Concluída a dilação probatória, o juiz julga a impugnação, acolhendo-a ou rejeitando-a.

40. Honorários de sucumbência

Se a impugnação ao quadro de credores é julgada improcedente, o credor impugnante é devedor dos ônus de sucumbência, incluindo os honorários do advogado da sociedade empresária em recuperação. Estes serão fixados de acordo com o CPC (TJSP, Agravo de Instrumento n. 589.244-4/4-00, relator o Des. Pereira Calças; Agravo de Instrumento n. 581.455-4/9-00, relator o Des. Lino Machado).

41. Descabimento dos honorários de sucumbência em favor do administrador judicial

Descabe a condenação em honorários em favor do administrador judicial. Este é remunerado, por todo o trabalho que executa, inclusive a sustentação da pertinência do quadro geral de credores nas impugnações ofertadas, pela remuneração global que lhe é devida. No julgamento referido no item anterior (Agravo de Instrumento n. 589.244-4/4-00), restou assentado que "no que concerne à condenação da agravante no pagamento de honorários para o Administrador Judicial que emitiu parecer na impugnação, evidentemente, incabível na espécie, visto que aquele já é remunerado nos termos do artigo 24 da Lei n. 11.101/2005".

Art. 16. O juiz determinará, para fins de rateio, a reserva de valor para satisfação do crédito impugnado.

Parágrafo único. Sendo parcial, a impugnação não impedirá o pagamento da parte incontroversa.

42. Reserva em favor do credor impugnado

Sempre que houver impugnação de crédito, o juiz da falência deve determinar a reserva do valor para o seu atendimento. A reserva deve dizer respeito à parte sobre a qual versa a impugnação. Como autoriza o parágrafo único, a parte incontroversa será paga normalmente no momento da satisfação dos créditos de igual classificação; e, por isso, ela não deve integrar a reserva.

Art. 17. Da decisão judicial sobre a impugnação caberá agravo.

Parágrafo único. Recebido o agravo, o relator poderá conceder efeito suspensivo à decisão que reconhece o crédito ou determinar a inscrição ou modificação do seu valor ou classificação no quadro geral de credores, para fins de exercício de direito de voto em assembleia geral.

43. Dispositivo equivalente na lei anterior

Na lei anterior, o art. 97 previa o cabimento de apelação contra a decisão acerca da admissão de crédito na falência.

O prazo para o recurso, nela, contava-se da publicação do QGC. Na nova lei, conta-se da publicação da decisão. A disciplina da anterior, nesse ponto, era melhor. A definição da publicação do QGC como o termo inicial do prazo para o recurso contra a admissão de crédito possibilitava aos interessados avaliarem a pertinência da medida. Somente após o QGC, tem o habilitante ou o impugnante plenas condições de saber se aquele crédito admitido ou rejeitado pela decisão contrária à sua postulação afetará, no final, o direito que titulariza. Se, pelo quadro, o habilitante percebe que não irá receber mesmo nada na falência, ele pode optar por não recorrer; se o impugnante, por seu turno, avalia que, mesmo com o crédito contra o qual se insurgira, seu pagamento está garantido ou comprometido, ele também pode concluir por não apresentar o recurso.

Com a nova sistemática, o habilitante ou impugnante devem apresentar seu recurso, mesmo sem ter eventualmente a visão geral do quadro de credores e a avaliação quanto ao futuro de seu crédito.

44. Recurso contra a decisão da habilitação ou impugnação

Contra a sentença proferida na impugnação de crédito cabe agravo. Não há nada, na Lei de Falências, de específico na disciplina desse recurso.

Art. 18. O administrador judicial será responsável pela consolidação do quadro geral de credores, a ser homologado pelo juiz, com base na relação dos credores a que se refere o art. 7.º, § 2.º, desta Lei e nas decisões proferidas nas impugnações oferecidas.

Parágrafo único. O quadro geral, assinado pelo juiz e pelo administrador judicial, mencionará a importância e a classificação de cada crédito na data do requerimento da recuperação judicial ou da decretação da falência, será juntado aos autos e publicado no órgão oficial, no prazo de 5 (cinco) dias, contado da data da sentença que houver julgado as impugnações.

45. Consolidação e publicação do QGC (Quadro Geral de Credores)

Transitadas em julgado todas as sentenças proferidas nas impugnações, o administrador judicial, com base na relação republicada e no resultado dos incidentes, consolida o quadro geral de credores e o submete à homologação do juiz.

O quadro geral de credores assinado pelo juiz e pelo administrador judicial será juntado aos autos da falência e publicado nos 5 dias seguintes ao último trânsito em julgado de sentença proferida em impugnação de crédito.

Se não houve impugnação, o juiz homologa a republicação como quadro geral de credores e determina nova publicação.

Com a publicação do quadro geral de credores, encerra-se o procedimento de verificação de crédito.

Art. 19. O administrador judicial, o Comitê, qualquer credor ou o representante do Ministério Público poderá, até o encerramento da recuperação judicial ou da falência, observado, no que couber, o procedimento ordinário previsto no Código de Processo Civil, pedir a exclusão, outra classificação ou a retificação de qualquer crédito, nos casos de descoberta de falsidade, dolo, simulação, fraude, erro essencial ou, ainda, documentos ignorados na época do julgamento do crédito ou da inclusão no quadro geral de credores.

§ 1.º A ação prevista neste artigo será proposta exclusivamente perante o juízo da recuperação judicial ou da falência ou, nas hipóteses previstas no art. 6.º, §§ 1.º e 2.º, desta Lei, perante o juízo que tenha originariamente reconhecido o crédito.

§ 2.º Proposta a ação de que trata este artigo, o pagamento ao titular do crédito por ela atingido somente poderá ser realizado mediante a prestação de caução no mesmo valor do crédito questionado.

46. Ação rescisória de crédito admitido

A Lei de Falências prevê uma ação, por procedimento ordinário, rescisória da admissão de crédito. Até o encerramento da falência, o administrador judicial, o Comitê (pelo voto da maioria de seus membros), qualquer credor admitido ou o Ministério Público podem propô-la com a finalidade de excluir, reclassificar ou retificar qualquer crédito admitido.

O fundamento é a descoberta de falsidade, dolo, simulação, fraude, erro essencial ou de documentos ignorados na época do julgamento do crédito.

A ação corre, em princípio, perante o juízo universal da falência. Há duas exceções a essa regra de competência: se o crédito é trabalhista ou, enquanto ilíquido, tinha sido objeto de ação não suspensa pela instauração do concurso falimentar. Nesses casos, competentes para a rescisão da admissão de crédito são respectivamente a Justiça do Trabalho e o juízo perante o qual tramitou a ação de objeto ilíquido.

Proposta a ação de rescisão, se ainda não tiver sido realizado o pagamento do crédito rescindendo, somente mediante caução poderá o demandado recebê-lo.

Art. 20. As habilitações dos credores particulares do sócio ilimitadamente responsável processar-se-ão de acordo com as disposições desta Seção.

47. Credores do sócio ilimitadamente responsável

Esse dispositivo aplica-se apenas nas falências e recuperações de sociedades empresárias de tipo menor, isto é, em nome coletivo, comandita simples e comandita por ações. Nas sociedades limitadas e anônimas, não há nenhum sócio ilimitadamente responsável.

Quando aplicável, o dispositivo determina que o credor do sócio ilimitadamente responsável deve habilitar seu crédito e pode tê-lo impugnado como se credor fosse da própria sociedade.

Seção III
Do Administrador Judicial e do Comitê de Credores

Art. 21. O administrador judicial será profissional idôneo, preferencialmente advogado, economista, administrador de empresas ou contador, ou pessoa jurídica especializada.

Parágrafo único. Se o administrador judicial nomeado for pessoa jurídica, declarar-se-á, no termo de que trata o art. 33 desta Lei, o nome de profissional responsável pela condução do processo de falência ou de recuperação judicial, que não poderá ser substituído sem autorização do juiz.

48. Perfil do administrador judicial

O administrador judicial (que pode ser pessoa física ou jurídica) é o agente auxiliar do juiz que, em nome próprio (portanto, com responsabilidade), deve cumprir com as funções cometidas pela lei. Além de auxiliar do juiz na administração da falência, o administrador judicial é também o representante da comunhão de interesses dos credores (massa falida *subjetiva*), na falência. Exclusivamente para fins penais, o administrador judicial é considerado funcionário público. Para os demais efeitos, no plano dos direitos civil e administrativo, ele é agente externo colaborador da justiça, da pessoal e direta confiança do juiz que o investiu na função.

Ele deve ser profissional com condições técnicas e experiência para bem desempenhar as atribuições cometidas por lei. Note-se que o advogado não é necessariamente o profissional mais indicado para a função, visto que muitas das atribuições do administrador judicial dependem, para seu bom desempenho, mais de conhecimentos de administração de empresas do que jurídicos. O ideal é a escolha recair sobre pessoa com conhecimentos ou experiência na administração de empresas do porte da devedora e, quando necessário, autorizar a contratação de advogado para assisti-lo ou à massa.

O administrador judicial é escolhido pelo juiz e será sempre uma pessoa de sua confiança com a incumbência de o auxiliar na administração da massa falida.

Art. 22. Ao administrador judicial compete, sob a fiscalização do juiz e do Comitê, além de outros deveres que esta Lei lhe impõe:

I – na recuperação judicial e na falência:

***a)* enviar correspondência aos credores constantes na relação de que trata o inciso III do *caput* do art. 51, o inciso III do *caput* do art. 99 ou o inciso II do *caput* do art. 105 desta Lei, comunicando a data do pedido de recuperação judicial ou da decretação da falência, a natureza, o valor e a classificação dada ao crédito;**

b) fornecer, com presteza, todas as informações pedidas pelos credores interessados;

c) dar extratos dos livros do devedor, que merecerão fé de ofício, a fim de servirem de fundamento nas habilitações e impugnações de créditos;

d) exigir dos credores, do devedor ou seus administradores quaisquer informações;

e) elaborar a relação de credores de que trata o § 2.º do art. 7.º desta Lei;

f) consolidar o quadro geral de credores nos termos do art. 18 desta Lei;

g) requerer ao juiz convocação da assembleia geral de credores nos casos previstos nesta Lei ou quando entender necessária sua ouvida para a tomada de decisões;

h) contratar, mediante autorização judicial, profissionais ou empresas especializadas para, quando necessário, auxiliá-lo no exercício de suas funções;

i) manifestar-se nos casos previstos nesta Lei;

II – na recuperação judicial:

a) fiscalizar as atividades do devedor e o cumprimento do plano de recuperação judicial;

b) requerer a falência no caso de descumprimento de obrigação assumida no plano de recuperação;

c) apresentar ao juiz, para juntada aos autos, relatório mensal das atividades do devedor;

d) apresentar o relatório sobre a execução do plano de recuperação, de que trata o inciso III do *caput* do art. 63 desta Lei;

III – na falência:

a) avisar, pelo órgão oficial, o lugar e hora em que, diariamente, os credores terão à sua disposição os livros e documentos do falido;

b) examinar a escrituração do devedor;

c) relacionar os processos e assumir a representação judicial da massa falida;

d) receber e abrir a correspondência dirigida ao devedor, entregando a ele o que não for assunto de interesse da massa;

e) apresentar, no prazo de 40 (quarenta) dias, contado da assinatura do termo de compromisso, prorrogável por igual período, relatório sobre as causas e circunstâncias que conduziram à situação de falência, no qual apontará a responsabilidade civil e penal dos envolvidos, observado o disposto no art. 186 desta Lei;

f) arrecadar os bens e documentos do devedor e elaborar o auto de arrecadação, nos termos dos arts. 108 e 110 desta Lei;

g) avaliar os bens arrecadados;

h) contratar avaliadores, de preferência oficiais, mediante autorização judicial, para a avaliação dos bens caso entenda não ter condições técnicas para a tarefa;

i) praticar os atos necessários à realização do ativo e ao pagamento dos credores;

j) requerer ao juiz a venda antecipada de bens perecíveis, deterioráveis ou sujeitos a considerável desvalorização ou de conservação arriscada ou dispendiosa, nos termos do art. 113 desta Lei;

l) praticar todos os atos conservatórios de direitos e ações, diligenciar a cobrança de dívidas e dar a respectiva quitação;

m) remir, em benefício da massa e mediante autorização judicial, bens apenhados, penhorados ou legalmente retidos;

n) representar a massa falida em juízo, contratando, se necessário, advogado, cujos honorários serão previamente ajustados e aprovados pelo Comitê de Credores;

o) requerer todas as medidas e diligências que forem necessárias para o cumprimento desta Lei, a proteção da massa ou a eficiência da administração;

p) apresentar ao juiz para juntada aos autos, até o 10 (décimo) dia do mês seguinte ao vencido, conta demonstrativa da administração, que especifique com clareza a receita e a despesa;

q) entregar ao seu substituto todos os bens e documentos da massa em seu poder, sob pena de responsabilidade;

r) prestar contas ao final do processo, quando for substituído, destituído ou renunciar ao cargo.

§ 1.º As remunerações dos auxiliares do administrador judicial serão fixadas pelo juiz, que considerará a complexidade dos trabalhos a serem executados e os valores praticados no mercado para o desempenho de atividades semelhantes.

§ 2.º Na hipótese da alínea *d* do inciso I do *caput* deste artigo, se houver recusa, o juiz, a requerimento do administrador judicial, intimará aquelas pessoas para que compareçam à sede do juízo, sob pena de desobediência, oportunidade em que as interrogará na presença do administrador judicial, tomando seus depoimentos por escrito.

§ 3.º Na falência, o administrador judicial não poderá, sem autorização judicial, após ouvidos o Comitê e o devedor no prazo comum de 2 (dois) dias, transigir sobre obrigações e direitos da massa falida e conceder abatimento de dívidas, ainda que sejam consideradas de difícil recebimento.

§ 4.º Se o relatório de que trata a alínea e do inciso III do *caput* deste artigo apontar responsabilidade penal de qualquer dos envolvidos, o Ministério Público será intimado para tomar conhecimento de seu teor.

49. Competência do administrador judicial na falência

De um modo geral, cabe ao administrador judicial auxiliar o juiz na administração da falência e representar a comunhão dos interesses dos credores. Como auxiliar do juiz, ele deve-se manifestar nos autos sempre que determinado, bem como tomar a iniciativa de propor medidas úteis ao bom andamento do processo falimentar. Como representante legal da comunhão dos interesses dos credores, deve administrar os bens da massa visando obter a otimização dos recursos disponíveis.

Sua missão consiste em procurar maximizar o resultado da realização do ativo. Quanto mais dinheiro ingressar na conta da massa falida em função da cobrança dos devedores e venda dos bens do falido, maiores serão os recursos disponíveis para o pagamento dos credores. Esse objetivo – otimização dos recursos da massa – norteia a atuação do administrador judicial e, portanto, também a avaliação do seu desempenho.

Na administração dos interesses comuns dos credores, o administrador judicial não goza de absoluta autonomia. Além de estar obrigado a prestar contas de todos os seus atos, deve requerer a autorização judicial previamente à adoção de algumas medidas de crucial importância para a falência. A contratação de profissionais e auxiliares, por exemplo, só vincula a massa quando autorizada pelo juiz, que aprova também a remuneração. Se o administrador judicial contratar alguém para o assessorar ou ajudar no desempenho de suas atribuições sem solicitar antes a autorização do juiz, é exclusivamente ele (e nunca a massa falida) o responsável pelo pagamento do profissional ou auxiliar. Outro exemplo: o administrador judicial não pode transigir sobre créditos e negócios da massa falida nem conceder desconto ou abatimento, ainda que seja o crédito de difícil cobrança, a não ser que esteja previamente autorizado pelo juiz (ouvido o Comitê e o falido).

Além das hipóteses legais que expressamente limitam a autonomia do administrador judicial, porém, tem ele poderes para fazer o que considerar do interesse da comunhão dos credores.

Ao lado das atribuições gerais de auxiliar do juiz e representante legal da massa falida, ao administrador judicial cabe especificamente, entre outros deveres fixados na lei: *a*) avisar, pelo *Diário Oficial*, o lugar e hora em que, diariamente, os credores poderão examinar livros e documentos do falido; *b*) examinar a escrituração da falida, em busca de indícios de irregularidades; *c*) relacionar, nos autos, as ações em curso de interesse da massa, assumindo sua representação processual; *d*) receber e abrir a correspondência endereçada ao falido; *e*) apresentar seu relatório sobre as causas da falência, com indicação das responsabilidades civis e penais que identificar; *f*) arrecadar e avaliar os bens da falida; *g*) arrecadar os livros e documentos da falida; *h*) proceder à realização do ativo e pagamento do passivo, na forma da lei; *i*) requerer ao juiz a venda antecipada de bens perecíveis, deterioráveis ou sujeitos a considerável desvalorização ou arriscada ou custosa conservação; *j*) requerer medidas e diligências necessárias ao cumprimento da legislação falimentar, proteção dos interesses da comunhão dos credores ou eficiência da administração da massa.

50. Despesas no exterior incorridas pelo administrador na falência

Para bem desempenhar suas atribuições, o administrador judicial, na falência, pode ver-se na contingência de realizar despesas no exterior destinadas à recuperação de ativos. Conforme sejam as circunstâncias da quebra ou o perfil do falido, deve-se presumir que tais diligências são necessárias e atendem aos interesses dos credores. A prova da inutilidade ou falta de economicidade da providência cabe exclusivamente ao credor, não tendo o falido legitimidade para questioná-la.

Na falência do *Banco Santos S.A.*, por exemplo, o administrador judicial considerou importante realizar diligências no exterior e tanto o juízo falimentar como o TJSP entenderam plenamente justificáveis as medidas propugnadas. Em segundo grau, foi desprovido o agravo interposto pelo falido, nos seguintes termos: "Cabe aos credores a defesa de seus interesses. Se não se opõem à realização de diligências no exterior para localização de bens do falido, de presumir-se que tais providências estão em conformidade com seus interesses" (Agravo de Instrumento n. 609.129-4/3-00, relator Des. Lino Machado).

51. Competência do administrador judicial na recuperação judicial

Em toda recuperação judicial, como auxiliar do juiz e sob sua direta supervisão, atua um profissional na função de administrador judicial. Ele, em geral, é pessoa da confiança do juiz, por este nomeado no despacho que manda processar o pedido de recuperação judicial. Se, porém, o nomeado pelo juiz for substituído pela Assembleia dos Credores, a competência para a escolha do substituto é desse órgão colegiado.

O administrador judicial deve ser pessoa idônea, preferencialmente advogado, economista, administrador de empresas, contador ou pessoa jurídica especializada. Estão, porém, impedidos de exercer a função os que anteriormente não a desempenharam a contento. Quem, nos 5 anos anteriores, exerceu a função de administrador judicial ou membro de Comitê em processos de falência ou recuperação judicial e dela foi destituído, deixou de prestar contas ou teve reprovadas as que prestou, está impedido de ser nomeado para a função. Também há impedimento que veda a nomeação de pessoas com vínculo de parentesco ou afinidade até terceiro grau com o empresário individual ou qualquer dos representantes legais da sociedade empresária requerente da recuperação judicial, amigo, inimigo ou dependente destes. As razões que fundamentam os impedimentos legais percebem-se com facilidade. No primeiro caso, a pessoa revelou não estar apta ao exercício da função, e o juiz só deve escolhê-la em outro processo se convencido de que, além do transcurso dos 5 anos, ela amadureceu profissionalmente e reúne, agora, os atributos de competência e responsabilidade necessários ao bom desempenho das tarefas a ele cometidas. No segundo, em virtude do parentesco, afinidade, amizade, inimizade ou dependência em relação ao devedor ou aos diretores da sociedade empresária que explora a empresa em crise, a pessoa não está inteiramente livre para o exercício da função.

Na recuperação judicial, as funções do administrador judicial variam de acordo com dois vetores: caso o Comitê, que é órgão facultativo, exista ou não; e caso tenha sido ou não decretado o afastamento dos administradores da empresa em recuperação.

De acordo com o primeiro vetor, uma vez instalado o Comitê, ao administrador judicial caberá basicamente proceder à verificação dos créditos, presidir a Assembleia dos Credores e fiscalizar o empresário individual devedor ou a sociedade empresária devedora. Não havendo Comitê, o administrador assumirá também a competência reservada pela lei a esse órgão colegiado, exceto se houver incompatibilidade.

Pelo segundo vetor, o administrador judicial é investido no poder de administrar a empresa e representar a sociedade empresária requerente da recuperação judicial quando o juiz determinar o afastamento dos seus diretores, enquanto não for eleito o gestor judicial pela Assembleia geral. Somente nesse caso particular, tem ele a prerrogativa de se imiscuir por completo na intimidade da empresa e tomar as decisões administrativas atinentes à exploração do negócio. Não tendo o juiz afastado os diretores ou administradores da sociedade empresária requerente da recuperação judicial, o administrador judicial será mero fiscal dessa, o responsável pela verificação dos créditos e o presidente da Assembleia dos Credores.

Cabe, para encerrar, uma pequena observação crítica acerca da designação dada pela lei à função. Na verdade, na recuperação judicial, o auxiliar do juiz não é, na maioria das vezes, administrador de nada. Exceto nas raras vezes em que os administradores da sociedade em recuperação são destituídos pelo juiz, e mesmo assim enquanto os credores não elegem o gestor judicial, o assim chamado administrador judicial não exerce nenhuma função administrativa, não tem ingerência nenhuma na gestão da empresa explorada pelo requerente do benefício.

52. Indelegabilidade da função

A função do administrador judicial é indelegável. Isso significa que ele não pode transferir para ninguém, no todo ou em parte, a tarefa que legalmente lhe foi reservada. Mesmo quando ele é pessoa jurídica especializada, o profissional indicado para responder pela função não pode transferir qualquer incumbência a outrem. Não pode fazê-lo ainda que delegue a função para outro profissional vinculado à mesma pessoa jurídica nomeada administradora judicial.

Da indelegabilidade da função, porém, não se segue a proibição de contratar auxiliares. O administrador judicial pode contratar profissionais para auxiliá-lo, desde que solicite e obtenha prévia aprovação do juiz, inclusive quanto à remuneração (salários ou honorários).

Quando, na falência, se trata de contratar como auxiliar um advogado, deve-se distinguir entre o contratado para a defesa dos interesses da massa e o contratado para a representação processual do próprio administrador judicial, porque somente os honorários do primeiro podem ser suportados pela massa falida. Cabe ao próprio administrador judicial, portanto, remunerar o advogado que eventualmente vier a contratar para representá-lo na falência.

53. Cobrança dos devedores do falido

A realização do ativo – que é um dos objetivos do processo falimentar – não compreende apenas a venda dos bens arrecadados. Também a cobrança, amigável ou judicial, dos créditos titularizados pelo falido ou pela sociedade falida deverá ser providenciada pelo administrador judicial.

Assim que for exigível o título correspondente ao crédito da falida – quer dizer, no vencimento, se implementadas eventuais condições suspensivas –, deve o administrador judicial diligenciar o seu recebimento. Uma vez exauridas as tentativas de recebimento amigável, o administrador judicial deve contratar, em nome e por conta da massa falida, advogado para o ajuizamento das ações e execuções, se ainda não propostas.

Para abreviar e facilitar a realização do ativo exigível, o administrador judicial, desde que autorizado pelo juiz da falência (após ouvir o Comitê e o falido), pode oferecer abatimento ao devedor, quando for o crédito de difícil liquidação. Assim, se reputar que será infrutífera a cobrança judicial, porque insolvente o devedor, ou arriscada, por duvidoso o título da falida, o administrador judicial deve requerer fundamentadamente ao juiz da falência autorização para entabular negociações.

O requerimento deve mencionar o percentual máximo de abatimento autorizado, mas não deve ser juntado aos autos da falência senão após concluídas as negociações e, mesmo assim, se não houver inconveniente em tornar públicas as balizas da transação entabuladas pelo administrador judicial. Se ainda houver outros negócios em curso ou o administrador judicial conseguir negociar abatimento *menor* que o autorizado pelo juiz, não é do interesse da massa que se divulguem os parâmetros cogitados na origem das tratativas. Será suficiente para a plena validade do desconto e da quitação pelo administrador judicial do devido à falida que o juiz aprove os termos finais da transação.

Art. 23. O administrador judicial que não apresentar, no prazo estabelecido, suas contas ou qualquer dos relatórios previstos nesta Lei será intimado pessoalmente a fazê-lo no prazo de 5 (cinco) dias, sob pena de desobediência.

Parágrafo único. Decorrido o prazo do *caput* deste artigo, o juiz destituirá o administrador judicial e nomeará substituto para elaborar relatórios ou organizar as contas, explicitando as responsabilidades de seu antecessor.

54. Prestação de contas do administrador judicial

Na falência, o administrador judicial deve prestar contas de sua administração em duas hipóteses: ordinariamente, ao término do processo, e extraordinariamente, quando deixa as suas funções por renúncia, substituição ou destituição.

55. Destituição e substituição do administrador judicial

O administrador judicial pode deixar suas funções por *substituição* ou *destituição*, que são figuras distintas.

No primeiro caso, não se configura sanção infligida a ele, tratando-se apenas de providência prevista em lei, tendo em vista a melhor administração da falência ou mesmo a continuidade do processo falimentar.

Já a destituição é sanção imposta ao que não cumpriu a contento com as obrigações inerentes à função ou passou a ter interesses conflitantes com os da massa.

São causas para a substituição a renúncia justificada, morte, incapacidade civil, falência etc.; são motivos de destituição a inobservância de prazo legal, renúncia injustificada ou o interesse conflitante com o da massa.

Um administrador judicial substituído – em razão de renúncia justificada, por exemplo – tem direito à remuneração proporcional ao trabalho despendido e pode voltar a ser nomeado para a função em outra falência; por sua vez, a pessoa destituída perde o direito à remuneração e não pode mais ser escolhida para atuar em nenhuma outra falência.

56. Destituição do administrador substituído

Como a destituição tem caráter de sanção e a substituição não, é possível destituir-se administrador judicial que não ocupa mais a função.

Parece contraditório, mas deve-se lembrar que a destituição não tem somente o objetivo de investir outra pessoa na função de administrador judicial, mas – principalmente – a de punir o anteriormente investido.

Se não for admitida a hipótese de destituição de administrador substituído, bastará àquele que havia incorrido em ilicitude ou irregularidade renunciar à função para escapar à aplicação da pena.

> **Art. 24. O juiz fixará o valor e a forma de pagamento da remuneração do administrador judicial, observados a capacidade de pagamento do devedor, o grau de complexidade do trabalho e os valores praticados no mercado para o desempenho de atividades semelhantes.**
>
> **§ 1.º Em qualquer hipótese, o total pago ao administrador judicial não excederá 5% (cinco por cento) do valor devido aos credores submetidos à recuperação judicial ou do valor de venda dos bens na falência.**
>
> **§ 2.º Será reservado 40% (quarenta por cento) do montante devido ao administrador judicial para pagamento após atendimento do previsto nos arts. 154 e 155 desta Lei.**
>
> **§ 3.º O administrador judicial substituído será remunerado proporcionalmente ao trabalho realizado, salvo se renunciar sem relevante razão ou for destituído de suas**

funções por desídia, culpa, dolo ou descumprimento das obrigações fixadas nesta Lei, hipóteses em que não terá direito à remuneração.

§ 4.º Também não terá direito a remuneração o administrador que tiver suas contas desaprovadas.

§ 5.º A remuneração do administrador judicial fica reduzida ao limite de 2% (dois por cento), no caso de microempresas e empresas de pequeno porte.

57. Remuneração do administrador judicial

Variam, em parte, as regras sobre a remuneração do administrador, segundo se trate de falência ou recuperação judicial.

Falência. Na falência, o administrador judicial tem direito a remuneração, arbitrada pelo juiz geralmente em percentual do valor do ativo realizado.

A remuneração deve refletir, na falência, a ponderação de quatro fatores. O primeiro é pertinente à diligência demonstrada pelo administrador judicial e pela qualidade do trabalho devotado ao processo (o mais diligente e competente merece proporcionalmente mais). O segundo atenta à importância da massa, isto é, o valor do passivo envolvido, inclusive quantidade de credores (o administrador judicial de uma falência com passivo elevado, distribuído entre poucos credores, merece proporcionalmente menos que o de uma outra com passivo mais baixo, com muitos credores). O terceiro diz respeito aos valores praticados no mercado para trabalho equivalente. O derradeiro fator ponderável pelo juiz é o limite máximo da lei, fixado em percentual de 5% sobre o valor de venda dos bens.

Diz a lei que a remuneração do administrador judicial deve ser paga em duas parcelas, sendo a primeira de 40% quando do atendimento dos créditos extraconcursais; e a segunda correspondente a 60% após a aprovação das contas.

Veja que o administrador judicial tem perante a massa falida crédito extraconcursal, ou seja, crédito que deve ser satisfeito *antes* das restituições em dinheiro e do pagamento dos credores. Assim é porque ele não pode correr o risco de trabalhar sem remuneração, fato que se verificaria se a massa consumisse todos os seus recursos no pagamento dos credores com preferência em relação à remuneração do administrador judicial.[31] A diligência e a competência dele serão tanto maiores quanto mais atrativa for a remuneração, evidentemente. Como do trabalho do administrador judicial se beneficia a comunidade de credores como um todo, a lei determina o pagamento da sua remuneração *antes* de qualquer outro desembolso da massa, inclusive das restituições em dinheiro.

Por essa razão, no mesmo ato em que se procede ao pagamento da primeira parcela da remuneração devida ao administrador também se faz a devida reserva do numerário correspondente à segunda parcela. Sem essa reserva, a remuneração do administrador judicial perderia a natureza de crédito extraconcursal.

A remuneração não é devida ao administrador que renunciar sem relevante razão ou for destituído por desídia, culpa, dolo ou descumprimento de suas obrigações. Também não terá direito de ser remunerado se suas contas não forem aprovadas. Caso tenha sido substituído por motivo justificável (impedimento físico, problemas de saúde etc.), fará jus à remuneração proporcional ao trabalho despendido.

Recuperação judicial. Na recuperação judicial, os parâmetros para o juiz fixar a remuneração do administrador judicial são os mesmos, havendo uma só especificidade a considerar. Trata-se da inexistência de expressa previsão de parcelamento. Mas, destaco, o administrador judicial não pode ser remunerado mediante pagamento integral à vista também na recuperação judicial. Como previsto em outro preceito, parte da remuneração deve ser paga somente após a sentença de encerramento da recuperação judicial, mesmo assim condicionada à tempestiva prestação de contas e aprovação do relatório (LF, art. 63, I). O percentual de cada prestação do total devido ao administrador judicial, à falta de específica disciplina da lei, será fixado discricionariamente pelo juiz.

A remuneração do administrador judicial será paga pelo empresário individual ou pela sociedade empresária em processo de recupera-

31. Karen Gross. *Failure and forgiveness. Rebalancing the bankruptcy system*, New Haven e London: Yale University, 1997, p. 149-152.

ção, segundo os parâmetros fixados pelo juiz. Claro que, na definição da remuneração, o juiz deve levar em conta principalmente a extensão das atribuições cometidas ao administrador. Se a atuação dele restringir-se à verificação dos créditos, ela deve ser menor – consideravelmente menor – à atribuída àquele profissional temporariamente investido no poder de direção e representação legal da sociedade empresária em recuperação, por exemplo.

58. Princípios norteadores da fixação da remuneração

Na aplicação do art. 24, e seus parágrafos, da LF, o Judiciário tem-se norteado pelos princípios da proporcionalidade e razoabilidade. Assim, não se justifica fixar a remuneração do administrador judicial, na recuperação judicial, pelo limite máximo, quando não houve nenhuma especificidade no processo a demandar trabalho excepcional. Num caso em que o trabalho do administrador judicial não foi complexo, considerou-se razoável e proporcional fixar-se a alíquota de sua remuneração em 3,36% do valor devido aos credores sujeitos (confira-se o julgamento do Agravo de Instrumento n. 595.951-4/0-00, relatado pelo Des. Romeu Ricupero).

59. A reserva de 40%

A reserva de 40% da remuneração devida ao administrador judicial para pagamento apenas após a aprovação de suas contas é aplicável unicamente na falência. Isso decorre da própria literalidade do dispositivo abrigado no § 2.º do artigo objeto de comentário, que se remete a normas exclusivas do processo falimentar em sentido estrito. Na recuperação judicial, a remuneração do administrador judicial é paga à vista ou a prazo e nas datas definidas pelo juízo recuperacional.

Em julgado relatado pelo Des. Lino Machado, o TJSP assentou: "A aplicação do § 2.º do art. 24 da NLF só faz sentido nos processos falimentares" (Agravo de Instrumento n. 574.851-4/0-00).

Art. 25. Caberá ao devedor ou à massa falida arcar com as despesas relativas à remuneração do administrador judicial e das pessoas eventualmente contratadas para auxiliá-lo.

Art. 26. O Comitê de Credores será constituído por deliberação de qualquer das classes de credores na assembleia geral e terá a seguinte composição:

I – 1 (um) representante indicado pela classe de credores trabalhistas, com 2 (dois) suplentes;

II – 1 (um) representante indicado pela classe de credores com direitos reais de garantia ou privilégios especiais, com 2 (dois) suplentes;

III – 1 (um) representante indicado pela classe de credores quirografários e com privilégios gerais, com 2 (dois) suplentes;

IV – 1 (um) representante indicado pela classe de credores representantes de microempresas e empresas de pequeno porte, com 2 (dois) suplentes.

§ 1.º A falta de indicação de representante por quaisquer das classes não prejudicará a constituição do Comitê, que poderá funcionar com número inferior ao previsto no *caput* deste artigo.

§ 2.º O juiz determinará, mediante requerimento subscrito por credores que representem a maioria dos créditos de uma classe, independentemente da realização de assembleia:

I – a nomeação do representante e dos suplentes da respectiva classe ainda não representada no Comitê; ou

II – a substituição do representante ou dos suplentes da respectiva classe.

§ 3.º Caberá aos próprios membros do Comitê indicar, entre eles, quem irá presidi-lo.

60. O Comitê

É facultativa a instalação do Comitê. Ele não existe e não deve existir em toda e qualquer falência ou recuperação judicial. Deve, ao contrário, ser instaurado pelos credores apenas quando a complexidade e o volume da massa falida ou da empresa em crise o recomendarem. Não sendo empresa de vulto (seja pelo indicador da dimensão do ativo, seja pelo do passivo) e não havendo nenhuma especificidade que justifique a formação da instância de consulta, o Comitê representará apenas burocracia e perda de tempo, sem proveito algum para o processo falimentar ou de recuperação.

O Comitê é órgão facultativo tanto na falência como na recuperação judicial. Sua constituição e operacionalização dependem do tamanho da atividade econômica em crise. Ele deve existir apenas nos processos em que a sociedade empresária devedora explora ou explorava empresa grande o suficiente para absorver as despesas com o órgão. Se a atividade econômica é ou era modesta, não há razões em se destinarem recursos (dos parcos existentes) à remuneração dos membros do Comitê.

Em nenhuma hipótese será *obrigatório* o Comitê. Mesmo nas falências e recuperações de macroempresas, se eventualmente o perfil do passivo ou da empresa não ostentar maior complexidade, não determina a lei a instauração e funcionamento do Comitê.

Quem decide se o órgão deve ou não existir são os credores. Cabe a eles verificar se existem meios para absorver, sem maiores consequências, os custos da implantação e funcionamento do Comitê e, além disso, se a complexidade do passivo os recomenda. Na dúvida quanto à oportunidade da instalação, devem os credores simplesmente postergar a decisão e aguardar a regular tramitação do processo de falência ou de recuperação judicial para, vindo a ter, com essa, maiores informações sobre a realidade da empresa em crise, decidir-se pela pertinência ou não do órgão.

Na falência, o Comitê pode ser instalado não só por deliberação dos credores, mas também por determinação do juiz na sentença declaratória da quebra (art. 99, XII).

61. Instalação do Comitê

O Comitê se instala por deliberação de qualquer uma das classes de credores reunidos em Assembleia. Não é necessária, portanto, que a maioria em todas as classes considerem o órgão útil, bastando que ela se verifique numa única delas.

Aprovada a constituição do Comitê, caberá também à Assembleia dos Credores eleger os seus membros. Nela, reúnem-se as classes de credores (não pelo critério de distribuição do art. 41, mas pelo do art. 26) para cada uma eleger 1 membro titular e 2 suplentes que a represente no Comitê.

Entre os suplentes, convém hierarquizar os eleitos (primeiro suplente e segundo suplente) para que não haja dúvidas acerca de quem integra o órgão na ausência ou impedimento do titular. Se a Assembleia não estabeleceu a hierarquia dos suplentes, o que – entre os dois – titularizar o crédito de maior valor será o primeiro, e o de menor, o segundo.

Na eleição dos membros do Comitê, observam-se os mesmos impedimentos para o exercício da função de administrador judicial, já examinados. Por exemplo, o parente até terceiro grau de diretor da sociedade empresária requerente da recuperação judicial está impedido de ser eleito titular ou suplente do Comitê.

A substituição de membro eleito para o Comitê independe de convocação e realização da Assembleia. Se credores que compõem a maioria dos créditos da classe entendem que é necessário mudar o titular, um ou ambos os suplentes, ou todos os membros que a representam, basta dirigirem ao juiz petição solicitando a substituição e indicando o substituto ou substitutos. A maioria, recorde-se, na classe dos empregados é representada por mais da metade dos credores, independentemente do valor do crédito; e, nas demais, por credores que juntos titularizam mais da metade dos créditos correspondentes à classe (art. 41, § 1.º).

Na distribuição dos credores em classes a lei contém uma incongruência. Na constituição da instância classista em assembleia (para fins de votar o plano de recuperação judicial, por exemplo), os credores com privilégio especial integram a mesma dos quirografários e subordinados (LF, art. 41). Já na eleição dos membros do Comitê, esses credores se unem aos titulares de garantia real. Essa incongruência deveu-se à imprecisão da Emenda n. 57, apresentada em plenário pela Senadora Ideli Salvatti, quando da votação do projeto pelo Senado, em julho de 2004. A emenda alterou a redação do art. 41, para isolar numa única classe os credores com garantia real, mas se esqueceu de fazer igual mudança no art. 26.

62. Funcionamento do Comitê

Diz a lei que o Comitê pode funcionar mesmo que uma ou duas classes não tenham indicado seus representantes. O órgão desfalcado, esclareça-se, exerce a mesma competência que tem quando completo.

Quando o Comitê é composto por dois ou mais membros, nenhum deles tem competência para atuar de forma isolada e individual. Qualquer ato que o membro pratique – exigir exibição de documento, vistoriar o estabelecimento, solicitar informações do setor de contabilidade etc. – só tem legitimidade se fundado numa prévia deliberação pela maioria dos componentes do órgão. Em outros termos, o Comitê com representantes de duas ou três classes funciona invariavelmente como colegiado. Se um dos membros teve rejeitada a sua proposta de realização de certa diligência na empresa em recuperação, deve se submeter à decisão da maioria. Se o órgão está funcionando com apenas dois membros, é sempre indispensável o consenso entre eles para a aprovação de qualquer matéria.

Nas reuniões do Comitê, as deliberações são tomadas sempre por maioria, isto é, pelo voto favorável de pelo menos dois dos seus membros. Tem direito a voto apenas um representante de cada classe de credores, observada a hierarquia estabelecida pela Assembleia. Desse modo, ainda que presentes à reunião o titular e dois suplentes, somente aquele tem direito a voto; presentes os dois suplentes, apenas o eleito como *primeiro* vota. As discussões e decisões serão lançadas em livro de atas, que deve receber a rubrica judicial e pode ser consultado pelo administrador judicial, qualquer credor ou pelo devedor. Não é vedada a elaboração das atas em páginas soltas que, após rubricadas pelo juiz, sejam encadernadas a cada 100 ou 200 folhas.

63. Informações confidenciais

Importante destacar que os membros do Comitê, no exercício de suas funções, podem ter acesso a informação confidencial, reservada ou estratégica da empresa em recuperação. Sempre que ocorrer, devem manter absoluto sigilo relativamente a ela, inclusive nos relatórios e requerimentos ao juiz e também nas atas das reuniões do colegiado, sob pena de incorrerem em crime falimentar.

Art. 27. O Comitê de Credores terá as seguintes atribuições, além de outras previstas nesta Lei:

I – na recuperação judicial e na falência:

***a)* fiscalizar as atividades e examinar as contas do administrador judicial;**

***b)* zelar pelo bom andamento do processo e pelo cumprimento da lei;**

***c)* comunicar ao juiz, caso detecte violação dos direitos ou prejuízo aos interesses dos credores;**

***d)* apurar e emitir parecer sobre quaisquer reclamações dos interessados;**

***e)* requerer ao juiz a convocação da assembleia geral de credores;**

***f)* manifestar-se nas hipóteses previstas nesta Lei;**

II – na recuperação judicial:

***a)* fiscalizar a administração das atividades do devedor, apresentando, a cada 30 (trinta) dias, relatório de sua situação;**

***b)* fiscalizar a execução do plano de recuperação judicial;**

***c)* submeter à autorização do juiz, quando ocorrer o afastamento do devedor nas hipóteses previstas nesta Lei, a alienação de bens do ativo permanente, a constituição de ônus reais e outras garantias, bem como atos de endividamento necessários à continuação da atividade empresarial durante o período que antecede a aprovação do plano de recuperação judicial.**

§ 1.º As decisões do Comitê, tomadas por maioria, serão consignadas em livro de atas, rubricado pelo juízo, que ficará à disposição do administrador judicial, dos credores e do devedor.

§ 2.º Caso não seja possível a obtenção de maioria em deliberação do Comitê, o impasse será resolvido pelo administrador judicial ou, na incompatibilidade deste, pelo juiz.

64. Competência do Comitê na recuperação judicial

A principal competência do Comitê é fiscal. Quer dizer, cabe aos membros desse órgão fiscalizar tanto o administrador judicial como o empresário individual ou sociedade empresária em recuperação judicial, antes e depois de concedida esta. Para tanto, os membros do Comitê têm livre acesso às dependências, escrituração e documentos do empresário individual ou da sociedade empresária requerente da recuperação judicial. Sempre que constatar qualquer fato que considere irregular, o Comitê, por voto da maioria dos seus membros, deve encaminhar ao juiz da recuperação judicial requerimento fundamentado das providências que entender pertinentes. Se o órgão, por exemplo, considera que o devedor não está fazendo a provisão de caixa ou os cortes de custos indicados no plano de reorganização aprovado, deve apenas requerer ao juiz que determine adoção das medidas administrativas aptas à eliminação das distorções.

No exercício da competência de fiscal, cabe ao Comitê, entre outras funções, receber qualquer reclamação contra a devedora, investigá-la e propor o que for cabível ao saneamento dos eventuais problemas que encontrar. Se, por exemplo, um credor acha que a sociedade empresária está adquirindo estoques de mercadorias acima da capacidade de escoamento estimada como base para o plano de reorganização, ele pode levar sua preocupação ao Comitê. Tomando-a por pertinente, após a investigação dos fatos indicados na reclamação, o Comitê dá o seu parecer conclusivo e o encaminha ao juiz da recuperação judicial, para que sejam tomadas as medidas tendentes à correção do rumo.

A fiscalização da empresa em recuperação judicial é a mais importante atribuição do Comitê e, por isso, dela devem ser prestadas contas mensais – a lei fala imprecisamente "a cada 30 dias" – ao juiz. Nesse relatório mensal, convém que o Comitê dê grande destaque às eventuais irregularidades constatadas, para que não se perca a notícia no bojo dos autos. É natural que, após seguidos meses de insossos relatórios com a rotineira mesmice da atuação do órgão, não seja dada a devida atenção a denúncia grave se o próprio Comitê não a destacar. Respondem por mau desempenho de suas funções os membros do órgão que não observarem, nos relatos periódicos ao juiz da situação da empresa em recuperação, forma proporcional à gravidade do conteúdo.

Além de sua competência fiscal, por cujo exercício presta contas mensais, o Comitê pode eventualmente exercer também duas outras.

A primeira diz respeito à elaboração de plano de recuperação alternativo ao apresentado pelo devedor. A lei não a menciona especificamente, mas deve-se admiti-la em qualquer caso. Sempre que o Comitê tiver um plano de recuperação diferente do apresentado pelo devedor, pode e deve tomar a iniciativa de submetê-lo à Assembleia dos Credores. Convém que indique as diferenças entre seu plano e o do requerente da recuperação judicial, bem como as vantagens que nele enxerga.

A segunda competência do Comitê estranha à função de fiscalização tem natureza administrativa. Quando o juiz determina o afastamento da administração da sociedade em recuperação judicial, cabe ao Comitê cuidar das alienações de bens do ativo permanente e dos endividamentos necessários à continuação da atividade empresarial, submetendo à autorização do juiz as medidas administrativas a eles relacionadas. Cessa o exercício dessa competência de partícipe da administração da empresa após a aprovação do plano de recuperação judicial. Note-se que afora essa hipótese específica, o Comitê não tem nenhuma outra atribuição de índole administrativa, sendo-lhe então vedado ultrapassar os limites da função fiscal que lhe é reservada pela lei.

65. Competência do Comitê na falência

Na falência, o Comitê é órgão consultivo e de fiscalização. Sua competência está relacionada à manifestação na impugnação de crédito, nos pedidos de restituição, sobre a oportunidade da venda antecipada de bens, concessão de desconto a devedor, ou formas extraordinárias de realização do ativo.

66. Livro de registro de atas do Comitê

O livro de registro de atas das reuniões do Comitê é livro obrigatório das recuperações judiciais e falências em que esse órgão tiver sido instaurado. Como livro mercantil, deve respeitar as normas aplicáveis ao instituto, inclusive no que diz respeito à forma de escrituração e arquivamento na Junta Comercial. Por outro lado, seu conteúdo tem a eficácia probatória prevista no Código Civil (art. 226) e legislação processual (CPC, arts. 417 e 418).

Nos processos de recuperação judicial, como o livro pertence ao devedor ou sociedade devedora, uma vez cumprido o plano e desconstituído o órgão, o livro encerrado deve ser-lhe entregue. Sua conservação segue as mesmas regras dos demais livros mercantis.

> **Art. 28. Não havendo Comitê de Credores, caberá ao administrador judicial ou, na incompatibilidade deste, ao juiz, exercer suas atribuições.**

67. Inexistência do Comitê

Nas falências e recuperações judiciais em que não houver Comitê – porque é injustificável (a dimensão da empresa ou a complexidade do passivo não o recomenda) ou inviável (quando não há credores interessados em exercer a função) –, as atribuições desse órgão são, em princípio, exercidas pelo administrador judicial.

Não se transfere a competência do Comitê para o administrador judicial quando se tratar de matéria em que pode haver incompatibilidade – por exemplo, no exercício da competência de fiscalização do próprio administrador judicial. Nesse caso, cabe ao juiz exercer a atribuição legal inicialmente reservada ao Comitê.

> **Art. 29. Os membros do Comitê não terão sua remuneração custeada pelo devedor ou pela massa falida, mas as despe-**

sas realizadas para a realização de ato previsto nesta Lei, se devidamente comprovadas e com a autorização do juiz, serão ressarcidas atendendo às disponibilidades de caixa.

68. Remuneração dos membros do Comitê

A função dos membros do Comitê pode ou não ser remunerada. Depende da deliberação adotada pela Assembleia dos Credores.

Se deliberado que a função é gratuita, aquele que não se interessar por exercê-la nessas condições deve simplesmente não aceitar a indicação para compor o órgão.

Se, por outro lado, a Assembleia dos Credores aprovar alguma remuneração aos membros do Comitê, ela deve também votar o valor e quem deverá arcar com o pagamento. Quanto a esse último aspecto, proíbe a lei que a remuneração dos membros do Comitê seja paga pelo devedor em recuperação ou pela massa falida. Quer dizer, os credores devem se cotizar para levantar os recursos necessários ao pagamento que a Assembleia aprovou. Mesmo o credor que votou vencido é obrigado a entrar com sua parte, a menos que o valor aprovado pela maioria não seja razoável tendo em vista a importância do passivo ou o trabalho dos membros do Comitê.

Com ou sem remuneração, os membros do Comitê têm direito ao reembolso de despesas devidamente comprovadas e autorizadas pelo juiz, se houver disponibilidades em caixa do devedor em recuperação ou da massa falida. O reembolso das despesas que fizer sem a presença desses pressupostos não poderá ser reclamado pelo membro do Comitê.

Art. 30. Não poderá integrar o Comitê ou exercer as funções de administrador judicial quem, nos últimos 5 (cinco) anos, no exercício do cargo de administrador judicial ou de membro do Comitê em falência ou recuperação judicial anterior, foi destituído, deixou de prestar contas dentro dos prazos legais ou teve a prestação de contas desaprovada.

§ 1.º Ficará também impedido de integrar o Comitê ou exercer a função de administrador judicial quem tiver relação de parentesco ou afinidade até o 3.º (terceiro) grau com o devedor, seus administradores, controladores ou representantes legais ou deles for amigo, inimigo ou dependente.

§ 2.º O devedor, qualquer credor ou o Ministério Público poderá requerer ao juiz a substituição do administrador judicial ou dos membros do Comitê nomeados em desobediência aos preceitos desta Lei.

§ 3.º O juiz decidirá, no prazo de 24 (vinte e quatro) horas, sobre o requerimento do § 2.º deste artigo.

69. Impedimentos do administrador judicial e membro do Comitê

Na lei, preveem-se alguns impedimentos para a função de administrador judicial, na falência ou na recuperação judicial.

Não pode, assim, ser nomeada administrador judicial a pessoa impedida por lei especial: juiz, promotor de justiça, delegado de polícia, funcionários públicos etc.

Também está impedido aquele que tiver sido nomeado administrador judicial ou membro de Comitê numa outra falência ou recuperação judicial nos 5 anos anteriores *e* foi destituído da função, não prestou as contas nos prazos devidos ou teve qualquer uma delas desaprovada.

Finalmente, impede a lei que seja administrador judicial aquele que tiver relação de parentesco ou afinidade até terceiro grau com o devedor pessoa física ou com os administradores da sociedade empresária devedora, ou deles for amigo, inimigo ou dependente.

O administrador judicial pode deixar suas funções por *substituição* ou *destituição*, que são hipóteses inconfundíveis (LF, art. 23).

Os mesmos impedimentos estabelecidos para o administrador judicial vigoram também para o membro do Comitê.

Art. 31. O juiz, de ofício ou a requerimento fundamentado de qualquer interessado, poderá determinar a destituição do administrador judicial ou de quaisquer dos membros do Comitê de Credores quando verificar desobediência aos preceitos desta Lei, descumprimento de deveres, omissão, negligência ou prática de ato lesivo às atividades do devedor ou a terceiros.

§ 1.º No ato de destituição, o juiz nomeará novo administrador judicial ou convocará os suplentes para recompor o Comitê.

§ 2.º Na falência, o administrador judicial substituído prestará contas no prazo de 10 (dez) dias, nos termos dos §§ 1.º a 6.º do art. 154 desta Lei.

70. Destituição do administrador judicial

A destituição é uma sanção imposta ao administrador judicial que deixa de cumprir adequadamente suas obrigações como órgão da falência ou da recuperação judicial. Destituído, o administrador judicial perde o direito à remuneração e fica impedido de ser nomeado para a função em novo processo de falência ou recuperação judicial. Fica também impedido de ser eleito membro de Comitê em feitos falimentares.

Não se confunde a destituição com a substituição, este último um ato desprovido de caráter punitivo e cabível em casos como o de renúncia fundamentada, morte ou falência do administrador judicial.

Compete ao juiz da falência – agindo de ofício ou a pedido de qualquer interessado (inclusive o Ministério Público, tendo em vista sua função de fiscal da lei) – decretá-la. Observe-se que, por se tratar a destituição de uma penalidade, tem o administrador judicial direito constitucional à ampla defesa, que deve ser assegurado pelo juiz antes da decisão.

Na lei anterior, o art. 66 dispunha sobre a destituição do síndico e o art. 171 do comissário. Estabeleciam disciplina em tudo semelhante à da atual.

71. Destituição de membro do Comitê

Se membro do Comitê for negligente ou tiver praticado ato lesivo à administração da empresa em recuperação ou prejudiciais a credores ou terceiros, ele deve ser destituído de suas funções pelo juiz.

Se pela negligência ou lesão foram responsáveis todos os integrantes do órgão, o Comitê será dissolvido pelo juiz.

Têm legitimidade para requerer a destituição de membro ou dissolução do órgão o Ministério Público e qualquer interessado. A lei não define o procedimento a ser observado na hipótese, mas cabe ao juiz garantir o exercício do direito de defesa aos acusados, tendo em vista que a destituição ou dissolução configuram penas impostas aos membros do Comitê.

A pessoa destituída da função de membro de Comitê fica impedida de ser reconduzida à função ou mesmo nomeada administrador judicial em qualquer outro processo de falência ou recuperação judicial.

Art. 32. O administrador judicial e os membros do Comitê responderão pelos prejuízos causados à massa falida, ao devedor ou aos credores por dolo ou culpa, devendo o dissidente em deliberação do Comitê consignar sua discordância em ata para eximir-se da responsabilidade.

72. Responsabilização do administrador judicial e do membro do Comitê

O administrador judicial e o membro do Comitê respondem civilmente por má administração ou infração à lei.

Quando se trata de órgãos da falência, até o encerramento do processo falimentar, somente a massa tem legitimidade ativa para responsabilizá-los. Como o dano derivado da má administração, nesse caso, é infligido à comunhão de credores, nenhum deles isoladamente ou mesmo o devedor falido estão legitimados a promover a responsabilização. Só a massa falida, enquanto existir (isto é, enquanto tramita o processo de falência), tem legitimidade ativa para a ação de indenização.

Aliás, quando o demandado é o administrador judicial será pressuposto da responsabilização a sua substituição ou destituição, já que ele é o representante legal da comunhão de interesses dos credores.

Desse modo, enquanto corre o processo de falência, o credor não pode individualmente acionar o administrador judicial, porque não é possível isolar o seu interesse dos da comunidade de credores.

Pode ser que certo credor (quirografário) não fosse receber pagamento, mesmo que a irregularidade perpetrada pelo administrador judicial não se tivesse verificado. Falece-lhe, pois, interesse jurídico para a ação de responsabilização.

Desse modo, até o fim do processo de falência, o credor pode apenas requerer a destituição do administrador judicial. Se a obtiver, a massa falida, representada pelo novo administrador judicial, demandará o destituído. Se não, restar-lhe-á unicamente aguardar o fim do concurso de credores, momento em que qualquer credor admitido que tenha sido prejudicado por má administração ou infração à lei poderá promover individualmente a responsabilização da pessoa que houvera atuado como administrador judicial.

Para se legitimar à ação de indenização, nesse caso, considera-se requisito inafastável ter o credor requerido, nos autos da falência, enquanto esta tramitava, a destituição do demandado. Se não fez o requerimento de destituição, deixando de levar ao conhecimento judicial a notícia das irregularidades administrativas, cuja coibição beneficiaria toda a comunidade de credores, reputa-se o credor individualista não legitimado para a ação de indenização.

Quando o administrador judicial e o Comitê são órgãos da recuperação judicial, a má administração pode redundar prejuízos ao devedor ou a um ou mais credores. Não existe uma comunhão de credores institucionalizada como uma massa subjetiva, por isso cada sujeito (ou alguns, se comum o dano) deve perseguir a satisfação de seus direitos lesados pelo administrador judicial ou membro do Comitê.

Não há, na recuperação judicial, nenhum pressuposto específico para a ação de indenização contra o administrador judicial ou membro do Comitê, como existe na hipótese de estarem respondendo enquanto órgãos da falência.

73. Ressalva da responsabilidade do membro do Comitê

O Comitê funciona, tanto na falência quanto na recuperação judicial, como órgão colegiado. O seu membro, quando houver proferido voto vencido, não deve responder pelas consequências danosas da deliberação majoritária. Se tivesse prevalecido seu entendimento, a deliberação não teria sido adotada e aquele dano não ocorreria. Para ressalvar sua responsabilidade, porém, exige a lei o registro, em ata, da discordância.

Não se trata de mera formalidade desprovida de sentido. O registro deve ser minucioso, de modo a circunscrever claramente o voto proferido pelo membro discordante. Se a discordância, por exemplo, dizia respeito a aspecto marginal da deliberação, a ressalva pode não ser suficiente para eximir o vencido de responsabilidade. Para operar a exoneração legal, o registro em ata deve necessariamente conter todos os elementos capazes de demonstrar – ou, pelo menos, sugerir – que a eventual prevalência do entendimento do membro vencido teria afastado a lesão aos interesses ou direitos do devedor ou seus credores.

> **Art. 33. O administrador judicial e os membros do Comitê de Credores, logo que nomeados, serão intimados pessoalmente para, em 48 (quarenta e oito) horas, assinar, na sede do juízo, o termo de compromisso de bem e fielmente desempenhar o cargo e assumir todas as responsabilidades a ele inerentes.**

74. Investidura do administrador judicial e membro do Comitê

A lei prevê como formalidade para a investidura do administrador judicial ou do membro do Comitê em suas funções a assinatura, nos autos judiciais, do termo de compromisso.

Para tanto, o nomeado ou eleito deve ser pessoalmente intimado, outra formalidade prevista na lei.

Com a assinatura do termo de compromisso, o nomeado ou eleito manifesta sua concordância em assumir as obrigações e responsabilidades ligadas à função em que está sendo investido.

Art. 34. Não assinado o termo de compromisso no prazo previsto no art. 33 desta Lei, o juiz nomeará outro administrador judicial.

75. Substituição do administrador judicial e membro do Comitê

A lei estabelece o prazo de 48 horas (contadas da juntada aos autos do mandado de intimação pessoal cumprido) para que o nomeado ou eleito manifeste sua concordância em assumir a função, mediante a assinatura do termo de compromisso em juízo.

O descumprimento do prazo implica a ineficácia da nomeação ou da eleição. Desse modo, não cumprido o prazo pelo administrador judicial, o juiz nomeia outro para substituí-lo. Mas se quem deixou de o cumprir foi o eleito para o Comitê, nenhuma providência cabe ao juiz. Se o faltoso era suplente, o Comitê funciona com o titular, ou vice-versa. Mesmo se todos os eleitos por uma determinada classe deixam de assinar o compromisso no prazo, também não cabe qualquer providência do juiz, porque o Comitê pode funcionar mesmo incompleto.

Na aplicação desse preceito, deve o juiz ser tolerante. Se a inobservância do prazo deu-se por motivos justificáveis, inclusive desconhecimento dos efeitos da omissão, é o caso de se relevar a falta. É melhor para todos e para o bom andamento do processo a assinatura extemporânea em vez de outra nomeação ou eleição.

76. Recusa do requerente da falência

Na tramitação do projeto de lei que deu origem à atual LF, cogitou-se de estabelecer preceito tornando obrigatória a aceitação da função de administrador judicial, mormente quando recaída a nomeação sobre quem havia requerido a falência. A ideia não prosperou porque, além das dificuldades de ordem constitucional, não há vantagem nenhuma em atribuir as importantes funções de administrador judicial a alguém que ostensivamente não está motivado a desempenhá-las.

Em caso de recusa do requerente da falência em assumir a função, não cabe, por isso, extinção do concurso, mas nomeação de outro administrador, como decidiu o TJSP, em Acórdão relatado pelo Des. Boris Kauffmann (Apelação Cível com Revisão 603.504-4/1-00).

Seção IV

Da Assembleia Geral de Credores

Art. 35. A assembleia geral de credores terá por atribuições deliberar sobre:

I – na recuperação judicial:

***a)* aprovação, rejeição ou modificação do plano de recuperação judicial apresentado pelo devedor;**

***b)* a constituição do Comitê de Credores, a escolha de seus membros e sua substituição;**

c) (Vetado.)

***d)* o pedido de desistência do devedor, nos termos do § 4.º do art. 52 desta Lei;**

***e)* o nome do gestor judicial, quando do afastamento do devedor;**

***f)* qualquer outra matéria que possa afetar os interesses dos credores;**

II – na falência:

a) (Vetado.)

***b)* a constituição do Comitê de Credores, a escolha de seus membros e sua substituição;**

***c)* a adoção de outras modalidades de realização do ativo, na forma do art. 145 desta Lei;**

***d)* qualquer outra matéria que possa afetar os interesses dos credores.**

77. Competência da Assembleia Geral de Credores

Os credores reunidos em torno de uma execução concursal ou recuperação judicial possuem interesses convergentes e divergentes.

Quando, na falência, o assunto é relativo à realização do ativo ou responsabilização dos representantes legais da sociedade falida, por exemplo, convergem os interesses dos credores: todos querem otimizar os recursos disponíveis e impor a responsabilidade aos dirigentes. Mas quando em pauta a satisfação do passivo, a divergência de interesses se manifesta: todos querem receber primeiro.

Na recuperação judicial, cada classe de credores deve arcar com parcela do "prejuízo" que lhes é imposto forçosamente, para que se criem as condições para o reerguimento da empresa. Em que medida se pode distribuir com justiça o prejuízo entre as classes é assunto em que os interesses dos credores certamente divergem. Todos os credores têm interesse em que o devedor se recupere e pague suas dívidas, mas cada um quer empurrar para os demais a conta da recuperação judicial.

No emaranhado dessa complexa trama de interesses, por vezes é preciso identificar a solução que melhor atende ao conjunto de credores.

Para tanto, torna-se necessário *interpretar* a vontade da comunhão dos interesses dos credores, da massa falida. O juiz é um dos intérpretes dessa vontade. Ao decidir, por exemplo, como será feita a venda dos bens do falido (leilão, propostas fechadas ou pregão), o juiz está interpretando a vontade da massa, isto é, determinando se proceda tal como ele presume seja o mais interessante para o futuro atendimento dos credores.

Em outras oportunidades, porém, quem interpreta o interesse da comunhão é o administrador judicial. Cabe a ele, entre outras incumbências, cobrar os devedores da massa falida. Pois bem, ao definir a forma de fazer a cobrança (extrajudicial ou judicialmente, desde logo ou após algum tempo), o administrador judicial está interpretando o interesse dos credores. Também interpreta o interesse dos credores o administrador judicial que elabora um plano alternativo de recuperação da empresa em estado crítico.

Por fim, em alguns poucos casos, os credores são chamados a se reunir para expressar seus interesses. Essa reunião denomina-se Assembleia dos Credores e é um dos órgãos da falência ou da recuperação judicial.

A lei reservou à Assembleia dos Credores, na falência, as seguintes atribuições: *a*) aprovar a constituição do Comitê de Credores, elegendo os seus membros; *b*) aprovar, por 2/3 dos créditos, modalidades alternativas de realização do ativo; *c*) deliberar sobre qualquer matéria do interesse dos credores.

Já na recuperação judicial, a competência da Assembleia dos Credores compreende: *a*) aprovar, rejeitar e revisar o plano de recuperação judicial; *b*) aprovar a instalação do Comitê e eleger seus membros; *c*) manifestar-se sobre o pedido de desistência da recuperação judicial; *d*) eleger o gestor judicial, quando afastados os diretores da sociedade empresária requerente; *e*) deliberar sobre qualquer outra matéria de interesse dos credores.

Como se percebe, as mais relevantes questões relacionadas ao processo de recuperação judicial inserem-se na esfera de competência da Assembleia dos Credores. Se a falência pode-se processar sem a Assembleia dos Credores, a recuperação judicial (ressalvada a das microempresas ou empresas de pequeno porte) simplesmente não tramita sem a atuação desse colegiado.

> **Art. 36. A assembleia geral de credores será convocada pelo juiz por edital publicado no órgão oficial e em jornais de grande circulação nas localidades da sede e filiais, com antecedência mínima de 15 (quinze) dias, o qual conterá:**
>
> **I – local, data e hora da assembleia em 1ª (primeira) e em 2ª (segunda) convocação, não podendo esta ser realizada menos de 5 (cinco) dias depois da 1ª (primeira);**
>
> **II – a ordem do dia;**
>
> **III – local onde os credores poderão, se for o caso, obter cópia do plano de recuperação judicial a ser submetido à deliberação da assembleia.**

§ 1.º Cópia do aviso de convocação da assembleia deverá ser afixada de forma ostensiva na sede e filiais do devedor.

§ 2.º Além dos casos expressamente previstos nesta Lei, credores que representem no mínimo 25% (vinte e cinco por cento) do valor total dos créditos de uma determinada classe poderão requerer ao juiz a convocação de assembleia geral.

§ 3.º As despesas com a convocação e a realização da assembleia geral correm por conta do devedor ou da massa falida, salvo se convocada em virtude de requerimento do Comitê de Credores ou na hipótese do § 2.º deste artigo.

78. Convocação da Assembleia Geral de Credores

Têm legitimidade para convocar a Assembleia dos Credores o juiz, nas hipóteses legais ou sempre que considerar conveniente, e os credores, desde que a soma de seus créditos represente pelo menos 25% do total do passivo do requerente.

A convocação deve ser feita por edital no órgão oficial e em jornais de grande circulação nas localidades da sede e filiais, com a indicação da ordem do dia, local, data e hora da assembleia, bem como o local em que os interessados poderão obter cópia dos documentos a serem votados. Determina a lei, também, que extrato da convocação seja afixado nos estabelecimentos do devedor.

O anúncio da convocação da assembleia deve ser publicado com a antecedência mínima de 15 dias da data de sua realização. Nesta, para instalarem-se validamente os trabalhos, é exigida a presença de credores titulares de mais da metade do passivo do requerente (em cada classe). É o quórum de instalação da Assembleia dos Credores em primeira convocação. Caso este não seja alcançado ou mesmo se a Assembleia não se realizar por qualquer outra razão, terá lugar a segunda convocação observado o intervalo mínimo de 5 dias. Em segunda convocação, os trabalhos da Assembleia se instalam validamente com qualquer número de credores.

Art. 37. A assembleia será presidida pelo administrador judicial, que designará 1 (um) secretário dentre os credores presentes.

§ 1.º Nas deliberações sobre o afastamento do administrador judicial ou em outras em que haja incompatibilidade deste, a assembleia será presidida pelo credor presente que seja titular do maior crédito.

§ 2.º A assembleia instalar-se-á, em 1ª (primeira) convocação, com a presença de credores titulares de mais da metade dos créditos de cada classe, computados pelo valor, e, em 2ª (segunda) convocação, com qualquer número.

§ 3.º Para participar da assembleia, cada credor deverá assinar a lista de presença, que será encerrada no momento da instalação.

§ 4.º O credor poderá ser representado na assembleia geral por mandatário ou representante legal, desde que entregue ao administrador judicial, até 24 (vinte e quatro) horas antes da data prevista no aviso de convocação, documento hábil que comprove seus poderes ou a indicação das folhas dos autos do processo em que se encontre o documento.

§ 5.º Os sindicatos de trabalhadores poderão representar seus associados titulares de créditos derivados da legislação do trabalho ou decorrentes do acidente de trabalho que não comparecem, pessoalmente ou por procurador, à assembleia.

§ 6.º Para exercer a prerrogativa prevista no § 5.º deste artigo, o sindicato deverá:

I – apresentar ao administrador judicial, até 10 (dez) dias antes da assembleia, a relação dos associados que pretenda representar, e o trabalhador que conste da relação de mais de um sindicato deverá esclarecer, até 24 (vinte e quatro) horas antes da assembleia, qual sindicato o representa, sob pena de não ser representado em assembleia por nenhum deles; e

II – (*Vetado.*)

§ 7.º Do ocorrido na assembleia, lavrar-se-á ata que conterá o nome dos presentes e as assinaturas do presidente, do devedor e de 2 (dois) membros de cada uma das classes votantes, e que será entregue ao juiz, juntamente com a lista de presença, no prazo de 48 (quarenta e oito) horas.

79. Instalação e funcionamento da Assembleia

Uma condição formal para a validade da reunião assemblear diz respeito à observância do ritual próprio, que compreende determinadas ações e falas.

A primeira – e, em muitos aspectos, a essencial – formalidade a se observar, antes mesmo da abertura dos trabalhos, é a assinatura pelos credores da lista de presença, na medida em que chegam ao local e exibem os documentos necessários à sua legitimação.

A lista de presença deve ser encerrada, no exato momento em que for dado início aos trabalhos, não se admitindo o ingresso retardatário de nenhum credor. Isso é imprescindível para conferir segurança jurídica aos trabalhos que serão desenvolvidos e à composição, pelo voto, da maioria. Se depois de encerrada a lista de presença, fosse admissível o ingresso de outros credores, a base de cálculo para os quóruns e o próprio resultado das votações poderiam ser alterados.

O segundo ato ritualístico é a composição da mesa condutora da reunião.

A lei especifica os critérios: a mesa será integrada por duas pessoas, o presidente e o secretário. Em regra, o administrador judicial exercerá a presidência. Se ele não estiver presente, com ou sem motivo justificável, ou se constar da pauta sua destituição da função (ou qualquer outra matéria em que haja incompatibilidade), o presidente será o credor presente que titule o crédito de maior valor. Declinando ele da função ou entendendo a Assembleia que outra pessoa presente reúne melhores condições para conduzir os trabalhos, nada impede que exerça a presidência outro credor ou mesmo o advogado de um dos credores.

Ao presidente, qualquer que seja ele, cabe escolher o secretário dentre os credores presentes.

Instalada a mesa, recomenda o ritual seja relembrado aos presentes a ordem do dia, com a leitura do edital de convocação, pelo secretário. A partir daí, o presidente anuncia a apreciação dos pontos de pauta, na sequência que ele considerar mais proveitosa; em geral, convém observar a ordem constante do edital, mas nada impede a inversão, a critério da mesa.

A apreciação de cada ponto de pauta compreende, em geral, duas fases: *a*) debates; *b*) votação.

Essas fases devem ser marcadamente distinguidas por determinadas falas ritualísticas do presidente, com o anúncio aos credores do encerramento de uma e início da subsequente. Na fase de debates, a mesa recupera, brevemente, a essência do ponto e passa a palavra, eventualmente, para profissionais que auxiliam o administrador judicial, convocados para explanarem sobre a matéria. Seguem-se as perguntas dos credores, e as respostas com os aclaramentos pertinentes.

Quando o presidente considerar terem sido dados os esclarecimentos necessários e pertinentes, anuncia a abertura das discussões. Os credores devem receber a palavra da mesa, observada a ordem com que a solicitam. Apartes e réplicas também devem ser solicitados à mesa, que deve zelar para que todos tenham respeitado o direito a voz assegurado na lei.

Encerrada a discussão, o presidente anuncia o início da fase de votação, em que não é admitida nenhuma outra manifestação dos credores além do voto.

Convém que o presidente sintetize a proposta, ou propostas em votação, antes de colher os sufrágios. Cabe-lhe, inclusive, nesse momento, definir e divulgar a ordem em que serão dados os votos, podendo adotar qualquer critério (alfabético, classificação ou valor do crédito, assinatura na lista de presença etc.).

Após a manifestação de todos os credores, o secretário proclama o resultado, e assim termina a apreciação do ponto de pauta em questão. Concluída a ordem do dia, o presidente declara encerrada a assembleia e determina que seja lavrada a ata, com a reprodução fiel dos trabalhos.

Essas ações e falas ritualísticas podem parecer desnecessárias às pessoas de espírito progressista, mas é preciso cautela na crítica. Claro, ritos excessivamente pomposos, além de desagradáveis e anacrônicos, redundam inútil perda de tempo para todos, sem proveito nenhum à validade ou prova dos atos. As fórmulas ritualísticas devem ser observadas, é certo, com a maior objetividade e clareza possível; mas não podem ser descartadas porque são medidas essenciais ao respeito dos direitos dos credores. Tomá-las por formalidades estéreis é impróprio, sob o ponto de vista jurídico. De fato, se não houver precisa definição do ato que está sendo praticado, em determinado momento da sessão assemblear (esclarecimento, discussão ou votação; conteúdo da matéria apreciada), a manifestação de vontade de um ou mais credores pode ser deturpada, com prejuízos aos interesses em jogo. Por isso também, qualquer decisão da mesa, ou do presidente, acerca do procedimento a ser adotado, quando não fundada em decisão judicial, está sujeita a recurso para a assembleia. Para tanto, o credor interessado na observância de padrão ritualístico diverso deve levantar *questão de ordem*; suspende-se, então, a apreciação da matéria, no ponto em que se encontra, até que a assembleia, por maioria, acolha ou rejeite o recurso, modificando ou confirmando a decisão procedimental definida pela mesa, ou pelo presidente.

80. Quórum de instalação

Para ter validade como Assembleia, é necessária a presença no local dos trabalhos de uma quantidade mínima de credores. Essa quantidade é definida como quórum de instalação.

Na primeira convocação da Assembleia, o quórum de instalação é de credores que representem a maioria dos créditos em cada classe. Aqui, inclusive em relação à classe dos empregados, consideram-se apenas os valores dos créditos e não o número de sujeitos que os titulam.

Se estiverem presentes credores cujos créditos somados representam mais da metade dos de cada classe, as discussões e votos declarados terão validade como Assembleia. Caso contrário, será um encontro informal, cujas conclusões porventura registradas em documento podem eventualmente auxiliar a composição dos interesses em conflito e o andamento do processo de falência ou de recuperação, mas *nunca* terão o sentido jurídico de deliberação assemblear.

Não alcançado o quórum de instalação na primeira convocação, deve ser feita a segunda convocação.

Em segunda convocação, a Assembleia se instala com qualquer número de credores presentes. Se tiver atendido à convocação apenas um único credor quirografário, titular de crédito que represente parte ínfima do passivo, ele sozinho compõe a Assembleia. Nas matérias em que não se exige quórum qualificado, só ele delibera validamente pelo conjunto de credores.

Entre a primeira e a segunda convocações deve necessariamente existir o mínimo de 5 dias de diferença (art. 36, I). Não se admite, portanto, na Assembleia de credores da falência ou recuperação judicial, a praxe largamente utilizada em outros eventos assembleares (como em condomínio edilício, associações, clubes etc.) de realizar-se a segunda convocação no mesmo dia da primeira, iniciando-a nos 30 minutos seguintes. Como a lei é expressa no sentido de exigir o interregno de 5 dias, no mínimo, entre uma e outra convocação, seria por tudo irregular tal prática nas Assembleias dos feitos falimentares.

Em vista do art. 36, I, a data da provável realização da Assembleia em segunda convocação deve constar já do anúncio da primeira, com observância do interregno mínimo referido (5 dias).

81. Voto por procurador

O credor pode exercer seu direito de voz e voto na Assembleia por procurador.

Exige a lei, para tanto, que o administrador judicial seja cientificado com a antecedência de 24 horas da data prevista no aviso de convocação.

Se o aviso não estabelecer nenhuma data específica para a cientificação do administrador judicial, deve-se considerar o prazo de 24 horas antes da data de realização da primeira convocação.

Não providenciada a comunicação ao administrador judicial no prazo da lei, o credor não poderá fazer-se representar por procurador na Assembleia. Deverá comparecer pessoalmente, se quiser exercer seus direitos.

A comunicação ao administrador judicial deve ser instruída pelo instrumento de procuração, a menos que este se encontre nos autos. Nesse caso, a comunicação não está dispensada, mas pode limitar-se à indicação das folhas do processo em que o administrador judicial poderá encontrar o mandato.

Feita a comunicação com a antecedência legal em relação à primeira convocação, não é necessário que ela se repita também para a segunda. Como se trata da mesma Assembleia, deve-se considerar que o administrador judicial já está ciente da outorga da procuração. Note-se, porém, que nada impede o credor fazer-se representar apenas na segunda convocação, por ter faltado à primeira ou ter a ela comparecido pessoalmente, desde que se faça a devida comunicação ao administrador judicial nas 24 horas antes da data prevista no aviso.

Em relação ao titular de crédito trabalhista ou derivado de acidente de trabalho, além da possibilidade de ele se fazer representar por procurador nas mesmas condições estabelecidas para a generalidade dos credores, existe a de ser representado pelo sindicato a que se encontra associado. Essa forma de representação está sujeita à apresentação, pelo sindicato, ao administrador judicial, até 10 dias antes da assembleia, da relação dos representados. Se o mesmo credor constar de mais de uma lista e não tomar a iniciativa de esclarecer ao administrador judicial qual dos sindicatos o representa até 24 horas antes do início do evento assemblear, não poderá ser representado por nenhum deles.

Para que o sindicato possa representar qualquer um de seus associados, é necessário que o titular do crédito não esteja presente à assembleia. Se o próprio credor comparecer, somente ele terá direito a voz e voto, não podendo a mesa considerá-lo um dos representados pela entidade sindical.

82. Voto do credor pessoa jurídica

A lei fala, no § 4.º, que a formalidade e antecedência nele indicadas para o procurador também se exigem do "representante legal". Deve-se entender essa expressão no seu sentido técnico específico, delineado no Código Civil (arts. 115 a 120). Quero dizer, o preceito não é aplicável aos *presentantes* das pessoas jurídicas, isto é, seus diretores e administradores.[32]

Para que o credor pessoa jurídica ingresse no recinto da Assembleia, e exerça nele o direito de voz e voto, não é necessário que tenha sido enviada com antecedência de 24 horas ao administrador judicial nenhuma comunicação ou documento. Evidentemente, ao apresentar-se à Assembleia para assinar a lista de presença, o diretor ou administrador deve exibir os documentos que comprovam sua qualidade (contrato social, ata de eleição, documento de identidade etc.). Isso é exigido, aliás, de qualquer credor, inclusive das pessoas físicas, que devem exibir pelo menos o documento de identidade.

A formalidade e antecedência referidas no § 4.º dizem respeito aos mandatários (cuja representação tem origem contratual e não legal) e aos representantes legais, estes últimos exemplificados pelos pais ou tutores (representam os credores menores) ou curadores (representam os interditos ou ausentes).

83. A representação dos trabalhadores pelos sindicatos

O art. 37, § 5.º, ao estabelecer que os sindicatos representam, na assembleia de credores, apenas os trabalhadores *associados* ausentes, seria incompatível com o art. 8.º, III, da Constituição Federal, que, conferindo a estas entidades poderes de representação da *categoria*, os estende também aos não associados?

Para a 4ª Câmara Cível do Tribunal de Justiça do Rio de Janeiro, a incompatibilidade é "flagrante" (Agravo de Instrumento n. 2005.002.22516).

Para Jorge Lobo: "se, no caso de normas com várias significações possíveis, o juiz deve encontrar a significação que apresente conformidade com a Constituição, a norma do parágrafo 5.º do artigo 37 da nova Lei de Falências se adéqua e é perfeitamente compatível com a do inciso III do artigo 8.º da Carta, apenas lhe reduzindo o campo de aplicação, por força da especificidade e relevância da matéria, que

32. Fabio Ulhoa Coelho. *Curso de direito civil*. São Paulo: Saraiva, 2003, v. 1, p. 297-298.

está longe de ser a simples e rotineira defesa de certa categoria em uma convenção coletiva de trabalho ou em uma ação coletiva como substituto processual, mas a participação no intrincado e complexo processo de recuperação judicial de empresas em estado de crise econômico-financeira" (Os sindicatos e a recuperação judicial. Em *Valor Econômico*, de 15-7-2009, p. E-2).

84. Participação do advogado na Assembleia

Por três fundamentos diferentes o advogado tem o direito de ingressar no recinto em que se realiza a Assembleia de Credores na falência ou na recuperação judicial.

Em primeiro lugar, se ele é o credor do empresário individual ou sociedade empresária falida ou em recuperação. Nesse caso, a titularidade do crédito é o fundamento de sua participação. Exercerá, então, o direito à voz e voto, na defesa de seus interesses como credor. Se o crédito tem a natureza de honorários – contratuais ou de sucumbência –, ele integra, além do plenário, a classe dos privilegiados, quirografários e subordinados.

Em segundo lugar, ele participa do evento como procurador de credor. Aqui, ele exercerá o direito à voz e voto no lugar do titular do crédito, e no interesse deste. Terá a responsabilidade de mandatário, devendo indenizar o mandante na hipótese de descumprir as orientações recebidas ou proferir voto que o tenha prejudicado.

Por fim, o advogado participa da Assembleia como assessor do credor. Como é sua prerrogativa profissional "ingressar livremente em qualquer assembleia ou reunião de que participe ou possa participar o seu cliente" (Lei n. 8.906/94, art. 7.º, VI, *d*), ele é o único assessor que o credor pode ter como acompanhante, a despeito de autorização da mesa diretora dos trabalhos ou da própria Assembleia. Note-se que, nessa hipótese específica, o advogado não tem direito a voz ou a voto. Não pode dirigir-se ao plenário ou à mesa, sem prévia autorização para tanto. Ele pode apenas recomendar ao seu cliente a fala ou declaração a fazer, além do assessoramento em geral. Sua responsabilidade, então, é igual a que tem em qualquer outro trabalho de advocacia consultiva. Responde pelo emprego de meios juridicamente adequados à defesa dos interesses do cliente.

Art. 38. O voto do credor será proporcional ao valor de seu crédito, ressalvado, nas deliberações sobre o plano de recuperação judicial, o disposto no § 2.º do art. 45 desta Lei.

Parágrafo único. Na recuperação judicial, para fins exclusivos de votação em assembleia geral, o crédito em moeda estrangeira será convertido para moeda nacional pelo câmbio da véspera da data de realização da assembleia.

85. O direito de voto do credor

Cada credor presente na Assembleia terá o voto proporcional ao valor do seu crédito admitido na falência ou recuperação judicial. Desconsidera-se, por conseguinte, o valor das despesas que individualmente fizeram para tomar parte do processo, que são excluídas deste. Aqui, também, importa o que constar da relação de credores vigente, ressalvados os créditos objeto de habilitação tempestiva ou impugnação oferecida pelo próprio titular.

Assim, se a assembleia acontece quando o administrador judicial já fez publicar a sua relação de credores, e dela consta que *Antonio* titulariza crédito de $ 100 e *Benedito*, de $ 50, àquele será dado proporcionalmente o dobro de votos concedidos a este último.

86. O sócio oculto

No caso da *Estrela Azul Serviço de Vigilância, Segurança e Transporte de Valores Ltda.*, discutiu-se a interessante questão atinente ao tratamento a ser liberado ao sócio oculto de sociedades empresárias em recuperação judicial, que se apresenta como credora destas e pretende, em tal condição, participar da assembleia de credores.

O crédito titulado decorria da garantia que o sócio oculto havia conferido a um expressivo empréstimo bancário. Não tendo as sociedades garantidas meios para pagar ao banco, este acionou a garantia e o sócio oculto tornou-se credor em regresso.

A mesa da assembleia dos credores não computou os votos do sócio oculto, decisão referendada pelo juízo recuperacional. Houve recurso e o TJSP, por maioria, considerou comprovada a condição de sócio oculto daquele credor.

De acordo com o relator Des. Boris Kauffmann: "Os pagamentos efetuados à instituição financeira credora das agravadas (as sociedades em recuperação judicial) por parte da agravante demonstram o seu interesse efetivo na continuidade da atividade das empresas, inclusive, com a manutenção de pessoal próprio, revelando a sua condição de sócia e não de credora, disto resultando ter sido correta a deliberação do administrador judicial ao impedir o exercício do direito de voto, e do magistrado, deferindo a recuperação judicial" (Agravo de Instrumento n. 553.932-4/6-00).

O outro voto vencedor, proferido pelo revisor Des. Elliot Akel, também reconheceu a condição da agravante de sócio oculto das agravadas: "Extrai-se dos autos que a agravante contratou com os detentores das quotas sociais das agravadas o exercício de opção de subscrição de 51% de ações de empresa que seria constituída para deter o controle das mesmas. Para preservação das atividades das agravadas, prestou garantias à HSBC Bank Brasil S/A na concessão de empréstimos de curto prazo, acabando por pagá-los, deixando, todavia, de exercer a opção de aquisição das ações. (...) Não se está a afirmar que o contrato celebrado entre as partes, por sua natureza preliminar, revelava-se ou não apto a produzir todos os seus efeitos próprios. O que se reconhece é que o comportamento da agravante revelou sua evidente intenção de assumir a posição de sócia (oculta) das recuperandas. E tudo aponta para o fato de que o que a agravante chama de crédito constitui, em verdade, adiantamento de aporte de capital".

Em seu voto vencido, o Des. Pereira Calças destaca que não considerou provada a condição da agravante de sócia oculta, em razão da natureza do negócio jurídico celebrado com os demais sócios das agravadas: "Estou convencido de que, apesar de rotulado como contrato, assim não pode ser considerado, já que configura simples tratativa preliminar, que a doutrina italiana chama de '*trattative*', enquanto os franceses denominam de '*pourparlers preliminaires*' ou '*acords préparatoires*', chamados de '*Vorverhandlugen*' pelos alemães, ou '*pre-contractual dealings*' pelos anglo-saxões, ou '*tratos preliminares*' pelos espanhóis."

De qualquer forma, a divergência diz respeito à questão de fato, se aquele sujeito que se apresentou como credor era ou não sócio oculto.

No plano da questão de direito, não há dissenso de que o sócio oculto está impedido de votar na assembleia de credores, tanto quanto os demais sócios da sociedade empresária em recuperação judicial. As mesmas razões que levaram a lei a impedir o voto do sócio regular, relacionadas ao insuperável conflito de interesses que na hipótese se verifica, são extensíveis em igual medida ao oculto.

87. Voto do credor em moeda estrangeira

Na Assembleia de Credores na recuperação judicial, o credor que titular crédito em moeda estrangeira terá o peso de seu voto ponderado de acordo com a taxa de câmbio vigente na véspera da data da realização do encontro assemblear. Adotada essa taxa, o administrador judicial converterá para a moeda nacional o valor do crédito para fins de cômputo dos quóruns e dos votos.

A lei, em sua vagueza, não esclarece com precisão que taxa deve ser adotada. Como vigora, no Brasil, desde 1999, o regime de livre flutuação do câmbio, não existe uma taxa por assim dizer *oficial*, fixada ou praticada pelo Banco Central. Cada banco e operador do mercado de câmbio pratica suas próprias taxas, vendendo ou comprando moeda estrangeira por quanto lhe pareça conveniente. Ademais, a dinâmica do mercado de câmbio faz com que ao longo do dia variem as taxas. O valor normalmente divulgado pela imprensa como câmbio é uma média dos valores praticados no mercado institucionalizado no fechamento dos negócios.

Em razão disso, a dicção da lei resulta por demais vaga. A definição da taxa de câmbio não pode ser feita de modo suficiente pela indicação do dia (vésperas da Assembleia), mas pressupõe a indicação de um agente financeiro e de um momento preciso a considerar. Como a lei não desceu a esse detalhe, deve o juiz, na convocação, estabelecer de modo preciso o critério a ser obedecido pelo administrador judicial. Quando houver credor com crédito em moeda estrangeira, convém, por exemplo, o juiz consignar na convocação que, para fins de quórum e votação, será adotada a taxa de câmbio do fechamento do dia imediatamente anterior do banco por ele indicado (aquele em que a massa falida mantém a conta, um banco estatal qualquer etc.) ou a que for divulgada pelo veículo jornalístico que ele escolher.

Essa regra de conversão não se aplica à Assembleia dos Credores na falência. O parágrafo único abriga preceito de incidência exclusiva na recuperação judicial. A ponderação do voto do credor titular de crédito em moeda estrangeira na Assembleia da falência atende a critério diverso, previsto no art. 77, qual seja, a taxa de câmbio vigente no dia da decretação da quebra.

Art. 39. Terão direito a voto na assembleia geral as pessoas arroladas no quadro geral de credores ou, na sua falta, na relação de credores apresentada pelo administrador judicial na forma do art. 7.º, § 2.º, desta Lei, ou, ainda, na falta desta, na relação apresentada pelo próprio devedor nos termos dos arts. 51, incisos III e IV do *caput*, 99, inciso III, do *caput*, ou 105, inciso II do *caput*, desta Lei, acrescidas, em qualquer caso, das que estejam habilitadas na data da realização da assembleia ou que tenham créditos admitidos ou alterados por decisão judicial, inclusive as que tenham obtido reserva de importâncias, observado o disposto nos §§ 1.º e 2.º do art. 10 desta Lei.

§ 1.º Não terão direito a voto e não serão considerados para fins de verificação do quorum de instalação e de deliberação os titulares de créditos excetuados na forma dos §§ 3.º e 4.º do art. 49 desta Lei.

§ 2.º As deliberações da assembleia geral não serão invalidadas em razão de posterior decisão judicial acerca da existência, quantificação ou classificação de créditos.

§ 3.º No caso de posterior invalidação de deliberação da assembleia, ficam resguardados os direitos de terceiros de boa-fé, respondendo os credores que aprovarem a deliberação pelos prejuízos comprovados causados por dolo ou culpa.

88. Participantes da Assembleia na falência

Têm direito de ingressar no recinto em que se realiza a Assembleia (antes do encerramento da lista de presença) e nela discutir e votar as matérias da ordem do dia, em primeiro lugar, os credores admitidos na falência.

São admitidos na falência os credores constantes da última relação publicada.

No processo de verificação de créditos, podem ser publicadas até três relações de credores. A primeira é a da fornecida pelo próprio devedor falido, na petição de autofalência ou nos 5 dias seguintes à quebra. A segunda é a publicação da relação revista pelo administrador judicial diante das habilitações e divergências que considerar pertinentes. Deve-se chamá-la *republicação*, para diferenciar da anterior. A terceira e última publicação eventualmente feita na falência é a do quadro geral de credores, em que se contemplam as decisões proferidas nas impugnações de crédito. Chamemo-la *consolidação*.

Pois bem, após a publicação da relação dos credores e antes da republicação, os admitidos são os que constam da relação fornecida pelo falido; depois da republicação e antes da consolidação, são os constantes daquela; por fim, com a consolidação, admitidos são os credores nela contemplados.

Para a identificação dos credores com direito de participar da Assembleia, basta consultar, de início, a publicação em vigor das 3 possíveis num processo falimentar. Nela encontrar-se-ão os credores admitidos, com direito a voz e voto na Assembleia.

Além dos credores admitidos, também podem participar da Assembleia, para nela discutir e votar as matérias da ordem do dia, os habilitados, isto é, aqueles que não constam da relação publicada e apresentaram *tempestivamente* a habilitação de crédito.

No cômputo dos quóruns de instalação, de deliberação e dos resultados das votações, a mesa diretora dos trabalhos da Assembleia deve adotar o mesmo critério. Os valores e classificações dos créditos são, em princípio, os constantes da última relação publicada. Se, porém, estiver em andamento habilitação de crédito ou divergência tempestiva, o pleiteado pelo credor deve prevalecer sobre o constante da relação.

Em relação aos credores cujos créditos foram impugnados, é necessário examinar o fundamento da impugnação para decidir os termos de sua participação na Assembleia (ver comentário n. 86 ao presente artigo). Os retardatários não participam da Assembleia da falência, enquanto não tiver sido julgado seu pleito (ver comentário n. 87).

Qualquer outra ponderação ou classificação do voto de certo credor só poderá ser adotada pela mesa da Assembleia se houver específica ordem judicial.

89. Participantes da Assembleia na recuperação judicial

Da Assembleia dos Credores podem participar os sujeitos aos efeitos da recuperação judicial que tenham sido admitidos ao processo. Em outros termos, dela não participam os credores não sujeitos e os não admitidos.

A recuperação atinge, como regra, todos os credores existentes ao tempo da impetração do benefício. Assim, da Assembleia não participa aquele credor cuja obrigação constituiu-se *após* o dia da distribuição do pedido de recuperação judicial. Também por estarem excluídos dos efeitos da recuperação judicial, não têm assento na Assembleia o fiduciário, o arrendador mercantil ou o negociante de imóvel (como vendedor, compromitente vendedor ou titular de reserva de domínio) se houver cláusula de irrevogabilidade ou irretratabilidade no contrato. Igualmente, os bancos credores por adiantamento aos exportadores (ACC), porque não se sujeitam aos efeitos da recuperação judicial, não têm o direito de participar da reunião. De fato, como esses credores não são minimamente atingidos pela recuperação judicial, e podem continuar exercendo seus direitos reais e contratuais nos termos da lei própria, não se justifica legitimá-los à participação no evento. Nem, por outro lado, se deve contar o valor de seus créditos na apuração dos quóruns de instalação ou deliberação.

Por fim, estão excluídos os credores por obrigações a título gratuito. Não porque a recuperação judicial não influencie o seu direito, mas, muito pelo contrário, porque ela o extingue. Se a sociedade empresária, quando se encontrava em condições econômicas, financeiras e patrimoniais equilibradas, havia assumido obrigação graciosa perante alguém (prometera, por exemplo, patrocinar um evento de natureza cultural sem fins lucrativos), a crise sobrevinda dispensa-a de honrá-la. Os parcos recursos disponíveis para a recuperação judicial não podem ser reduzidos em vista do cumprimento de obrigação gratuita.

Em princípio, todos os credores admitidos na recuperação judicial têm direito a voz e voto na Assembleia. São credores admitidos e, por conseguinte, em princípio titulares do direito à voz e voto na Assembleia os que se encontram na última lista publicada (a relação de credores apresentada pelo devedor com a petição inicial, a organizada pelo administrador judicial ou, por fim, a consolidação do quadro geral). Está admitido e integra a Assembleia dos Credores a pessoa física ou jurídica cujo nome consta do rol – dentre os três que se elaboram ao longo da verificação de créditos – que tiver sido publicado por último.

Além dos que constam das listas publicadas no decorrer da verificação de crédito, também o credor que fez a apresentação de crédito ao administrador judicial (ou impugnou a relação com o objetivo de aumentar ou reclassificar para cima seu crédito) é considerado admitido e pode participar da Assembleia, mesmo que ainda não decidido seu pleito. É suficiente a prova da apresentação de crédito (ou da impugnação da relação de credores feita com aqueles objetivos) para o habilitante (ou impugnante) ter direito de ingresso no recinto em que se realiza o encontro assemblear, discutir e votar as matérias.

Note-se que nenhuma deliberação da assembleia geral será invalidada acaso uma decisão judicial posterior venha a desconstituir, reduzir o valor ou reclassificar qualquer dos créditos que serviram de base para o cálculo dos quóruns de instalação ou deliberação. Essa determinação da lei visa conferir segurança às deliberações assembleares. Se tais decisões pudessem interferir no resultado de assembleias passadas, o processo de recuperação judicial estaria exposto a significativos entraves. Claro está, por outro lado, que nada impede seja revista qualquer deliberação da Assembleia em novo conclave quando se alterar, por decisão judicial, o perfil do quadro de credores.

O credor admitido com direito a voz ou a voz e voto deve, antes de ingressar no recinto em que acontecerá a Assembleia, assinar a lista de presença. Afora os integrantes do conclave assemblear, titular de crédito admitido na recuperação judicial, só podem entrar e permanecer no local dos trabalhos o administrador judicial, os profissionais por ele contratados para o auxiliar na oportunidade, devidamente identificados por crachás, e, por força das prerrogativas legais da profissão, os advogados dos credores (Lei n. 8.906/94, art. 7.º, VI, *d*). Por fim, os representantes legais da sociedade empresária requerente da recuperação judicial, mesmo que não titularizem crédito perante ela, têm o direito de participar da Assembleia dos Credores. Como a lei determina que eles assinem a ata, por certo permite sua presença no evento.

90. Credores com créditos impugnados

A impugnação à relação de credores pode ser feita pelo próprio titular do crédito objeto da medida. Nesse caso, a finalidade será o aumento do valor ou a reclassificação para cima do crédito. Por outro lado, a impugnação à relação pode ser feita por quem não é o titular do crédito objeto da medida, ou seja, pelo Ministério Público, outro credor, o devedor etc. Aqui, o objetivo é excluir o crédito, reduzir seu valor ou reclassificá-lo para baixo. Nas duas situações, enquanto não for julgada procedente a impugnação, o titular do crédito impugnado participa com direito a voz e voto da Assembleia dos Credores na proporção e classe constante da relação impugnada.

Até a 11ª edição, distinguia, nestes *Comentários*, duas situações em função da parte impugnante, concluindo pela prevalência do valor ou classificação constante da impugnação feita pelo credor. O objetivo era tratá-lo de modo isonômico ao habilitante. Alertado pela Profa. Uinie Caminha de que tal equiparação não se justifica, porque a declaração antecede a relação de credores elaborada pelo administrador judicial enquanto a impugnação é posterior, alterei o entendimento sobre a questão, a partir da 12ª edição.

91. O credor retardatário

Diz o art. 10, § 1.º, que os titulares de créditos retardatários não terão, na recuperação judicial, direito de voto nas deliberações da Assembleia dos Credores. Já o § 2.º do mesmo artigo dispõe que, na falência, os retardatários não votam na Assembleia enquanto não for homologado o QGC contendo o crédito deles.

Isso quer dizer, em primeiro lugar, que os credores retardatários – isto é, os que apresentaram sua habilitação após o término do prazo do art. 7.º, § 1.º – têm sempre direito a *voz* na Assembleia dos Credores, tanto da falência como da recuperação judicial.

Quanto ao direito de voto, porém, varia a regra a aplicar na Assembleia dos Credores na falência e na recuperação judicial.

Os retardatários na falência não votam na Assembleia dos Credores *enquanto* não tiver sido homologado o QGC contendo o seu crédito. Atendida essa condição, eles adquirem o direito de voto.

Já os retardatários na recuperação judicial nunca adquirem o direito de voto na Assembleia dos Credores, mesmo depois de julgado admitido o seu crédito. Isso porque os dois dispositivos em foco devem ser interpretados sistematicamente. Não haveria sentido em prever a ressalva apenas no término do § 2.º (em virtude da qual o retardatário na falência adquire o direito de voto após a homologação do QGC) se ela também fosse pertinente à hipótese do § 1.º.

Claro que, conforme alertado por Renato Mange, se o retardatário obteve *tutela antecipada* definindo (para fins de participação na assembleia de credores) o valor do crédito titulado, ele terá direito de voto, com base no fato de que este seu crédito foi "admitido por decisão judicial", conforme dicção do art. 39, *caput*.

> **Art. 40. Não será deferido provimento liminar, de caráter cautelar ou antecipatório dos efeitos da tutela, para a suspensão ou adiamento da assembleia geral de credores em razão de pendência de discussão acerca da existência, da quantificação ou da classificação de créditos.**

92. Garantia de realização da Assembleia

É juridicamente impossível o pedido de suspensão ou adiamento de Assembleia dos Credores, na falência ou recuperação judicial, em vista de conflitos de interesses relativos à existência, quantificação ou classificação de crédito.

Tais conflitos só podem ser objeto de provimento liminar que determine cômputo de votos em separado, para preservação dos direitos.

Considera a lei que a suspensão ou adiamento da Assembleia dos Credores são medidas incompatíveis, de um lado, com os breves prazos estabelecidos para a recuperação judicial e, de outro, com o princípio da celeridade do processo de falência.

Ao circunscrever o provimento liminar referente a conflitos de interesses pertinentes à existência, valor e natureza de um crédito ao recolhimento em separado de votos, dá-se integral acolhida aos direitos eventualmente lesados de um ou outro credor, sem prejudicar os da comunhão de credores.

A Assembleia na falência ou na recuperação judicial só pode ser suspensa ou adiada por provimento liminar quando o fundamento for diverso do conflito indicado. Se, por exemplo, houve grave e insuperável irregularidade na convocação, a Assembleia pode ser suspensa ou adiada. Mesmo assim se não houver outros meios de se preservarem os interesses gerais da comunhão e os direitos individuais de quem pleiteia o provimento.

93. Excepcionalidade da suspensão ou adiamento

Uma das normas da LF destinadas a assegurar a célere tramitação do processo de recuperação judicial consiste na proibição, em regra, de medidas judiciais que importem a suspensão ou o adiamento da Assembleia dos Credores em razão de incertezas quanto à existência, quantificação ou classificação de créditos. Em qualquer circunstância, o melhor é sempre realizar a assembleia. Mesmo havendo questões pendentes ou que reclamam elucidação e das quais poderiam decorrer mudanças no resultado da votação dos credores, ainda assim é preferível realizar-se o conclave, deixando para depois a apreciação destas e os ajustes decorrentes.

A mesa, evidentemente, deve adotar, quando for o caso, as cautelas pertinentes ao resguardo dos direitos dos envolvidos nessas questões pendentes, como, por exemplo, o recebimento de votos em separado, o protocolo de protestos e declarações, o registro em ata (se ordinária) de manifestações importantes dos presentes etc.

Temia-se que uma norma proibitiva de determinado ato judicial pudesse acabar tendo a eficácia limitada ou reduzida, em vista do supremo valor da ordem democrática de proteção, pelo Judiciário, contra qualquer forma de lesão a direitos. Mas sendo essa proteção, de enraizamento constitucional, plenamente compatível com medidas destinadas a garantir a celeridade do processo, em proveito de todos, não há por que negar plena efetividade à norma que as abriga.

Por isso o Judiciário tem prestigiado a solução da lei, como se confere no julgamento do Agravo de Instrumento n. 613.853-4/1-00, relatado pelo Des. Lino Machado: "Apenas excepcionalmente se concederá 'provimento liminar, de caráter cautelar ou antecipatório dos efeitos da tutela, para a suspensão ou adiamento da assembleia geral dos credores', a qual não deve ser postergada, sem que sua realização implique ofensa ao direito dos credores".

Art. 41. A assembleia geral será composta pelas seguintes classes de credores:

I – titulares de créditos derivados da legislação do trabalho ou decorrentes de acidentes de trabalho;

II – titulares de créditos com garantia real;

III – titulares de créditos quirografários, com privilégio especial, com privilégio geral ou subordinados;

IV – titulares de créditos enquadrados como microempresa ou empresa de pequeno porte.

§ 1.º Os titulares de créditos derivados da legislação do trabalho votam com a classe prevista no inciso I do *caput* deste artigo com o total de seu crédito, independentemente do valor.

§ 2.º Os titulares de créditos com garantia real votam com a classe prevista no inciso II do *caput* deste artigo até o limite do valor do bem gravado e com a classe prevista no inciso III do *caput* deste artigo pelo restante do valor de seu crédito.

94. As instâncias deliberativas da Assembleia

Na Assembleia dos Credores, há quatro instâncias de deliberação. De acordo com a matéria em apreciação, varia o conjunto de credores aptos a votar.

A instância de maior abrangência é o plenário da Assembleia dos Credores. Sempre que a matéria não disser respeito à constituição do Comitê ou não se tratar do plano de reorganização, cabe a deliberação ao plenário. Tem esta instância, portanto, competência residual. Se não houver na lei nenhuma previsão específica reservando a apreciação da matéria a outra ou outras instâncias, o plenário deliberará pela maioria de seus membros, computados os votos proporcionalmente aos seus valores, independentemente da natureza do crédito titularizado. Ao manifestar-se, por exemplo, acerca do pedido de desistência da recuperação judicial formulado pelo devedor, a Assembleia Geral delibera pelo seu plenário.

As três outras instâncias deliberativas da Assembleia correspondem às classes em que foram divididos pela lei os credores. Na primeira classe, encontram-se os credores trabalhistas; na segunda, os titulares de direitos reais de garantia; e na terceira, os quirografários, titulares de privilégio (especial ou geral) e os subordinados. Nas matérias atinentes à constituição e composição do Comitê e na votação do plano de reorganização, votam apenas os credores que as integram.

Para cada matéria em apreciação, cabe à mesa diretora dos trabalhos delimitar com cuidado o conjunto de credores envolvidos. Se a revisão do passivo trabalhista constante do plano de reorganização implicar, por exemplo, antecipação de pagamentos devidos aos trabalhadores, como ela impacta o fluxo de caixa da sociedade devedora, todos os credores sujeitos à recuperação judicial são interessados e não apenas os titulares de crédito trabalhista. No caso desse exemplo, as três instâncias classistas deliberam.

A divisão da Assembleia dos Credores em classes tem lugar unicamente na colheita dos votos. Durante a fase de discussão, o credor presente tem sempre direito a voz, ainda que a matéria deva ser votada numa instância classista a que não pertence.

95. Crítica à disciplina das instâncias deliberativas

Ao distribuir os credores em classe, a lei incorreu num gravíssimo erro. Falo da inclusão, na mesma classe, dos credores quirografários e dos titulares de privilégio.

Em tese, as classes deveriam agrupar os credores com interesses convergentes. O objetivo da divisão dos credores reunidos em Assembleia em classes é o de impedir distorções na formação da vontade da comunhão. Se os créditos de maior importância pertencem a credores de uma certa classificação, a indistinção em classes levaria à prevalência dos interesses deles, nem sempre conciliáveis com os das demais. Pois bem, a reunião numa mesma classe de credores com interesses divergentes representa a negativa desse objetivo.

Os credores quirografários têm interesses diversos dos titulares de privilégio, especial ou geral. Enquanto estes últimos, exatamente por gozarem de preferência na falência, tendem a ser menos receptivos às propostas de alteração, novação ou renegociação de seus créditos no âmbito da recuperação judicial, os quirografários em geral se abrem mais facilmente a tais propostas. Isso porque a falência do devedor certamente impedirá que os quirografários tenham os seus créditos atendidos. Em outros termos, é muito diferente o risco de não recebimento do crédito que enfrentam os quirografários, de um lado, e os titulares de privilégio, de outro.

O mais correto seria classificar os titulares de privilégio junto com os credores com garantia real.[33] Há maior convergência de interesses entre esses credores do que entre qualquer um deles e os quirografários.

---

33. De acordo com o projeto aprovado pela Câmara em 2003, os quirografários compunham a mesma classe com os credores titulares de privilégio geral. Os titulares de privilégio especial integravam, de acordo com essa versão, a mesma classe que os credores com garantia real. O isolamento dos credores com garantia real numa classe própria resultou de emenda apresentada no plenário do Senado, pela Senadora Ideli Salvatti. Pois bem, durante a tramitação do projeto de lei na Comissão de Assuntos Econômicos do Senado, tive a oportunidade de sugerir essa mudança ao Senador Ramez Tebet nos seguintes termos: "O projeto prevê que os credores quirografários e os com privilégio geral componham uma mesma classe na Assembleia dos Credores. Estas duas categorias de

Art. 42. Considerar-se-á aprovada a proposta que obtiver votos favoráveis de credores que representem mais da metade do valor total dos créditos presentes à assembleia geral, exceto nas deliberações sobre o plano de recuperação judicial nos termos da alínea *a* do inciso I do *caput* do art. 35 desta Lei, a composição do Comitê de Credores ou forma alternativa de realização do ativo nos termos do art. 145 desta Lei.

96. Quórum geral de deliberação

O quórum geral de deliberação é o de maioria, computada sempre com base no valor dos créditos dos credores integrantes da instância deliberativa presentes à Assembleia.

Desse modo, se o evento assemblear se realiza, por exemplo, em segunda convocação, com a presença de apenas 10 credores, somam-se os créditos deles e calcula-se o peso proporcional do direito creditório de cada um na soma. Os percentuais assim encontrados norteiam a quantidade de votos atribuídos a cada credor. Se, por força desse cálculo, um deles titularizar sozinho 51% da soma dos créditos dos presentes, então ele compõe isolado a maioria e faz prevalecer sua vontade e interesse, mesmo contra os dos demais. Assim será, inclusive, mesmo que o seu crédito represente parcela ínfima do passivo, se os credores ausentes titularizarem a parte substancial deste.

A maioria dos presentes no plenário ou na instância classista (segundo o valor proporcional dos créditos) representa, então, o quórum

---

credores, porém, têm interesses parcialmente conflitantes, já que os titulares de privilégio geral (como os debenturistas com debêntures flutuantes) irão receber seus créditos com anterioridade em relação aos quirografários. Na votação do plano de recuperação, os quirografários estarão muito mais interessados na continuidade da empresa que os privilegiados, uma vez que somente a recuperação poderá garantir-lhe alguma perspectiva de pagamento. Os credores quirografários devem compor, na verdade, uma classe em separado na Assembleia dos Credores, para que não haja prejuízo à manifestação de seus interesses" (Sugestão de Emenda n. 39).

geral de deliberação. Pode-se chamá-la de maioria simples, cuja base de cálculo são os créditos dos credores presentes e não o total do passivo. Não havendo na lei expressa previsão de quórum diverso, o voto ou votos correspondentes a essa maioria simples serão suficientes para a aprovação da matéria em votação.

Em duas hipóteses, prevê-se quórum *qualificado* de deliberação, sendo a maioria simples insuficiente para a aprovação da matéria.

1ª) Aprovação do plano de recuperação. O plano de recuperação judicial deve ser apreciado e votado nas instâncias classistas (o plenário não delibera a respeito) e, em cada uma delas, deve receber a aprovação de mais da metade dos credores presentes, desprezadas as proporções dos créditos que titularizam. Mas não basta isso! Para que seja aprovado o plano de recuperação, é necessário também que credores cujos créditos somados representam mais da metade do passivo correspondente à classe presente à assembleia o apoiem com seu voto nas instâncias dos credores *com garantia real* e na dos *titulares de privilégio, quirografários e subordinados*. Se, por exemplo, numa dessas classes estão presentes à Assembleia *Carlos* (cujo crédito é $ 31), *Darcy* ($ 10) e *Evaristo* ($ 20), para que o plano de recuperação seja aprovado nessa instância, será necessária a concordância de *Carlos* (que sozinho titulariza a maioria dos créditos presentes da classe) e de pelo menos mais um credor, *Darcy* ou *Evaristo* (para que se verifique também a maioria dos credores presentes, independentemente do valor dos seus créditos). Faltando uma ou outra condição, o plano não é aprovado nessa classe e, por consequência, está rejeitado. Veja que na classe dos empregados, a maioria exigida para a aprovação do plano é apenas a de credores (independentemente do valor do crédito).

2ª) Venda extraordinária de bens do falido. A venda extraordinária de bens processa-se por decisão do juiz (art. 144) ou por elevado grau de consenso na Assembleia dos Credores (art. 145). Nesse segundo caso, qualquer forma alternativa de realização do ativo do falido pode ser aprovada por credores que representam pelo menos 2/3 dos créditos titularizados pelos credores presentes. A proposta de venda extraordinária, nesse caso, parte normalmente de credor ou grupo de credores ou mesmo de terceiros interessados.

Art. 43. Os sócios do devedor, bem como as sociedades coligadas, controladoras, controladas ou as que tenham sócio ou acionista com participação superior a 10% (dez por cento) do capital social do devedor ou em que o devedor ou algum de seus sócios detenham participação superior a 10% (dez por cento) do capital social, poderão participar da assembleia geral de credores, sem ter direito a voto e não serão considerados para fins de verificação do quorum de instalação e de deliberação.

Parágrafo único. O disposto neste artigo também se aplica ao cônjuge ou parente, consanguíneo ou afim, colateral até o 2.º (segundo) grau, ascendente ou descendente do devedor, de administrador, do sócio controlador, de membro dos conselhos consultivo, fiscal ou semelhantes da sociedade devedora e à sociedade em que quaisquer dessas pessoas exerçam essas funções.

97. O credor sócio da sociedade devedora na Assembleia

Há credores admitidos que *não* titularizam o direito ao voto, mas apenas à voz na Assembleia. São os sócios ou acionistas da sociedade empresária falida ou requerente do benefício e pessoas jurídicas a eles ligadas (a saber: a coligada, controladora ou controlada dessa, bem como a sociedade que tenha por sócio ou acionista alguém que participe da devedora com mais de 10% do capital social e, finalmente, a sociedade de que participe com mais de 10% a devedora ou seus sócios ou acionistas).

Se uma dessas pessoas físicas ou jurídicas tiver crédito perante a falida ou a requerente da recuperação judicial, terá direito de participar das discussões da Assembleia dos Credores, mas não das deliberações.

Em idêntica situação se encontram os cônjuges, parente, consanguíneo ou afim, colateral até o segundo grau, descendente ou ascendente do acionista controlador ou de administrador da sociedade empresária falida ou requerente da recuperação judicial.

A limitação dos direitos desses credores na Assembleia decorre do conflito de interesses patente na simultaneidade das condições de investidores da sociedade devedora (ou pessoas a eles ligadas) e credores dessa. O conflito de interesses impede que seu voto contribua para a formação da vontade geral dos credores.

98. Impedimento de voto contrário ao plano

Ao apreciar o Agravo de Instrumento n. 554.611-4/9-00, o TJSP decidiu que o impedimento de voto preceituado no art. 43 da LF atinge não somente o voto favorável ao plano de recuperação, mas também o contrário à sua aprovação. Se o credor é, como nesse caso, irmão de procuradores da sociedade empresária em recuperação ele não pode votar na assembleia, ainda que seja no sentido da rejeição do plano.

De acordo com o relator, Des. José Araldo da Costa Telles: "O agravante sustenta que o D. magistrado interpretou a lei às avessas. A restrição ao direito de voto, nos casos do art. 43 da Lei Especial, tem sentido para impedir o favorecimento descabido da recuperanda com votos a favor de seu plano e não quando, como no caso, haja pretensão de voto contrário. Em verdade, a lei, nesse ponto, não faz qualquer distinção. De forma objetiva, estabelece os impedimentos, mesmo porque não teria sentido admitir-se o voto contrário aos interesses da empresa em crise e não se admitir quando fosse ele favorável ao plano".

Deste modo, o voto de credor impedido nos termos do art. 43 da LF não pode ser computado pela mesa da assembleia. Havendo dúvida relevante que justifique a apreciação judicial do impedimento, o voto deve ser apropriado em separado pela mesa, vale dizer, registrando-se em ata seu conteúdo, mas desprezando-o no cômputo final da deliberação.

> **Art. 44. Na escolha dos representantes de cada classe no Comitê de Credores, somente os respectivos membros poderão votar.**

99. Eleição dos membros do Comitê

O Comitê, quando instalado, será composto por representantes das 3 classes em que se encontram divididos os credores, na falência ou na recuperação judicial. Cada classe vota exclusivamente nos seus representantes (1 titular e 2 suplentes).

O plenário é instância deliberativa da Assembleia incompetente para deliberar na eleição dos membros do Comitê.

A mesma regra se aplica na hipótese de substituição do membro do Comitê.

Art. 45. Nas deliberações sobre o plano de recuperação judicial, todas as classes de credores referidas no art. 41 desta Lei deverão aprovar a proposta.

§ 1.º Em cada uma das classes referidas nos incisos II e III do art. 41 desta Lei, a proposta deverá ser aprovada por credores que representem mais da metade do valor total dos créditos presentes à assembleia e, cumulativamente, pela maioria simples dos credores presentes.

§ 2.º Nas classes previstas nos incisos I e IV do art. 41 desta Lei, a proposta deverá ser aprovada pela maioria simples dos credores presentes, independentemente do valor de seu crédito.

§ 3.º O credor não terá direito a voto e não será considerado para fins de verificação de quorum de deliberação se o plano de recuperação judicial não alterar o valor ou as condições originais de pagamento de seu crédito.

100. Quórum de deliberação do plano de recuperação

Cabe à Assembleia dos Credores, tendo em vista o proposto pela devedora e eventual proposta alternativa que lhe tenha sido submetida, discutir e votar o plano de recuperação. É claro que novas propostas e sugestões de aperfeiçoamento podem ser levantadas na própria Assembleia pelos credores presentes, tendo lugar, então, uma ampla negociação entre os envolvidos.

Estabelece a lei um quórum de deliberação qualificado para a votação do plano de recuperação.

Ele deve ser aprovado nas três instâncias classistas. Na classe dos empregados, pelo voto favorável de mais da metade dos credores, desprezado o valor dos seus créditos; nas demais, pelo voto favorável de mais da metade da totalidade dos créditos correspondentes *e* também pela maioria dos credores presentes ao evento.

Não participa da votação do Plano de Recuperação Judicial – e não integra, por isso, o quórum de deliberação – o credor cujo direito não for por ele afetado. Se houver mais de um plano em votação, e apenas um deles alterar o direito de determinado credor, ele participa apenas da votação deste e não do outro. Essa exclusão da base de cálculo do quórum de deliberação do Plano justifica-se no pressuposto da lei de que o credor não atingido pela proposta de reorganização da empresa não teria nenhum interesse no resultado da votação. Tal pressuposto é questionável porque, mesmo não sendo atingido diretamente pela proposta em votação, é claro que o credor pode ter o seu direito ameaçado na hipótese de aprovação de um plano inconsistente, que não leve à efetiva recuperação do devedor.

> **Art. 46. A aprovação de forma alternativa de realização do ativo na falência, prevista no art. 145 desta Lei, dependerá do voto favorável de credores que representem 2/3 (dois terços) dos créditos presentes à assembleia.**

101. Quórum de deliberação de venda extraordinária na falência

O quórum qualificado de deliberação de realização do ativo de forma alternativa (por exemplo, formação de sociedade entre os credores ou entre os empregados do falido para continuação do negócio) é de 2/3 do total dos créditos *presentes* à Assembleia.

Há uma mudança significativa em relação ao dispositivo equivalente da lei anterior, o art. 123, que estabelecia como base de cálculo para o quórum o total dos créditos perante o falido.

A inovação é oportuna, na medida em que os titulares dos créditos públicos, por força da lei, normalmente estão impedidos de participar das amplas negociações exigidas pela venda extraordinária de bens do falido. Muitas vezes, na lei anterior, a realização do ativo por meio alternativo não se podia realizar simplesmente porque o passivo fiscal ultrapassava 1/3 do total.

Capítulo III
DA RECUPERAÇÃO JUDICIAL

Seção I
Disposições Gerais

Art. 47. A recuperação judicial tem por objetivo viabilizar a superação da situação de crise econômico-financeira do devedor, a fim de permitir a manutenção da fonte produtora, do emprego dos trabalhadores e dos interesses dos credores, promovendo, assim, a preservação da empresa, sua função social e o estímulo à atividade econômica.

102. A recuperação judicial

A questão da recuperação da empresa em crise tem recebido respostas diferentes dos direitos que dela se ocuparam. Até o momento, por exemplo, não está em pauta na Comunidade Europeia nenhuma proposta de harmonização da disciplina jurídica sobre a matéria. No tema relacionado à crise das empresas, a Europa limitou-se a aprovar regras de competência jurisdicional para os procedimentos falimentares, que entraram em vigor em 2002.

Cada país, assim, procura dar ao problema solução própria, que atende aos seus interesses e peculiaridades culturais e econômicas.

Em França, desde meados dos anos 1980, procura-se criar mecanismos que *previnam* a crise. Estabelece a lei procedimentos de alerta, em alguns casos facultando e, em outros, determinando a certas pessoas (tais como o contador, comitê dos empregados, sócio minoritário, o presidente do Tribunal do Comércio etc.) que, em antevendo dificuldades para uma empresa, adotem providências tendentes a evitar a ocorrência ou agravamento da crise. Em função desses alertas, pode-se abrir um processo judicial de recuperação (*redressement*). Nele, a empresa fica em observação durante um período em que é levantado seu balanço econômico e social, instrumento que norteará a elaboração do plano de reorganização. O sistema não é inteiramente satisfatório e tem sido constantemente revisto.[34]

Na Itália, o instituto ligado à recuperação da empresa é a *administração extraordinária*, em que a gestão e reorganização da atividade econômica são orientadas e fiscalizadas por um comissário nomeado pelo juiz. Trata-se de figura estreita, bastante criticada, que não tem conseguido impedir muitas falências.[35]

Na Alemanha, a lei admite que o insolvente ou o administrador judicial apresente, no processo de insolvência instaurado, um plano para solução das obrigações, que pode compreender ou pressupor a reorganização da empresa. Cuida a lei também da hipótese de continuação do negócio do insolvente, enquanto tramita a insolvência e os credores apreciam o plano. As medidas de reorganização do direito alemão claramente não têm natureza preventiva, posto que pressupõem a quebra da empresa.[36]

Nos Estados Unidos, o Capítulo 11 do *Bankruptcy Code*, cujas raízes se encontram na crise no setor ferroviário da segunda metade do século XIX, preocupa-se com a criação de um cenário propício às negociações entre os interessados. Soluções como a conversão total ou parcial de crédito em capital da devedora, que tornam os credores sócios, e outras são objeto de um plano de reorganização geralmente fruto de acordo entre os envolvidos. O Poder Judiciário costuma intervir

---

34. André Jacquemont, *Droit des entreprises en difficulté*, Paris: Litec, 2003, p. 1-126 e *passim*; Jean-François Martin e Alain Lienhard, *Redressement et liquidation judiciaires*, Paris: Delmas, 2003, p. 9-13.
35. Angelo Bonsignori, *Il fallimento*, Padova: Cedam, 1986, p. 35-39.
36. Dora Berger, *A insolvência no Brasil e na Alemanha*, Porto Alegre: Sergio Antonio Fabris Editor, 2001, p. 151-162.

apenas para garantir o tratamento justo e equitativo entre as diversas classes dos credores.[37]

No Japão, os mecanismos de recuperação voltados exclusivamente às pequenas e médias empresas são mais comumente empregados que os destinados às grandes.[38]

Como se vê, cada direito procura seus próprios caminhos no emaranhado da difícil questão da recuperação das empresas em crise. A grande diversidade das respostas dadas parece sugerir que ninguém tem a solução para o problema. E talvez não haja quem saiba mesmo o que fazer quando o assunto é a superação *fora do mercado* do estado crítico de uma atividade empresarial.

No Brasil, a lei contempla duas medidas judiciais com o objetivo de evitar que a crise na empresa acarrete a falência de quem a explora. De um lado, a recuperação judicial; de outro, a homologação judicial de acordo de recuperação extrajudicial. Os objetivos delas são iguais: saneamento da crise econômico-financeira e patrimonial, preservação da atividade econômica e dos seus postos de trabalho, bem como o atendimento aos interesses dos credores. Diz-se que, recuperada, a empresa poderá cumprir sua função social.

103. Solução de mercado e recuperação da empresa

Nem toda falência é um mal. Algumas empresas, porque são tecnologicamente atrasadas, descapitalizadas ou possuem organização administrativa precária, devem mesmo ser encerradas. Para o bem da economia como um todo, os recursos – materiais, financeiros e humanos – empregados nessa atividade devem ser realocados para que tenham otimizada a capacidade de produzir riqueza. Assim, a recuperação da empresa não deve ser vista como um valor jurídico a ser buscado a qualquer custo. Pelo contrário, as *más* empresas devem

37. Douglas G. Baird, *Elements of bankruptcy*, 3. ed., New York, Foundation Presse, 2001, p. 62-78.

38. Theodore Eisenberg e Shoici Tagashira, Should we abolish Chapter 11? The evidence from Japan. In: *Corporate bankruptcy – economic and legal perspectives*, organizado por Jagdeep Bhandari e Lawrence Weiss, s. l., Cambridge University Press, 1996.

falir para que as *boas* não se prejudiquem. Quando o aparato estatal é utilizado para garantir a permanência de empresas insolventes inviáveis, opera-se uma inversão inaceitável: o risco da atividade empresarial transfere-se do empresário para os seus credores.[39]

Se as estruturas do livre mercado estão, em termos gerais, funcionando de modo adequado, as empresas em crise tendem a recuperar-se por iniciativa de empreendedores ou investidores, que identificam nelas, apesar do estado crítico, uma alternativa de investimento atraente. Imagine-se que uma indústria líder de mercado e lucrativa esteja com dois problemas: a sua planta reclama urgente modernização tecnológica e há excesso de pessoal. Se significativos investimentos não forem feitos na construção de uma nova fábrica e não houver redução na folha de pagamentos, em poucos anos a sua posição econômica confortável pode reverter-se. Se o empreendedor não dispõe de capital e vontade para implementar essas mudanças, a sobrevivência da empresa, a médio ou longo prazo, depende de alguém (outro empreendedor ou investidor) vislumbrar nela uma oportunidade de ganhar dinheiro e, motivado por essa perspectiva, procurar o controlador da sociedade empresária para propor algum tipo de negócio: alienação do controle, trespasse, assunção de ativos, ingresso na sociedade, incorporação etc. Pois bem, se prevalecer a racionalidade nos dois lados, quer dizer, se ambos considerarem vantajosa a transação, a empresa recapitaliza-se e reorganiza-se, continuando a operar, e deve até mesmo crescer. Nesse exemplo, a recuperação da empresa foi fruto do normal funcionamento das forças do livre mercado. Isso se costuma chamar de "solução de mercado".

Nesse contexto, pode-se afirmar que, *em princípio*, se não há solução de mercado para a crise de determinada empresa, é porque ela não comporta recuperação. Se nenhum empreendedor ou investidor viu nela uma alternativa atraente de investimento, e a recapitalização e a reorganização do negócio não estimulam nem mesmo os seus atuais donos, então o encerramento da atividade, com a realocação dos recursos nela existentes, é o que mais atende à economia. Quando não

39. Lynn Lo Pucki, apud Robert L. Jordan e William D. Warren, *Bankruptcy*, 3. ed., Westbury, New York: The Foundation Press, 1993, p. 657.

há solução de mercado, aparentemente não se justificaria a intervenção do Estado (Poder Judiciário) na tentativa de recuperação da empresa. O próprio instituto jurídico da recuperação parece, *prima facie*, um despropósito no sistema econômico capitalista. Se ninguém quer a empresa, a falência é a solução do mercado, e não há por que se buscar à força a sua recuperação.

Não é bem assim, contudo. Quando as estruturas do sistema econômico não funcionam convenientemente, a solução de mercado simplesmente não ocorre. Nesse caso, o Estado deve intervir, por intermédio do Poder Judiciário, para zelar pelos vários interesses que gravitam em torno da empresa (dos empregados, consumidores, Fisco, comunidade etc.). Exemplo característico de desfunção do sistema é o do *valor idiossincrático da empresa*. Para entendê-lo, deve-se recuperar a lição sobre o *valor da ação*, que se aplica inteiramente à questão da valoração da empresa. Interessam, aqui, o valor de negociação e o econômico.[40] A ação de uma companhia, ao ser alienada, tem o valor que vendedor e comprador contratam, isto é, aquele que o vendedor considera oportuno receber em troca da participação societária, e o comprador, por sua vez, tem por interessante pagar para adquiri-la. Nenhuma outra variável atua na equação. Se as partes não atribuem à ação o mesmo valor, simplesmente não há compra e venda. Esse é o valor de negociação. Por sua vez, o valor econômico é o calculado por especialistas a partir das perspectivas de rentabilidade da ação e fornece o parâmetro para as negociações *racionais*. O vendedor que alienar a ação por preço significativamente inferior ao valor econômico ou o comprador que a adquirir por preço significativamente superior estão fazendo um mau negócio.

O valor idiossincrático da empresa é o atribuído exclusivamente pelo seu dono (*melhor*: pelo controlador da sociedade empresária que a explora). É muito comum que o empreendedor valorize a sua empresa de modo bem particular, principalmente se foi o seu iniciador e lhe devotou muitos anos e energia. Trata-se de um valor subjetivo e individual, derivado da autoimagem do empreendedor, da qual a empresa serve de projeção psicológica. Por vezes, o controlador resiste à

40. Coelho, *Curso de direito comercial*, v. 2, p. 82-98.

realização de negócios voltados à recapitalização e reorganização do negócio porque não sente devidamente considerado pelos adquirentes ou investidores o esforço pessoal dele impregnado na empresa. A característica essencial da valoração idiossincrática é a de que nenhum empreendedor, especulador, corretor, especialista em avaliação de ativos ou qualquer outro agente econômico acha que a empresa vale o quanto o dono quer.[41]

O valor idiossincrático compromete a racionalidade das negociações. O mercado não soluciona a crise da empresa, não porque inexistem interessados em recapitalizá-la e reorganizá-la, mas porque o seu titular quer um preço que ninguém vê vantagem em pagar. Se, de um lado, o valor de negociação não precisa corresponder necessariamente ao econômico, e, por isso, pode ocorrer de se pagar pela empresa mais do que o recomendado pelos especialistas, de outro, quando o valor idiossincrático interfere fortemente na relação negocial, e o vendedor mostra-se insensível aos argumentos técnicos que fundamentam o valor econômico, é provável não ocorrer nenhuma negociação. Esse é um exemplo de disfunção do sistema econômico: o princípio basilar da livre iniciativa, em que se assenta o direito de propriedade do empreendedor capitalista, impede que o próprio mercado recupere a empresa em crise. Nesse caso, porém, interesses que transcendem os dos empreendedores, e, muitas vezes, expressam alcance social e econômico de relevo – como são os dos empregados, da comunidade, dos consumidores, do Fisco etc. –, podem ser prejudicados de forma *injusta*. Se o controlador quer receber algo que ninguém está disposto a pagar, não será realizado negócio nenhum, e a empresa em crise tenderá a desaparecer. Agride ao senso de justiça ver o fim de postos de trabalho, redução de abastecimento, falência de pequenas e médias empresas-satélites e outros efeitos negativos da crise de uma grande empresa, quando o mercado poderia tê-la solucionado, mas a idiossincrasia de um homem impediu.

41. Thomas Jackson e Robert Scott, *On the nature of bankruptcy: an essay on bankruptcy sharing and creditor's bargain*. Em *Corporate bankruptcy – economic and legal perspectives*. Organizado por Jagdeep Bhandari e Lawrence Weiss, s. l., Cambridge University Press, 1996, p. 151-153.

O instituto da recuperação da empresa tem sentido, assim, no capitalismo para corrigir disfunções do sistema econômico, e não para substituir a iniciativa privada.

A recuperação judicial não pode significar, portanto, a substituição da iniciativa privada pelo juiz na busca de soluções para a crise da empresa. Se a sobrevivência de determinada organização empresarial em estado crítico não desperta o interesse de nenhum agente econômico privado (empreendedores ou investidores), então, em princípio, as suas perspectivas de rentabilidade não são atraentes quando comparadas com as das demais alternativas de investimento. Ora, se assim é, ninguém vai perder dinheiro investindo naquele negócio. Contudo, pode ocorrer de a solução de mercado não se viabilizar por alguma disfunção do sistema econômico, como no exemplo do valor idiossincrático. Nesse caso, e com o objetivo de garantir o regular funcionamento das estruturas do livre mercado, pode e deve o juiz atuar. Note-se, a solução da crise não é dele, nem sequer deve ser aprovada por ele; o papel do Estado-juiz deve ser apenas o de afastar os obstáculos ao regular funcionamento do mercado.

Se é essa a premissa, conclui-se que o direito falimentar deve passar por profundas alterações, norteadas pela equação do *law as market mimicker*, desenvolvida pela análise econômica do direito.[42] Em termos gerais, quando a empresa está em crise – econômica, financeira ou patrimonial –, o direito deveria simplesmente regular o procedimento extrajudicial, iniciado e desenvolvido pelo próprio devedor, de *cessação de pagamentos*. O objetivo seria criar condições para renegociações globais das dívidas. Ao fazer a declaração unilateral de cessação de pagamentos, a devedora convocaria a assembleia de credores, na qual apresentaria seu plano de recuperação da empresa e uma proposta de renegociação do passivo. Até a realização da assembleia, para que cada credor pudesse aferir a viabilidade do plano e ponderar o interesse em aceitar ou não a proposta, seria indispensável ampla transparência sobre a realidade econômica, financeira e patrimonial da devedora. Note-se que os credores do empresário individual ou da sociedade empresária em crise podem interessar-se em abrir mão de

42. Coelho, *Curso de direito comercial*, v. 1, p. 32-37.

parte do crédito, prorrogar o vencimento da obrigação ou renunciar a garantias e privilégios se ficarem convencidos das boas intenções dos empreendedores e administradores e da consistência do plano de recuperação. Para tanto, contudo, devem ter o direito de realizar auditoria (*due diligence*) na devedora, individual ou coletivamente.

Continuando como penso devesse ser a estrutura básica da legislação falimentar: se a proposta de renegociação apresentada em assembleia fosse aprovada pela maioria dos credores, a renegociação obrigaria também os credores que votaram vencidos. De certa forma, como passa a ser problema dos credores a sobrevivência de devedora em estado crítico, tem sentido considerá-los uma comunhão de interesses e, em decorrência, submeter todos à vontade da maioria.[43] Embora nem sempre convirjam os interesses dos titulares de preferências e garantias e os dos quirografários, relativamente à recuperação da empresa – os primeiros, tendo em vista a preferência ou garantia titularizada, podem ter seus direitos satisfeitos na liquidação falimentar, enquanto os últimos, muitas vezes, só receberão algum pagamento se o devedor conseguir recuperar-se da crise,[44] pode-se considerá-los membros de uma comunhão. Se, por outro lado, não fosse aprovada a proposta da devedora, configurar-se-ia o conflito de interesses entre o titular da empresa em crise e seus credores. Instaurar-se-ia, então, o processo judicial, iniciado com a publicação de edital, convidando instituições financeiras a formular oferta pública de aquisição dos créditos. A ideia básica seria criar condições para a operação de um mercado secundário das obrigações da empresa em crise. As instituições financeiras tenderiam a fazer as propostas levando em conta o risco de não realização do crédito, e os credores, por sua vez, ao cederem seus direitos creditícios, sofreriam o prejuízo correspondente ao deságio, mas livrar-se-iam do risco da inadimplência e insolvência.

Prosseguindo: se a maioria dos credores vendesse seus créditos a uma ou mais das instituições financeiras licitantes, o juiz declararia que os demais credores teriam seus direitos satisfeitos com os descontos ou prorrogações propostos pelo devedor na assembleia. É realista,

43. Waldemar Ferreira, *obra citada*, v. 15, p. 263-266.
44. T. Jackson e R. Scott, *obra citada*, p. 159.

contudo, imaginar que essa hipótese não seria muito comum. A experiência norte-americana, diga-se, tem revelado que tanto devedor como credores procuram evitar a imposição judicial da revisão da obrigação (*cram dow*), empenhando-se realmente em encontrar uma saída negociada para a crise que afeta os interesses de ambos.[45] É realista esperar, também, que empreendedores e investidores se articulem com as instituições financeiras para, nessa oportunidade, manifestar, inclusive como apêndice às propostas de aquisição dos créditos, o interesse em assumir a empresa, ou parte dela, com seus planos de recapitalização ou reorganização. Estatísticas mostram que é rara a apresentação, por credores, de proposta de recuperação da empresa de devedores em crise,[46] de modo que não há razões para a criação de procedimento específico destinado a motivá-los nesse sentido.

Finalizando minha proposta de reforma do direito falimentar: caso nenhuma instituição financeira realizasse oferta pública de aquisição dos créditos ou os credores não se interessassem pelas realizadas, e também não se habilitasse nenhum capitalista para assumir o negócio, ficaria então caracterizado que o mercado não tem solução para a crise daquela empresa. Assegurada, numa assembleia presidida pelo juiz, a oportunidade para o devedor e os credores reverem suas posições anteriores, bem como para a manifestação de demais interessados, como o sindicato de empresas e de trabalhadores envolvidos e o Poder Executivo municipal, estadual ou federal, e persistindo o quadro de inexistência de solução de mercado, seria decretada a liquidação da sociedade empresária devedora por falência.

Penso que mesmo após a decretação da falência, o direito falimentar pode continuar prestigiando as soluções de mercado. A realização do ativo não precisa ser de responsabilidade da estrutura judicial. O melhor seria que empresas cadastradas e fiscalizadas pelo Poder

45. Michele J. White, The corporate bankruptcy decision, in *Corporate bankruptcy – economic and legal perspectives*, organizado por Jagdeep Bhandari e Lawrence Weiss, s. e. Cambridge University Press, 1996, p. 219-220.

46. Lawrence Alan Weiss, Bankruptcy resolution: direct costs and violation of priority of claims, in *Corporate bankruptcy – economic and legal perspectives*, organizado por Jagdeep Bhandari e Lawrence Weiss, s. l., Cambridge University Press, 1996, p. 266-267.

Judiciário fossem convidadas a formular propostas de aquisição dos bens do falido. A venda seria feita em favor da proponente de melhor oferta, sem demora, de modo a se transformar em dinheiro o ativo do falido o mais rápido possível. Além do mais, nada obriga a paralisação da atividade no transcurso do processo: mesmo estando a sociedade empresária em liquidação, o negócio pode conservar seu potencial econômico, ainda que em patamares mínimos. E, de novo, se nenhuma empresa de ativos cadastrada atendesse ao edital, concluir-se-ia não haver interesse do mercado nos bens da sociedade em liquidação. O destino deles deveria ser, então, a pronta doação a entidades beneficentes, igualmente cadastradas e fiscalizadas pelo Poder Judiciário.

Art. 48. Poderá requerer recuperação judicial o devedor que, no momento do pedido, exerça regularmente suas atividades há mais de 2 (dois) anos e que atenda aos seguintes requisitos, cumulativamente:

I – não ser falido e, se o foi, estejam declaradas extintas, por sentença transitada em julgado, as responsabilidades daí decorrentes;

II – não ter, há menos de 5 (cinco) anos, obtido concessão de recuperação judicial;

III – não ter, há menos de 5 (cinco) anos, obtido concessão de recuperação judicial com base no plano especial de que trata a Seção V deste Capítulo;

IV – não ter sido condenado ou não ter, como administrador ou sócio controlador, pessoa condenada por qualquer dos crimes previstos nesta Lei.

§ 1.º A recuperação judicial também poderá ser requerida pelo cônjuge sobrevivente, herdeiros do devedor, inventariante ou sócio remanescente.

§ 2.º Tratando-se de exercício de atividade rural por pessoa jurídica, admite-se a comprovação do prazo estabelecido no *caput* deste artigo por meio da Declaração de

Informações Econômico-fiscais da Pessoa Jurídica – DIPJ que tenha sido entregue tempestivamente.

104. Requisitos para requerer a recuperação judicial

Só tem legitimidade ativa para o processo de recuperação judicial quem é legitimado passivo para o de falência. Isto é, somente quem está exposto ao risco de ter a falência decretada pode pleitear o benefício da recuperação judicial. Como essa é medida destinada a preservar o devedor da falência, a lei só a defere a quem pode falir. Note-se que a equação "inversa" não é correta: nem todos os legitimados passivos para a falência são também legitimados ativos para a recuperação judicial.

Por outro lado, a recuperação judicial tem lugar apenas se o titular da empresa em crise quiser. Se credores, trabalhadores, sindicatos ou órgão governamental tiverem um plano para a reorganização da atividade econômica em estado pré-falencial, não poderão dar início ao processo de recuperação judicial caso o devedor não tenha interesse ou vontade em fazê-lo.

São, assim, legitimados para o pedido de recuperação judicial as sociedades empresárias e o empresário individual.

Sociedades empresárias. As sociedades em comum, de economia mista, cooperativa ou simples não podem pleitear a recuperação judicial exatamente porque nunca podem ter a falência decretada. Nesse contexto, estão também excluídas do benefício, por razões ligadas à regulação econômica, as instituições financeiras, integrantes do sistema de distribuição de títulos ou valores mobiliários no mercado de capitais, corretoras de câmbio (Lei n. 6.024/74, art. 53), seguradoras (Decreto-Lei n. 73/66, art. 26), operadoras de planos privados de assistência à saúde (Lei n. 9.656/98, art. 23) e concessionárias de energia elétrica (Lei n. 12.767/2012, art. 8.º). Também convém lembrar a entidade de previdência complementar, a sociedade de capitalização e outras equiparadas às instituições financeiras (LF, art. 2.º, II).

Para legitimar-se ao pedido de recuperação judicial, contudo, como se disse, não basta ser exercente de atividade econômica exposta ao risco de falência. Deve a sociedade empresária atender a mais *quatro* requisitos.

Pelo primeiro, ela não pode estar falida. O instrumento de recuperação judicial, no direito brasileiro, não é acionável por quem já teve a quebra decretada. Apenas os devedores em estado de pré-falência podem ser socorridos pela recuperação judicial. Se já tiver sido sentenciada a instauração do concurso falimentar de credores, considera a lei que não há mais sentido em procurar a recuperação da empresa. Assim, ainda que a sociedade empresária tenha títulos protestados ou mesmo a falência requerida, ela tem o direito de pleitear a recuperação judicial, se lhe interessar fazê-lo, desde que se encontre em crise econômica, financeira ou patrimonial.

O segundo requisito para a legitimação da sociedade empresária ao pedido de recuperação judicial diz respeito ao tempo mínimo de exploração de atividade econômica exigido: mais de 2 anos. Não concede a lei o acesso à recuperação judicial aos que exploram empresa há menos tempo, por presumir que a importância desta para a economia local, regional ou nacional ainda não pode ter-se consolidado. Não teria havido tempo suficiente para configurar-se a contribuição daquela atividade como significativa a ponto de merecer o sacrifício derivado de qualquer recuperação judicial.

A prova do exercício regular da atividade econômica faz-se, na generalidade dos casos, mediante a simples exibição de certidão, expedida pela Junta Comercial, comprovando a inscrição do empresário individual ou o arquivamento dos atos constitutivos da sociedade empresária em data que antecede pelo menos dois anos a do pedido de recuperação (ou outro documento equivalente, como a exibição do contrato social da sociedade limitada devidamente arquivado na Junta Comercial).

Em relação à comprovação do exercício regular da atividade por pelo menos dois anos, abre a lei uma exceção para o produtor rural pessoa jurídica. Este devedor pode fazer a prova do exercício regular de sua atividade, durante o biênio exigido pela lei, mediante a exibição da DIPJ tempestivamente entregue (§ 2.º, acrescido pela Lei n. 12.873/2013). Trata-se de mais uma alternativa de comprovação prevista em lei. Note-se que esta pessoa jurídica exercente de atividade rural somente terá direito à recuperação judicial se for empresária; vale dizer, apenas terá o direito à medida de saneamento visando a preservação dos efeitos da falência se estiver exposta ao risco de falir. Para ser empresária, esta pessoa jurídica deve ter seus atos constitutivos regularmente arquivados na Junta Comercial, até mesmo em vista do regime próprio dos produtores rurais que são empresários apenas quando registrados no Registro de Empresas (CC, art. 971).

O terceiro é outro requisito temporal. Por ele, não se legitima ao pedido de recuperação judicial o devedor que a tenha obtido há menos de 5 anos. Se foi concedida a uma sociedade empresária a recuperação judicial nesse período (no quinquênio anterior), e está ela necessitando de novo socorro para reorganizar seu negócio, isso sugere falta de competência suficiente para exploração da atividade econômica em foco. Noto que, sendo a devedora sociedade microempresária ou empresária de pequeno porte, o prazo se amplia para 8 anos.

Em razão do quarto e último requisito de legitimação ativa da sociedade empresária, o sócio controlador e nenhum dos administradores pode ter sido condenado pela prática de crime falimentar. Considera a lei que o controle ou a administração da empresa em crise por criminoso é indicativo de potencial uso indevido do instituto. Evidentemente, uma vez reabilitado o sócio controlador ou o administrador condenado, tem-se por cumprido o requisito, legitimando-se, em decorrência, a sociedade empresária ao pedido de recuperação judicial.

Empresário individual. Se quem pleiteia a recuperação judicial é empresário individual, além do atendimento às condições apontadas para a legitimação da sociedade empresária, três observações adicionais são pertinentes: *a*) a lei legitima o devedor pessoa física que, embora falido, teve declaradas extintas por sentença definitiva suas responsabilidades; *b*) ele não está legitimado se, nos 5 anos anteriores, requereu a recuperação judicial, obteve-a e deixou de cumpri-la, tendo, em decorrência, sua quebra decretada; *c*) na hipótese de morte, a recuperação judicial pode ser pedida pelo cônjuge sobrevivente, herdeiros ou inventariante.

105. Requerente integrante de grupo econômico

O requisito de pelo menos dois anos de regular exercício da atividade empresarial é estabelecido pela lei para impedir que o mecanismo de resguardo das empresas em crise possa ser empregado por aventureiros. Apenas depois do transcurso do biênio, a permanência da empresa pode ter importância para os sujeitos cujos interesses são protegidos na lei (trabalhadores, credores, comunidade etc.).

Há, contudo, uma situação excepcional a considerar. Se a sociedade empresária em crise existe há menos de dois anos porque resulta de operação societária realizada no bojo de um grupo econômico estabelecido há tempo suficiente para o preenchimento do requisito legal, não é o caso de se obstar seu acesso à recuperação. Na verdade, nesse caso, a *empresa* (isto é, a atividade organizada) já existia antes da sociedade que a explora atualmente e é de sua preservação (e não propriamente da pessoa jurídica) que se cuida.

Relatado pelo Des. Pereira Calças, o Acórdão do julgamento do Agravo de Instrumento n. 604.160-4/8-00, tem por ementa (parcial): "O requisito do artigo 48, *caput*, da Lei n. 11.101/2005, 'exercício regular das atividades empresariais há mais de dois anos no momento do pedido de recuperação judicial', não exige inscrição na Junta Comercial por tal período mínimo. Integrando a requerente da recuperação judicial grupo econômico existente há 15 anos, e sendo constituída há menos de dois anos mediante transferência de ativos das empresas do grupo para prosseguir no exercício da atividade já exercida por essas empresas, é de se ter como atendido o pressuposto do biênio mínimo de atividade empresarial no momento do pedido".

105-A. Produtor rural

O produtor rural somente tem direito à recuperação judicial se estiver registrado na Junta Comercial, porque apenas nesta hipótese ele é empresário (CC, art. 971).

Contudo, desde a entrada em vigor da Lei 12.873/13, ao contrário do exigido para a generalidade dos empresários, o registro do produtor rural não precisa ter sido feito pelo menos 2 anos antes do pedido de recuperação judicial, *desde que* atendido o disposto no § 2º do art. 48, introduzido por aquela lei.

Em outros termos, enquanto o empresário em geral só pode provar o exercício regular de sua atividade por meio do registro de empresas, o produtor rural, a partir de 2013, pode prová-la (a *regularidade*) demonstrando ter cumprido, nos dois anos anteriores, suas obrigações tributárias instrumentais.

Note-se que o art. 48, § 2º, deve, como qualquer outra norma legal, ser objeto de *interpretação conforme a Constituição*. Em decorrência, a mesma prova alternativa da regularidade no exercício da atividade econômica deve ser franqueada ao produtor rural pessoa física, em vista da isonomia constitucional.

106. Litisconsórcio ativo

A lei não cuida da hipótese, mas tem sido admitido o litisconsórcio ativo na recuperação, desde que as sociedades empresárias requerentes integrem o mesmo grupo econômico, de fato ou de direito, e atendam, obviamente, todas aos requisitos legais de acesso à medida judicial.

Mas, para aceitar o litisconsórcio ativo na recuperação requerida, o Poder Judiciário tem considerado indispensável a existência de grupo econômico entre as requerentes.

Extrai-se essa conclusão do julgado relatado pelo Des. Romeu Ricupero, ao apreciar recurso interposto por litisconsortes contra a decisão de primeiro grau que indeferiu o processamento da recuperação judicial em razão da inexistência de vínculo de grupo econômico entre as requerentes: "Não existe o grupo (...). As três empresas têm endereços diferentes, CNPJ (MF) diferentes, sócios diferentes, empregados diferentes, credores diferentes, além do que, em relação a cada uma delas, quando existe obrigação acessória, a responsabilidade é de pessoas físicas diferentes. Nada, absolutamente nada, demonstra sequer a existência de um grupo de fato, sendo que uma das requerentes nem tem endereço na Comarca de Itatiba, onde se pretende o processamento do benefício legal. Se nem os sócios são os mesmos, o que as liga em grupo de fato? Se não há empresa *holding*, se não há empresa controladora, como se pode admitir que as requerentes constituam um grupo econômico de fato? Qual é o dado objetivo que permite assim concluir? No campo das hipóteses, é claro, é inadmissível a ideia de três falências em um único processo, ainda mais três empresas diferentes, que não constituem, de direito, um grupo econômico" (Agravo de Instrumento n. 571.985-4/9-00).

107. Litisconsórcio e consolidação do plano ou do QGC

O litisconsórcio ativo em recuperações judiciais não está previsto na lei. Diante desta omissão legislativa, duas alternativas se abrem: considerá-lo inadmissível por falta de expressa permissão do legislador; ou admitir o litisconsórcio, identificando na omissão uma lacuna a ser suprida a partir do princípio fundamental regente do instituto. A maioria da jurisprudência tem-se inclinado pela segunda alternativa.

E é a solução correta. Doutrina e jurisprudência são unânimes no entender que um dos objetivos da substituição, em 2005, da "concordata" pela "recuperação judicial" foi o de poder contar o direito brasileiro com um instrumento flexível para a superação das crises empresariais. A rigidez da concordata implicava em a lei oferecer aos empresários em dificuldade um rol restrito de alternativas (pagar o devido à vista, com desconto de 50%, ou a sua totalidade em 2 anos, admitidas algumas graduações intermediárias). Esta característica da concordata (rigidez) tornou-a um instrumento reconhecidamente insatisfatório para dar conta da alta complexidade envolvida na recuperação de uma empresa viável em crise. A recuperação judicial, ao seu turno, é caracterizada pela flexibilidade indispensável para enfrentamento da complexa questão.

Deste modo, prestigiando o princípio norteador da recuperação judicial (preservação da empresa) e atentando à indispensável flexibilidade que o instituto deve apresentar para cumprir seus objetivos, os Tribunais têm admitido o litisconsórcio ativo de empresas integrantes do mesmo grupo societário.

Mas, em vista da inexistência de normas reguladoras do litisconsórcio ativo em recuperação judicial, quando admitido este, algumas questões se desdobram. Entre elas, a admissibilidade, ou não, de plano de recuperação consolidado, isto é, um único plano para todos os litisconsortes. E, mais uma vez, abrem-se duas alternativas: entender que a consolidação não é possível por falta de previsão legal específica; ou admiti-la, reconhecendo na lei uma lacuna a ser superada por meio do princípio fundamental regente da recuperação judicial. E, aqui também, a solução mais adequada é reconhecer que o instituto da recuperação judicial é marcado pela flexibilidade.Para que possa atender às mais variadas situações da dinâmica realidade econômica contemporânea e possibilitar a superação de crises empresariais que inexoravelmente apresentam singularidades e especificidades, a recuperação judicial não pode ser rígida.

Deste modo, como tem decidido o Poder Judiciário em diversas oportunidades, a consolidação do plano de recuperação judicial de recuperandas litisconsortes não pode ser, pura e simplesmente, descartada.

A admissão de planos "idênticos" é, na verdade, a admissão da consolidação de planos. Quando o conteúdo do plano é "idêntico", a circunstância de se encontrar registrado em um ou mais instrumentos (peças processuais) em separado é, em tudo, irrelevante. A propósito, a economia e celeridade processuais orientam à apresentação de um único documento, dispensando todos os interessados de procederem à comparação de peças diversas, para conferência da plena identicidade.

Assim sendo, admite-se a consolidação dos planos quando a superação da crise das recuperandas depende de ações coordenadas. Em outros termos, se a superação da crise de cada um dos litisconsortes está condicionada à superação da crise dos demais, o instituto da recuperação judicial é dotado de suficiente flexibilidade para comportar a consolidação. Neste cenário de interdependência, a propósito, a recuperação judicial somente alcançaria o seu objetivo com a consolidação.

Em suma, no litisconsórcio ativo em recuperação judicial, admite-se a consolidação do plano de recuperação sempre que, em razão das especificidades do caso, a superação da crise das empresas recuperandas for mais facilmente alcançada por meios coordenados.

Ressalto, porém, que a consolidação do quadro geral de credores (QGC) é uma questão autônoma em relação à do litisconsórcio ou da consolidação dos planos.

A consolidação do QGC está diretamente relacionada à da autonomia patrimonial das sociedades integrantes de grupo, conforme dispõe a lei (Lei n. 6.404/76, art. 266). Autonomia que deve ser desconsiderada, sempre que houver confusão patrimonial, conforme também dispõe a lei (CC, art. 50).

Lembre-se que, embora na grande maioria das vezes, a teoria da desconsideração da personalidade jurídica é aplicada em desfavor da pessoa jurídica devedora, não há nenhum empecilho à sua aplicação, quando presentes os mesmos pressupostos, em favor dos sujeitos passivos da obrigação (as recuperandas).

Deste modo, no litisconsórcio ativo em recuperação judicial, deve se proceder à consolidação do QGC, sempre que a interdependência negocial entre as recuperandas justificam a desconsideração da personalidade jurídica autônoma delas.

Em suma: do litisconsórcio ativo na recuperação judicial não se segue necessariamente a consolidação dos planos, tampouco a do QGC. Haverá consolidação dos planos se isto for útil à superação da crise das empresas recuperandas. E somente poderá ocorrer a consolidação do QGC se estiverem presentes os requisitos legais que autorizam a desconsideração da personalidade jurídica.

108. Inatividade da empresa

É decorrência lógica do disposto no art. 48 da LF que apenas o empresário e a sociedade empresária em atividade estão legitimados para o pedido de recuperação judicial. Se a empresa está inativa, não há objeto a se recuperar.

O TJSP adotou esse entendimento no Agravo de Instrumento n. 576.793-4/9-00. No Acórdão, o relator Des. Romeu Ricupero citou a manifestação do Procurador de Justiça Alberto Camiña Moreira, que o sintetiza: "É a atividade que merece toda a atenção da lei, pois com o seu exercício vem a produção de bens e serviços, e justifica-se a manutenção da fonte produtora. É a atividade que proporciona emprego aos trabalhadores; é a atividade que pode extrair recursos para o pagamento dos credores. A preservação da empresa tem em vista tudo isso, servindo, assim, de estímulo à atividade econômica. No caso, como não há atividade em desenvolvimento, não há objeto a ser protegido, nem há objetivo a ser alcançado".

109. Recuperação judicial de sociedade concordatária falida

Um dos principais requisitos para o acesso à recuperação judicial consiste, obviamente, no previsto no inciso I do dispositivo em comentário, vale dizer, não ser o requerente falido. Com ênfase, se o empresário ou a sociedade empresária faliu, não há mais sentido falar-se em recuperação da empresa em crise. O melhor a fazer é dar aos bens de produção e demais ativos da falida pronta destinação para as mãos de outro empresário, que poderá continuar a explorá-los em proveito da economia.

Há, contudo, casos excepcionais em que esse requisito deve ser relativizado. Um desses casos é objeto do Agravo de Instrumento n. 505.750-4/9-00, relatado pelo Des. Pereira Calças. Nele, uma sociedade empresária concordatária teve sua falência decretada por descumprimento da concordata. Houve recurso, com efeito suspensivo, e antes de sua apreciação em segundo grau, a devedora ingressou com pedido de recuperação judicial. Nos termos do Acórdão: "Diante [da aprovação pelos credores do plano de recuperação] e considerando-se que a Lei n. 11.101/2005, ao contrário do que ocorria com a concordata preventiva prevista no revogado Decreto-Lei n. 7.661/45, não considera a recuperação judicial – que substituiu a antiga concordata – um favor legal, mas, outorga-lhe natureza contratual, visto que confere aos credores da empresa em crise econômico-financeira o direito de aprovar ou rejeitar o plano de recuperação, não há fomento lógico ou jurídico para se manter decreto de quebra em face do descumprimento da concordata, quando os credores aprovam o plano formulado pela devedora. Por tais motivos, mesmo considerando-se que o magistrado aplicou corretamente o artigo 150, inciso I, do Decreto-Lei n. 7.661/45, convertendo a concordata preventiva em falência, já que a devedora não pagou as prestações nas épocas devidas, a teor do artigo 47 da Lei n. 11.101/2005, bem como do disposto no art. 5.º, da Lei de Introdução ao Código Civil, afigura-se justo e razoável afastar-se o decreto de falência, permitindo-se que o processo de recuperação judicial tenha regular processamento, uma vez que os credores da empresa, reunidos em assembleia geral, os maiores interessados no recebimento de seus créditos, aprovaram o plano de recuperação apresentado".

110. Requerimento da recuperação judicial pelo sócio

Sempre que a sociedade empresária cumprir os requisitos de legitimação para o pedido de recuperação judicial, admite a lei que o sócio *minoritário* também a requeira.

Se, na reunião ou assembleia eventualmente realizada para discussão da matéria, rejeitou-se por maioria a proposta de requerer a recuperação judicial, o sócio ou sócios minoritários vencidos podem aduzir em juízo o pedido de recuperação judicial.

Em ocorrendo, o juiz deve, por cautela, antes de qualquer outra providência, ouvir os sócios majoritários ou o controlador e, caso se convença de que se trata de manipulação fraudulenta do requerente, cujo objetivo é obter vantagens indevidas no interior da sociedade, deve simplesmente indeferir o requerimento sem, claro, decretar a falência da sociedade empresária. Percebendo, contudo, que se trata de abuso do poder dos majoritários ou do controlador, e que a sociedade empresária necessita realmente do benefício da recuperação judicial, pode o juiz determinar a tramitação do processo.

A lei fala, com evidente imprecisão, em sócio "remanescente", como se restringisse a legitimação à hipótese de abandono da sociedade por todos os demais. O correto seria mencionar os adjetivos "dissidente" ou "minoritário", na identificação daquele que discordou, em reunião ou assembleia, da rejeição da proposta de pleito da recuperação judicial. A interpretação doutrinária e jurisprudencial, uma vez mais, acabará corrigindo o equívoco do legislador.

111. Quem suporta os custos da recuperação judicial?

Nem toda empresa merece ou deve ser recuperada. A reorganização de atividades econômicas é custosa. Alguém há de pagar pela recuperação, seja na forma de investimentos no negócio em crise, seja na de perdas parciais ou totais de crédito. Em última análise, como os principais agentes econômicos acabam repassando aos seus respectivos preços as taxas de riscos associados à recuperação judicial ou extrajudicial do devedor, o ônus da reorganização das empresas no Brasil recai na sociedade brasileira como um todo. O crédito bancário e os produtos e serviços oferecidos e consumidos ficam mais caros porque parte dos juros e preços se destina a socializar os efeitos da recuperação das empresas.

Veja que não estou considerando, aqui, os custos do *processo de recuperação judicial*, como os honorários do administrador judicial, dos profissionais contratados para assessorá-lo, peritos, custas e outras despesas. Quanto a estes, não há dúvidas de que cabe ao próprio devedor em recuperação o seu pagamento. Falo dos custos da *recuperação da empresa*, que são socializados por um encadeamento complexo de relações econômicas e sociais. Explico. Imagine que os bancos vejam, em diversos processos judiciais de recuperação dos respectivos devedores, seus créditos transformados em capital, pelo plano de reorganização aprovado pela maioria dos credores e homologado pelo juiz. Isso implica que, em vez do dinheiro emprestado, os bancos receberão ações ou quotas da sociedade empresária devedora, tornando-se – a contragosto ou não – sócios de um negócio de futuro incerto. Quer dizer, se as medidas de recuperação frutificarem, os bancos terão de volta o seu dinheiro; mas em caso contrário, perderão tudo que haviam emprestado. Essa mudança importará impacto nas taxas de juros praticadas pelos bancos. A transformação do crédito em capital passa a ser um risco associado à recuperação judicial do devedor e para se assegurar contra ele, os bancos calcularão um *spread* específico para embutir em seus juros. Com isso, o custo do dinheiro aumentará e, consequentemente, todos os empresários fornecedores de bens ou serviços que dependam de financiamento bancário acabarão por repassar o aumento a seus preços. Juros bancários altos, todos sabem, também podem retardar o processo de desenvolvimento econômico do país. Quer dizer, o custo da recuperação das empresas (não do processo judicial de recuperação, especificamente) é suportado, a rigor, pela sociedade brasileira.

Mas se é a sociedade brasileira como um todo que arca, em última instância, com os custos da recuperação das empresas, é necessário que o Judiciário seja criterioso ao definir quais merecem ser recuperadas. Não se pode erigir a recuperação das empresas um valor absoluto. Não é qualquer empresa que deve ser salva a qualquer custo. Em muitos casos – eu diria, na expressiva maioria deles – se a crise não encontrou uma solução de mercado, o melhor para todos é a falência, com a realocação em outras atividades econômicas produtivas dos recursos materiais e humanos anteriormente empregados na da falida.

Em outros termos, somente as empresas *viáveis* devem ser objeto de recuperação judicial ou extrajudicial. Para que se justifique o sacrifício da sociedade brasileira presente, em maior ou menor extensão, em qualquer recuperação de empresa não derivada de solução de mercado, o devedor que a postula deve mostrar-se digno do benefício. Deve mostrar, em outras palavras, que tem condições de devolver à sociedade brasileira, se e quando recuperada, pelo menos em parte o sacrifício feito para salvá-la. Essas condições agrupam-se no conceito de viabilidade da empresa, a ser aferida no decorrer do processo de recuperação judicial ou na homologação da recuperação extrajudicial.

112. Viabilidade da empresa

O exame da viabilidade deve ser feito, pelo Judiciário, em função de vetores como os seguintes:

a) Importância social. A viabilidade da empresa a ser recuperada não é questão meramente técnica, que possa ser resolvida apenas pelos economistas e administradores de empresa. Quer dizer, o exame da viabilidade deve compatibilizar necessariamente dois aspectos da questão: não pode ignorar nem as condições econômicas a partir das quais é possível programar-se o reerguimento do negócio, nem a relevância que a empresa tem para a economia local, regional ou nacional. Assim, para merecer a recuperação judicial, o empresário individual ou a sociedade empresária devem reunir dois atributos: ter potencial econômico para reerguer-se e importância social. Não basta que os especialistas se ponham de acordo quanto à consistência e factibilidade do plano de reorganização sob o ponto de vista técnico. É necessário seja importante para a economia local, regional ou nacional que aquela empresa se reorganize e volte a funcionar com regularidade; em outros termos, que valha a pena para a sociedade brasileira arcar com os ônus associados a qualquer medida de recuperação de empresa não derivada de solução de mercado.

b) Mão de obra e tecnologia empregadas. No atual estágio de evolução das empresas, por vezes esses vetores se excluem, por vezes se complementam. Em algumas indústrias, quanto mais moderna a tecnologia empregada, menor a quantidade de empregados e maior a qualificação que deles se exige. No setor de serviços, como os de *telemarketing* por exemplo, a relação é direta entre modernidade tecnológica e volume de mão de obra. A equação relacionada a esses vetores no exame da viabilidade da empresa, por isso, nem sempre é fácil de sopesar porque pode redundar um círculo vicioso: a recuperação da empresa tecnologicamente atrasada depende de modernização, que implica o fim de postos de trabalho e desemprego; mas se não for substituída a tecnologia em atenção aos interesses dos empregados, ela não se reorganiza.

c) Volume do ativo e passivo. O exame da viabilidade da empresa em crise começa pela definição da natureza desta. Se a crise da empresa é exclusivamente econômica, as medidas a adotar dizem respeito à produção ou ao *marketing*. Se financeira, pode exigir a reestruturação do capital ou corte de custos. Quando a crise é só patrimonial, deve-se avaliar se o endividamento do devedor é preocupante ou não. Na medida em que se intercombinam as crises, a recuperação passa a depender de soluções mais complexas. O volume do ativo e do passivo de quem explora a empresa a recuperar é importante elemento da análise financeira de balanço, que se faz comparando pelo menos dois demonstrativos dessa espécie.

d) Tempo da empresa. Na aferição da viabilidade da empresa, deve-se levar em conta há quanto tempo ela existe e está funcionando. Novos negócios, de pouco mais de 2 anos por exemplo, não devem ser tratados da mesma forma que os antigos, de décadas de reiteradas contribuições para a economia local, regional ou nacional. Isso não quer dizer, ressalto, que apenas as empresas constituídas há muito tempo podem ser objeto de recuperação judicial. Pelo contrário, novas ou velhas, qualquer empresa viável que atenda aos pressupostos da lei pode ser recuperada. O maior ou menor tempo de constituição e funcionamento, porém, influi no peso a ser concedido aos demais vetores relevantes. Em outros termos, empresas muito jovens só devem ter acesso à recuperação judicial se o potencial econômico e a importância social que apresentam forem realmente significativas.

e) Porte econômico. Por fim, o exame de viabilidade deve tratar do porte econômico da empresa a recuperar. Evidentemente, não se há de tratar igualmente as empresas desprezando o seu porte. As medidas de reorganização recomendadas para uma grande rede de supermercados certamente não podem ser exigidas de um lojista microempresário. Por outro lado, quanto menor o porte da empresa, menos importância social terá, por ser mais fácil sua substituição.

Art. 49. Estão sujeitos à recuperação judicial todos os créditos existentes na data do pedido, ainda que não vencidos.

§ 1.º Os credores do devedor em recuperação judicial conservam seus direitos e privilégios contra os coobrigados, fiadores e obrigados de regresso.

§ 2.º As obrigações anteriores à recuperação judicial observarão as condições originalmente contratadas ou definidas em lei, inclusive no que diz respeito aos encargos, salvo se de modo diverso ficar estabelecido no plano de recuperação judicial.

§ 3.º Tratando-se de credor titular da posição de proprietário fiduciário de bens móveis ou imóveis, de arrendador mercantil, de proprietário ou promitente vendedor de imóvel cujos respectivos contratos contenham cláusula de irrevogabilidade ou irretratabilidade, inclusive em incorporações imobiliárias, ou de proprietário em contrato de venda com reserva de domínio, seu crédito não se submeterá aos efeitos da recuperação judicial e prevalecerão os direitos de propriedade sobre a coisa e as condições contratuais, observada a legislação respectiva, não se permitindo, contudo, durante o prazo de suspensão a que se refere o § 4.º do art. 6.º desta Lei, a venda ou a retirada do estabelecimento do devedor dos bens de capital essenciais a sua atividade empresarial.

§ 4.º Não se sujeitará aos efeitos da recuperação judicial a importância a que se refere o inciso II do art. 86 desta Lei.

§ 5.º Tratando-se de crédito garantido por penhor sobre títulos de crédito, direitos creditórios, aplicações financeiras ou valores mobiliários, poderão ser substituídas ou renovadas as garantias liquidadas ou vencidas durante a recuperação judicial e, enquanto não renovadas ou substituídas, o valor eventualmente recebido em pagamento das garantias permanecerá em conta vinculada

durante o período de suspensão de que trata o § 4.º do art. 6.º desta Lei.

113. Sujeição à recuperação judicial

A recuperação atinge, como regra, todos os credores existentes ao tempo da impetração do benefício.

Os credores cujos créditos se constituírem depois de o devedor ter ingressado em juízo com o pedido de recuperação judicial estão absolutamente excluídos dos efeitos deste. Quer dizer, não poderão ter os seus créditos alterados ou novados pelo Plano de Recuperação Judicial. Aliás, esses credores, por terem contribuído com a tentativa de reerguimento da empresa em crise terão seus créditos reclassificados para cima, em caso de falência (art. 67).

Assim, não se sujeita aos efeitos da recuperação judicial (tais como a suspensão da execução, novação ou alteração pelo Plano aprovado em Assembleia, participação na Assembleia etc.) aquele credor cuja obrigação constituiu-se *após* o dia da distribuição do pedido de recuperação judicial.

Também estão excluídos dos efeitos da recuperação judicial o fiduciário, o arrendador mercantil ou o negociante de imóvel (como vendedor, compromitente vendedor ou titular de reserva de domínio) se houver cláusula de irrevogabilidade ou irretratabilidade no contrato.

Igualmente, os bancos titulares de direito decorrente de adiantamento aos exportadores (ACC) não se sujeitam aos efeitos da recuperação judicial.

Esses sujeitos excluídos dos efeitos da recuperação judicial não são minimamente atingidos pela medida, e podem continuar exercendo seus direitos reais e contratuais nos termos da lei própria.

Os fundamentos para a exclusão de cada categoria de sujeito dos efeitos da recuperação judicial variam.

Os credores posteriores à distribuição do pedido estão excluídos porque, se assim não fosse, o devedor não conseguiria mais acesso nenhum a crédito comercial ou bancário, inviabilizando-se o objetivo da recuperação.

Os titulares de determinadas garantias reais ou posições financeiras (fiduciário, *leasing* etc.) e os bancos que anteciparam recursos ao exportador em função de contrato de câmbio excluem-se dos efeitos da recuperação judicial para que possam praticar juros menores (com *spreads* não impactados pelo risco associado à recuperação judicial), contribuindo a lei, desse modo, com a criação do ambiente propício à retomada do desenvolvimento econômico.

114. Conceito de bem de capital

Os *bens de capital* sobre os quais recai a garantia da alienação fiduciária não podem ser retirados da posse da sociedade em recuperação judicial enquanto não transcorrido o prazo de suspensão das execuções. Aquela expressão tem sido entendida, no Poder Judiciário, de modo restrito, como referida apenas aos insumos que não se transferem, na circulação de mercadoria, aos adquirentes ou consumidores dos produtos fornecidos ao mercado pela sociedade empresária. A matéria-prima, assim, embora seja insumo, não tem sido considerada bem de capital. Afinal, se se trata de proteger a *posse* da sociedade empresária em recuperação sobre bens essenciais ao exercício de sua atividade, excluem-se desse universo os insumos incorporados aos produtos fabricados ou comercializados, que a mesma sociedade recoloca na cadeia de circulação de mercadorias.

Foi este o entendimento adotado pelo TJSP, ao apreciar o Agravo de Instrumento n. 1227167-0/3, relatado pelo Des. Gomes Varjão: "Bens de capital ou de produção são aqueles não consumidos no processo produtivo, aptos a gerar riquezas. Trata-se, por exemplo, de máquinas e equipamentos, bem como de veículos. No presente caso, a própria agravante admite que o fertilizante dado em alienação fiduciária constitui matéria-prima, material por ela comercializado para a indústria do agronegócio. Assim, sua apreensão não determina a paralisação das atividades empresariais".

Claro, a se prestigiar o critério da "paralisação das atividades empresariais" como definidor dos bens de produção, como sugerido, poderá haver hipóteses em que o insumo, mesmo o incorporado aos produtos comercializados ou fabricados pela sociedade empresária em recuperação, se classifique nessa categoria de bens. Se todo o estoque de matéria-prima está alienado fiduciariamente e não há condições mercadológicas para sua reposição no caso de execução da garantia, pode esta acarretar a paralisação da atividade empresarial.

Nesse contexto, vale citar a conclusão do Agravo de Instrumento n. 1.079.987-0/9, relatado pelo Des. Marcondes D'Angelo: "Em vista da essencialidade do automóvel alienado fiduciariamente, não pode o mesmo ser retirado do estabelecimento comercial da agravante, sob pena de infringência ao § 3.º, *in fine*, do artigo 49, da Lei n. 11.101/2005. Portanto, como o bem alienado fiduciariamente é essencial às atividades comerciais desenvolvidas pela empresa-agravante e importante para ser bem sucedido seu processamento de recuperação judicial, deve ser mantido em poder da recorrente".

115. Responsabilidade dos coobrigados

A recuperação judicial do garantido (*avalizado* ou *afiançado*) não importa nenhuma consequência relativamente ao direito do credor exercitável contra o garante (*avalista* ou *fiador*). Por isso, a recuperação judicial daquele não importa a suspensão da execução contra este.

Assim decidiu o TJSP, no julgamento do Agravo de Instrumento n. 7295672-4, relatado pelo Des. Heraldo de Oliveira: "Muito embora o plano de recuperação judicial implique em novação dos créditos, obrigando o devedor e todos os credores a ele sujeitos, como preceitua o artigo 59 da Lei n. 11.101/2005, são preservadas as garantias do crédito, e nessa ordem, o plano de recuperação judicial não afeta o direito do credor em executar os devedores solidários do título de crédito exequendo".

115-A. Conta vinculada aberta pelo próprio banco credor

O § 5.º do art. 49 preceitua que, durante o prazo de suspensão das execuções contra o devedor em recuperação judicial, o valor por este pago ao credor garantido por penhor de títulos de crédito, direitos creditórios, aplicações financeiras ou valores mobiliários fique em uma *conta vinculada* ao juízo recuperacional.

Sendo o credor garantido por uma instituição financeira, nada obsta que a conta vinculada seja por ela mesma aberta e mantida. Ao contrário, é até mesmo recomendável que assim se proceda, para se evitarem maiores delongas na adoção da providência legalmente estabelecida.

Foi esse o entendimento do TJSP, no julgamento do Agravo de Instrumento n. 590.566-4/6-00, relatado pelo Des. Lino Machado: "A lei não exige que a conta vinculada seja aberta em uma determinada instituição financeira e não em outras. Logo, nada impede que a conta vinculada seja criada pelo próprio banco agravante".

No mesmo sentido, ver os julgamentos dos Agravos de Instrumento n. 586.555.4/1-00, 580.483-4/9-00 e 990.10.031858-6.

116. Direitos creditórios são bens

Alguns advogados de sociedades empresárias recuperandas procuraram levantar a "trava bancária" do art. 49, § 3.º, da LF, sob o argumento de que a *cessão fiduciária de direitos creditórios* não estaria abrangida pelo dispositivo porque este cuida da propriedade fiduciária de *bens* móveis ou imóveis. Esse argumento procurava sustentar que na noção de bens somente poderiam ser enquadradas as coisas corpóreas.

Não vinga a tentativa. Os direitos são, por lei, considerados espécies de bens móveis. Confira-se, a propósito, o art. 83, III, do CC. Nesse dispositivo, o legislador brasileiro consagrou uma categoria jurídica secular, a dos *bens móveis para efeitos legais*.

Não há nenhum dissenso doutrinário a respeito do assunto: Orlando Gomes,[47] Caio Mário da Silva Pereira,[48] Carlos Roberto

---

47. "Os animais e as coisas inanimadas são bens móveis *por sua própria natureza*. Outros, por seu caráter representativo. Para os efeitos legais, certos bens incorpóreos consideram-se móveis (os direitos de crédito, os direitos reais sobre objetos móveis, os direitos intelectuais e as ações correspondentes)" (*Introdução ao direito civil*. 15. ed. Atualizador Humberto Theodoro Jr. Rio de Janeiro: Forense, 2000, p. 220. Os grifos não são do original).

48. "Móveis por determinação legal são aqueles bens incorpóreos que a lei expressamente trata como móveis. (...) Os direitos de obrigação (impropriamente denominados *direitos pessoais*) são bens móveis, como as ações respectivas" (*Instituições de Direito Civil*. 5. ed. Rio de Janeiro: Forense, 1976, p. 367).

Gonçalves,[49] Sílvio de Salvo Venosa[50] e Renan Lotufo[51] tratam o tema nessa mesma direção.

Assim, segundo lição assente na doutrina civilista, os bens móveis se tripartem em *móveis propriamente ditos* (animais, veículos, mobiliário etc), *móveis por antecipação* (árvores destinadas ao corte, frutas ainda não colhidas etc.) e *móveis para efeitos legais* (energia com valor econômico, direitos autorais etc.). Aliás, esta categoria já se encontrava amparada no Código Civil anterior, de 1916, no art. 48, II, que definia como *bem móvel* "os direitos de obrigação".

Se a lei quisesse eventualmente circunscrever a exclusão dos efeitos da recuperação judicial à titularidade fiduciária sobre bens *corpóreos*, teria se valido dessa categoria jurídica, ou mesmo da expressão equivalente "coisa". Enquanto "bens" abrange todos os objetos suscetíveis de apropriação econômica, "coisa" restringe-se aos bens corpóreos.[52]

---

49. "O inciso III [do art. 83] refere-se aos direitos pessoais, ou direito de obrigação, de caráter patrimonial, que são suscetíveis de circulação jurídica, e respectivas ações" (*Direito civil brasileiro*. São Paulo: Saraiva, 2003, v. 1, p. 249).
50. Comparando o art. 48 do Código Civil de 1916 ao art. 83 do atual, o autor esclarece: "O art. 48 considera móveis por determinação legal 'I – os direitos sobre objetos móveis e as ações correspondentes; II – os direitos de obrigação e as ações respectivas; III – os direitos de autor'. (...) A esse propósito, atualizando o conceito, o novo Código considera móveis, para efeitos legais: 'I – as energias que tenham valor econômico; II – os direitos reais sobre objetos móveis e as ações correspondentes; III – os direitos pessoais de caráter patrimonial e respectivas ações' (art. 83). Nestes últimos, incluem-se os direitos obrigacionais e os direitos intelectuais" (*Direito Civil*. 2. ed. São Paulo: Atlas, 2002, p. 314-315. Os grifos não são do original).
51. "Quanto ao inciso III (do art. 83), tivemos alteração redacional, buscando maior precisão terminológica. Sabemos que existem direitos pessoais que podem ter caráter patrimonial, a par de terem caráter imaterial. São esses direitos pessoais de caráter patrimonial que são objeto da classificação, já que suscetíveis de transmissão, de circulação jurídica" (*Código Civil Comentado*. São Paulo: Saraiva, 2003, v. 1, p. 220).
52. Na lição de Caio Mário da Silva Pereira: "Os bens, especificamente considerados, distinguem-se das *coisas*, em razão da materialidade destas: as

Concluindo, não há discrepância, na doutrina, sobre a extensão do conceito de "bens móveis", no sentido de alcançar também os "direitos obrigacionais" (salvo apenas se referidos a bens imóveis). Por isso, o art. 49, § 3.º, da Lei n. 11.101/2005 deve ser interpretado em consonância com o art. 83, III, do CC, para fins de assentar que a cessão fiduciária de direitos creditórios *também* está excluída dos efeitos da recuperação judicial do cedente.

Esse foi, aliás, o entendimento do TJSP, manifestado no Agravo de Instrumento n. 585.273-4/7-00, com a relatoria do Des. Romeu Ricupero: "Os direitos de crédito são bens móveis para os efeitos legais (art. 83, inciso III, do Código Civil) e, em consequência, estão abrangidos pelo § 3.º do art. 49 da Lei n. 11.101/2005".

Este entendimento foi, posteriormente, albergado na Súmula 59 do TJSP: "classificados como bens móveis, para os efeitos legais, os direitos de créditos podem ser objeto de cessão fiduciária".

117. Execução promovida pelo credor titular de ACC

A execução promovida pelo credor titular de ACC não é suspensa, nem atraída ao juízo recuperacional, em vista de sua exclusão dos efeitos da recuperação judicial determinada pelo art. 49, § 4.º, da LF.

Assim decidiu o TJSP, em Acórdão da lavra do Des. Elliot Akel: "Não se vislumbra nenhum amparo jurídico para a remessa dos autos da execução proposta pela recorrente (o banco credor do ACC) ao juízo da recuperação judicial requerida pela devedora. Trata-se, o crédito exequendo, de adiantamento a contrato de câmbio, que não se sujeita aos efeitos da recuperação judicial, conforme expressamente estabelece o art. 49, § 4.º, da Lei n. 11.101/2005. Se assim é, incogitável, nesse particular, a *vis atrativa* do juízo da recuperação judicial, não havendo

---

coisas são materiais ou concretas, enquanto que se reserva para designar os imateriais ou abstratos o nome *bens* em sentido estrito. Uma casa, um animal de tração são *coisas*, porque concretizado cada um em uma unidade material e objetiva, distinta de qualquer outra. Um direito de crédito, uma faculdade, embora defensável ou protegível pelos remédios jurídicos postos à disposição do sujeito em caso de lesão, diz-se, com maior precisão, ser um bem" (op. cit., p. 346. Os grifos não são do original).

sequer ensejo para a suspensão da execução a que se refere o art. 49, *caput*, da Lei de Falências e Recuperações Judiciais. De outra banda, a alegada impossibilidade de imediato pagamento nos autos do feito executivo, em face do bloqueio das contas e do sequestro de bens da recuperanda (este por força de decisão da Justiça Federal) não impõe, por si só e desde logo, a reunião dos feitos".

No mesmo sentido é a conclusão do Agravo de Instrumento n. 575.483-4/7-00 (rel. Des. Elliot Akel).

No âmbito do STJ, a questão foi pacificada no julgamento do Recurso Especial n. 1.279.525-PA, em que atuou como relator o Ministro Ricardo Villas Bôas Cueva.

118. Inclusão de credores não sujeitos no plano de reorganização

O credor não sujeito à recuperação judicial não passa a ser alcançado pelos efeitos desta somente porque ocorreu a inclusão de seu nome no plano de recuperação, mesmo tendo sido este homologado pelo juiz, a despeito de objeções articuladas. Descabe, nesse caso, anular-se o despacho homologatório.

É o entendimento, correto, acolhido pelo TJSP, em Acórdão de relatoria do Des. Elliot Akel: "O processo civil brasileiro atual é iluminado pelo princípio da instrumentalidade das formas, devendo ser reputados válidos, em consequência, os atos que cumpram sua finalidade essencial sem acarretar prejuízos aos litigantes injustificável eventual reconhecimento de nulidade se inexistente demonstração de prejuízo inequívoco à parte que a alega, ainda mais em se verificando que a repetição dos atos reputados viciados mostrar-se-á inútil pela falta de qualquer perspectiva de modificação do quadro processual. (...) Assim, ainda que por hipótese seu crédito continue a figurar no plano de recuperação homologado, não perde (o credor não sujeito) o direito de se valer da execução individual na forma da lei de regência" (Agravo de Instrumento n. 575.488-4/0-00).

119. A cessão fiduciária não está sujeita à conta vinculada

Os §§ 3.º e 5.º do art. 49 da LF estabelecem *dois* regimes distintos para *duas* formas diferentes de garantia real.

A garantia real decorre da vinculação de um bem específico à satisfação de determinado crédito. Quando não existe um bem específico do devedor vinculado à satisfação do crédito, a garantia chama-se *pessoal* ou *fidejussória*. É a constituída, por exemplo, pela emissão, endosso ou aval de títulos de crédito. Qualquer bem do patrimônio do sujeito passivo pode, nesse caso, suportar a constrição. Será *real* se, ao contrário, as partes, por negócio jurídico bilateral, vincularem ao pagamento da obrigação determinado ou determinados bens do devedor.

A garantia real é, em geral, mais eficiente que a pessoal. Como o bem está vinculado à satisfação de uma obrigação específica, o produto de sua venda destina-se inicialmente ao pagamento do credor que a titula. O saldo, se houver, será usado no atendimento dos demais créditos.

A vinculação entre o bem e a obrigação proporcionada pela garantia real tem o objetivo de favorecer o credor, conferindo mais eficiência à recuperação do crédito. Mas convém notar que a maior eficiência da garantia real não atende apenas ao interesse do credor. Também o devedor se beneficia dela, porque certamente irá remunerar o crédito com juros menores. Como o credor titular de garantia real tem, mesmo no caso de falência do devedor, maiores chances de recuperar o seu crédito, ele corre menor risco e, por isso, pode cobrar menos juros pelo crédito aberto. A eficiência da garantia real acaba gerando proveitos, em última análise, à economia como um todo, por possibilitar a mobilização mais barata do crédito.

As garantias reais classificam-se em duas categorias: *direitos reais de garantia* e *direitos reais em garantia*. A distinção foi introduzida na doutrina brasileira por Pontes de Miranda, ao discutir a dação em garantia de direitos reais sobre coisa alheia.[53] José Carlos Moreira Alves, ao tratar da natureza e estrutura da alienação fiduciária, recuperou a distinção de Pontes de Miranda, averbou ter sido inspirada na doutrina alemã e a estendeu aos direitos reais ditos ilimitados.[54]

53. *Tratado de direito privado*. 2. ed., atualização de Vilson Rodrigues Alves. Campinas: Bookseller, 2001, v. 21, p. 403.

54. *Da alienação fiduciária em garantia*. 3. ed. Rio de Janeiro: Forense, 1987, p. 154-155.

Os direitos reais de garantia são o *penhor*, a *hipoteca* e a *anticrese*; os direitos reais em garantia, por sua vez, são a *alienação fiduciária em garantia* e a *cessão fiduciária de direitos creditórios*.

Os direitos reais *de* garantia procuram assegurar o cumprimento de obrigação mediante a instituição de um direito real titulado pelo credor sobre bem da propriedade do devedor. Por vezes, a posse direta do bem onerado é transmitida ao titular da garantia real, como no penhor comum; mas em nenhuma hipótese o devedor deixa de ser o seu proprietário, podendo até mesmo, se achar interessado, alienar o bem gravado. A seu turno, nos direitos reais *em* garantia, o cumprimento da obrigação é garantido pela transferência do bem onerado à propriedade do credor. O sujeito ativo da obrigação garantida passa a titular a *propriedade resolúvel* do bem. Aqui, também, por vezes a posse direta do bem onerado é transmitida ao titular da garantia, como na cessão fiduciária de direito creditório; por vezes fica em mãos do devedor, na condição de depositário.

Pois bem, no § 3.º do art. 49, a LF disciplina os direitos dos credores titulares de *direito real em garantia*, enquanto no § 5.º deste dispositivo são disciplinados os dos titulares de *direito real de garantia*.

A permanência em conta vinculada durante o prazo de suspensão das execuções é determinado, pela lei, para os créditos garantidos por um tipo de *direito real de garantia*, que é o penhor. Esta restrição não se estende aos créditos garantidos por *direito real em garantia*. A diferença de tratamento legal é plenamente justificável, à medida que, neste último caso, o credor, por ser o proprietário (titular) do bem (ou direito) dado em garantia, goza da proteção constitucional liberada ao direito de propriedade. Já no primeiro, o proprietário do bem gravado pela garantia real é ainda o devedor.

O TJSP, em Acórdão relatado pelo Des. Boris Kauffmann, concluiu pela inadmissibilidade da "decisão que, ao determinar o processamento do pedido (de recuperação judicial), determinou o depósito em conta vinculada dos valores de títulos cedidos fiduciariamente ao credor" (Agravo de Instrumento n. 547.893-4/8-00).

No mesmo sentido vai o entendimento esposado no Acórdão relatado pelo Des. Boris Kauffmann, cuja ementa é: "Recuperação judicial. Determinação de transferência, para conta vinculada, dos valores que forem recebidos após o pedido de recuperação judicial, em relação aos créditos objeto de cessão fiduciária. Inadmissibilidade. Créditos que não se sujeitam à recuperação judicial (Lei n. 11.101/2005, art. 49, § 3.º)" (Agravo de Instrumento n. 548.032-4/7-00).

120. Valores que excedem o crédito com garantia pignoratícia

Apenas as quantias sobre as quais incide a garantia real referida no § 5.º do art. 49 da LF devem permanecer em conta vinculada durante o prazo de suspensão das execuções contra o devedor em recuperação judicial. Aos valores que excedem a garantia concedida pelo devedor não se aplica a restrição.

O banco não pode transferir à conta vinculada os valores creditados ao devedor em recuperação na conta de depósito de titularidade deste último, depois de alcançado o valor do crédito garantido pelo penhor. Quer dizer, após transferir para a conta vinculada os valores correspondentes ao seu crédito garantido pelo penhor, mesmo que o banco seja credor quirografário por outro título, não pode sujeitar o numerário depositado na conta deste a qualquer restrição. Os valores que excedem o crédito com garantia pignoratícia devem permanecer inteiramente livres à movimentação pelo devedor em recuperação.

Ao relatar o Acórdão referente ao Agravo de Instrumento n. 555.199-4/4-00 (TJSP), o Des. Lino Machado deixou assente que apenas devem "permanecer, por 180 dias, em contas vinculadas, as quantias recebidas em pagamento por credores garantidos por títulos e outros direitos dados em penhor, referidos no § 5.º do art. 49 da NLF; apenas as quantias correspondentes a tais créditos é que deviam aguardar em conta vinculada o decurso do período de suspensão de que trata o § 4.º do art. 6.º da NLF; o que excedesse o valor da garantia havia de ser incontinenti liberado ao devedor, titular da conta bancária, sob pena de, assim não sendo, os bancos escaparem da regra do art. 49, *caput*, segundo a qual 'estão sujeitos à recuperação judicial todos os créditos existentes na data do pedido, ainda que não vencidos'. Além disso, os bancos reterem, por conta de seus créditos não garantidos, quantias depositadas em nome das recuperandas, inviabilizaria a recuperação judicial delas, que dependem visceralmente dos pagamentos feitos por seus devedores por meio de depósitos em suas contas bancárias;

principalmente, tendo-se em conta que se trata de empresas eminentemente mercantis".

121. Contas de luz, água e gás

Súmula 57 do TJSP: "A falta de pagamento das contas de luz, água e gás anteriores ao pedido de recuperação judicial não autoriza a suspensão ou interrupção do fornecimento".

Mas a falta de pagamento destas contas, vencidas após o pedido, permite à concessionária valer-se de todos os meios lícitos na defesa de seus direitos, inclusive, quando presentes os respectivos pressupostos, o corte do fornecimento do serviço público.

Conforme assentado no julgamento do AI 535.629-4/1-00, relatado pelo Des. Romeu Ricúpero: "no tocante à eventual autorização para suspensão do fornecimento na hipótese de inadimplemento de fornecimentos efetuados após o pedido de recuperação judicial, assinalo, para que não paire dúvida, que, não pago o fornecimento de energia elétrica após o pedido de recuperação judicial, ficam as concessionárias de serviços públicos autorizadas a suspender o fornecimento, visto que, apesar da essencialidade, tais serviços não são gratuitos, e se uma empresa em recuperação judicial não consegue sequer pagar mensalmente suas contas de gás, água, luz e telefone, despesas corriqueiras de manutenção, então está a demonstrar, desde o início, que sua tentativa de superação da crise não é séria".

122. Constituição da propriedade fiduciária

Súmula 60 do TJSP: "A propriedade fiduciária constitui-se com o registro do instrumento no registro de títulos e documentos do domicílio do devedor".

123. Penhor de recebíveis

Súmula 62 do TJSP: "Na recuperação judicial, é inadmissível a liberação de travas bancárias com penhor de recebíveis e, em consequência, o valor recebido em pagamento das garantias deve permanecer em conta vinculada durante o período de suspensão previsto no § 4.º do art. 6.º da referida lei".

123-A. Sujeição do crédito hipotecário à recuperação judicial

Apenas o credor titular de direito real *em* garantia está excluído dos efeitos da recuperação judicial. *Quando se trata de direito real de garantia, o crédito garantido está sujeito aos efeitos da recuperação judicial.*

Relembrando: no direito real *em* garantia, o bem onerado transfere-se à propriedade ou titularidade do credor (alienação fiduciária em garantia e cessão fiduciária de título de crédito ou de direito creditório); já no direito real *de* garantia, ele continua na propriedade do devedor (hipoteca, penhor e anticrese).

Como os créditos hipotecários, pignoratícios e anticréticos (objeto de direito real *de* garantia) sujeitam-se aos efeitos da recuperação judicial, isto significa que todos os elementos da obrigação podem ser alterados. Não somente o seu valor pode ser reduzido ou o seu vencimento dilatado, mas também a garantia pode ser reduzida, substituída ou mesmo suprimida. Nada há, na lei, que importe tornar a garantia (quando sujeito o crédito aos efeitos da recuperação judicial) um dos elementos da obrigação que estaria por assim dizer imune à novação recuperacional.

Em suma, o plano de recuperação aprovado pela assembleia de credores pode *novar* o crédito suportado em direito real *de* garantia, inclusive suprimindo, reduzindo ou substituindo a garantia real. Caso ela não pudesse ser alcançada pela novação, o estatuto jurídico do crédito seria outro, isto é, em vez de sujeito, estaria numa situação assemelhada aos não sujeitos aos efeitos da recuperação judicial.

Ressalte-se, contudo, que eventual convolação da recuperação judicial em falência acarretará a desconstituição da novação recuperacional. Neste caso, para assegurar que o credor hipotecário, pignoratício ou anticrético possa exercer sua preferência na liquidação falimentar, a LF estabelece que o bem onerado não pode ser alienado sem a concordância daquele (art. 50, § 1º). A finalidade deste direito resume-se a tornar efetiva a preferência na hipótese de convolação em falência e não importa em limitar a sua sujeição aos efeitos da recuperação judicial.

No julgamento do Recurso Especial 1.523.943-MT, o STJ adotou, por maioria, este entendimento relativamente às garantias *reais*.

De acordo com o relator, Min. Marco Aurélio Bellizze, "ainda que determinado credor tenha optado por não comparecer à deliberação assemblear; ou, presente, se absteve de votar ou se posicionado em contrariedade, total ou parcialmente, à aprovação do plano, seus termos o subordinam, necessariamente. Compreensão diversa, por óbvio, teria o condão de inviabilizar a consecução do plano, o que refoge dos propósitos do instituto da recuperação judicial. De se reconhecer, portanto, que a supressão das garantias reais (...), tal como previsto no plano de recuperação judicial aprovado pela assembleia geral, como parte integrante das tratativas negociais, vincula todos os credores titulares de tais garantias. Naturalmente, caso não se implemente o plano de recuperação judicial, tal como aprovado, 'os credores terão reconstituídos seus direitos e garantias nas condições originariamente contratadas' (art. 61, § 2º, da Lei n. 11.101/2005). (...) Assinala-se, ainda que a necessidade de que os credores com garantia real consintam, por ocasião da alienação do bem dado em garantia, com a substituição ou supressão da garantia, contemplada no art. 50, § 1º, da Lei n. 11.101/2005, na hipótese dos autos, afigura-se absolutamente preservada, pois, como visto, todos os credores, representados pelas respectivas classes, ao aprovarem o plano de recuperação judicial que dispõe sobre tal matéria (supressão das garantias reais (...)), com ela anuíram, inegavelmente".

A este entendimento, opôs-se o Min. João Otávio de Noronha, vencido: "o § 1º do art. 50 da Lei n. 11.101/2005 faz referência à necessidade de anuência expressa do credor para a supressão ou substituição de garantia real no caso de alienação do bem com ela gravado, porquanto o legislador previu como um dos meios eficazes para a recuperação da empresa a venda de bens. Contudo, é evidente que a única interpretação que se lhe pode atribuir é que essa exigência se aplica a todos os casos em que haja a liberação total ou parcial ou a substituição da garantia real. Admitir forma diversa ensejaria um desequilíbrio entre as normas que regem a matéria, o que, no Direito, não se justifica sob nenhum enfoque".

Há, contudo, que se ressaltar, *data venia*, o acerto do voto vencido acerca das garantias *fidejussórias*. A maioria tratou igualmente os dois gêneros de garantias (reais e fidejussórias), mas a lei as distingue.

Com ênfase, enquanto não se encontra nenhuma norma legal obstando a novação de direitos reais *de* garantia, em relação às garantias fidejussórias (aval ou fiança prestados naturalmente por terceiros), há disposição expressa tornando-as inalcançáveis pela recuperação judicial do garantido: art. 49, § 1º.

Art. 50. Constituem meios de recuperação judicial, observada a legislação pertinente a cada caso, dentre outros:

I – concessão de prazos e condições especiais para pagamento das obrigações vencidas ou vincendas;

II – cisão, incorporação, fusão ou transformação de sociedade, constituição de subsidiária integral, ou cessão de cotas ou ações, respeitados os direitos dos sócios, nos termos da legislação vigente;

III – alteração do controle societário;

IV – substituição total ou parcial dos administradores do devedor ou modificação de seus órgãos administrativos;

V – concessão aos credores de direito de eleição em separado de administradores e de poder de veto em relação às matérias que o plano especificar;

VI – aumento de capital social;

VII – trespasse ou arrendamento de estabelecimento, inclusive à sociedade constituída pelos próprios empregados;

VIII – redução salarial, compensação de horários e redução da jornada, mediante acordo ou convenção coletiva;

IX – dação em pagamento ou novação de dívidas do passivo, com ou sem constituição de garantia própria ou de terceiro;

X – constituição de sociedade de credores;

XI – venda parcial dos bens;

XII – equalização de encargos financeiros relativos a débitos de qualquer natureza, tendo como termo inicial a

data da distribuição do pedido de recuperação judicial, aplicando-se inclusive aos contratos de crédito rural, sem prejuízo do disposto em legislação específica;

XIII – usufruto da empresa;

XIV – administração compartilhada;

XV – emissão de valores mobiliários;

XVI – constituição de sociedade de propósito específico para adjudicar, em pagamento dos créditos, os ativos do devedor.

§ 1.º Na alienação de bem objeto de garantia real, a supressão da garantia ou sua substituição somente serão admitidas mediante aprovação expressa do credor titular da respectiva garantia.

§ 2.º Nos créditos em moeda estrangeira, a variação cambial será conservada como parâmetro de indexação da correspondente obrigação e só poderá ser afastada se o credor titular do respectivo crédito aprovar expressamente previsão diversa no plano de recuperação judicial.

124. Meios de recuperação da empresa

A lei contempla lista exemplificativa dos meios de recuperação da atividade econômica. Nela, encontram-se instrumentos financeiros, administrativos e jurídicos que normalmente são empregados na superação de crises em empresas. O empresário individual ou os administradores da sociedade empresária interessada em pleitear o benefício em juízo devem analisar, junto com o advogado e demais profissionais que os assessoram no caso, se entre os meios indicados há um ou mais que possam mostrar-se eficazes no reerguimento da atividade econômica.

Como se trata de lista exemplificativa, outros meios de recuperação da empresa em crise podem ser examinados e considerados no plano de recuperação. Normalmente, aliás, os planos deverão combinar dois ou mais meios, tendo em vista a complexidade que cerca as recuperações empresariais.

A lista legal compreende: *a) Dilação do prazo ou revisão das condições de pagamentos. b) Operação societária. c) Alteração do controle societário. d) Reestruturação da administração. e) Concessão de direitos societários extrapatrimoniais aos credores. f) Reestruturação do capital. g) Transferência ou arrendamento do estabelecimento. h) Renegociação das obrigações ou do passivo trabalhistas. i) Dação em pagamento ou novação. j) Constituição de sociedade de credores. k) Realização parcial do ativo. l) Equalização de encargos financeiros. m) Usufruto de empresa. n) Administração compartilhada. o) Emissão de valores mobiliários. p) Adjudicação de bens.*

125. Dilação do prazo ou revisão das condições de pagamento

Este meio de recuperação judicial da empresa em crise é o que mais a aproxima do antigo instituto da concordata preventiva. Nesta, a chance de reorganização da devedora era representada pela remissão parcial das obrigações (*concordata remissória*), prorrogação dos prazos de pagamento (*dilatória*) ou a combinação destas medidas (*mista*). Na recuperação judicial, é possível adotar-se igual solução. Com o abatimento no valor de suas dívidas ou o aumento do prazo de vencimento, o devedor tem a oportunidade de se reestruturar porque disporá, por algum tempo, de mais recursos em caixa – seja para investimentos, seja para redução dos gastos com empréstimos bancários.

Entre as hipóteses de revisão das condições de pagamento como meio de recuperação inclui-se a *substituição de garantias*. Mostra-se esse meio de recuperação uma modalidade específica de renegociação do crédito. Se um credor hipotecário ou pignoratício concordar em abrir mão de sua garantia, ou substituí-la por outra, é evidente que o devedor passa a contar com bens em seu patrimônio liberados de ônus. Ficam esses bens, portanto, aptos a ser oferecidos em garantia em novas operações de financiamento. Além disso, desonerados, eles podem ser objeto de alienação em melhores condições de mercado.

126. Flexibilidade dos meios de recuperação

Não há nenhum limite máximo para a remissão das obrigações do devedor em caso de recuperação judicial, ficando o tamanho da redução da dívida a depender exclusivamente dos acordos entre os interessados, no âmbito da assembleia geral.

Assim, como destacado pelo Des. Boris Kauffmann: "Esta Câmara reconheceu não ocorrer qualquer ilegalidade no Plano de Recuperação Judicial pelo fato de prever remissão de 58% (cinquenta e oito por cento) dos créditos quirografários e com garantia real. Com efeito, na vigência do Decreto-Lei n. 7.661, de 21 de junho de 1945, tal não seria possível na concordata preventiva, posto que o art. 156 limitava a remissão a 50% (cinquenta por cento), se o pagamento fosse à vista, ou a 60% (sessenta por cento), 75% (setenta e cinco por cento), 90% (noventa por cento), ou 100% (cem por cento), se o pagamento fosse, respectivamente, em 6 (seis), 12 (doze), 18 (dezoito) ou 24 (vinte e quatro) meses. Mas, na atual Lei n. 11.101, de 9 de fevereiro de 2005, essas limitações não mais existem. Visando viabilizar a superação da situação de crise econômico-financeira do empresário ou da sociedade empresária, a fim de permitir a manutenção da fonte produtora, do emprego dos trabalhadores e dos interesses dos credores, promovendo, em consequência, a preservação da empresa, sua função social e o estímulo à atividade econômica, como proclama o art. 47 da mesma lei, o ordenamento jurídico deixa, em princípio, à deliberação dos credores a adoção de qualquer plano que o devedor venha a apresentar, limitando a atividade judicial a verificar apenas a legalidade das medidas propostas ou afastar eventual abuso de direito" (Agravo de Instrumento n. 580.483-4/9-00).

127. Operação societária

As operações societárias – cisão, incorporação, fusão, transformação –, além da constituição de subsidiária integral e venda de quotas ou ações, representam instrumentos jurídicos que, por si sós, não são aptos a propiciar a recuperação da empresa em crise. É necessário contextualizá-las num plano econômico que mostre como sua efetivação poderá acarretar as condições para o reerguimento da atividade. Se o devedor pleiteia o benefício da recuperação judicial mencionando genericamente que esta se dará por meio duma operação societária qualquer ("incorporação da sociedade devedora por outra economicamente bem posicionada", por exemplo), isso não é minimamente suficiente para demonstrar a viabilidade do plano. É imprescindível que esclareça os lineamentos gerais da operação. Normalmente, ele não terá, ao tempo do agravamento da crise que justifica o pedido de recuperação, condições de apontar a outra parte envolvida (eventual incorporador ou adquirente), seja porque esta ainda precisa ser prospectada, seja porque estão em curso complexas e confidenciais negociações. Mas o plano deve revelar que a operação proposta é realista, no contexto econômico em que se insere a empresa em crise.

A constituição de subsidiária integral serve à segregação de patrimônio, medida útil à preservação das atividades rentáveis, com vistas não só à administração apartada em relação às demais exploradas pela mesma sociedade empresária, como também à obtenção de novos recursos em razão da futura alienação dos ativos e passivos especificamente relacionados a elas. Fora desses contextos, a medida só por si é insuficiente à recuperação de qualquer empresa em dificuldades.

Quando a lei fala em venda de quotas ou de ações, evidentemente está se referindo a ativos da sociedade devedora. Exceto em hipóteses excepcionais, cuja implementação não depende de nenhum processo judicial (p. ex., sobras em aumento de capital social feito mediante colocação de ações em mercado aberto de valores mobiliários), a sociedade empresária não obtém recurso na venda das quotas ou ações representativas de seu próprio capital social. Esses negócios importam ganhos apenas para os titulares dessas participações societárias, isto é, seus sócios ou acionistas.

128. Alteração do controle societário

A alteração do controle societário pode ser total ou parcial; no primeiro caso, opera-se a venda do poder de controle, enquanto no segundo, a admissão de novo sócio no bloco controlador. Espera-se, de qualquer forma, que a alteração seja acompanhada de medidas de revitalização da empresa, como aumento do capital e mudanças na administração. Sem elas, é improvável que a simples mudança no controle societário leve à superação da crise.

129. Reestruturação da administração

A substituição de alguns ou todos os administradores (diretores) é medida geralmente necessária em qualquer recuperação de empresa.

Salvo quando a crise tem raízes macroeconômicas pelas quais os administradores não podem responder, a razão das dificuldades se encontra na falta de condições ou competência para os administradores realizarem cortes de pessoal e de despesas, modernizarem o estabelecimento empresarial ou otimizarem os recursos disponíveis. É, contudo, difícil à sociedade devedora assumir em juízo que sua recuperação depende da substituição dos administradores. Essa medida, por isso, na maioria das vezes, interessa aos planos alternativos de recuperação, isto é, os submetidos à Assembleia Geral pelos credores ou pelo administrador judicial.

Além da substituição dos administradores, pode se mostrar útil à reorganização da atividade econômica a modificação dos órgãos societários (p. ex.: criação de comitês especializados nos Conselhos de Administração ou de conselhos consultivos) ou mesmo algum grau de ingerência dos credores na administração da sociedade empresária em crise, com poderes de indicar diretores ou obstar determinadas decisões. Por se tratar também de matéria sensível aos interesses do controlador e dos diretores da devedora, é medida de recuperação mais comum em planos alternativos.

130. Concessão de direitos societários extrapatrimoniais aos credores

Numa variação da medida anterior, também prevê a lei a concessão aos credores de direitos societários extrapatrimoniais, como o de eleger administrador em separado ou veto a determinadas matérias. Trata-se de admitir um grau mínimo de ingerência dos credores na administração da sociedade empresária em recuperação, visando garantir-lhes que se tentarão realizar os objetivos explicitados no plano de reorganização. Se, por exemplo, o plano aprovado previa o enxugamento da estrutura administrativa da empresa em crise, a eleição de um diretor indicado pelos credores e o direito de estes vetarem negócios e operações que possam aumentar o nível de endividamento são medidas necessárias ao controle da implementação daquela meta.

131. Reestruturação do capital

De modo geral, em qualquer empresa, a crise econômica, financeira ou patrimonial resolve-se com dinheiro novo, isto é, ingresso de recursos. Estes possibilitam ampliar a competitividade da sociedade devedora, contornando a crise econômica; ou desafogar o fluxo de pagamento dos juros bancários, saneando a financeira; ou pagar os passivos mais significativos, afastando a patrimonial. E esse dinheiro novo, para ser barato, deve provir de aumento de capital social: quem o presta concorda em assumir o risco de sócio e não pretende ser remunerado como mutuante. A reestruturação do capital é, assim, o meio por excelência para a recuperação da generalidade das empresas em estado crítico.

O único senão diz respeito à localização do interessado em subscrever e integralizar o aumento do capital da devedora, uma sociedade em estado pré-falimentar. Com efeito, se há alguém disposto a investir num negócio em crise por vislumbrar nisso uma interessante oportunidade de ganhos, por que já não o teria feito antes da distribuição do pedido em juízo de recuperação? É muito difícil que o processo judicial faça aparecer o investidor que os instrumentos do mercado capitalista não foram capazes de revelar. Normalmente, a reestruturação do capital da sociedade devedora no bojo de processo judicial de recuperação limita-se a afastar eventuais idiossincrasias que dificultavam as soluções de mercado.

132. Transferência ou arrendamento do estabelecimento

Esse meio de recuperação judicial importa a mudança na titularidade ou na direção do estabelecimento empresarial da sociedade empresária em crise. No primeiro caso, opera-se a venda do estabelecimento para quem está em condições de nele explorar a mesma atividade econômica de modo mais competente. No segundo, a propriedade do estabelecimento continua da sociedade devedora, mas a direção da atividade econômica passa às mãos de arrendador que presumivelmente está em melhores condições de promover sua recuperação.

Diz a lei que o arrendador pode ser sociedade dos empregados da sociedade empresária em crise. Eles são não só os maiores interessados na preservação de seus postos de trabalho como os mais familiarizados com a realidade da empresa. A alternativa legal, contudo, somente deve ser adotada se pelo menos alguns dos líderes dos empregados demonstrarem ter espírito empreendedor. Caso contrário, faltarão à sociedade dos empregados as condições essenciais para promover a viabilização da empresa.

133. Renegociação das obrigações ou do passivo trabalhistas

Por meio do contrato coletivo de trabalho, de que podem constar inclusive a redução de salários e mudanças na jornada de trabalho dos empregados da sociedade empresária em crise, alcança-se a recuperação dessa quando diagnosticado serem as obrigações trabalhistas o principal entrave nas contas. Essa medida, claro, depende não só da aceitação dos órgãos da recuperação judicial, durante a tramitação do processo, como principalmente dos empregados atingidos e do sindicato que os assiste. Sem o contrato coletivo de trabalho, não há renegociação das obrigações ou do passivo trabalhista. Se a devedora optar por promover negociações isoladas com seus empregados, sob o ponto de vista do direito do trabalho pode estar realizando negócios absolutamente ineficazes e, em decorrência, inaptos a viabilizar a reorganização pretendida.

134. Dação em pagamento ou novação

Pela dação em pagamento, um ou mais credores concordam em receber bem diverso do contratado como meio de solução da obrigação ativa que titularizam; pela novação, que pode ser subjetiva ou objetiva, substituem-se elementos das obrigações existentes, dando ensejo à sua substituição por outras, novas. Uma vez mais, são instrumentos jurídicos que, por si sós, não levam à recuperação judicial e precisam, por tal razão, ser contextualizados num plano de consistência econômica. Apenas com a precisão do objeto da dação em pagamento em favor de credor ou credores identificados, ou especificação em seus detalhes todos da novação pretendida, podem se convencer os órgãos da recuperação judicial da recuperabilidade da atividade econômica por meio desses instrumentos jurídicos.

135. Constituição de sociedade de credores

Se os credores entenderem que é medida apta a recuperar a empresa e tiverem interesse em todas as consequências que dela advêm, poderão constituir uma sociedade que continue a explorar a empresa em crise. Ao fazê-lo, substituem seus direitos de credores pelos de sócios; quer dizer, em vez de titularizarem o direito a crédito e aos consectários derivados do inadimplemento, passam a ter a expectativa de lucros na hipótese de sucesso do plano reorganizacional.

Uma variação desse meio de recuperação é a capitalização de crédito, ou seja, o ingresso de credor ou credores na sociedade devedora como sócios. Nesse caso, o credor concorda em substituir o crédito titulado perante a sociedade por participação societária. Reduz-se o passivo da sociedade ao mesmo tempo que aumenta seu capital social. Seja como for, como qualquer renegociação no âmbito da recuperação judicial está condicionada à sua implementação e sucesso, sua eventual convolação em falência (na hipótese de fracasso total do plano de recuperação) fará com que o sócio retorne à condição de credor.

136. Realização parcial do ativo

A venda de bens do patrimônio da sociedade devedora pode-se revelar medida importante na obtenção dos recursos necessários ao patrocínio da recuperação judicial. Deve-se, contudo, verificar a importância do bem a alienar para a continuidade da empresa. Se for bem de produção essencial à atividade econômica explorada, sua alienação poderá ter o sentido inverso, de apressar a crise.

Em se tratando do imóvel em que se encontra o estabelecimento empresarial, sua venda pode ser feita, por exemplo, com cláusula de locação que garanta, por alguns anos, a permanência da sociedade devedora no local mediante o pagamento de aluguel. Dessa forma, com a realização do ativo imobilizado, levantam-se os recursos reclamados pela recuperação econômica sem solução de continuidade na exploração da empresa. Uma vez mais, cabe atentar para a questão da falta de solução de mercado. Se, afinal, a recuperação pode ser alcançada pela venda de algum ativo, no que pode ajudar o processo judicial a localizar interessados em adquiri-lo? Se o funcionamento regular do mercado capitalista não propiciou que eles se apresentassem, não é provável que a instauração e tramitação do processo judicial de recuperação – a rigor, um monte de papel acumulando pó na prateleira do cartório – possa mudar o cenário.

Apenas se o ativo a alienar for uma filial ou unidade produtiva isolada, a instauração do processo judicial de recuperação importa significativa mudança, em vista da expressa supressão da sucessão (art. 60).

137. Equalização de encargos financeiros

A medida insere-se no contexto de renegociação do passivo do devedor que explora a empresa em situação crítica. Por ela, bancos e empresas de fomento mercantil padronizam os encargos financeiros de seus créditos, ajustando-os ao menor dos praticados no mercado (em idênticas condições, bem entendido). Trata-se de impor a determinados credores redução no seu direito creditório, sob a justificativa de que ela não lhes acarretará prejuízo. Como o mercado está praticando juros menores, os concorrentes desses credores demonstram ter como operar abaixo das taxas contratadas por eles. A equalização dos encargos financeiros é uma medida justa de proporcionar a obtenção de recursos pelo devedor sem comprometer a lucratividade das atividades exploradas pelos atingidos (reduzindo-a, porém).

138. Usufruto de empresa

Trata-se de mais uma medida destinada a transferir a direção da atividade econômica em crise para mãos mais hábeis e preparadas. Pelo usufruto, o novo dirigente do negócio torna-se usufrutuário do estabelecimento empresarial, revertendo em seu benefício os frutos da exploração deste. O empresário individual ou sociedade devedora continua proprietária do estabelecimento, durante o prazo do usufruto. Normalmente, terá sentido essa medida enquanto o usufrutuário assumir a obrigação não só de investir na ampliação e modernização do estabelecimento, como também a de mantê-lo ativo e frutífero ao tempo da extinção do usufruto.

139. Administração compartilhada

Essa figura é um mero desdobramento do meio já examinado acima de reestruturação da administração. Refere-se a lei, aqui, à divisão de responsabilidades entre o devedor e seus credores, ou parte deles, nas decisões administrativas de interesse da empresa em crise. Normalmente se promove o compartilhamento pela indicação, pelos credores, de um ou mais representantes nos órgãos de administração da sociedade devedora, mas outros instrumentos podem ser adotados, como o de consultas recíprocas ou a obrigação contratual de colher a prévia anuência do credor para determinadas decisões ou negócios (*waive*, isto é, a renúncia do credor ao direito de obstar o ato).

140. Emissão de valores mobiliários

Se a sociedade empresária que pleiteia a recuperação judicial é por ações, ela pode, por exemplo, emitir debêntures ou outros valores mobiliários (*commercial paper*, por exemplo), instrumentos de captação de recursos que podem, atendidas certas condições, ser admitidos à negociação no mercado de capitais. Quem os subscreve torna-se titular de parcela de contrato de mútuo, em que a sociedade emissora é a mutuária. O emprego desse meio de recuperação da empresa em estado crítico será viável apenas quando houver interessados em investir nela.

141. Adjudicação de bens

Cuida a lei da constituição de uma Sociedade de Propósito Específico (SPE), cujo objeto é adjudicar em pagamento dos créditos titularizados perante a sociedade empresária devedora bens do ativo dessa, os quais lhe devem ter sido previamente transferidos a título de integralização de capital social ou venda. Na verdade, é apenas um desdobramento da medida representada pela dação em pagamento com a sofisticação da intermediação por uma nova sociedade constituída exclusivamente com a finalidade de servir à adjudicação. Sua eficácia depende, entre outros fatores, da manutenção no estabelecimento da devedora dos bens essenciais à reorganização da atividade empresarial explorada.

142. Financiamentos garantidos por caução de títulos

Se o devedor que pleiteia a recuperação judicial, após o ingresso do pedido, deve cumprir obrigação relativa a financiamento bancário ou qualquer outro tipo de crédito cuja garantia é representada por caução de títulos, direitos creditórios, aplicações financeiras ou valores mobiliários, a lei estabelece um mecanismo destinado a viabilizar a continuidade da circulação do crédito.

Por esse mecanismo, enquanto a garantia não for renovada ou não tiver o seu objeto substituído – mediante, claro, negociações com o credor –, é necessário que o valor entregue pelo terceiro devedor do título caucionado (ou do direito creditório, aplicação financeira ou valor mobiliário dado em garantia) fique retido em conta de depósito vinculada à recuperação judicial. Ao assegurar, por esse mecanismo, efetividade à garantia representada pelos títulos, direitos ou valores caucionados, a lei cria as condições para que o crédito continue acessível pelo requerente da recuperação judicial. Sem tal mecanismo, seria provável que os agentes econômicos se negassem a apoiar com crédito a empresa em recuperação, tendo em vista o elevado risco associado à operação.

Junto com a reclassificação dos créditos concedidos ao devedor em recuperação judicial na hipótese de sobrevinda da falência (art. 67), esse é um dos mecanismos legais destinados a viabilizar a reorganização da empresa em estado crítico. Por eles, o devedor pode ter "fôlego" para continuar investindo na atividade econômica em crise.

143. Alienação de bem gravado

Ao interpretar o § 1.º do art. 50 da LF na apreciação do Agravo de Instrumento n. 544.039-4/0-00, o TJSP destacou que a anuência (para a supressão ou substituição da garantia real incidente sobre bem do devedor cuja alienação é apontada como medida de recuperação da empresa) ali exigida é apenas do credor especificamente beneficiado pelo gravame. Os demais credores da sociedade empresária em recuperação, que não sejam titulares da garantia que grava o bem a alienar, não precisam concordar ou discordar.

A ementa do Acórdão relatado pelo Des. Lino Machado diz: "As garantias reais podem ser dispensadas pelos credores com elas beneficiados, independentemente da concordância de outros credores da mesma devedora que nada tenham a ver com os créditos renunciados por seus concorrentes".

144. Supressão ou substituição de garantia

Súmula 61 do TJSP: "Na recuperação judicial, a supressão da garantia ou sua substituição somente será admitida mediante aprovação expressa do titular".

O entendimento contido nesta súmula não foi referendado pelo STJ. Sobre a questão, veja a nota 123-A.

Seção II
Do Pedido e do Processamento da Recuperação Judicial

Art. 51. A petição inicial de recuperação judicial será instruída com:

I – a exposição das causas concretas da situação patrimonial do devedor e das razões da crise econômico-financeira;

II – as demonstrações contábeis relativas aos 3 (três) últimos exercícios sociais e as levantadas especialmente para instruir o pedido, confeccionadas com estrita observância da legislação societária aplicável e compostas obrigatoriamente de:

***a)* balanço patrimonial;**

***b)* demonstração de resultados acumulados;**

***c)* demonstração do resultado desde o último exercício social;**

***d)* relatório gerencial de fluxo de caixa e de sua projeção;**

III – a relação nominal completa dos credores, inclusive aqueles por obrigação de fazer ou de dar, com a indicação do endereço de cada um, a natureza, a classificação e o valor atualizado do crédito, discriminando sua origem, o regime dos respectivos vencimentos e a indicação dos registros contábeis de cada transação pendente;

IV – a relação integral dos empregados, em que constem as respectivas funções, salários, indenizações e outras parcelas a que têm direito, com o correspondente mês de competência, e a discriminação dos valores pendentes de pagamento;

V – certidão de regularidade do devedor no Registro Público de Empresas, o ato constitutivo atualizado e as atas de nomeação dos atuais administradores;

VI – a relação dos bens particulares dos sócios controladores e dos administradores do devedor;

VII – os extratos atualizados das contas bancárias do devedor e de suas eventuais aplicações financeiras de qualquer modalidade, inclusive em fundos de investimento ou em bolsas de valores, emitidos pelas respectivas instituições financeiras;

VIII – certidões dos cartórios de protestos situados na comarca do domicílio ou sede do devedor e naquelas onde possui filial;

IX – a relação, subscrita pelo devedor, de todas as ações judiciais em que este figure como parte, inclusive as de natureza trabalhista, com a estimativa dos respectivos valores demandados.

§ 1.º Os documentos de escrituração contábil e demais relatórios auxiliares, na forma e no suporte previstos em lei, permanecerão à disposição do juízo, do administrador judicial e, mediante autorização judicial, de qualquer interessado.

§ 2.º Com relação à exigência prevista no inciso II do *caput* deste artigo, as microempresas e empresas de pequeno porte poderão apresentar livros e escrituração contábil simplificados nos termos da legislação específica.

§ 3.º O juiz poderá determinar o depósito em cartório dos documentos a que se referem os §§ 1.º e 2.º deste artigo ou de cópia destes.

145. Fases do processo de recuperação judicial

O processo da recuperação judicial se divide em três fases bem distintas.

Na primeira, que se pode chamar de *fase postulatória*, o empresário individual ou a sociedade empresária em crise apresenta seu requerimento do benefício. Ela se inicia com a petição inicial de recuperação judicial e se encerra com o despacho judicial mandando processar o pedido (art. 52).

Na segunda fase, a que se pode referir como *deliberativa*, após a verificação de crédito (arts. 7.º a 20), discute-se e aprova-se um plano de reorganização (art. 53). Tem início com o despacho que manda processar a recuperação judicial e se conclui com a decisão concessiva do benefício (art. 58).

A derradeira etapa do processo, chamada de *fase de execução*, compreende a fiscalização do cumprimento do plano aprovado. Começa com a decisão concessiva da recuperação judicial e termina com a sentença de encerramento do processo (art. 63).

146. Requisitos da petição inicial de recuperação judicial

Além dos requisitos para a legitimação ativa (art. 48), exige-se do devedor interessado em obter o benefício da recuperação judicial o atendimento a diversas condições; algumas formais, outras, materiais. É necessário, por exemplo, que ela torne acessíveis aos credores certas demonstrações contábeis, indispensáveis à adequada verificação de sua situação econômica, financeira e patrimonial. De outro lado, ela deve ter um plano viável de recuperação da atividade em estado crítico.

Em consequência, a lei determina que a petição inicial do pedido de recuperação judicial seja necessariamente instruída com certos elementos e documentos, sem os quais não se consideram atendidas as condições para a obtenção do benefício. Trata-se de extensa lista, cujos itens não podem ser dispensados pelo juiz. Somente depois de se encontrar convenientemente instruída a petição inicial, poderá ele proferir o despacho autorizando o processamento do pedido de recuperação judicial.

Compõem, assim, obrigatoriamente a instrução da petição inicial da recuperação judicial:

a) Exposição das causas. Em instrumento apartado, que deverá acompanhar a petição inicial, o devedor exporá as causas de seu estado de pré-insolvência, isto é, os motivos que o levaram à crise patrimonial, econômica e financeira. Quer a lei que a exposição mencione as causas "concretas", devendo-se entender como tais as que atingem diretamente ao requerente. Não atende à exigência legal uma exposição vaga, com difusas referências a dados macroeconômicos nacionais ou mundiais. Quando considerados estes, deve a exposição indicar com precisão em que medida provocaram ou acentuaram a crise da empresa cuja recuperação judicial se pleiteia. Afirmações genéricas que lembram a recessão da economia planetária e brasileira, os altos juros praticados pelos bancos ou redução do consumo em função do aumento do desemprego não bastam à exposição das causas indispensável à adequada instrução da petição inicial do pedido de recuperação. Se eventualmente a crise se enraíza em fatores macroeconômicos, deve a exposição demonstrar como eles atingiram especificamente o requerente.

Nenhuma recuperação judicial terá sucesso se o diagnóstico da crise for malfeito. Se as razões das dificuldades por que passa a devedora dizem respeito a má administração, a reorganização da empresa será possível desde que substituídos os administradores; se estão ligadas ao atraso tecnológico, dependerá de mudanças na estrutura do capital que gere os recursos necessários à modernização do estabelecimento empresarial; quando decorrem exclusivamente da conjuntura econômica desfavorável, a recuperação pode-se dar com simples postergação de vencimentos de algumas obrigações ou corte de custos, e assim por diante. Quer dizer, para cada empresa caberá adotar-se solução diversa em função da causa de sua crise. Se o diagnóstico não é correto, a terapêutica recomendada falhará. Se a causa apontada para o estado de pré-insolvência é o atraso tecnológico, mas a razão verdadeira deriva da total incompetência dos administradores, é evidente que o aporte de recursos no reaparelhamento da planta sem substituição dos diretores representará puro desperdício.

Entre as causas concretas expostas pelo devedor e o seu plano de reorganização, portanto, não pode deixar de existir um liame lógico e tecnicamente consistente.

De qualquer forma, o juiz não está em condições de adentrar no mérito da exposição ao despachar a petição inicial de pedido de recuperação judicial. Desde que apresentado o diagnóstico, atende-se à lei. Se é verdadeiro ou falso, consistente ou vazio, isto somente no transcorrer do processo se poderá verificar. A veracidade e consistência da exposição das causas são, na verdade, condições necessárias ao convencimento dos órgãos da recuperação judicial acerca da viabilidade do plano. Se o requerente não se preocupou com a qualidade do diagnóstico apresentado ou sabia de suas insuficiências, a única consequência é a desmoralização de seu plano de recuperação, que pode não receber a aprovação dos credores, frustrando-se assim o objetivo do pedido.

b) Demonstrações contábeis e relatório. Exige a lei que o devedor instrua sua petição inicial com os seguintes instrumentos: balanço patrimonial, demonstração de resultados acumulados, demonstração de resultado desde o último exercício e relatório gerencial de fluxo de caixa e de sua projeção.

Em relação aos três primeiros instrumentos, registro que devem ser apresentados pela devedora seus balanços patrimoniais dos 3 últimos exercícios e um especialmente levantado para a recuperação, isto é, com data de no máximo 30 dias anteriores à da petição inicial (penso assim porque é essa a solução normalmente empregada pela lei em situações análogas, tendo em vista a impossibilidade material de se levantar o balanço no mesmo dia em que o instrumento contábil será datado). Devem também ser apresentadas com a petição inicial as demonstrações de resultados acumulados dos 3 últimos exercícios e a do exercício corrente. Essas demonstrações contábeis devem ser feitas com observância dos princípios de contabilidade geralmente aceitos e, como esclarece a lei, em atendimento à legislação societária.

É importante o acesso dos credores a essas demonstrações contábeis porque servem de suporte à análise financeira do devedor pelos profissionais da área que eventualmente os assessorarem.

Em relação ao relatório gerencial de fluxo de caixa, há três imprecisões na redação da lei. Em primeiro lugar, não há que se falar senão na apresentação do relatório levantado por ocasião do requerimento do benefício. Os fluxos anteriores, tenham sido ou não confirmados, não servem para mais nada, em vista de sua natureza de estimação.

Em segundo lugar, não é apropriado classificá-los como demonstração contábil, posto que os fatos apropriados segundo as normas da contabilidade são sempre pretéritos, e nunca projetados. Finalmente, a legislação societária não cuida do relatório gerencial de fluxo de caixa, razão pela qual não há que se cogitar de obediência a ela em sua elaboração. Abstraídas as imprecisões, porém, é de ressaltar a importância do mandamento legal. Esse relatório é imprescindível à avaliação do potencial de reerguimento da empresa em crise.

c) Relação dos credores. Cabe ao requerente da recuperação judicial elaborar a relação dos seus credores e apresentá-la na instrução da petição inicial. A lista deve ser nominal e abranger não só as obrigações pecuniárias, como as de fazer ou de dar. Exige-se a indicação do endereço do credor e a discriminação de cada crédito em função da natureza, classificação, valor atualizado, origem, condições de vencimento e indicação do respectivo registro contábil. A data da relação de credores deve corresponder a da distribuição do pedido em juízo (ou ao anterior, se materialmente impossível a coincidência). Poderá haver, portanto, alguma diferença entre os números apresentados no balanço patrimonial especialmente levantado para a recuperação judicial e os consolidados na relação dos credores. Desde que essa diferença seja contabilmente justificável, não há problemas.

d) Relação dos empregados. Deve a requerente instruir a petição inicial com o rol completo de seus empregados, discriminando em relação a cada um a função. A relação deve também informar o valor dos créditos que cada empregado possui a título de saldo salarial, indenização e outros encargos e o respectivo mês em que se deu o vencimento da obrigação empregatícia (competência). Esta relação, em suma, visa proporcionar aos credores o quadro inicial do passivo trabalhista do devedor. Diz-se inicial porque apenas uma adequada auditoria jurídica (*due diligence*) nos arquivos e documentos dela poderia mensurar a real dimensão desse passivo. Se, por exemplo, a devedora não está pagando corretamente certo encargo trabalhista, ela tem um "passivo oculto", isto é, deve a seus empregados valor que não se encontra apropriado na contabilidade como conviria.

e) Documentos societários. O empresário individual ou a sociedade empresária deve instruir a petição inicial de recuperação judicial com seus atos constitutivos (contrato social se limitada; estatuto, se anônima) devidamente atualizados. Da instrução devem constar também os atos societários de eleição dos administradores (ata do conselho de administração, da assembleia geral, documento apartado subscrito pelos sócios da limitada etc.).

f) Bens de sócio ou acionista controlador e administradores. Outra relação exigida da empresária que pleiteia o benefício da recuperação judicial é a dos bens do sócio majoritário da sociedade limitada ou do acionista controlador da anônima e de seus administradores. A finalidade é proporcionar aos credores o exame de algumas hipóteses de outorga de garantias reais ou fidejussórias pelos sócios, acionista controlador ou administradores da sociedade requerente. Se, por exemplo, o acionista controlador da companhia que explora a empresa em crise possui, em seu patrimônio, um bem que pode ser dado em garantia na obtenção de empréstimo bancário, essa é uma alternativa que somente se pode verificar quando prestada aos credores a informação correspondente. Claro que a efetiva outorga da garantia real dependerá sempre da expressa concordância do titular do bem. Não há meios de constrangê-lo à celebração da obrigação contra sua vontade. Além disso, se casado e recaindo a garantia sobre bem imóvel, a alternativa de obtenção de recursos fica a depender também da outorga do cônjuge. A lei determina que seja prestada a informação, nada mais; da apresentação da relação de bens, ademais, não segue nenhuma obrigação do sócio, acionista controlador ou do administrador relativamente à recuperação judicial ou mesmo na hipótese de convolação desta em falência.

Questão interessante a analisar diz respeito à recusa do sócio, acionista controlador ou administrador em apresentar a relação de seus bens. Como a Constituição Federal garante a inviolabilidade da vida privada (art. 5.º, X), é plenamente válida a negativa de fornecimento da relação de bens. Nada pode, com efeito, forçar o sócio, controlador ou administrador à apresentação da informação, que, de resto, não consta dos arquivos da sociedade empresária. No caso dessa recusa, porém, não seria justo vedar o acesso da sociedade requerente ao benefício da recuperação, por se tratar de ato de terceiro que ela simplesmente não pode impedir, judicial ou extrajudicialmente. A mencionada relação dos bens pode, assim, ser substituída por declaração de exercício do direito constitucional à privacidade pelo sócio, controlador ou administrador.

g) Extratos bancários e de investimentos. Os extratos bancários que informem o saldo credor ou devedor existente nas diversas contas de depósito na data da distribuição do pedido de recuperação judicial (ou pelo menos do dia imediatamente anterior) devem ser exibidos com a petição inicial; assim também os extratos concernentes a quaisquer aplicações financeiras, incluindo fundos de investimento e bolsas de valores. O objetivo da exigência legal é claro: informar aos credores o montante de ativos financeiros que o devedor titulariza.

Não cabe interpretar que a lei exigiria especificamente a exibição dos extratos dos *movimentos* dessas contas e posições porque não há delimitação de período nenhum na norma. Como o legislador contentou-se com a atualização dos extratos, claro que devem estes dizer respeito apenas ao saldo existente ao tempo do ingresso do pedido de recuperação judicial. Se o juiz considerar necessário (de ofício ou a pedido de outro órgão da recuperação judicial), pode determinar à requerente, na tramitação do processo, a exibição de extratos bancários de movimento, definindo, nesse caso, o período a que se referem. O extrato de movimento, porém, não é documento necessário à instrução da petição inicial; só o de saldo ou posição atual.

h) Certidões de protesto. A petição inicial deve ser instruída com as certidões dos protestos expedidas pelos cartórios das comarcas em que se situam a sede e filiais da sociedade empresária requerente da recuperação judicial. Não interessa se positivas ou negativas: o conteúdo da certidão não facilita, dificulta ou impede o acesso da protestada ao benefício. Trata-se apenas de fornecimento aos credores de informação essencial para a avaliação da viabilidade da reorganização da empresa.

i) Relação das ações judiciais em andamento. Para possibilitar aos credores, e aos profissionais que eventualmente os assessoram, a completa mensuração do potencial de recuperação da devedora, exige a lei que a petição inicial se faça instruir pela relação de todas as ações que tramitam contra ela. Da relação é necessário que conste a estimativa atualizada dos valores objeto de demanda.

147. Falta de instrução adequada

"*Concordata branquinha*" era a expressão empregada, no fórum, ao tempo da vigência da lei falimentar anterior, para designar a apresentação, em juízo, de petição de impetração de concordata não instruída de acordo com a lei. Os advogados do concordatário procuravam, com a inusitada medida, criar ambiente favorável ao seu cliente, mesmo sabendo todos que apenas o deferimento do processamento do pedido teria o efeito jurídico de suspender a inexigibilidade das obrigações sujeitas à concordata.

A prática parece não ter sido descartada com a vigência da nova lei. Vez por outra, deparam-se os profissionais da área com a "*recuperação judicial branquinha*".

Quando ajuizado pedido de recuperação judicial sem a completa instrução exigida na lei, o juiz deve, em princípio, facultar ao devedor a emenda da inicial. Não cabe, contudo, essa medida, mas a imediata extinção do feito, quando *nenhum* documento é exibido ou mesmo se há a declaração de impossibilidade de exibição de qualquer um dos legalmente exigidos.

Neste sentido já decidiu o TJSP, em julgamento relatado pelo Des. Elliot Akel: "Petição inicial – emenda – recuperação judicial – distribuição da ação sem os documentos necessários exigidos pelo artigo 51 da Lei 11.101/2005 – dilação de prazo para juntada posterior – indicação, já na inicial, de impossibilidade de juntada imediata dos documentos exigidos – hipótese que não enseja determinação de emenda da inicial – inutilidade da medida, que não atende à finalidade da recuperação – extinção mantida – apelação desprovida" (Apelação Cível 573.656-4/2-00).

148. Custas do processo de recuperação

A sociedade empresária em recuperação judicial pode pleitear o adiamento do pagamento das custas devidas ao Estado, caso demonstre ser sua situação econômico-financeira de tal modo crítica que até mesmo o seu desembolso imediato está impossibilitado.

Por maior que sejam as dificuldades enfrentadas pelo devedor que busca a recuperação judicial, não cabe liberá-lo do pagamento das custas. Se o empresário ou a sociedade empresária encontra-se na situação de pobreza descrita na lei como pressuposto para a isenção das custas, então já não há mais que tentar a recuperação. Como somente as empresas viáveis devem ser recuperadas, o mínimo de disponibilidade de recursos deve existir no patrimônio do devedor para que ele tenha direito à recuperação.

Foi neste sentido que o TJSP decidiu ao apreciar o Agravo de Instrumento n. 584.728-4/7-00. A ementa do Acórdão relatado pelo Des. Lino Machado reza: "é possível conceder-se o diferimento do recolhimento das custas do processamento da recuperação judicial, mas não sua isenção".

149. Emenda da inicial de recuperação

Súmula 56 do TJSP: "Na recuperação judicial, ao determinar a complementação da inicial, o juiz deve individualizar os elementos faltantes".

150. A escrituração da requerente

A escrituração mercantil da requerente não precisa ser depositada em cartório, a menos que o juiz o determine. Nesse caso, os originais dos livros ou suas cópias devem ser entregues pelo requerente da recuperação judicial. Normalmente, o juiz não deve determinar o depósito, que significa unicamente transtornos para os serviços do cartório, sem real proveito para realização dos objetivos da recuperação judicial. A ordem de depósito só deve ser emitida se houver risco de adulteração ou perda da escrituração mercantil.

Depositada ou não em cartório, a escrituração mercantil deve ficar à disposição do juízo e do administrador judicial. Qualquer interessado, ademais, mediante autorização judicial, pode consultá-la. Em outros termos, o empresário individual ou a sociedade empresária, ao requerer o benefício da recuperação judicial, submete-se ao dever de transparência. Fica, por assim dizer, suspenso o sigilo da escrituração mercantil como uma contrapartida do benefício que pleiteia. De fato, sem ter acesso às informações que permitam avaliar a realidade da empresa em crise, nenhum credor estará em condições de proferir voto consciente na apreciação do plano de recuperação pela Assembleia Geral.

O juiz deve ficar atento, porém, à indiscutível necessidade de preservação das informações estratégicas da requerente. Se elas caírem em mãos da concorrência, o resultado será desastroso: ao invés de se recuperar, a empresa em dificuldade provavelmente irá à ruína. Se houver risco de devassa de tais informações, o juiz deve indeferir o requerimento do interessado na consulta da escrituração mercantil. Igual cuidado deve empregar ao decidir se determina ou não o depósito dos livros em cartório.

A lei menciona que o mesmo tratamento dado à escrituração mercantil deve ser dispensado também aos "demais relatórios auxiliares previstos em lei". Esses relatórios não existem, por enquanto. Se e quando a lei, no futuro, vier a instituí-los, o empresário individual ou a sociedade empresária deve, ao requerer sua recuperação judicial, disponibilizá-los junto com a escrituração.

151. Fase postulatória da recuperação judicial

Se a pessoa legitimada para requerer a recuperação judicial instruir adequadamente o pedido, a fase postulatória se encerra com dois atos judiciais: a petição inicial e o despacho que manda processar a recuperação. Se a instrução do pedido não tiver observado a lei, pode arrastar-se o processo pelo período solicitado para apresentação de documentos ou por determinação do juiz, com base na legislação processual civil, de emenda da petição inicial.

Em princípio, o devedor não tem interesse no retardamento da fase postulatória, na medida em que ele começa a usufruir mesmo dos benefícios do instituto apenas após o despacho de processamento da recuperação judicial. Mas se o juiz considerar que o requerente está deliberadamente procrastinando o feito, poderá fixar-lhe prazo peremptório para a adequada instrução do pedido, advertindo-o de que decretará a falência na hipótese de descumprimento. Abrem-se, então, ao requerente que não quiser falir apenas duas alternativas: desistir do pedido ou atender à lei.

O Ministério Público não participa da fase postulatória. A lei prevê que ele será intimado apenas se o juiz determinar o processamento do pedido ou decretar a falência do requerente.

Art. 52. Estando em termos a documentação exigida no art. 51 desta Lei, o juiz deferirá o processamento da recuperação judicial e, no mesmo ato:

I – nomeará o administrador judicial, observado o disposto no art. 21 desta Lei;

II – determinará a dispensa da apresentação de certidões negativas para que o devedor exerça suas atividades, exceto para contratação com o Poder Público ou para recebimento de benefícios ou incentivos fiscais ou creditícios, observando o disposto no art. 69 desta Lei;

III – ordenará a suspensão de todas as ações ou execuções contra o devedor, na forma do art. 6.º desta Lei, permanecendo os respectivos autos no juízo onde se processam, ressalvadas as ações previstas nos §§ 1.º, 2.º e 7.º do art. 6.º desta Lei e as relativas a créditos excetuados na forma dos §§ 3.º e 4.º do art. 49 desta Lei;

IV – determinará ao devedor a apresentação de contas demonstrativas mensais enquanto perdurar a recuperação judicial, sob pena de destituição de seus administradores;

V – ordenará a intimação do Ministério Público e a comunicação por carta às Fazendas Públicas Federal e de todos os Estados e Municípios em que o devedor tiver estabelecimento.

§ 1.º O juiz ordenará a expedição de edital, para publicação no órgão oficial, que conterá:

I – o resumo do pedido do devedor e da decisão que defere o processamento da recuperação judicial;

II – a relação nominal de credores, em que se discrimine o valor atualizado e a classificação de cada crédito;

III – a advertência acerca dos prazos para habilitação dos créditos, na forma do art. 7.º, § 1.º desta Lei, e para que os credores apresentem objeção ao plano de recuperação judicial apresentado pelo devedor nos termos do art. 55 desta Lei.

§ 2.º Deferido o processamento da recuperação judicial, os credores poderão, a qualquer tempo, requerer a convocação de assembleia geral para a constituição do Comitê de Credores ou substituição de seus membros, observado o disposto no § 2.º do art. 36 desta Lei.

§ 3.º No caso do inciso III do *caput* deste artigo, caberá ao devedor comunicar a suspensão aos juízos competentes.

§ 4.º O devedor não poderá desistir do pedido de recuperação judicial após o deferimento de seu processamento, salvo se obtiver aprovação da desistência na assembleia geral de credores.

152. Despacho de processamento da recuperação judicial

A mera distribuição do pedido de recuperação judicial produz o efeito de sustar a tramitação dos pedidos de falência aforados contra a devedora requerente. Verifica-se a suspensão destes, se a petição inicial de recuperação estiver instruída na forma da lei. Para mim, esse efeito do simples protocolamento do pedido de recuperação judicial é altamente criticável, por propiciar o uso indevido do instituto. Graças à sistemática engendrada pelo legislador, qualquer devedor, mesmo que não tenha ainda obtido o benefício da recuperação, consegue obstruir a regular tramitação dos pedidos de falência ajuizados por seus credores. Quando a intenção é unicamente retardar o cumprimento das obrigações passivas, a previsão legal da suspensão do pedido de falência pelo simples ajuizamento da recuperação judicial presta-se à concretização da fraude.

De qualquer forma, se o devedor em estado crítico não tem em mãos a totalidade dos documentos e elementos indispensáveis à regular instrução de seu pedido de recuperação judicial, ele pode aforá-lo incompleto e requerer ao juiz lhe conceda prazo para a complementação. Se deferido o prazo, o processo simplesmente não anda enquanto transcorre este. Fica-se, então, no aguardo das providências do devedor destinadas à regular complementação da instrução do pedido.

Estando em termos a documentação exigida para a instrução da petição inicial, o juiz proferirá o despacho mandando processar a recuperação judicial. Note-se que esse despacho, cujos efeitos são mais amplos que os da distribuição do pedido, não se confunde com a ordem de autuação ou outros despachos de mero expediente. Normalmente, quando a instrução não está completa e a requerente solicita prazo para emendá-la, a petição inicial recebe despacho com ordem de autuação e deferimento do pedido. Estes atos judiciais não produzem nenhum efeito além do relacionado à tramitação do processo. Não se confundem com o despacho de processamento do pedido, que o juiz somente está em condições de proferir quando adequadamente instruída a petição inicial.

O despacho de processamento não se confunde também com a decisão concessiva da recuperação judicial. O pedido de tramitação é acolhido no despacho de processamento, em vista apenas de dois fatores – a legitimidade ativa da parte requerente e a instrução nos termos da lei. Ainda não está definido, porém, que a empresa do devedor é viável e, portanto, ele tem o direito ao benefício. Só a tramitação do processo, ao longo da fase deliberativa, fornecerá os elementos para a concessão da recuperação judicial.

O conteúdo e efeitos do despacho de processamento da recuperação judicial estão previstos em lei. São os seguintes: *a*) nomeação do administrador judicial; *b*) dispensa do requerente da exibição de certidões negativas para o exercício de suas atividades econômicas, exceto no caso de contrato com o Poder Público ou outorga de benefícios ou incentivos fiscais ou creditícios; *c*) suspensão de todas as ações e execuções contra o devedor com atenção às exceções da lei; *d*) determinação à devedora de apresentação de contas demonstrativas mensais; *e*) intimação do Ministério Público e comunicação por carta às Fazendas Públicas Federal e de todos os Estados e Municípios em que a requerente estiver estabelecida.

Proferida a decisão, será feita a publicação de edital na imprensa oficial, contendo um resumo do pedido, a relação dos credores, o despacho de processamento, advertência acerca da fluência de prazos processuais do interesse dos credores.

Contra o despacho que autoriza o processamento da recuperação judicial é interponível o recurso de agravo de instrumento apenas para discutir o acerto no exame dos pressupostos objeto da fase postulatória, que são a legitimidade para o pedido e a instrução na forma da lei. Se uma associação ou sociedade simples postulam sua recuperação judicial e o juiz de primeiro grau inadvertidamente determina o processamento do feito, podem os credores agravar para que o Tribunal reaprecie a pertinência da decisão (sobre o tema da recorribilidade deste despacho, ver o item 354-A).

153. Suspensão das ações e execuções

Dos efeitos do despacho que manda processar o pedido de falência cabe examinar com mais vagar os relacionados à suspensão das ações ou execuções em trâmite contra o requerente.

Os pedidos de falência fundados na impontualidade injustificada suspendem-se pela tão só impetração regular da recuperação judicial no prazo de contestação (art. 96, VII). Quanto a esses, portanto, o despacho mandando processar o pedido não tem maiores implicações. São os demais pedidos de falência, ações e execuções que terão sua tramitação suspensa com o processamento da recuperação judicial.

Mas há exceções na lei.

Quer dizer, nem todas as ações e execuções movidas contra o requerente da recuperação judicial se suspendem. Continuam, assim, a tramitar: (*i*) ações de qualquer natureza (cível ou trabalhista) que demandam quantias ilíquidas; (*ii*) reclamações trabalhistas; (*iii*) execuções fiscais, caso não concedido o parcelamento na forma da lei específica a ser editada nos termos do art. 155-A, §§ 3.º e 4.º, do CTN; (*iv*) execuções promovidas por credores absolutamente não sujeitos à recuperação judicial (isto é, pelos bancos titulares de crédito derivado de antecipação aos exportadores (ACC), proprietário fiduciário, arrendador mercantil ou o vendedor ou promitente vendedor de imóvel ou de bem com reserva de domínio).

É temporária a suspensão das ações e execuções em virtude do despacho que manda processar o pedido de recuperação judicial. Cessa esse efeito quando verificado o primeiro dos seguintes fatos: aprovação do plano de recuperação *ou* decurso do prazo de 180 dias. Desse modo, em tese, tanto o devedor que impetrou a recuperação judicial como seus credores têm todo o interesse em agilizar a tramitação do processo. Do lado da devedora, apenas se ela obtiver a votação do plano de recuperação pela Assembleia dos Credores no prazo de 180 dias, conseguirá alcançar o objetivo pretendido com a medida de recuperação judicial. Do lado dos credores, se retardarem injustificadamente a apreciação do plano, expõem-se ao risco de nada receberem em razão da provável falência da requerente, em razão do prosseguimento dos pedidos que se encontravam suspensos.

Cabe à devedora requerente informar a ordem de suspensão dada no despacho de processamento da recuperação judicial aos juízes perante os quais tramitam as ações e execuções suspensas. Se o crédito objeto da ação ou execução suspensa não é alterado pelo plano de recuperação homologado ou aprovado em juízo, caberá ao demandante ou ao exequente prová-lo ao requerer o prosseguimento de seu feito.

154. Processamento da recuperação judicial não impede protesto de títulos

O deferimento do processamento da recuperação judicial não tem o efeito de impedir ou sustar o protesto de títulos de dívida do impetrante. Entre os efeitos deste ato judicial não listou a lei o de obstar o protesto, porque este não diz respeito somente à sociedade empresária recuperanda, na condição de devedora principal do título, mas alcança os coobrigados, sendo até mesmo, por força de norma da legislação cambiária, indispensável à conservação de direitos.

Decidiu assim o TJSP, em Acórdão relatado pelo Des. Boris Kauffmann: "É importante destacar que a suspensão determinada diz respeito às ações e execuções contra o devedor por créditos sujeitos à recuperação, com as ressalvas feitas. Não impede que novas execuções sejam promovidas, que ficarão também suspensas, comunicando-se ao juízo da recuperação judicial (Lei 11.101/2005, art. 6.º, § 5.º). É que nesse período ainda não se deferiu a recuperação judicial, com a novação das obrigações a ela sujeitas, mas apenas o processamento do pedido. (...) Com o deferimento da recuperação judicial, aí sim opera-se a novação (Lei 11.101/2005, art. 59, *caput*), ainda que provisória na medida em que, nos dois anos seguintes, se descumprida obrigação assumida no Plano de Recuperação Judicial, esta é convolada em falência e 'os credores terão reconstituídos seus direitos e garantias nas condições originariamente contratadas, deduzidos os valores praticados no âmbito da recuperação judicial' (Lei 11.101/2005, art. 61, § 2.º). Somente depois desse prazo é que a novação se torna irreversível (Lei 11.101/2005, art. 62)" (Agravo de Instrumento n. 547.904-4/0-00).

155. Fase de deliberação da recuperação judicial

A fase de deliberação do processo de recuperação judicial inicia-se com o despacho de processamento. O principal objetivo dessa fase é a votação do plano de recuperação da empresa do devedor. Para que essa votação se realize, porém, como providência preliminar, procede-se à verificação dos créditos.

A exemplo do que ocorre na falência, também no processo de recuperação judicial é necessário proceder-se à verificação dos créditos. Mas o objetivo dessa medida, aqui, é mais restrito que lá. Se, na falência, a verificação dos créditos é condição para a apuração do passivo a ser satisfeito na execução concursal, na recuperação judicial sua finalidade é limitada à legitimação para participar da Assembleia dos Credores. A verificação dos créditos na recuperação judicial é feita pelo administrador judicial e segue o mesmo procedimento estabelecido para a falência (arts. 7.º a 20).

156. Desistência do pedido de recuperação judicial

O devedor não pode, depois do despacho que manda processar a recuperação judicial, requerer a desistência do benefício sem a autorização da maioria dos credores reunidos em Assembleia. A instância deliberativa competente para isso é o plenário.

Em minhas contribuições ao aperfeiçoamento do projeto de lei, apresentadas durante a sua tramitação na Comissão de Assuntos Econômicos do Senado, sugeri que a desistência do pedido ficasse condicionada à quitação de todas as obrigações vencidas.[55] Preferiu-se,

55. Meus argumentos foram: "O projeto estabelece as condições para que a desistência da recuperação judicial *durante* a execução do plano de reorganização não prejudique os credores (art. 58). Entre elas, por exemplo, a quitação dos créditos constituídos na execução do plano de reorganização. Não cuida, porém, das condições para a desistência solicitada *antes*

contudo, estabelecer condição diversa, que é a aprovação da Assembleia dos Credores.

Veja como a solução da lei não é a melhor. Após obter o despacho de processamento da recuperação judicial, o devedor interessado unicamente em se locupletar à custa dos credores – e não propriamente em usufruir dos benefícios da lei com o intuito de proteger a empresa – pode contratar um comissário para negociar suas obrigações passivas com bom deságio. Os credores serão procurados por essa pessoa que age em nome próprio, mas por conta do comitente (no caso, o devedor). Ficarão tentados a ceder seus direitos creditórios a despeito do significativo desconto para salvarem pelo menos parte deles.

Quando o comissário já tiver negociado mais da metade dos créditos, a anuência da Assembleia para a desistência está garantida e os objetivos reais e ilícitos do devedor terão sido alcançados. Se a lei exigisse a quitação de todos os credores (e não o da maioria dos presentes na Assembleia), esse uso fraudulento do instituto seria mais difícil.

157. Limites do despacho de deferimento do processamento

No momento em que o juiz, à vista da petição inicial do devedor, defere o processamento da recuperação judicial, não cabe avaliar se a requerente está envolvida em crise de superação viável. A viabilidade da recuperação judicial será objeto de decisão pelos credores em outra oportunidade (na assembleia de credores) e não pelo juiz, ao despachar a petição de impetração.

---

da execução do plano de reorganização, isto é, entre o ajuizamento e o deferimento do processamento da recuperação judicial. A omissão da lei pode dar ensejo a fraudes: o devedor de má-fé entra com o pedido de recuperação judicial e, *enquanto este tramita*, obtém a suspensão das ações e execuções contra ele ajuizadas. Às vésperas da decisão judicial sobre o plano de reorganização, solicita a desistência, sem que nenhuma condição lhe seja imposta. Propõe-se que a desistência só possa ser requerida se todos os credores com créditos vencidos tiverem sido pagos. Prevê-se a exceção dos créditos *sub judice*, segundo a convicção do juiz acerca da boa-fé do devedor. Propõe-se, também, a aplicação à hipótese das condições estabelecidas para a desistência *durante* a execução do plano de reorganização" (Sugestão de Emenda n. 32).

Assim decidiu o TJSP, em Acórdão relatado pelo Des. Lino Machado: "O momento de determinar o processamento da recuperação judicial não é a oportunidade de ser apreciada a viabilidade ou não do pedido, mas, tão só, o de constatar o juiz se o pleito vem acompanhado da documentação exigida no art. 51 da Lei n. 11.101, de 9 de fevereiro de 2005 (art. 52), o que fará de acordo com o seu critério passível de reapreciação, se concedido o benefício, em recurso contra essa concessão" (Agravo de Instrumento n. 601.314-4/0-00).

Seção III
Do Plano de Recuperação Judicial

Art. 53. O plano de recuperação será apresentado pelo devedor em juízo no prazo improrrogável de 60 (sessenta) dias da publicação da decisão que deferir o processamento da recuperação judicial, sob pena de convolação em falência, e deverá conter:

I – discriminação pormenorizada dos meios de recuperação a ser empregados, conforme o art. 50 desta Lei, e seu resumo;

II – demonstração de sua viabilidade econômica; e

III – laudo econômico-financeiro e de avaliação dos bens e ativos do devedor, subscrito por profissional legalmente habilitado ou empresa especializada.

Parágrafo único. O juiz ordenará a publicação de edital contendo aviso aos credores sobre o recebimento do plano de recuperação e fixando o prazo para a manifestação de eventuais objeções, observado o art. 55 desta Lei.

158. O plano de recuperação judicial

A mais importante peça do processo de recuperação judicial é, sem sombra de dúvidas, o plano de recuperação judicial (ou de "reorganização da empresa"). Depende exclusivamente dele a realização ou não dos objetivos associados ao instituto, quais sejam, a preservação da atividade econômica e cumprimento de sua função social. Se o plano de recuperação é consistente, há chances de a empresa se reestruturar e superar a crise em que mergulhara. Terá, nesse caso, valido a pena o sacrifício imposto diretamente aos credores e, indiretamente, a toda a sociedade brasileira. Mas se o plano for inconsistente, limitar-se a um papelório destinado a cumprir mera formalidade processual, então o futuro do instituto é a completa desmoralização.

Note-se, um bom plano de recuperação não é, por si só, garantia absoluta de reerguimento da empresa em crise. Fatores macroeconômicos globais ou nacionais, acirramento da concorrência no segmento de mercado em causa ou mesmo imperícia na sua execução podem comprometer a reorganização pretendida. Mas um plano ruim é garantia absoluta de fracasso da recuperação judicial.

O plano de recuperação deve indicar pormenorizada e fundamentadamente o meio ou meios pelos quais o devedor deverá superar as dificuldades que enfrenta. A consistência econômica do plano está diretamente relacionada ao adequado diagnóstico das razões da crise e de sua natureza (se econômica, financeira ou patrimonial) e à adequação dos remédios indicados para o caso. Os órgãos da recuperação judicial, inclusive o juiz e o promotor de justiça, devem ter particular preocupação em que se alcance um plano viável e tecnicamente consistente, para que todos os esforços investidos, gastos realizados e providências adotadas se justifiquem, para que a perda de tempo e recursos caros à sociedade brasileira não frustre as expectativas de reerguimento da atividade econômica em foco.

No tocante à alteração das obrigações da beneficiária, a lei se preocupou em estabelecer quatro balizas.

Primeira, os empregados com direitos vencidos na data da apresentação do pedido de recuperação judicial devem ser pagos no prazo máximo de 1 ano, devendo ser quitados os saldos salariais em atraso em 30 dias. Não há na lei a menção ao termo *a quo* do prazo para regularização dessas pendências trabalhistas. Deve-se considerá-lo o dia do vencimento da obrigação. Assim, se a impetrante da recuperação judicial, na data da distribuição do pedido, devia há 5 meses uma indenização ao empregado *Antonio*, ela deve pagá-la nos 7 meses seguintes; se a obrigação vencera há 2 meses, deve regularizá-la nos 10 meses seguintes ao aforamento da recuperação judicial.

Segunda, a lei prevê a possibilidade de parcelamento do crédito fiscal na forma autorizada pelo Código Tributário Nacional. De fato, esse diploma contempla, em seu art. 155-A e parágrafos, que uma lei *específica* a ser editada disporá sobre o parcelamento. Enquanto editada essa norma, a recuperação judicial não importará nenhuma mudança no perfil do passivo fiscal do requerente.

Terceira, se o plano prevê a alienação de bens onerados (hipotecados ou empenhados), a supressão ou substituição da garantia real depende da expressa aprovação do credor que a titulariza. Entenda-se bem a baliza. Para a simples supressão ou substituição de uma garantia real, é suficiente que o plano de recuperação judicial seja aprovado. Mesmo que o titular da garantia não tenha votado em favor do plano, sua aprovação basta para a supressão ou substituição. Se, porém, for prevista a alienação do bem como meio de recuperação judicial, será indispensável a concordância do credor titular da garantia real. A razão de ser dessa disciplina é fácil de se perceber. Se vier a ser decretada a falência do devedor, a garantia real suprimida ou substituída no plano de recuperação judicial se restabelece por completo. Caso, contudo, o bem onerado tenha sido vendido, esse restabelecimento não terá sentido jurídico nem consistência econômica, porque o bem não integrará mais o patrimônio da devedora falida. Assim, apenas a alienação da coisa hipotecada ou empenhada depende da anuência expressa do titular da garantia, mas não sua mera supressão ou substituição.

Quarta, nos créditos em moeda estrangeira, sua conversão para a moeda nacional (assim se deve entender a forma imprecisa de a lei se referir à conservação da variação cambial como parâmetro de indexação) depende de expressa concordância do titular do crédito. Se o credor de obrigação contratada em moeda estrangeira não assentir, o plano de recuperação judicial não poderá prever sua conversão em moeda nacional por critério diverso do contratado.

Portanto, com a exceção feita aos créditos referidos nas quatro balizas acima, todos os demais titularizados perante a requerente da recuperação judicial podem ser objeto de amplas alterações no valor, forma de pagamento, condições de cumprimento da obrigação etc.

O devedor deve elaborar o plano de recuperação judicial, para apresentá-lo no prazo de 60 dias, contados da publicação do despacho de deferimento do processamento.

O plano deve abordar a discriminação pormenorizada dos meios de recuperação e a demonstração da viabilidade econômica. São os dois capítulos em que se deve desdobrar, para atender ao determinado pela lei. Além disso, ele deve vir acompanhado de dois laudos subscritos por contador ou empresa especializada: o de avaliação patrimonial e o econômico-financeiro. O laudo de avaliação patrimonial diz respeito aos bens do devedor que compõem o ativo indicado no balanço levantado especificamente para a ocasião. Trata-se de mensuração importante na verificação da consistência das demonstrações contábeis exibidas pelo requerente da recuperação judicial. Deve abranger não somente os bens móveis e imóveis como eventuais direitos suscetíveis de apropriação contábil ou alienação (marcas, patentes etc.). Já o laudo econômico-financeiro é pertinente ao potencial de geração de negócios da empresa em crise. Cuida-se de mensuração bem mais complexa que a do patrimônio e deve-se processar, basicamente, pelo modelo de fluxo de caixa descontado.

159. Planos alternativos

Planos alternativos podem ser elaborados por qualquer credor, para que possa apresentá-los na objeção (se pretender discutir a viabilidade do plano da devedora) ou diretamente na Assembleia dos Credores. Também tem legitimidade para a apresentarem à Assembleia plano alternativo de recuperação judicial o Comitê, caso instalado, ou o administrador judicial.

A lei não o obriga, mas convém que os planos alternativos atendam aos mesmos requisitos estabelecidos para o plano da requerente, isto é, aborde os mesmos temas e indique, se houver, as críticas aos laudos. Não cabe exigir de quem apresenta plano alternativo que levante outros laudos, até mesmo porque não disporá das informações e elementos mínimos para a realização de um trabalho consistente.

As críticas aos laudos apresentados pelo devedor, diga-se de passagem, são sempre bem-vindas, venham elas acompanhando um plano alternativo ou não.

Para ser votado pela Assembleia, o plano alternativo deve contar com a aprovação prévia do devedor e não pode implicar apenas a redução de direitos de credores ausentes (art. 56, § 3.º).

160. *Blá-blá-blá...*

A consistência do plano de recuperação judicial é essencial para o sucesso da reorganização da empresa em crise. Só se justifica o sacrifício imediato de interesses dos credores e, em larga medida, da sociedade brasileira como um todo, derivado da recuperação judicial, se o Plano aprovado pela Assembleia dos Credores for consistente. Se ele vai funcionar ou não, é outro problema. Depende de uma série de outros fatores não inteiramente controláveis pelo devedor e seus credores. Um Plano consistente pode não dar certo, essa não é a questão. O fato é que um plano inconsistente certamente não dará certo.

Pressupõe a lei que a possibilidade de aprovação de um plano inconsistente está afastada porque são os credores que o aprovam, em Assembleia.

Esse pressuposto, porém, é falso. E por três razões.

Em primeiro lugar, porque a tendência no mundo todo é a do absenteísmo. Os credores têm cada um seus próprios problemas e, em geral, não se preocupam tanto com a recuperação do devedor. Quem controla a Assembleia, na maioria das vezes, é o próprio requerente do benefício, por meio de comissários que negociaram com os credores a aquisição dos direitos creditórios deles.

Em segundo lugar, porque os credores, mesmo querendo participar, não têm todas as informações necessárias para elaborar um plano alternativo. Aliás, mesmo para avaliar a consistência do plano apresentado pelo devedor, carecem de informações plenas. De qualquer modo, não se interessam por custear a elaboração de planos alternativos, porque isso só aumentaria seu prejuízo caso o devedor falisse (equivaleria a "pôr dinheiro bom em cima de dinheiro ruim").

Em terceiro lugar, porque a lei, ao vincular o indeferimento da recuperação judicial à decretação da falência, reduz enormemente as alternativas do devedor. Ou ele vota pela aprovação de qualquer plano – mesmo percebendo sua evidente inconsistência – ou amargará o prejuízo certo pela falência do devedor.

Diante desse quadro, fica fácil perceber que se o devedor submeter à Assembleia dos credores um *blá-blá-blá*, como provavelmente ninguém terá plano alternativo a oferecer, a tendência será a de aprovação de um plano vazio de conteúdo.

Devemos nos preocupar com esse tópico. Mesmo nos países com muito mais experiência em recuperação judicial de empresas, nos quais a medida também depende da demonstração da viabilidade econômica do devedor, como nos Estados Unidos, os juízes tergiversam com o rigor da lei e beneficiam devedores inviáveis, em prejuízo dos credores.[56]

Pela lei brasileira, os juízes, em tese, não poderiam deixar de homologar os planos aprovados pela Assembleia dos Credores, quando alcançado o quórum qualificado da lei. Mas, como a aprovação de planos inconsistentes levará à desmoralização do instituto, entendo que, sendo o instrumento aprovado um *blá-blá-blá* inconteste, o juiz pode deixar de homologá-lo e incumbir o administrador judicial, por exemplo, de procurar construir com o devedor e os credores mais interessados um plano alternativo.

> **Art. 54. O plano de recuperação judicial não poderá prever prazo superior a 1 (um) ano para pagamento dos créditos derivados da legislação do trabalho ou decorrentes de acidentes de trabalho vencidos até a data do pedido de recuperação judicial.**
>
> **Parágrafo único. O plano não poderá, ainda, prever prazo superior a 30 (trinta) dias para o pagamento, até o limite de 5 (cinco) salários mínimos por trabalhador, dos créditos de natureza estritamente salarial vencidos nos 3 (três) meses anteriores ao pedido de recuperação judicial.**

161. Os direitos dos empregados no plano de recuperação

O plano de recuperação pode alterar ou novar os créditos trabalhistas ou por indenização por acidente de trabalho. Se nesse particular

56. Jordan-Warren, *obra citada*, p. 656.

for aprovado pela maioria dos empregados credores, todos se submetem às condições nele estabelecidas.

Há, porém, duas balizas legais a considerar, relativamente ao passivo existente na data da distribuição do pedido: *1.ª*) o plano não pode prever prazo superior a 1 ano para pagamento desses créditos fundados na legislação do trabalho ou derivados de acidentes de trabalho; *2.ª*) em relação aos salários em atraso até 3 meses, o plano pode prever o pagamento em no máximo 30 dias de 5 salários mínimos por trabalhador.

A contrario sensu, o plano pode estabelecer quaisquer condições para as obrigações trabalhistas que se vencerem após a distribuição do pedido de recuperação judicial, mesmo desconsideradas as balizas acima. Se forem aprovadas pelas instâncias da Assembleia dos Credores, elas valem como se integrassem o contrato de trabalho.

162. Conflito de interesses entre o INSS e os credores trabalhistas

Na recuperação judicial da *Indústria Brasileira de Artefatos de Cerâmica IBAC Ltda.*, de Jundiaí, São Paulo, o plano de reorganização apresentado pela devedora estabelecia a venda de um imóvel para pagamento do passivo trabalhista. Este imóvel, contudo, estava penhorado em execução fiscal movida pelo INSS, para a cobrança de contribuições descontadas dos salários dos empregados e não recolhidas aos seus cofres no prazo legal.

O INSS ingressou com pedido de restituição, que foi, no entanto, acolhido como requerimento de reserva. Apelou a autarquia pleiteando a reforma dessa decisão, com o objetivo de ver satisfeito o seu crédito mediante a restituição do numerário. Alegou que titula privilégio superior ao dos créditos trabalhistas.

O Acórdão, da lavra do Des. Pereira Calças, decidiu o conflito de interesses entre a pretensão do INSS e a aplicação do plano de recuperação, que beneficiaria os trabalhadores da empresa em crise, em favor destes últimos. De seu erudito voto colhe-se:

"Cumpre-se observar que o crédito pleiteado pela autarquia refere-se a numerário que foi descontado da folha salarial dos empregados da devedora e não foi encaminhado aos cofres da previdência. É dinheiro que pertence ao INSS e, por isso, se a empresa estivesse falida, caberia a restituição. No entanto, a empresa está em recuperação e o plano aprovado prevê que o imóvel será vendido, para com o produto da alienação ser feito o pagamento dos créditos trabalhistas (...)."

"A questão que se coloca é a seguinte: quem tem a preferência para receber: os trabalhadores, por seus salários e indenizações que não lhes foram pagos, ou a autarquia, que pretende receber valores que foram descontados dos salários dos empregados e indevidamente retidos pela empresa? Não se trata, portanto, de concurso de preferência entre créditos trabalhistas e créditos tributários devidos pela empresa, caso em que os trabalhadores teriam a preferência, a teor do artigo 83, I e III, da Lei n. 11.101/2005."

"Penso que a solução mais justa, deve ser encontrada com o auxílio da equidade, mesmo inexistindo expressa previsão legal (...). Neste sentido, já decidiu o Egrégio Superior Tribunal de Justiça ao afirmar: '*A proibição de que o juiz decida por equidade, salvo quando autorizado por lei, significa que não haverá de substituir a aplicação do direito objetivo por critérios pessoais de justiça. Não há de ser entendida, entretanto, como vedando se busque alcançar a justiça, no caso concreto, com atenção ao disposto no art. 5.º da Lei de Introdução*' (RSTJ 83/168, *in* Theotonio Negrão e José Roberto F. Gouvea, *CPC e legislação processual em vigor*. Saraiva, 38. ed., p. 252)."

"Agostinho Alvim anota que '*o conceito de equidade reduz-se ao ato de justiça perfeita, ou aproximada*' (RT 797/767). No caso vertente, a equidade deve ser pesquisada na Constituição Federal, examinando-se os princípios nela consagrados e aplicar dentre eles o que se mostra de maior peso e densidade."

"Dentre os princípios fundamentais elencados no artigo 1.º, da Carta da República, consta o princípio da dignidade da pessoa humana, que nos parece ser o que deve nortear a solução da questão posta nestes autos – priorizar o pagamento dos salários e demais verbas trabalhistas aos empregados da empresa em recuperação ou a restituição dos valores correspondentes às contribuições previdenciárias que foram descontados da folha salarial pela empresa e não repassada à previdência social?"

"Considerando-se que o salário do trabalhador é indispensável para sua sobrevivência digna e levando-se em conta que o não recolhimento das contribuições previdenciárias que serão utilizadas para fins de pagamento de aposentadoria ou benefícios acidentários, afigura-se-me mais justo, porque resolve o problema atual dos trabalhadores, reconhecer que, primeiramente, devem ser efetuados os pagamentos das verbas trabalhistas e, ulteriormente, caso haja saldo do valor da venda do imóvel a ser realizado na recuperação judicial, deve ser destinado ao pagamento das contribuições indevidamente retidas, como corretamente decidiu o ilustre Juiz Henrique Nader."

Seção IV
Do Procedimento de Recuperação Judicial

Art. 55. Qualquer credor poderá manifestar ao juiz sua objeção ao plano de recuperação judicial no prazo de 30 (trinta) dias contado da publicação da relação de credores de que trata o § 2.º do art. 7.º desta Lei.

Parágrafo único. Caso, na data da publicação da relação de que trata o *caput* deste artigo, não tenha sido publicado o aviso previsto no art. 53, parágrafo único, desta Lei, contar-se-á da publicação deste o prazo para as objeções.

163. Apresentação de objeções ao plano de recuperação

Após o requerente da recuperação judicial apresentar em juízo seu plano, é publicado o edital para conhecimento dos credores. No prazo fixado pelo juiz (ou no previsto pela lei), qualquer credor pode apresentar objeção ao plano elaborado pela sociedade devedora. O juiz deve, então, convocar a Assembleia dos Credores para discutir e votar o plano de recuperação judicial da devedora, eventuais planos alternativos, bem como as objeções aduzidas.

Art. 56. Havendo objeção de qualquer credor ao plano de recuperação judicial, o juiz convocará a assembleia geral de credores para deliberar sobre o plano de recuperação.

§ 1.º A data designada para a realização da assembleia geral não excederá 150 (cento e cinquenta) dias contados do deferimento do processamento da recuperação judicial.

§ 2.º A assembleia geral que aprovar o plano de recuperação judicial poderá indicar os membros do Comitê de Credores, na forma do art. 26 desta Lei, se já não estiver constituído.

§ 3.º O plano de recuperação judicial poderá sofrer alterações na assembleia geral, desde que haja expressa concordância do devedor e em termos que não impliquem diminuição dos direitos exclusivamente dos credores ausentes.

§ 4.º Rejeitado o plano de recuperação pela assembleia geral de credores, o juiz decretará a falência do devedor.

164. Processamento da objeção ao plano de recuperação

O processamento da objeção ao plano de recuperação é simples.

Na verdade, não cabe ao juiz apreciar o conteúdo da objeção ou decidi-la. A competência para tanto é de outro órgão da recuperação judicial: a Assembleia dos Credores.

Desse modo, ao receber qualquer objeção, o juiz deve limitar-se a convocar a Assembleia. O prazo para a realização do conclave, nesse caso, não poderá exceder aos 150 dias contados do despacho de processamento da recuperação judicial.

165. Alteração do plano em prejuízo de credor presente

O plano de recuperação não pode ser alterado, na assembleia geral, quando a alteração prejudica credor ausente. Presume-se que o credor está satisfeito com a proposta do devedor, feita no plano por este apresentado, relativamente ao seu crédito; está tão satisfeito, que nem se interessa por comparecer à assembleia dos credores para discutir ou votar contrariamente à proposta do devedor. Se, contudo, no curso da assembleia, no bojo das negociações ali encetadas, o plano de recuperação originariamente proposto é objeto de alteração, não se pode prejudicar o tratamento dado ao crédito titulado por credores ausentes, já que não se sabe se estes, uma vez cientificados da nova condição que se pretende dar ao seu direito, ficariam igualmente satisfeitos.

Em relação aos créditos dos credores presentes, contudo, a lei não se preocupou em estabelecer igual garantia. O plano afinal aprovado pela assembleia pode conter, em relação ao originalmente proposto pelo devedor, uma condição menos vantajosa para os créditos titulados pelos presentes. Estes, se não conseguirem obstar a alteração pelo voto, devem se submeter à vontade da maioria.

Também não se admite que os credores presentes obstem alteração no plano de recuperação, a pretexto de que o direito dos ausentes ficaria prejudicado relativamente ao que continha a proposta original do devedor. Aqui o problema é de legitimação: os presentes não estão legitimados para a defesa do interesse dos ausentes. Cabe a estes últimos pleitearem ao juízo recuperacional que, caso o plano seja homologado, a alteração de seu crédito reste ineficaz, prevalecendo a proposta original do devedor.

Sobre o tema, disse o Des. Boris Kauffmann, ao relatar o Agravo de Instrumento n. 455.883-4/7-00: "O legislador (...) admitiu a alteração, na assembleia geral dos credores, do plano de recuperação judicial inicialmente divulgado, desde que haja concordância do devedor e não estejam sendo diminuídos os direitos dos credores ausentes a esse ato (art. 56, § 3.º). Exatamente por não ter exigido antecipada divulgação da alteração é que impôs essas duas condições. Se a aprovação implicou em diminuição dos direitos dos credores ausentes, mas, apesar disso, a recuperação foi concedida, o credor que não compareceu é que poderá recorrer em defesa de seu próprio interesse, ou o Ministério Público poderá fazê-lo (art. 59, § 2.º). Mas não será possível ao credor presente à assembleia sustentar a diminuição de seus direitos, ou de direitos do credor ausente, pois, no primeiro caso, sujeita-se à deliberação da maioria dos credores, e no segundo, vedado defender interesse alheio em nome próprio".

166. Julgamento das oposições ao plano pela assembleia dos credores

As oposições ao plano são interpostas pelos credores perante o juízo recuperacional, mas não é o juiz que irá apreciá-las. O julgamento das oposições é feito pelos credores, reunidos em assembleia geral, ao votarem o plano de reorganização. Não se exige que cada oposição seja posta em votação em separado pela mesa da assembleia, posto que o resultado da votação do plano importará o implícito acolhimento ou desacolhimento das razões suscitadas pelos opoentes.

No julgamento do Agravo de Instrumento n. 577.569-4/4-00, o relator Des. Lino Machado assentou: "Cabe à Assembleia geral de Credores julgar eventuais oposições ao plano de recuperação judicial, o qual há de prevalecer se aquele órgão julgou melhor solução a concessão do benefício legal".

167. Administrador judicial não se manifesta sobre o plano

Na tramitação do pedido de recuperação judicial, não prevê a lei qualquer oportunidade para a manifestação do administrador judicial sobre o plano apresentado pelo devedor. Não é, mesmo, o caso de colher-se a opinião desse órgão recuperacional, posto que caberá aos credores reunidos em assembleia a decisão sobre o acolhimento, reforma ou rejeição do plano. Ademais, como o administrador judicial é o presidente da assembleia dos credores, convém que se mantenha neutro relativamente ao mérito do que vai ser objeto de deliberação. A imparcialidade do administrador judicial é garantia não só para o devedor, como para todo o conjunto de credores.

O TJSP já se pronunciou sobre o tema, em Acórdão relatado pelo Des. Lino Machado: "Não inclui a lei entre as atribuições do administrador a de se manifestar sobre o plano de recuperação judicial (...)" (Agravo de Instrumento n. 574.851-4/0-00).

Art. 57. Após a juntada aos autos do plano aprovado pela assembleia geral de credores ou decorrido o prazo previsto no art. 55 desta Lei sem objeção de credores, o devedor apresentará certidões negativas de débitos tributários nos termos dos arts. 151, 205, 206 da Lei n. 5.172, de 25 de outubro de 1966 – Código Tributário Nacional.

168. Inexistência de débito tributário

Em seguida à juntada aos autos da ata da Assembleia dos Credores aprovando o plano de recuperação judicial, o devedor deve apresentar as certidões negativas de débitos tributários.

O prazo do devedor para cumprir o art. 57 da LF deve ser fixado pelo juiz "em consideração à complexidade do ato" (CPC, art. 218, § 1.º; LF, art. 189). Decorrido o prazo, os autos devem ser promovidos à conclusão, para que o juiz tome uma das seguintes decisões: caso tenham sido juntadas as certidões negativas de débitos tributários, ele deve conceder a recuperação judicial; caso contrário, como diz o Código Tributário Nacional que a "concessão de recuperação judicial depende da apresentação da prova de quitação de todos os tributos" (art. 191-A), o juiz deve simplesmente indeferir o pedido. Com o indeferimento da recuperação judicial, deixa de produzir seus efeitos o despacho de processamento anteriormente exarado – quer dizer, as ações, execuções e pedidos de falência que se encontravam suspensos voltam a correr normalmente.

Esse também é o momento de o juiz decidir se concede ou nega o benefício, caso o plano não tenha sido aprovado pelo quórum qualificado de deliberação dos credores, mas recebera substancial apoio (art. 58, § 1.º).

169. Fim da "mora legislativa" com a Lei n. 13.043/2014

Uma das questões ainda não satisfatoriamente resolvidas, no plano legal, no tocante à recuperação judicial, diz respeito ao passivo fiscal da sociedade empresária em crise.

Em função do princípio da indisponibilidade do interesse público, na lei tributária não se acomoda bem qualquer tipo de *negociação* do crédito fiscal. É, assim, inteiramente inconciliável com esse princípio de direito público a previsão, no plano de recuperação apresentado pelo devedor, de parcelamento ou abatimento do valor devido ao fisco, já que somente a lei pode estabelecer qualquer remissão do crédito tributário (CTN, art. 172).

Por essa razão, a LF previu, no art. 68, uma "lei específica" que disciplinará o parcelamento dos débitos fiscais do empresário e da sociedade empresária em recuperação. Esta lei, no entanto, ainda não foi editada e a lacuna legal tem trazido sérios problemas aos processos de recuperação em curso, na medida em que boa parte do passivo das empresas em crise é representada por dívida tributária.

O Poder Judiciário, acertadamente, estava dispensando a apresentação das certidões de inexistência de débito tributário exigida pelo art. 57 da LF como condição para o prosseguimento do processo de recuperação judicial *enquanto* a prometida lei do parcelamento não era editada. No TJSP, diversos precedentes podem ser citados.

Ilustram o entendimento os seguintes Acórdãos:

1.º) relatado pelo Des. Pereira Calças, na apreciação do Agravo de Instrumento n. 574.905-4/7-00: "Esta Câmara Especializada já firmou seu entendimento sobre a exigência contida no artigo 57 da Lei n. 11.101/2005 e decidiu pela inexigibilidade da apresentação das certidões negativas fiscais para ser concedida a recuperação judicial, enquanto não for editada legislação tributária que preveja a possibilidade de parcelamento de débitos tributários especial para empresas em recuperação judicial".

2.º) relatado pelo Des. José Araldo da Costa Telles, na apreciação do Agravo de Instrumento 553.159-4/8-00: "mesmo com a efetiva vigência do novo texto de falências, em vigor há (...) anos, não se animou, o legislador, a regulamentar a forma como as empresas em recuperação podem obter o parcelamento previsto no art. 68. Não tem sentido, então, que se mantenha o empecilho, que impedirá, na prática, o desenvolvimento efetivo da recuperação do empreendimento. É absolutamente pacífica a jurisprudência desta Câmara nesse sentido, valendo lembrar, como as mais recentes, os Agravos de Instrumento n. 510.802.4/9-00 e 516.982.4/0-00, respectivamente dos Des. Romeu Ricupero e Pereira Calças".

Apesar da indesculpável demora, o legislador editou a prometida lei de parcelamento (Lei n. 13.043/2014) e a regulamentou (Portaria PGFN-RFB n. 1/15). Encerrou-se, deste modo, a "mora legislativa" que, durante anos, havia sido invocada pelo Poder Judiciário para suspender a incidência do art. 57.

170. Concessão da recuperação judicial e execução fiscal

O STJ fixou o critério para suspender ou assegurar o prosseguimento da Execução Fiscal em caso de concessão da recuperação judicial em favor do executado no julgamento do Recurso Especial n. 1.480.559-RS, relatado pelo Ministro Herman Benjamin.

Da ementa do Acórdão se extrai:

"3. Segundo preveem o art. 6.º, § 7.º, da Lei 11.101/2005 e os arts. 5.º e 29 da Lei 6.830/80, o deferimento da Recuperação Judicial não suspende o processamento autônomo do executivo fiscal."

"4. Importa acrescentar que a medida que veio a substituir a antiga concordata constitui modalidade de renegociação exclusivamente dos débitos perante credores privados."

"5. Nesse sentido, o art. 57 da Lei 11.101/2005 expressamente prevê que a apresentação da Certidão Negativa de Débitos é pressuposto para o deferimento da Recuperação Judicial – ou seja, os créditos da Fazenda Pública devem estar previamente regularizados (extintos ou com exigibilidade suspensa), justamente porque não se incluem no Plano (art. 53 da Lei n. 11.101/2005) a ser aprovado pela assembleia-geral de credores (da qual, registre-se, a Fazenda Pública não faz parte – art. 41 da Lei n. 11.101/2005). (...)"

"7. Não se desconhece a orientação jurisprudencial da Segunda Seção do STJ, que flexibilizou a norma dos arts. 57 e 58 da Lei n. 11.101/2005 para autorizar a concessão da Recuperação Judicial independentemente da apresentação da prova de regularidade fiscal."

"8. Tal entendimento encontrou justificativa na demora do legislador em cumprir o disposto no art. 155-A, § 3.º, do CTN – ou seja, instituir modalidade de parcelamento dos créditos fiscais específico para as empresas em Recuperação Judicial."

"9. A interpretação da legislação federal não pode conduzir a resultados práticos que impliquem a supressão de norma vigente. Assim, a melhor técnica de exegese impõe a releitura da orientação jurisprudencial adotada pela Segunda Seção, que, salvo melhor juízo, analisou o tema apenas sob o enfoque das empresas em Recuperação Judicial."

"10. Dessa forma, deve-se adotar a seguinte linha de compreensão do tema: a) constatado que a concessão do Plano de Recuperação Judicial foi feita com estrita observância dos arts. 57 e 58 da Lei n.

11.101/2005 (ou seja, com prova de regularidade fiscal), a Execução Fiscal será suspensa em razão da presunção de que os créditos fiscais encontram-se suspensos nos termos do art. 151 do CTN; b) caso contrário, isto é, se foi deferido, no juízo competente, o Plano de Recuperação Judicial sem a apresentação da CND ou CPEN, incide a regra do art. 6.º, § 7.º, da Lei n. 11.101/2005, de modo que a Execução Fiscal terá regular prosseguimento, pois não é legítimo concluir que a regularização do estabelecimento empresarial possa ser feita exclusivamente em relação aos seus credores privados, e, ainda assim, às custas dos créditos de natureza fiscal".

Art. 58. Cumpridas as exigências desta Lei, o juiz concederá a recuperação judicial do devedor cujo plano não tenha sofrido objeção de credor nos termos do art. 55 desta Lei ou tenha sido aprovado pela assembleia geral de credores na forma do art. 45 desta Lei.

§ 1.º O juiz poderá conceder a recuperação judicial com base em plano que não obteve aprovação na forma do art. 45 desta Lei, desde que, na mesma assembleia, tenha obtido, de forma cumulativa:

I – o voto favorável de credores que representem mais da metade do valor de todos os créditos presentes à assembleia, independentemente de classes;

II – a aprovação de 2 (duas) das classes de credores nos termos do art. 45 desta Lei ou, caso haja somente 2 (duas) classes com credores votantes, a aprovação de pelo menos 1 (uma) delas;

III – na classe que o houver rejeitado, o voto favorável de mais de 1/3 (um terço) dos credores, computados na forma dos §§ 1.º e 2.º do art. 45 desta Lei.

§ 2.º A recuperação judicial somente poderá ser concedida com base no § 1.º deste artigo se o plano não implicar tratamento diferenciado entre os credores da classe que o houver rejeitado.

171. Concessão da recuperação judicial

Aprovado um plano de reorganização pelos credores reunidos em Assembleia, com atendimento ao quórum de deliberação estabelecido no art. 45, ele é informado ao juiz, que, então, concederá a recuperação judicial. Se nenhum plano tiver sido aprovado, por outro lado, a rejeição é transmitida ao juiz, para que ele decrete a falência do requerente do benefício.

Mas há uma situação por assim dizer intermediária entre as duas hipóteses (aprovação pelos credores da recuperação ou decretação da falência).

Cuida a lei também da hipótese em que um plano de recuperação é aprovado com substancial apoio entre os credores, mas sem alcançar o quórum qualificado de deliberação. Trata-se do plano que recebeu *cumulativamente* na Assembleia: *a)* o voto favorável de mais da metade do total dos créditos presentes, independentemente das classes de seus titulares; *b)* a aprovação pela maioria das classes (ou, se apenas duas votam, por uma delas); e *c)* aprovação de mais de 1/3 dos votos no âmbito da instância classista que o rejeitara. Nesse caso, *se o plano não contiver tratamento diferenciado dos credores da classe em que foi rejeitado*, ele pode ser adotado, mesmo não se verificando o quórum qualificado para sua aprovação.

A criação da quarta classe pela Lei Complementar n. 147/14, correspondente à dos credores microempresários ou empresários de pequeno porte não alterou as condições para a homologação judicial do plano de recuperação. Se duas das três ou quatro classes o aprovam (ou uma das duas, se não houver mais classes), está atendido o requisito do inciso II do § 1.º.

Em suma, três podem ser os resultados da votação na Assembleia: *a)* aprovação do plano de recuperação, por deliberação que atendeu ao quórum qualificado da lei; *b)* apoio ao plano de recuperação, por deliberação que quase atendeu a esse quórum qualificado; *c)* rejeição de todos os planos discutidos.

Em qualquer caso, o resultado será submetido ao juiz, mas variam as decisões judiciais possíveis em cada um deles. No primeiro, o juiz limita-se a homologar a aprovação do plano pelos credores; no segundo, ele terá a discricionariedade para aprovar ou não o plano que quase alcançou o quórum qualificado; no terceiro, deve decretar a falência do requerente da recuperação judicial.

172. Soberania da decisão assemblear

O procedimento da recuperação judicial, no direito brasileiro, visa criar um ambiente favorável à negociação entre o devedor em crise e seus credores. O ato do procedimento judicial em que privilegiadamente se percebe o objetivo da ambientação favorável ao acordo é, sem dúvida, a assembleia dos credores. Por esta razão, a deliberação assemblear não pode ser alterada ou questionada pelo Judiciário, a não ser em casos excepcionais como a hipótese do art. 58, § 1.º, ou a demonstração de abuso de direito de credor em condições formais de rejeitar, sem fundamentos, o plano articulado pelo devedor.

Em Acórdão relatado pelo Des. Pereira Calças, o TJSP decidiu que "em relação à proposta do plano de recuperação da empresa, a Assembleia Geral é soberana, não podendo o juiz, nem o Ministério Público, imiscuir-se no mérito do plano, em sua viabilidade econômico-financeira, eis que, devendo ele ser instruído com a demonstração de sua viabilidade econômica e com o laudo econômico-financeiro subscrito por profissional legalmente habilitado (artigo 53, II e III), caberá aos credores examinarem os pareceres técnicos e concluir pela viabilidade ou inviabilidade econômico-financeira da proposta da empresa devedora. Somente em casos em que se demonstre o abuso de direito por algum credor que imponha sua vontade à assembleia para rejeitar o plano é que se tem admitido, em casos excepcionais, nova oportunidade de ser deduzido outro plano a ser submetido também à assembleia geral de credores" (Agravo de Instrumento n. 561.271-4/2-00).

No mesmo sentido, o Acórdão relatado pelo Des. Lino Machado: "Cabe à assembleia geral de credores julgar eventuais oposições ao plano de recuperação judicial, o qual há de prevalecer se aquele órgão julgou melhor solução a concessão do benefício legal" (Agravo de Instrumento n. 582.505-4/5-00).

No STJ, o mesmo entendimento encontra-se assentado, como ressaltou o Ministro Luis Felipe Salomão, ao relatar o Recurso Especial 1.359.311-SP: "Cumpridas as exigências legais, o juiz deve conceder a recuperação judicial do devedor cujo plano tenha sido aprovado em assembleia (art. 58, *caput*, da Lei n. 11.101/2005), não lhe sendo dado se imiscuir no aspecto da viabilidade econômica da empresa. De fato, um vértice sobre o qual se apoia a referida lei é, realmente, a viabilidade econômica da empresa, exigindo-se expressamente que o plano de recuperação contenha demonstrativo neste sentido (art. 53, II). No entanto, se é verdade que a intervenção judicial no quadrante mercadológico de uma empresa em crise visa tutelar interesses públicos relacionados à sua função social e à manutenção da fonte produtiva e dos postos de trabalho, não é menos certo que a recuperação judicial, com a aprovação do plano, desenvolve-se essencialmente por uma nova relação negocial estabelecida entre o devedor e os credores reunidos em assembleia. Realmente, existe previsão legal para o magistrado conceder, *manu militari*, a recuperação judicial contra decisão assemblear – *Cram down* (art. 58, § 1.º) –, mas não o inverso, porquanto isso geraria exatamente o fechamento da empresa, com a decretação da falência (art. 56, § 4.º), solução que se posiciona exatamente na contramão do propósito declarado da lei. Ademais, o magistrado não é a pessoa mais indicada para aferir a viabilidade econômica de planos de recuperação judicial, sobretudo daqueles que já passaram pelo crivo positivo dos credores em assembleia, haja vista que as projeções de sucesso da empreitada e os diversos graus de tolerância obrigacional recíproca estabelecida entre credores e devedor não são questões propriamente jurídicas, devendo, pois, acomodar-se na seara negocial da recuperação judicial. Assim, o magistrado deve exercer o controle de legalidade do plano de recuperação – no que se insere o repúdio à fraude e ao abuso de direito – mas não o controle de sua viabilidade econômica. Nesse sentido, na I Jornada de Direito Comercial CJF/STJ, foram aprovados os Enunciados 44 e 46, que refletem com precisão esse entendimento: 44: 'A homologação de plano de recuperação judicial aprovado pelos credores está sujeita ao controle de legalidade'; e 46: 'Não compete ao juiz deixar de conceder a recuperação judicial ou de homologar a extrajudicial com fundamento na análise econômico-financeira do plano de recuperação aprovado pelos credores'."

Art. 59. O plano de recuperação judicial implica novação dos créditos anteriores ao pedido, e obriga o devedor e

todos os credores a ele sujeitos, sem prejuízo das garantias, observado o disposto no § 1.º do art. 50 desta Lei.

§ 1.º A decisão judicial que conceder a recuperação judicial constituirá título executivo judicial, nos termos do art. 584, inciso III, do *caput* da Lei n. 5.869, de 11 de janeiro de 1973 – Código de Processo Civil.

§ 2.º Contra a decisão que conceder a recuperação judicial caberá agravo, que poderá ser interposto por qualquer credor e pelo Ministério Público.

173. Efeitos da concessão da recuperação judicial

Em princípio, todos os credores anteriores ao pedido de recuperação judicial estão sujeitos aos efeitos do plano de recuperação aprovado em juízo. Mesmo os que haviam se oposto ao plano e votado por sua rejeição devem se curvar à decisão judicial respaldada na maioria dos credores. Não têm outra alternativa. Se no plano aprovado em juízo é prevista a substituição de determinada garantia real por outra de menor valor, o credor atingido simplesmente não tem meios para se opor ao mérito dessa medida, por mais que considere seus interesses injustamente sacrificados.

As novações, alterações e renegociações realizadas no âmbito da recuperação judicial são sempre condicionais. Quer dizer, valem e são eficazes unicamente na hipótese de o plano de recuperação ser implementado e ter sucesso. Caso se verifique a convolação da recuperação judicial em falência, os credores retornam, com todos os seus direitos, ao *status quo ante*. A substituição de garantia no exemplo acima cogitado se desfaz e o credor será pago, no processo falimentar, como se não tivesse havido nenhum plano de recuperação da devedora.

De observar também que os credores sujeitos aos efeitos da recuperação judicial conservam intactos seus direitos contra coobrigados, fiadores e obrigados de regresso. Desse modo, o portador de nota promissória firmada pelo empresário em recuperação pode executar o avalista desse título de crédito, como se não houvesse o benefício. Cabe ao avalista suportar, nessa situação, o sacrifício direto representado pela recuperação judicial do avalizado.

Convém, aqui, recordar as hipóteses de credores não sujeitos à recuperação judicial em termos absolutos. São duas. A primeira é a do banco que antecipou ao exportador recursos monetários com base num contrato de câmbio. Se o exportador impetra recuperação judicial, esse processo simplesmente não produz qualquer efeito em relação ao crédito desse banco. A segunda hipótese é a do proprietário fiduciário, o arrendador mercantil e o proprietário vendedor, promitente vendedor ou vendedor com reserva de domínio, quando do respectivo contrato (alienação fiduciária em garantia, *leasing*, venda e compra, compromisso de venda e compra ou venda com reserva de domínio) consta cláusula de irrevogabilidade ou irretratabilidade. Tais credores *não* são atingidos pelos efeitos da recuperação judicial. Poderão eles exercer seus direitos reais e contratuais nos termos da legislação específica, sem que a recuperação judicial os atinja minimamente. Por essa razão, inclusive, não se devem considerar esses credores como legitimados à Assembleia, nem cabe computar o valor dos seus créditos nos quóruns de instalação e deliberação.

174. Sentença concessiva de recuperação judicial

Concedida a recuperação judicial – seja pela homologação em juízo do plano aprovado com apoio do quórum qualificado de deliberação em Assembleia, seja pela aprovação pelo juiz do apoiado por parcela substancial dos credores –, encerra-se a fase de deliberação e tem início a de execução.

Contra a decisão concessiva caberá recurso de agravo, ao qual se legitima qualquer credor e o Ministério Público. O objeto do recurso só pode dizer respeito ao desatendimento das normas legais sobre convocação e instalação da Assembleia ou quórum de deliberação. Nenhuma outra matéria pode ser questionada nesse recurso, nem mesmo o mérito do plano de recuperação aprovado.

A decisão concessiva da recuperação judicial é título executivo judicial. Desse modo, se no plano de recuperação é, por exemplo, previsto que o credor *Carlos* será pago em 6 meses da concessão do benefício, vencido esse prazo, caberá àquele credor mover a cobrança executiva contra o empresário em recuperação. Instruirá a execução com o plano de recuperação, por ser este título executivo judicial apto a promovê-la.

Art. 60. Se o plano de recuperação judicial aprovado envolver alienação judicial de filiais ou de unidades produtivas isoladas do devedor, o juiz ordenará a sua realização, observado o disposto no art. 142 desta Lei.

Parágrafo único. O objeto da alienação estará livre de qualquer ônus e não haverá sucessão do arrematante nas obrigações do devedor, inclusive as de natureza tributária, observado o disposto no § 1.º do art. 141 desta Lei.

175. Alienação de filiais ou unidades produtivas isoladas

Se o plano de recuperação judicial aprovado pela Assembleia estabelece, como uma das medidas destinadas à reorganização da empresa em crise, a venda de filial ou unidade produtiva isolada, determina a lei que isso se realize na mesma forma prevista para a realização ordinária do ativo de falidos.

Em outros termos, a venda será obrigatoriamente feita mediante hasta pública (leilão, propostas ou pregão). Não pode o plano estabelecer – mesmo que com isso consintam todos os credores e o devedor – a venda direta a terceiro nele identificado. A obrigatoriedade da hasta visa otimizar o procedimento e assegurar a recuperação da empresa em crise.

O Plano pode unicamente estabelecer um preço mínimo para a venda por hasta. Se o maior lance ofertado for inferior ao mínimo previsto no plano, não se realizam as condições nele previstas para a recuperação da empresa em crise. Desse modo, a venda judicial não pode ocorrer, porque ela não conduziria à adequada realização do benefício pretendido pelos interessados.

176. A questão da sucessão (1)

Uma das mais significativas explicitações introduzidas pela nova lei falimentar diz respeito à negativa de sucessão na hipótese de alienação de estabelecimento empresarial (desde que segregável como filial ou unidade produtiva isolada) em que se explorava empresa em crise, feita mediante hasta judicial.

Quando necessária à reorganização econômica do devedor – e, por isso, prevista no plano de recuperação judicial –, a alienação em juízo do estabelecimento empresarial passível de distinção como filial ou unidade produtiva isolada não acarreta a sucessão. Isto é, o arrematante não pode ser cobrado pelas dívidas do alienante requerente da recuperação judicial.

Aparentemente, trata-se de medida contrária aos interesses dos credores, mas, de verdade, não é. Se a lei não ressalvasse de modo expresso a sucessão do adquirente, o mais provável é que simplesmente *ninguém* se interessasse por adquirir a filial ou unidade posta à venda. E, nesse caso, a recuperação não seria alcançada e perderiam todos os credores...

177. Constitucionalidade do dispositivo

A previsão de inexistência de sucessão, na hipótese de alienação do estabelecimento empresarial no bojo da recuperação judicial, relativamente aos créditos trabalhistas foi considerada constitucional pelo STF, no julgamento da Ação Direta de Inconstitucionalidade n. 3.934-2 (DF), proposta pelo Partido Democrático Trabalhista.

De acordo com o relator Ministro Ricardo Lewandowski: "(...) não identifico a inconstitucionalidade aventada pelo requerente quanto aos arts. 60, parágrafo único, e 141, II, da Lei n. 11.101/2005. Primeiro, porque a Constituição não abriga qualquer regra expressa sobre o eventual direito de cobrança de créditos trabalhistas em face daquele que adquire ativos de empresa em processo de recuperação judicial ou cuja falência tenha sido decretada. Depois, porque não vejo, no ponto, qualquer ofensa direta a valores implícita ou explicitamente protegidos pela Carta Política. No máximo, poder-se-ia flagrar, na espécie, uma colisão entre distintos princípios constitucionais. Mas, mesmo assim, não seria possível falar, no dizer de Luís Virgílio Afonso da Silva, 'nem em declaração de invalidade de um deles, nem em instituição de uma cláusula de exceção', visto ter o legislador ordinário, apenas, estabelecido, nas palavras de Robert Alexi, 'relações de precedência condicionada'. (...) No caso, o papel do legislador infraconstitucional resumiu-se a escolher dentre os distintos valores e princípios constitucionais, igualmente aplicáveis à espécie, aqueles que entendeu mais idôneos para disciplinar a recuperação judicial e a falência das empresas, de maneira a assegurar-lhes a maior expansão possível, tendo em conta o contexto fático e jurídico com o qual se defrontou. Assim, o exame da alegada inconstitucionalidade material dos dispositivos legais que estabeleceram a inocorrência de sucessão das dívidas trabalhistas, na hipótese de alienação judicial de empresas, passa necessariamente pelo exame da adequação da escolha feita pelo legislador ordinário no tocante aos valores e princípios constitucionais aos quais pretendeu emprestar eficácia".

Prossegue o voto: "nesse contexto, os legisladores optaram por estabelecer que adquirentes de empresas alienadas judicialmente não assumiriam os débitos trabalhistas, por sucessão, porquanto, segundo consta do citado parecer senatorial (Parecer do Sen. Ramez Tebet): 'o fato de o adquirente da empresa em processo de falência não suceder o falido nas obrigações trabalhistas não implica prejuízo aos trabalhadores. Muito ao contrário, a exclusão da sucessão torna mais interessante a compra da empresa e tende a estimular maiores ofertas pelos interessados na aquisição, o que aumenta a garantia dos trabalhadores, já que o valor pago ficará à disposição do juízo da falência e será utilizado para pagar prioritariamente os créditos trabalhistas. Além do mais, a venda em bloco da empresa possibilita a continuação da atividade empresarial e preserva empregos. Nada pode ser pior para os trabalhadores que o fracasso na tentativa de vender a empresa, pois, se esta não é vendida, os trabalhadores não recebem seus créditos e ainda perdem seus empregos'. (...) Por estas razões, entendo que os arts. 60, parágrafo único, e 141, II, do texto legal em comento mostram-se constitucionalmente hígidos no aspecto em que estabelecem a inocorrência de sucessão dos créditos trabalhistas, particularmente porque o legislador ordinário, ao concebê-los, optou por dar concreção a determinados valores constitucionais, a saber, a livre-iniciativa e a função social da propriedade – de cujas manifestações a empresa é uma das mais conspícuas – em detrimento de outros, com igual densidade axiológica, eis que os reputou mais adequados ao tratamento da matéria".

Art. 61. Proferida a decisão prevista no art. 58 desta Lei, o devedor permanecerá em recuperação judicial até que

se cumpram todas as obrigações previstas no plano que se vencerem até 2 (dois) anos depois da concessão da recuperação judicial.

§ 1.º Durante o período estabelecido no *caput* deste artigo, o descumprimento de qualquer obrigação prevista no plano acarretará a convolação da recuperação em falência, nos termos do art. 73 desta Lei.

§ 2.º Decretada a falência, os credores terão reconstituídos seus direitos e garantias nas condições originalmente contratadas, deduzidos os valores eventualmente pagos e ressalvados os atos validamente praticados no âmbito da recuperação judicial.

178. A Fase de Execução

A "recuperação judicial" é algo como um estado em que empresários e sociedades empresárias eventualmente se encontram;[57] um estado excepcional e claramente transitório, temporário. Não existe nada mais incompatível com o instituto do que o alongamento demasiado do processo judicial de recuperação. Uma vez atingido o objetivo do processo de recuperação judicial, ele deve ser encerrado. É um truísmo, que cabe reforçar: não tem nenhum fundamento, nem qualquer sentido econômico ou jurídico, o processo de recuperação judicial estender-se em função de assuntos relacionados à gestão da recuperanda, venda de bens (salvo se pretendida a exoneração da sucessão) ou mesmo da execução do plano homologado (salvo quando inadimplida obrigação vencível a curto prazo).

Bem precisados os conceitos, o objetivo do processo de recuperação judicial não é o saneamento da crise econômico-financeira da empresa recuperanda. Em termos exatos, o objetivo é a celebração de um acordo entre devedor e seus credores, no ambiente de um proces-

57. Cfr. Jorge Lobo, *Comentários à lei de recuperação de empresas e falência*. Coordenadores Paulo F. C. Salles de Toledo e Carlos Henrique Abrão. São Paulo: Saraiva, 2005, p. 164.

so judicial, que vise o saneamento da crise econômico-financeira da empresa recuperanda.

A distinção é importante. O processo de recuperação judicial alcança seu objetivo quando o juiz homologa o acordo entre devedor e seus credores (documentado no plano de recuperação judicial proposto por aquele e aprovado por estes em assembleia). Se do seu cumprimento irá resultar efetivamente, ou não, a superação da crise econômico-financeira do devedor, isto é questão diversa, no mais das vezes totalmente irrelevante no bojo do processo de recuperação judicial.

Como a natureza jurídica da recuperação judicial é a de um acordo judicial, uma vez concluído este, mediante a homologação do plano pelo juiz, o processo alcança o seu principal objetivo. O completo cumprimento do plano e a superação da crise, portanto, não são necessariamente objetivos do processo de recuperação judicial. Ele simplesmente não precisa aguardar o cumprimento de todas as obrigações contraídas pelo devedor e o pleno saneamento da crise, para se encerrar.

Na verdade, depois de transcorridos dois anos da concessão da recuperação judicial, a regra é a de que o processo deve ser encerrado e arquivado. Uma vez homologado o plano de recuperação judicial, o objetivo principal do processo é alcançado. O seu encerramento, contudo, fica a aguardar o transcurso do primeiro biênio de cumprimento do plano.[58]

Se, neste período, houver o descumprimento de obrigação assumida no plano de recuperação judicial, pode ocorrer a convolação da

58. Eduardo Secchi Munhoz acentua que este prolongamento do processo judicial de recuperação para além da homologação do acordo a que chegam devedor e seus credores em assembleia não é conhecido de outros sistemas: "a lei divide o processo de recuperação judicial em duas fases distintas: (i) a de negociação e aprovação do plano; (ii) a de execução e cumprimento do plano, no prazo de até 2 anos. Em outros sistemas, há apenas a primeira fase, extinguindo-se o processo de recuperação com a aprovação do plano" (*Comentários à Lei de Recuperação de Empresas e Falência*. Coordenação de Francisco Satiro de Souza Jr. e Antônio Sérgio A. de Moraes Pitombo. São Paulo: Ed. RT, 2005, p. 296).

recuperação judicial em falência, a pedido de credor, do Ministério Público ou de ofício. Note-se que a convolação não é consequência imediata e necessária do descumprimento, mas apenas uma de suas possíveis decorrências.[59]

Deste modo, quando a concessão da recuperação judicial completa o segundo aniversário, os autos devem ser conclusos ao juiz para que ele verifique se é o caso de a convolar em falência. Não havendo razões para a convolação, ele deve proferir a sentença de encerramento da recuperação judicial e determinar certas providências complementares de pouco alcance (pagamento do administrador judicial, das custas, comunicação ao registro de comércio etc.).[60]

---

59. Segundo Carlos Klein Zanini, "a melhor interpretação do disposto [no] art. 73, [inc. IV] sugere, portanto, a mitigação da dureza e inflexibilidade do comando nele contido. Ao invés de aplicar-se, *in litteram legis*, o que reza a Lei ('*o juiz decretará a falência...*'), conviria dar-lhe algum polimento, para ali ler-se '*o juiz poderá decretar a falência*', o que melhor se coadunaria com o espírito que deve presidir a aplicação da Lei. Teria sido preferível, portanto, tivesse a Lei aqui seguido a trilha do direito francês. Ademais, dentre as características mais destacadas da atividade empresária encontra-se a sua dinamicidade. Tendo-se isto bem presente, ainda que orientada pelas melhores análises e estudos, e calcada nos mais abalizados prognósticos econômicos, a confecção do Plano de Recuperação não deixará nunca de encerrar uma certa futurologia, a justificar não se lhe dê tratamento tão rígido quanto o prescrito neste inciso IV" (*Comentários...* RT, *obra citada*, p. 328/329). No mesmo sentido, a lição de Carlos Henrique Abrão (*Comentários...* Saraiva, *obra citada*, p. 190/191).

60. Para Eduardo Secchi Munhoz: "A interpretação sistemática dos arts. 61 e 62 deixa patente que a lei definiu o prazo de 2 anos como um limite máximo para a manutenção do processo de recuperação, justamente para limitar os aspectos negativos do prolongamento desse regime [...]. Assim, expirado o prazo de 2 anos, ainda que remanesçam obrigações do plano a ser cumpridas, encerra-se o processo de recuperação, ficando os credores com a garantia de que a decisão concessiva da recuperação constitui título executivo judicial, permitindo-lhes em caso de descumprimento do plano, requerer a tutela específica ou a falência do devedor (arts. 62 e 94). Veja-se que se encerra a recuperação, ainda que sejam substanciais as obrigações do devedor a serem cumpridas após 2 anos, o que demonstra que a lei preferiu adotar um critério temporal absolutamente formal, desligado da realidade de cada plano" (*Obra citada*, p. 298).

O processo da recuperação judicial deve se encerrar nesta oportunidade, em qualquer caso. Se há razões para a convolação em falência, ele termina para que se inicie a execução concursal do patrimônio do devedor; se não há tais razões, termina porque todos os seus objetivos foram atingidos.

Não há, portanto, razões para o alongamento indeterminado do processo de recuperação judicial. O efetivo saneamento da crise econômico-financeira pode eventualmente demorar mais do que dois anos. Mas, não é objetivo do processo da recuperação judicial conferir se o devedor irá cumprir todas as obrigações contraídas no plano ou se ele conseguirá, cumprindo-as, escapar da crise que o acomete. Os objetivos gerais são, esquematicamente falando, apenas dois: (i) o principal, consistente na homologação do plano de recuperação (realizando, assim, a natureza de acordo judicial); (ii) o secundário, de convolar-se em falência na hipótese de descumprimento das obrigações vencidas no biênio subsequente.

Transcorrido o biênio legal, o processo de recuperação judicial deve ser concluído, mediante sentença de encerramento (art. 63) ou convolação em falência (art. 61, § 1.º).

Esta regra admite exceções. O processo de recuperação judicial pode, por exemplo, prosseguir, mesmo depois de transcorridos dois anos da homologação do plano, exclusivamente tendo em vista a supressão da sucessão em caso de alienação de estabelecimento empresarial, como estabelecido no art. 60. Esta alienação pode perfeitamente ser realizada no biênio legal, mas, se isto não acontece, por qualquer razão, o processo de recuperação judicial poderá ter seguimento excepcional para esta finalidade específica.

179. Aditamento do plano de recuperação

Durante a derradeira fase do processo de recuperação judicial (a de execução), dá-se cumprimento ao plano de recuperação aprovado em juízo.

Em princípio, é imutável esse plano. Se o beneficiado dele se desviar, corre o risco de ter a falência decretada.

Não pode, porém, a lei ignorar a hipótese de revisão do plano de recuperação, sempre que a condição econômico-financeira do devedor passar por considerável mudança. Nesse caso, admite-se o aditamento do plano de recuperação judicial, mediante retificação pela Assembleia dos Credores. A retificação está sujeita ao mesmo quórum qualificado de deliberação previsto para aprovação do plano original.

Se pretender o aditamento, o beneficiado deve aduzir requerimento acompanhado da exposição circunstanciada dos fatos que fundamentam a revisão do plano.

180. Atos validamente praticados por credores colaborativos

A ressalva constante do final do § 2.º, relativa aos "atos validamente praticados no âmbito da recuperação judicial" é clara decorrência do tratamento benéfico que a lei concede aos credores colaborativos.[61] Embora o dispositivo aplique-se, também, a outras situações, a preocupação mais relevante que inspirou a lei, ao preservar os atos validamente praticados no âmbito da recuperação judicial, foi, sem dúvida, a de estimular a indispensável colaboração dos credores para o reerguimento da empresa em crise.

A doutrina é unânime no sentido de que a restituição ao status quo ante, derivada da convolação da recuperação judicial em falência, não alcança os atos válidos praticados no contexto da recuperação judicial.[62] Assim, a reconstituição mencionada no § 2.º do art. 61 da LF diz respeito exclusivamente aos atos praticados fora do contexto da recuperação judicial, seja porque ocorreram antes da impetração desta, seja porque não se submeteram ao correspondente controle jurisdicional.

Assim, se o credor havia, antes da recuperação judicial, concedido crédito de $ 100 ao devedor e, no bojo da recuperação judicial, em razão da aprovação e homologação do plano, o valor deste crédito foi reduzido a $ 50, aplica-se ao caso a reconstituição ao *status quo* ante

61. Meu *O credor colaborativo na Recuperação Judicial*. Em "Direito das Empresas em crise: problemas e soluções". Coordenado por Paulo Fernando Campos Salles de Toledo e Francisco Satiro. São Paulo: Quartier-Latin, IBR, 2012, p. 103/119.
62. Cfr., por todos, Eduardo Secchi Munhoz (*obra citada*, p. 296/298) e Jorge Lobo (*Lei de recuperação de empresas e falência*. Coord. Paulo F. C. Salles de Toledo e Carlos Henrique Abrão. São Paulo: Saraiva, 2005, p. 164/165).

prevista no art. 61, § 2.º, da LF. Na falência, este credor participará pelo crédito anteriormente titulado ($ 100), sendo desconstituída a redução de valor prevista no plano de recuperação. Aqui, a ressalva do final do § 2.º do art. 61 é inaplicável, e se opera a reconstituição, porque o direito havia se constituído antes da impetração da recuperação judicial (necessariamente fora do âmbito desta, portanto).

Em relação aos direitos constituídos após a impetração da recuperação judicial, a reconstituição também se opera caso estes não tenham se submetidos ao crivo do controle jurisdicional, ínsito ao juízo recuperacional. Uma substituição de garantias contratada entre o devedor já em recuperação judicial e o outorgado seria alcançada pela reconstituição determinada pelo art. 61, § 2.º, caso decorresse de negócio jurídico praticado "fora" do âmbito da recuperação judicial, isto é, sem o conhecimento e aprovação dos demais credores e sem a devida chancela judicial.

Quando, porém, a substituição de garantias é realizada no contexto da recuperação judicial – especialmente como medida destinada a gerar os recursos indispensáveis ao reerguimento da empresa em crise, com a aprovação dos credores em assembleia e homologação judicial –, não se aplica a reconstituição prevista no art. 61, § 2.º, mas a ressalva sabiamente aposta pelo legislador no final do dispositivo.

> **Art. 62. Após o período previsto no art. 61 desta Lei, no caso de descumprimento de qualquer obrigação prevista no plano de recuperação judicial, qualquer credor poderá requerer a execução específica ou a falência com base no art. 94 desta Lei.**

181. Descumprimento do plano de recuperação

No prazo de 2 anos seguintes à concessão da recuperação judicial, se o devedor não cumpre alguma das obrigações previstas no plano aprovado, o credor só pode requerer a convolação desse processo em falência. Após esse prazo, porém, abre-se ao credor a possibilidade de pleitear a execução específica das obrigações contempladas no plano.

Considera-se que, antes de 2 anos, não terão as medidas do plano surtido seus amplos efeitos, de modo a poder sujeitar-se o devedor ao cumprimento específico da obrigação. O credor não resta desatendido em seus direitos porque poderá pedir a falência do devedor, com o objetivo de ver instaurada a execução concursal.

182. Reconstituição dos direitos dos credores em caso de falência

A efetiva recuperação da empresa é condição resolutiva tácita de toda novação, alteração ou renegociação viabilizada pela aprovação do plano de recuperação judicial. Não é necessário que o Plano contemple cláusula expressa nesse sentido porque o sacrifício imediato dos credores só tem sentido se alcançada a contrapartida da reorganização da empresa explorada pelo devedor.

Desse modo, se for decretada a falência do devedor, opera-se a cláusula resolutiva tácita. Reconstituem-se todos os direitos dos credores alterados, novados ou renegociados pelo plano.

Se, por exemplo, um credor hipotecário havia concordado em abrir mão da hipoteca para tentar a venda do imóvel onerado como medida de recuperação judicial do devedor, e, antes que se procedesse à alienação, frustrou-se essa e o juiz decretou a quebra, reconstitui-se de imediato a garantia real e a preferência correspondente. Em outros termos, aquele credor, desprezando-se por completo o plano infrutífero, irá participar da massa falida como titular de garantia real.

183. Decadência do direito de requerer a convolação

O art. 62 se refere a qualquer obrigação prevista no plano de recuperação judicial. Isto significa que ele se aplica independentemente da época do vencimento da obrigação. Qualquer que tenha sido a data de vencimento da obrigação, desde que esta seja prevista no plano de recuperação judicial, aplica-se o art. 62 depois de transcorridos dois anos da concessão.

Assim, resulta do art. 62 da LF que, se a obrigação prevista no plano vence nos dois anos seguintes à concessão da recuperação judicial, o credor tem também este mesmo prazo para requerer a convolação em falência, em razão de inadimplemento. Se deixar transcorrer o biênio sem requerer a convolação em falência, o credor somente poderá se valer dos meios indicados no art. 62 da LF.

O âmbito de incidência do art. 62 da LF não é somente o caso de vencimento de obrigação prevista no plano ocorrido após o transcurso de dois anos da concessão. Este dispositivo se refere expressa e indubitavelmente a qualquer obrigação, e, portanto, abrange também aquelas cujo vencimento ocorreu no biênio seguinte à concessão.

O credor de obrigação vencida no biênio que não requer a convolação da recuperação judicial em falência neste mesmo prazo decai do direito de a requerer. Ele titula apenas, com base no art. 62 da LF, o direito de requerer a falência do devedor na forma do art. 94 da LF (abstraia-se, pelo momento, a alternativa da execução judicial).

184. Consequência da decadência da convolação

São duas alternativas diferentes a convolação da recuperação judicial em falência por força do art. 61, § 1.º, da LF, e a decretação desta em razão de pedido fundado no art. 94 da LF. Nos dois casos é decretada a falência do devedor, mas os efeitos da quebra são diametralmente diversos quanto à novação decorrente da homologação judicial do plano de recuperação.

A novação perpetrada pela homologação do plano de recuperação judicial está sujeita a regras próprias, estabelecidas pelo direito recuperacional, parcialmente diversas das aplicáveis à novação em geral. Apenas na falta de norma específica, na LF, ela se sujeita ao regime da novação estabelecido pelo direito das obrigações (CC, arts. 360 e s.).

A denominada "novação recuperacional" se distingue, assim, da "novação civil" em vários aspectos. A recuperacional tem fundamento exclusivamente legal (LF, art. 59) e, portanto, independe do inequívoco animus novandi indispensável à configuração da civil (CC, art. 361). A novação recuperacional não importa a exoneração dos fiadores (LF, art. 49, § 1.º), ao contrário da civil (CC, art. 366). A recuperacional resolve-se no caso de convolação de falência (LF, art. 61, § 2.º),[63]

63. Na feliz síntese de Manoel de Queiroz Pereira Calças: "a novação prevista como efeito da concessão da recuperação judicial, *no que concerne ao devedor em recuperação*, tem natureza jurídica similar, mas não idêntica

enquanto inexiste previsão legal resolvendo a novação civil em razão da insolvência de qualquer de seus sujeitos.

Pois bem. No caso de convolação, a novação é desconstituída; na falência decretada com base no art. 94 da LF, a novação é preservada.[64]

A decretação da falência com base no art. 94 da LF, mesmo quando tem por pressuposto o inadimplemento de obrigação prevista em plano de recuperação, não importa a desconstituição da novação. E não importa exatamente porque a lei não prevê tal consequência para a quebra neste caso. Não existindo expressa previsão de desconstituição da novação em caso de decretação da falência baseada no art. 94 da LF, aplicam-se as regras gerais do direito das obrigações. Tais regras não contemplam a resolução da novação por insolvência de qualquer um dos seus sujeitos.

A única expressa disposição legal determinando a desconstituição da novação encontra-se no § 2.º do art. 61 da LF. O dispositivo trata da convolação da recuperação judicial em falência, por força de descumprimento de obrigação vencida nos dois anos subsequentes à concessão. Estando a desconstituição da novação abrigada em parágrafo, aplica-se apenas quando aplicável o dispositivo a que se liga.[65]

à da novação regulada no Código Civil, que lhe atribui o efeito extintivo das obrigações anteriores da empresa recuperanda, ficando, no entanto, subordinada à condição resolutiva consistente no cumprimento do plano pelo devedor no prazo de dois anos contado da concessão da recuperação. Se ocorrer o descumprimento de qualquer obrigação pactuada no plano, haverá convolação da recuperação em falência, e a nova obrigação resolver-se-á surgindo uma obrigação nova que não se confunde com a *prior obligatio* [...]" (A novação recuperacional. Em *Revista do Advogado*. São Paulo, AASP, setembro de 2009, n. 105, p. 120).

64. No estudo de Simone Rodrigues Alves Rocha de Barros: "[P]assados dois anos da concessão, sem qualquer inadimplemento do plano, a novação se opera de pleno direito e, mesmo na hipótese de requerimento da falência na forma do artigo 94, g, não se aplica o § 2.º do artigo 61, que diz respeito apenas à falência requerida na forma do artigo 73, IV, da LRE" (*Direito das empresas em crise: problemas e soluções*. Coordenação de Paulo Fernando Campos Salles de Toledo e Francisco Satiro. São Paulo: Quartier Latin-IBR, 2012, p. 399).

65. Carlos Maximiliano leciona: "tomada a interpretação sob o aspecto formal ou técnico-sistemático, deve-se ter em vista, *acima de tudo*, o lugar em que

Em outros termos, as obrigações contraídas no plano de recuperação judicial classificam-se em duas categorias, de acordo com a época de seu vencimento: a) as que se vencem nos dois anos seguintes à concessão da recuperação judicial (obrigações a curto prazo); b) as vencíveis mais de dois anos após a concessão da recuperação judicial (obrigações a longo prazo).

Apenas no caso de descumprimento de obrigação a curto prazo, cabe a convolação da recuperação judicial em falência e a desconstituição da novação.

A *ratio legis* é facilmente apreensível. Ao estabelecer que apenas a convolação da falência, nos termos do art. 61, § 1.º (ou art. 73, IV) acarreta a desconstituição da novação, a lei prestigia a segurança jurídica. Não atenderia a este primado essencial do direito comercial a possibilidade de, uma vez transcorrido período superior aos dois anos subsequentes à concessão, ela ainda fosse possível. A instabilidade que tal solução acarretaria é, em tudo, incompatível com a dinâmica da superação das crises empresariais, senão com a da própria economia.

Quando o credor por obrigação prevista em plano de recuperação requer, no biênio legal, a convolação em falência, vindo a ter o seu pedido atendido, ele habilitar-se-á na execução concursal pelo crédito que titulava antes da recuperação judicial. Mas, se por ter perdido o biênio, formula pedido fundado no art. 94 da LF, em vindo a ser esta decretada, ele só poderá se habilitar na concurso falencial pelo crédito titulado em decorrência do plano de recuperação judicial, exatamente porque, nesta hipótese, a novação não se desconstitui e permanece plenamente válida e eficaz.

---

um dispositivo se encontra. Especialmente das relações com os parágrafos vizinhos, o instituto a que pertence e o conjunto da legislação se deduzem conclusões de alcance prático, elementos para fixar as raias de domínio da regra positiva" (*Hermenêutica e aplicação do direito*. 9. ed. Rio de Janeiro: Forense, 1980, p. 269). Ver também Simone Rodrigues Alves Rocha de Barros: "poder-se-ia alegar que o artigo 61, § 2.º fala genericamente em falência decretada e, portanto, que não existe ressalva quanto ao prazo, o que nos levaria à possibilidade de aplicação da condição resolutiva da novação mesmo quando a falência é decretada depois dos dois anos da concessão da recuperação. No entanto, a boa técnica de interpretação determina que os parágrafos se referem ao *caput*" (*obra e local citados*).

Concluindo. O titular de crédito decorrente de obrigação prevista em plano recuperacional vencível nos dois anos subsequentes à concessão da recuperação judicial deve, querendo, requerer a convolação desta em falência dentro do próprio biênio, sob pena de decadência do direito. Neste caso, a decretação da falência decorrerá de convolação e a novação será desconstituída. Se, porém, deixar transcorrer o biênio sem pedir a convolação, só terá o direito, na forma do art. 62 da LF, o de ver a falência do devedor decretada em razão de pedido fundado no art. 94 da LF. Como não há, na lei, nenhuma previsão de que, neste caso, desconstituir-se-ia a novação, aplicam-se as regras gerais do direito das obrigações, que não preveem a resolução do negócio novado.

Em suma, quando a falência é decretada em acolhimento a pedido formulado com base no art. 94 da LF, não se desconstitui a novação perpetrada pelo plano de recuperação, ainda que o fundamento seja o inadimplemento de obrigação prevista neste e vencível nos dois anos seguintes à concessão.

Art. 63. Cumpridas as obrigações vencidas no prazo previsto no *caput* do art. 61 desta Lei, o juiz decretará por sentença o encerramento da recuperação judicial e determinará:

I – o pagamento do saldo de honorários ao administrador judicial, somente podendo efetuar a quitação dessas obrigações mediante prestação de contas, no prazo de 30 (trinta) dias, e aprovação do relatório previsto no inciso III do *caput* deste artigo;

II – a apuração do saldo das custas judiciais a serem recolhidas;

III – a apresentação de relatório circunstanciado do administrador judicial, no prazo máximo de 15 (quinze) dias, versando sobre a execução do plano de recuperação pelo devedor;

IV – a dissolução do Comitê de Credores e a exoneração do administrador judicial;

V – a comunicação ao Registro Público de Empresas para as providências cabíveis.

185. Encerramento da recuperação judicial

De três formas diferentes se encerra a fase de execução do processo de recuperação judicial.

A *primeira* corresponde ao cumprimento do plano de recuperação no prazo de até 2 anos. Nesse caso, o juiz profere a sentença de encerramento, determinando a quitação dos honorários do administrador judicial e das custas remanescentes, a apresentação em 15 dias de relatório do administrador judicial, a dissolução dos órgãos auxiliares da recuperação judicial e a comunicação à Junta Comercial do término do processo.

A *segunda* decorre de pedido de desistência da devedora beneficiada, que poderá ser apresentado a qualquer tempo e está sempre sujeito à aprovação pela Assembleia Geral dos Credores.

Com a homologação da desistência, retorna o devedor à exata condição jurídica em que se encontrava antes de ter apresentado seu pedido de recuperação judicial. As alterações e renegociações havidas no transcorrer do processo serão, por conseguinte, totalmente ineficazes e os credores poderão perseguir seus direitos originários como se o processo de recuperação simplesmente não tivesse ocorrido.

A *terceira* é a convolação da recuperação judicial em falência.

> **Art. 64. Durante o procedimento de recuperação judicial, o devedor ou seus administradores serão mantidos na condução da atividade empresarial, sob fiscalização do Comitê, se houver, e do administrador judicial, salvo se qualquer deles:**
>
> **I – houver sido condenado em sentença penal transitada em julgado por crime cometido em recuperação judicial ou falência anteriores ou por crime contra o patrimônio, a economia popular ou a ordem econômica previstos na legislação vigente;**
>
> **II – houver indícios veementes de ter cometido crime previsto nesta Lei;**
>
> **III – houver agido com dolo, simulação ou fraude contra os interesses de seus credores;**

IV – houver praticado qualquer das seguintes condutas:

***a)* efetuar gastos pessoais manifestamente excessivos em relação a sua situação patrimonial;**

***b)* efetuar despesas injustificáveis por sua natureza ou vulto, em relação ao capital ou gênero do negócio, ao movimento das operações e a outras circunstâncias análogas;**

***c)* descapitalizar injustificadamente a empresa ou realizar operações prejudiciais ao seu funcionamento regular;**

***d)* simular ou omitir créditos ao apresentar a relação de que trata o inciso III do *caput* do art. 51 desta Lei, sem relevante razão de direito ou amparo de decisão judicial;**

V – negar-se a prestar informações solicitadas pelo administrador judicial ou pelos demais membros do Comitê;

VI – tiver seu afastamento previsto no plano de recuperação judicial.

Parágrafo único. Verificada qualquer das hipóteses do *caput* deste artigo, o juiz destituirá o administrador, que será substituído na forma prevista nos atos constitutivos do devedor ou do plano de recuperação judicial.

186. Substituição da administração da empresa em recuperação

Quanto à administração da sociedade beneficiada pela recuperação judicial, há duas hipóteses a considerar. Se os administradores eleitos pelos sócios ou acionista controlador estão se comportando lícita e utilmente, não há razões para removê-los da administração. Caso contrário, o juiz determinará seu afastamento.

Cabe o afastamento dos administradores quando: *a*) tiverem sido condenados, mediante sentença definitiva, por crime cometido em anterior recuperação judicial ou falência, contra o patrimônio, economia popular ou ordem econômica; *b*) houver indícios fortes de terem cometido crime falimentar; *c*) existirem provas de ação dolosa, simulada ou fraudulenta contra os interesses dos credores; *d*) incorrerem em condutas incompatíveis com a situação de crise econômico-financeira da empresa, como, por exemplo, a descapitalização injustificada ou graves omissões na relação dos credores; *e*) negarem-se a fornecer informações solicitadas pelo administrador judicial ou Comitê, atrapalhando o exercício da função fiscal desses órgãos da recuperação; *f*) sua substituição estiver prevista no plano de recuperação judicial aprovado.

O afastamento do sócio ou acionista controlador dar-se-á pela suspensão do seu direito de voto na assembleia geral da sociedade anônima em recuperação; já a do administrador, mediante a destituição do cargo.

Variam as consequências conforme seja determinado o afastamento do sócio ou acionista controlador ou do administrador da sociedade em recuperação.

Se o afastado é o sócio ou acionista controlador, a consequência está disciplinada no art. 65 (nomeação de gestor judicial); se o afastado é administrador, a disciplina se encontra no parágrafo único do art. 64 (substituição na forma do estatuto ou contrato social).

Art. 65. Quando do afastamento do devedor, nas hipóteses previstas no art. 64 desta Lei, o juiz convocará a assembleia geral de credores para deliberar sobre o nome do gestor judicial que assumirá a administração das atividades do devedor, aplicando-se-lhe, no que couber, todas as normas sobre deveres, impedimentos e remuneração do administrador judicial.

§ 1.º O administrador judicial exercerá as funções de gestor enquanto a assembleia geral não deliberar sobre a escolha deste.

§ 2.º Na hipótese de o gestor indicado pela assembleia geral de credores recusar ou estar impedido de aceitar o encargo para gerir os negócios do devedor, o juiz convocará, no prazo de 72 (setenta e duas) horas, contado da recusa ou da declaração do impedimento nos autos, nova assembleia geral, aplicado o disposto no § 1.º deste artigo.

187. O gestor judicial

Determinando a destituição do devedor, o juiz deve convocar a Assembleia dos credores para a eleição do *gestor judicial*. Trata-se da pessoa a quem será atribuída a administração da empresa em recuperação.

Ao gestor compete dirigir a atividade econômica e implementar o plano de recuperação, após sua aprovação. Ele passa a ser o representante legal da sociedade devedora nos atos relativos à gestão da empresa (assinatura de cheques, contratação de serviços, compra de insumos, prática de atos societários etc.).

O gestor não se torna, porém, o representante da sociedade em recuperação para todos os fins. Nos atos relativos à tramitação do processo de recuperação judicial, a sociedade devedora continuará sendo representada nos termos de seus atos constitutivos.

Este dispositivo também se aplica no caso de afastamento do acionista ou sócio controlador.

Art. 66. Após a distribuição do pedido de recuperação judicial, o devedor não poderá alienar ou onerar bens ou direitos de seu ativo permanente, salvo evidente utilidade reconhecida pelo juiz, depois de ouvido o Comitê, com exceção daqueles previamente relacionados no plano de recuperação judicial.

188. Restrições ao devedor em recuperação

O empresário individual ou a sociedade empresária em recuperação judicial não tem suprimida sua personalidade jurídica. Continua existindo como sujeito de direito apto a contrair obrigações e titularizar crédito. Uma única restrição sofrerá em sua personalidade. Os atos de alienação ou oneração de bens ou direitos do ativo permanente só podem ser praticados se úteis à recuperação judicial.

A utilidade do ato é presumida em termos absolutos se previsto no plano de recuperação judicial aprovado em juízo. Nesse caso, o bem pode ser vendido ou onerado, independentemente de qualquer outra formalidade ou anuência.

Mas, se não constarem do plano de recuperação homologado ou aprovado pelo juiz, a utilidade do ato para a recuperação judicial deve ser apreciada pelos órgãos desta. Assim, a alienação ou oneração só poderá ser praticada mediante prévia autorização do juiz, ouvido o Comitê.

189. Consequências da inobservância das restrições

No dispositivo equivalente da lei anterior (na verdade, no referente às limitações impostas ao concordatário) – art. 149 – a inobservância das restrições legais acarretava a ineficácia do ato em caso de falência.

Não há previsão semelhante na lei atual. Desse modo, a inobservância das restrições deve ser considerada descumprimento de obrigação legal por parte do requerente da recuperação judicial, em razão da qual cabe a convolação desse processo em falência.[66]

> **Art. 67. Os créditos decorrentes de obrigações contraídas pelo devedor durante a recuperação judicial, inclusive aqueles relativos a despesas com fornecedores de bens ou serviços e contratos de mútuo, serão considerados extraconcursais, em caso de decretação de falência, respeitada, no que couber, a ordem estabelecida no art. 83 desta Lei.**
>
> **Parágrafo único. Os créditos quirografários sujeitos à recuperação judicial pertencentes a fornecedores de bens ou serviços que continuarem a provê-los normalmente após o pedido de recuperação judicial terão privilégio geral de recebimento em caso de decretação de falência, no limite do valor dos bens ou serviços fornecidos durante o período da recuperação.**

66. Rubens Requião considerava cabível também essa consequência na lei anterior (*Curso de direito falimentar*, 15. ed., São Paulo: Saraiva, 1993, v. 2, p. 38).

190. Reclassificação dos créditos

Convolada a recuperação judicial em falência, por qualquer razão, os credores posteriores à distribuição do pedido serão reclassificados como extraconcursais (*caput* do dispositivo). Além disso, os quirografários anteriores à distribuição do pedido serão tratados, se decretada a falência, como titulares de privilégio geral, desde que atendida a condição de terem continuado a fornecer crédito durante a recuperação (parágrafo único).

A reclassificação dos créditos constituídos após a distribuição do pedido de recuperação judicial deve-se à importância deles para os objetivos desta. Mesmo frustrados esses – com a falta ou o insucesso do plano e a consequente decretação da falência –, há que se reconhecer que esses credores, ao abrirem crédito a empresário declaradamente em crise, deram decisiva colaboração para a tentativa de superação desta, assumindo riscos consideráveis. Sua atitude, em essência, iria favorecer todos os credores, caso vingasse a recuperação judicial.

De outro lado, se não fossem reclassificáveis os créditos concedidos à devedora em recuperação, possivelmente teriam faltado a ela os recursos mínimos para reerguer-se. Por tais motivos, nada mais justo do que destacar esses credores do concurso falimentar e assegurar-lhes o privilégio geral (para os quirografários anteriores à recuperação judicial, se continuou a conceder crédito ao devedor) ou a extraconcursalidade (para os credores posteriores à recuperação judicial).

A reclassificação, pelos seus fundamentos, alcança apenas os créditos negociais. Os tributos devidos em razão de fatos geradores ocorridos durante a tramitação da recuperação judicial decorrem da lei. No caso do credor tributário, não está ele assumindo conscientemente um risco que, no final, aproveitará a todos, se a recuperação da empresa for alcançada. Não há motivos, portanto, para reclassificar os créditos fiscais, como qualquer outro derivado da lei (responsabilidade civil por ato ilícito ou responsabilidade objetiva, por exemplo).

191. Reclassificação dos créditos subordinados e dos trabalhistas

A lei estabelece a reclassificação dos créditos constituídos após a impetração do benefício da recuperação judicial distinguindo duas situações: a dos quirografários (no parágrafo único), reclassificados como privilégio geral; e a dos demais (no *caput*), reclassificados como extraconcursais.

Como não há discriminação nenhuma, deve-se considerar que qualquer crédito não quirografário se reclassifica como extraconcursal, *desde que proveniente de negociação*.

Em outros termos, os credores subordinados (inclusive os sócios que emprestarem dinheiro à sociedade em recuperação judicial) e os trabalhistas (pelos salários e demais direitos vencidos após a instauração do processo judicial de recuperação) passam a ser titulares de crédito extraconcursal na falência.

192. Exclusão dos créditos não negociais

Devem ser excluídos da reclassificação os créditos não provenientes de negócio jurídico (crédito fiscal e parafiscal, multa administrativa, indenização por acidente de trabalho ou por qualquer outra razão etc.) porque os seus titulares não podem ser considerados colaboradores da recuperação.

Os credores que os titulam encontram-se numa situação bem diferente daqueles outros, negociais – fornecedores de bens ou serviços, sócios que emprestam dinheiro à sociedade, banco etc. –, que, mesmo sabendo o risco acrescido que estariam correndo, concordaram em abrir crédito ao devedor em recuperação judicial.

Os credores negociais contribuem, com seu ato, para a realização dos objetivos da recuperação judicial e ajudam, em última análise, toda a comunhão de credores. Merecem, por isso, a reclassificação. Os credores não negociais, ao contrário, têm seus créditos constituídos por simples incidência da lei e não assumem, por vontade própria, nenhum risco associado à recuperação judicial.

Art. 68. As Fazendas Públicas e o Instituto Nacional do Seguro Social – INSS poderão deferir, nos termos da legislação específica, parcelamento de seus créditos, em sede de recuperação judicial, de acordo com os parâmetros

estabelecidos na Lei n. 5.172, de 25 de outubro de 1966 – Código Tributário Nacional.

Parágrafo único. As microempresas e empresas de pequeno porte farão jus a prazos 20% (vinte por cento) superiores àqueles regularmente concedidos às demais empresas.

193. Créditos fiscais na recuperação judicial

A recuperação econômica de quem tem expressivo passivo fiscal não depende tanto do plano de recuperação judicial formulado no âmbito do processo que tramita em juízo. Depende, a rigor, do deferimento de sua solicitação de parcelamento junto aos credores fiscais (Fazenda Pública e INSS). A recuperação judicial pode servir, nesse contexto, apenas como um argumento a mais para sensibilizar a autoridade competente na apreciação e decisão do pedido de parcelamento.

Art. 69. Em todos os atos, contratos e documentos firmados pelo devedor sujeito ao procedimento de recuperação judicial deverá ser acrescida, após o nome empresarial, a expressão "em Recuperação Judicial".

Parágrafo único. O juiz determinará ao Registro Público de Empresas a anotação da recuperação judicial no registro correspondente.

194. Conhecimento da recuperação por terceiros

Duas medidas são previstas na lei com o objetivo de dar ao conhecimento de terceiros a concessão da recuperação judicial. A primeira afeta o nome empresarial da beneficiária e a segunda diz respeito ao seu registro na Junta Comercial.

Durante toda a fase de execução, a sociedade empresária agregará ao seu nome a expressão "em recuperação judicial", para conhecimento de todos que com ela se relacionam negocial e juridicamente. A omissão dessa expressão implica responsabilidade civil direta e pessoal do administrador que tiver representado a sociedade em recuperação no ato em que ela se verificou.

Será, outrossim, levado à inscrição na Junta Comercial (órgão do Registro Público de Empresas) o deferimento do benefício.

Seção V
Do Plano de Recuperação Judicial para Microempresas e Empresas de Pequeno Porte

Art. 70. As pessoas de que trata o art. 1.º desta Lei e que se incluam nos conceitos de microempresa ou empresa de pequeno porte, nos termos da legislação vigente, sujeitam-se às normas deste Capítulo.

§ 1.º As microempresas e as empresas de pequeno porte, conforme definidas em lei, poderão apresentar plano especial de recuperação judicial, desde que afirmem sua intenção de fazê-lo na petição inicial de que trata o art. 51 desta Lei.

§ 2.º Os credores não atingidos pelo plano especial não terão seus créditos habilitados na recuperação judicial.

Art. 71. O plano especial de recuperação judicial será apresentado no prazo previsto no art. 53 desta Lei e limitar-se-á às seguintes condições:

I – abrangerá todos os créditos existentes na data do pedido, ainda que não vencidos, excetuados os decorrentes de repasse de recursos oficiais, os fiscais e os previstos nos §§ 3.º e 4.º do art. 49;

II – preverá parcelamento em até 36 (trinta e seis) parcelas mensais, iguais e sucessivas, acrescidas de juros equivalentes à taxa Sistema Especial de Liquidação e de Custódia – SELIC, podendo conter ainda a proposta de abatimento do valor das dívidas;

III – preverá o pagamento da 1.ª (primeira) parcela no prazo máximo de 180 (cento e oitenta) dias, contado da distribuição do pedido de recuperação judicial;

IV – estabelecerá a necessidade de autorização do juiz, após ouvido o administrador judicial e o Comitê de Credores, para o devedor aumentar despesas ou contratar empregados.

Parágrafo único. O pedido de recuperação judicial com base em plano especial não acarreta a suspensão do curso da prescrição nem das ações e execuções por créditos não abrangidos pelo plano.

Art. 72. Caso o devedor de que trata o art. 70 desta Lei opte pelo pedido de recuperação judicial com base no plano especial disciplinado nesta Seção, não será convocada assembleia geral de credores para deliberar sobre o plano, e o juiz concederá a recuperação judicial se atendidas as demais exigências desta Lei.

Parágrafo único. O juiz também julgará improcedente o pedido de recuperação judicial e decretará a falência do devedor se houver objeções, nos termos do art. 55, de credores titulares de mais da metade de qualquer uma das classes de créditos previstos no art. 83, computados na forma do art. 45, todos desta Lei.

195. Recuperação judicial de microempresa ou empresa de pequeno porte

Quando a crise alcança microempresa ou empresa de pequeno porte, a recuperação judicial pode seguir algumas regras específicas.

O devedor pode optar entre submeter-se ao regime geral ou apresentar um Plano Especial.

Nesta segunda hipótese, a recuperação judicial será viabilizada por parâmetros já predeterminados na lei e adotará rito processual simplificado. Afinal, se a crise assola microempresário ou empresário de pequeno porte, em vista das reduzidas dimensões das atividades econômicas exploradas, não se justifica observar a complexa sistemática prevista pela lei para as sociedades devedoras de médio ou grande porte.

Os recursos disponíveis são parcos e modesto o passivo. Se não houvesse na lei regras específicas para a reorganização das empresas de micro ou pequeno porte, seguramente quem as explora não acabaria tendo acesso ao benefício.

As obrigações sujeitas ao Plano Especial poderão ser pagas em até 36 parcelas mensais, iguais e sucessivas, vencendo-se a primeira em 180 dias da data da distribuição do pedido de recuperação judicial. O número exato de parcelas será definido na proposta que o microempresário ou empresário de pequeno porte apresentar com o pedido de recuperação judicial.

A Assembleia Geral dos Credores, no procedimento do Plano Especial, não é convocada, cabendo a aprovação ou rejeição deste exclusivamente ao juiz.

Inicia-se o processo com a petição do devedor expondo as razões da crise e apresentação de proposta de renegociação do passivo, dentro das balizas legais acima indicadas. Apresentado e recebido o pedido de recuperação judicial, o juiz já decide de pronto, homologando a proposta apresentada pelo microempresário ou empresário de pequeno porte ou decretando sua falência. Há, também, a alternativa de determinar a retificação do plano especial, quando desconforme com os parâmetros da lei, hipótese em que a decretação da falência caberá quando desobedecida ou não atendida a determinação.

Cabe aos credores eventualmente interessados a iniciativa de suscitar em juízo suas objeções. Em sendo apresentada objeção (cujo conteúdo só pode versar sobre a adequação da proposta à lei), o juiz determinará ao requerente que se manifeste, oportunidade em que poderá ser superado o desentendimento, mediante revisão da proposta por acordo entre as partes.

Se, porém, a microempresa ou empresa de pequeno porte devedora questionar a manifestação do credor e insistir na proposta inicial, o juiz decidirá o conflito, determinando seu aditamento ou homologando-a. Com a sentença de homologação da proposta de parcelamento, operam-se os efeitos do benefício, como a suspensão das ações e execuções e a novação das obrigações compreendidas no plano especial.

196. Remissão do parágrafo único

A remissão correta, no parágrafo único, é ao art. 41 e não ao art. 83, como constou em evidente lapso. Não tem sentido adotar-se a classificação dos credores na falência no âmbito da recuperação judicial, que possui critérios próprios para classificar os credores.

Capítulo IV
DA CONVOLAÇÃO DA RECUPERAÇÃO JUDICIAL EM FALÊNCIA

Art. 73. O juiz decretará a falência durante o processo de recuperação judicial:

I – por deliberação da assembleia geral de credores, na forma do art. 42 desta Lei;

II – pela não apresentação, pelo devedor, do plano de recuperação no prazo do art. 53 desta Lei;

III – quando houver sido rejeitado o plano de recuperação, nos termos do § 4.º do art. 56 desta Lei;

IV – por descumprimento de qualquer obrigação assumida no plano de recuperação, na forma do § 1.º do art. 61 desta Lei.

Parágrafo único. O disposto neste artigo não impede a decretação da falência por inadimplemento de obrigação não sujeita à recuperação judicial, nos termos dos incisos I ou II do *caput* do art. 94 desta Lei, ou por prática de ato previsto no art. 94, III.

197. Vinculação do insucesso da recuperação judicial e decretação da falência

No direito brasileiro, abstraída a hipótese de desistência, não há terceira alternativa: quem requer o benefício da recuperação judicial ou o obtém e cumpre ou terá sua falência decretada.

Pressupõe-se que o devedor, ao solicitar a recuperação judicial, está admitindo sua crise econômica, financeira ou patrimonial. Está, a rigor, assumindo sua condição pré-falimentar. Se assim é, se não obtiver a recuperação judicial ou não a cumprir, deve-se instaurar a execução concursal em atenção aos direitos dos seus credores.

A vinculação do insucesso da recuperação judicial à decretação da falência não deveria existir. Ela propicia o uso fraudulento do instituto por devedores que não se encontram em estado pré-falimentar e apenas desejam locupletar-se à custa de seus credores.

O ideal, segundo meu ponto de vista, seria a lei abrir ao juiz a possibilidade de negar a recuperação judicial sem necessariamente decretar a falência. Se o devedor estiver mesmo em estado pré-falimentar, a quebra virá logo, por força da tramitação dos pedidos que certamente já terão sido ajuizados contra ele. E se não estiver nesse estado, a tendência é o devedor procurar satisfazer os seus credores com o objetivo de manter a empresa ativa.

É a vinculação entre insucesso da recuperação judicial e decretação da falência que cria o ambiente propício ao desenvolvimento da "indústria da recuperação judicial". A atitude normalmente adotada pelo juiz e mesmo pelos credores é a de grande tolerância para com o devedor que busca o socorro da recuperação judicial. Se ele está em estado pré-falimentar, é merecedor dessa atitude; mas se não está, conviria barrar-lhe o acesso indevido ao benefício, mediante o simples indeferimento da recuperação judicial. Como a lei não autoriza essa alternativa, todos os requerentes – bem ou mal-intencionados – acabam recebendo igual tratamento tolerante.

Uma única hipótese existe no direito brasileiro em que o insucesso da recuperação judicial não implica necessariamente a decretação da falência do devedor: trata-se da falta de apresentação, no prazo fixado pelo juiz, das certidões tributárias negativas (LF, art. 57; CTN, art. 191-A). Em se verificando a omissão do devedor, como não há previsão de decretação da falência, o pedido de recuperação judicial deve ser simplesmente indeferido, retornando ao seu curso normal os pedidos de falência, ações e execuções que se encontravam suspensas.[67]

---

67. Note-se que no Substitutivo Tebet, aprovado pelo Senado, também no caso da falta de apresentação das certidões tributárias negativas deveria o

198. Hipóteses de convolação

Dá-se a convolação da recuperação judicial em falência em quatro hipóteses:

a) Deliberação dos credores. A convolação em falência pode decorrer de deliberação da Assembleia dos Credores. Se a maioria do plenário calculada proporcionalmente ao valor dos créditos dos presentes considerar que a situação de crise econômica, financeira ou patrimonial do devedor é de suma gravidade e que não há sentido em qualquer esforço de reorganização, a lei lhe confere a prerrogativa de abortar o processo de recuperação judicial. Claro está que essa hipótese de convolação verifica-se durante as fases de postulação e deliberação. Depois de homologado ou aprovado o plano pelo juiz, sendo este cumprido pelo beneficiado, não têm mais os credores competência para, em Assembleia, votar a convolação em falência.

b) Não apresentação do plano pelo devedor no prazo. A lei estabelece que o requerente do benefício deve submeter ao juiz o plano de recuperação no prazo de 60 dias, contados do despacho que determina o processamento da ação. Se não cumprir esse prazo, o juiz deve decretar sua falência. Veda a lei sua prorrogação, seja qual for a justificativa que o devedor apresente.

c) Rejeição de plano pela Assembleia dos Credores. Convocada pelo juiz, a Assembleia dos Credores apreciará, na mesma oportunidade, o plano de recuperação elaborado pelo requerente, eventuais planos alternativos (de credor, do administrador judicial ou do Comitê) e as objeções articuladas em juízo. Se da deliberação resultar a inexistência de qualquer plano de recuperação judicial – em razão da rejeição tanto do elaborado pela devedora quanto dos alternativos ou do acolhimento de objeção suscitada por credor –, o juiz deve sentenciar a falência.

d) Descumprimento do plano de recuperação. Caso, na fase de execução, o empresário individual ou a sociedade empresária em

juiz decretar a falência do devedor, como previam o parágrafo único do art. 57 do projeto e o inciso IV do art. 73 do projeto. Esses dispositivos, contudo, foram rejeitados pela Câmara, na votação final, em razão do parecer do relator Dep. Osvaldo Biolchi e do destaque de votação em separado apresentado pela bancada do Partido Liberal.

recuperação judicial não cumpra o plano homologado ou aprovado pelo juiz, tem lugar também a convolação em falência. Nesta hipótese, os credores serão atendidos, na execução concursal, pelo valor e classificação dos créditos que titularizavam antes do processo de recuperação judicial. Em outros termos, a homologação ou aprovação pelo juiz do plano importou novação ou renegociação dos créditos de forma condicional. Os credores aprovaram a substituição de garantias, capitalização de crédito, prorrogação de vencimentos ou qualquer outro meio de recuperação no pressuposto de que o sacrifício de seu direito viabilizaria a superação da crise. Há, por assim dizer, uma cláusula resolutiva tácita em qualquer plano de recuperação judicial, que é o sucesso de sua implementação. Na hipótese de desobediência e convolação da recuperação judicial em falência, opera-se a resolução do plano. Em síntese, a condição sob a qual os credores concordaram em rever seus direitos não se realizou e retornam eles, por isso, ao *status quo ante*.

199. Efeitos da convolação em relação aos credores

Os efeitos da convolação da recuperação judicial em falência em relação aos credores variam segundo sejam estes anteriores ou posteriores à impetração do benefício.

Os credores anteriores à impetração do benefício que tiveram seus direitos alterados no plano de recuperação judicial retornam à exata condição jurídica que desfrutavam antes da aprovação deste. Quer dizer, toda alteração, novação ou renegociação feita no bojo do Plano de Recuperação Judicial possui como cláusula resolutiva tácita o insucesso das medidas de reorganização da empresa. O direito do credor, em outros termos, é parcialmente sacrificado (com ou sem o seu consentimento) para que, em benefício de toda a coletividade, possa a empresa explorada pelo devedor se recuperar. Não atingido esse objetivo, não há por que manter-se o sacrifício.

Com a convolação da recuperação judicial em falência, retornam os credores atingidos pelo plano ao *status quo ante*. Se, por exemplo, o plano estabeleceu, com a concordância do credor, a supressão de uma garantia real, essa renegociação do direito está condicionada ao sucesso da reorganização da empresa. Frustrado esse objetivo, desconstitui-se a supressão anteriormente acordada. Em decorrência, esse credor será tratado, na falência, como titular de garantia real.

De outro lado, convolada a recuperação judicial em falência, por qualquer razão, os credores posteriores à distribuição do pedido serão reclassificados (art. 67).

Art. 74. Na convolação da recuperação em falência, os atos de administração, endividamento, oneração ou alienação praticados durante a recuperação judicial presumem-se válidos, desde que realizados na forma desta Lei.

Capítulo V
DA FALÊNCIA

Seção I
Disposições Gerais

Art. 75. A falência, ao promover o afastamento do devedor de suas atividades, visa a preservar e otimizar a utilização produtiva dos bens, ativos e recursos produtivos, inclusive os intangíveis, da empresa.

Parágrafo único. O processo de falência atenderá aos princípios da celeridade e da economia processual.

200. Conceito de falência

A garantia dos credores é o patrimônio do devedor. No estágio evolutivo das relações sociais do início do século XXI, não admitimos mais a escravidão do devedor inadimplente, como em outros tempos da civilização ocidental. Registra a doutrina que, nos primórdios da civilização romana, sob a égide das XII Tábuas, o devedor que não cumpria a obrigação dentro do prazo podia ser vendido como escravo no estrangeiro; no século V a.C., o direito romano evoluiu no sentido de obstar a satisfação de dívidas na pessoa do devedor e criar mecanismos de execução meramente patrimonial.[68] No estado capitalista contemporâneo, se alguém não cumpre obrigação, legal ou contratual, de pagar o que deve, o sujeito ativo pode promover, perante o Poder Judiciário, a execução de tantos bens do patrimônio do devedor quantos bastem à integral satisfação de seu crédito. O juiz identifica, a partir do título que lhe é apresentado pelo credor, a existência e o descumprimento de crédito líquido, certo e exigível; determina, então, a constrição de um bem do patrimônio do devedor (penhora), para vendê-lo sob os auspícios da justiça e com a observância de determinadas formalidades; com o dinheiro da venda paga-se o exequente. A execução processa-se, em regra, individualmente, ou seja, um só credor move processo contra o devedor, para dele haver a satisfação da obrigação descumprida; o aparato judiciário, acionado pelo processo, busca um bem do sujeito passivo da obrigação, expropria-o (pela penhora e venda judicial) e paga o titular do crédito.

Quando, porém, o patrimônio do devedor é representado por bens cujos valores somados são inferiores à totalidade das suas dívidas, ou seja, quando alguém deve mais do que tem para pagar, a regra da individualidade da execução torna-se *injusta*, porque execuções individuais não possibilitam discriminar os credores, de acordo com os graus de necessidades ou garantias contratadas, com o objetivo de atender a uns antes dos outros; não dá, por outro lado, aos credores duma mesma situação jurídica, titulares de crédito de igual natureza, as mesmas chances. Se é prestigiada a regra da execução individual, quando o devedor não tem meios de pagar tudo o que deve, os credores que se antecipassem na propositura das respectivas execuções individuais teriam grandes chances de receber a totalidade dos seus créditos, enquanto os que se demorassem – até porque, eventualmente, nem tivesse ainda vencido a respectiva obrigação – muito provavelmente não receberiam nada, visto que, ao moverem suas execuções individuais, encontrariam o patrimônio do devedor já totalmente exaurido.

---

68. Conferir, por todos, Waldemar Ferreira, *obra citada*, v. 14, p. 5-11.

Para evitar a injustiça – privilegiando os mais necessitados, tornando eficazes as garantias legais e contratuais ou conferindo iguais chances de realização do crédito a todos os credores de mesma categoria –, o direito afasta a regra da individualidade da execução e prevê, na hipótese, a instauração da execução concursal, isto é, do concurso de credores (no passado recente, a tecnologia costumava designá-lo também por execução "coletiva", expressão que hoje deve ser reservada ao processo de satisfação do direito objeto de ação civil pública, na forma da Lei n. 7.347/85). Se o devedor possui patrimônio negativo, menos bens que os necessários ao integral cumprimento de suas obrigações, a execução deles não poderá ser feita de forma individual, o que levaria à injustiça referida de início. Deve processar-se como concurso, ou seja, envolvendo todos os credores e abrangendo todos os bens, reunindo a totalidade do passivo e do ativo do devedor.

O valor básico de justiça, que se encontra nos alicerces do direito falimentar, isto é, a instauração do concurso na hipótese de devedor sem meios suficientes para cumprir na totalidade suas obrigações, é referido pela expressão latina *par conditio creditorum*, tratamento paritário dos credores.[69] Os titulares de crédito perante sujeito de direito que não possui condições de saldar, na integralidade, as dívidas devem receber da justiça tratamento parificado, em que se dê preferência aos mais necessitados (os trabalhadores), efetivem-se as garantias legais (do Fisco ou dos credores privados com privilégio) ou contratuais (dos credores com garantia real) e assegurem-se chances iguais de realização do crédito aos credores de uma mesma categoria (p. ex., no caso dos rateios aos quirografários, proporcionais ao crédito de cada um).

O tratamento paritário dos credores pode ser visto como uma forma de o direito tutelar o crédito, possibilitando que melhor desempenhe sua função na economia e na sociedade. Os agentes econômicos sentem-se menos inseguros em conceder o crédito, entre outros elementos, porque podem contar com esse tratamento parificado, na hipótese de vir o devedor a encontrar-se numa situação patrimonial que o impeça de honrar, totalmente, seus compromissos. Claro que

69. Pontes de Miranda, *Tratado de direito privado*, 3. ed., 2. tir., São Paulo: Ed. RT, 1984, v. 27, p. 29-32.

os credores negociais, isto é, aqueles que têm condições de negociar com considerável margem de liberdade o valor de seus créditos (p. ex., banco, importadores e fornecedores atacadistas), preservam-se de modo mais eficiente contra a insolvência do devedor por meio de taxas de risco embutidas nos preços que praticam (conhecidas por *spread*). Essas taxas são definidas pelo mercado, e um dos fatores que podem influir em sua variação é o grau de eficiência do direito falimentar – e da máquina judiciária que o implementa – em assegurar tratamento equilibrado aos credores.

A falência é, assim, o processo judicial de execução concursal do patrimônio do devedor empresário, que, normalmente, é uma pessoa jurídica revestida da forma de sociedade por quotas de responsabilidade limitada ou anônima. Para os não empresários sem meios de honrar a totalidade de suas obrigações, o direito destina um processo diferente de execução concursal, que é a insolvência civil disciplinadas no CPC/1973 (arts. 748 a 786, mantidos em vigor pelo art. 1.052 do CPC/2015). Entre as diferenças que separam esses regimes, o falimentar e o da insolvência civil, duas principais cabem ser destacadas. São ilustrativas de como o regime falimentar trata o devedor empresário com mais *privilégios jurídicos* do que a legislação processual civil em relação aos demais devedores insolventes.

Em primeiro lugar, a *recuperação judicial ou extrajudicial*, medidas que possibilitam ao devedor empresário a chance de se reorganizar para cumprir, em parte que seja, suas obrigações. Na recuperação judicial ou na homologação judicial da recuperação extrajudicial, todos os credores se submetem ao plano aprovado pela maioria, em função do qual se pode, por exemplo, estabelecer a remissão parcial de dívidas ou a prorrogação dos prazos de pagamento. Somente o empresário tem acesso à chance de alcançar a recuperação judicial ou extrajudicial. O devedor que não explora empresarialmente nenhuma atividade econômica não goza de favor legal semelhante, já que a suspensão da execução concursal de seu patrimônio está condicionada à anuência de *todos* os credores (CPC-73, art. 783; CPC-15, art. 1.052).

O segundo aspecto ilustrativo da diferença de tratamento entre os dois regimes de execução concursal do direito brasileiro reside nas regras sobre *extinção das obrigações*. O devedor empresário em regime de execução concursal tem as suas obrigações extintas se ocorrer o rateio de mais de 50% do devido aos quirografários, após a realização de todo o ativo (LF, art. 158, II). Quer dizer, se, na falência, depois da satisfação integral do devido aos credores com preferência (trabalhista, credor com garantia real etc.), os recursos restantes são suficientes para saldar mais da metade dos créditos quirografários, o que não for pago está extinto. As obrigações do devedor civil em regime de execução concursal, por seu turno, somente se extinguem com o pagamento integral do devido (CPC-73, art. 774; CPC-15, art. 1.052). Desse modo, se o empresário individual ou a sociedade empresária entra em falência com patrimônio de valor suficiente para atender à condição do art. 158, II, da LF, poderá obter a declaração de extinção das obrigações logo após a realização do ativo (venda dos bens e cobrança dos devedores), pagamento dos credores preferenciais e rateio em favor dos quirografários do produto apurado. Se, em seguida, reconstituir o seu patrimônio, os credores existentes ao tempo da falência não poderão comprometê-lo, ao passo que o devedor não empresário na mesmíssima situação poderia ter o seu patrimônio reconstituído executado até o integral pagamento do passivo, salvo se decorrido o prazo de 5 anos do encerramento do processo de insolvência quando as obrigações se extinguem por decadência (CPC-73, art. 778; CPC-15, art. 1.052).

Os privilégios da recuperação judicial ou extrajudicial e na extinção das obrigações, conferidos pelo direito falimentar, justificam-se como medida de socialização de perdas derivadas do risco inerente às atividades empresariais. De fato, por mais que o empresário se esforce no sentido de dotar a empresa dos instrumentos de produção ou comercialização modernos, proceda às pesquisas de mercado cabíveis e técnicas, mantenha rigoroso e eficiente controle de qualidade, faça, em suma, exatamente o que deve fazer, o negócio pode não dar certo. Existem inumeráveis fatores sobre os quais o empresário não tem controle nenhum, como mudanças institucionais de direito-custo ou variações na estrutura ou conjuntura econômica regional, nacional ou global; o sucesso da empresa, por outro lado, depende da atuação de diversas pessoas, como empregados, fornecedores, prestadores de serviço, cada qual envolvida com seus próprios interesses e dificuldades; há, também, a concorrência, por vezes mais competente, por vezes desleal; por fim, os consumidores podem, por inúmeras razões, simplesmente não comprar o que a empresa está oferecendo. O risco de insucesso está presente em qualquer atividade econômica, mesmo para o mais arguto e competente dos empresários. Como no sistema capitalista de organização da economia a produção cabe à iniciativa privada, e todos, em última análise, dependemos do sucesso das empresas para atendimento de nossas necessidades, é justa a socialização das perdas provocadas pelo risco empresarial, explicando-se, desse modo, os privilégios que o direito falimentar concede aos falidos.

201. Devedores sujeitos à falência

Estão sujeitos à falência, em princípio, os devedores exercentes de atividade econômica de forma empresarial, isto é, os empresários. A diferença entre os empresários e os demais exercentes de atividade econômica não reside no tipo de atividade explorada, mas na forma com que a exploram. Muitas atividades de produção ou circulação de bens ou serviços podem ser exploradas empresarialmente ou não. Tanto o peixeiro instalado em sua pequena banca na praia, onde trabalha com seus familiares, como a rede multinacional de supermercados comercializam pescados. Aquele, porém, o faz sem empresarialidade, isto é, sem organizar a atividade por meio de investimento de considerável capital, contratação de expressiva mão de obra e emprego de tecnologia sofisticada; ele não é empresário. Já o supermercado explora o mesmo comércio por uma organização necessariamente empresarial.

Para sujeitar-se à falência é necessário explorar atividade econômica de forma empresarial. Disso resulta que não se submetem à execução concursal, de um lado, quem não explora atividade econômica nenhuma e, de outro, quem o faz sem empresarialidade. Quem não produz nem faz circular bens ou serviços, assim, nunca terá sua falência decretada, nem poderá beneficiar-se de qualquer tipo de recuperação judicial ou extrajudicial. É o caso, por exemplo, da associação beneficente, fundação, funcionário público, aposentado, assalariado etc. Estes sujeitos de direito, mesmo que estejam com dificuldades para honrar suas dívidas, não se submetem à execução concursal falimentar. Quando insolventes, decreta-se sua insolvência civil. Também não terá nunca sua falência decretada o exercente de atividade econômica civil, não empresarial, como as sociedades simples, as cooperativas, o agricultor familiar cuja atividade rural não tenha cunho empresarial, o artesão e o prestador de serviços que exercem suas atividades preponderantemente com o trabalho próprio e de familiares, o profissional liberal e as sociedades de profissionais liberais. Nessas hipóteses, o devedor insolvente submete-se ao regime da insolvência civil, tal como ocorre com os não exercentes de atividade econômica. Não têm eles, assim, direito à recuperação judicial ou extrajudicial e devem, para ver extintas suas obrigações, quitar a totalidade do devido.

Note-se, contudo, que nem todo exercente de atividade econômica empresarial encontra-se sujeito à falência. Alguns empresários, embora produzam ou façam circular bens ou serviços por empresas organizadas, estão *excluídos* do direito falimentar.

Na verdade, a lei prevê hipóteses de exclusão *total* ou *parcial* do regime falencial. Quando totalmente excluída da falência, a sociedade empresária devedora com ativo inferior ao passivo (menos bens em seu patrimônio do que o necessário ao pagamento dos débitos) submete-se sempre a regime de execução concursal *diverso* do falimentar. Chama-se, também, a hipótese de exclusão absoluta. Quando, de outro lado, é parcialmente excluída da falência, submete-se a sociedade empresária a procedimento extrajudicial de liquidação concursal *alternativo* ao processo falimentar. Essa hipótese é também chamada de exclusão relativa. Uma sociedade empresária excluída totalmente da falência não pode, em nenhuma hipótese, submeter-se ao processo falimentar como forma de execução concursal de suas obrigações, isto é, ela nunca pode falir. Já a excluída parcialmente, em determinados casos discriminados por lei, pode ter o seu patrimônio concursalmente executado por via da falência. Ou seja, nesse último caso, ela não pode falir *em determinadas situações*.

Em *nenhum* caso, ressalte-se, o empresário excluído absoluta ou relativamente do processo falimentar submete-se à insolvência civil.

Duas são as hipóteses de exclusão absoluta. A primeira diz respeito às empresas públicas e sociedades de economia mista, que estão totalmente excluídas do processo falimentar (LF, art. 2.º, I). Como são sociedades exercentes de atividade econômica controladas direta ou indiretamente por pessoas jurídicas de direito público (União, Estados, Distrito Federal, Territórios ou Municípios), os credores têm sua garantia representada pela disposição dos controladores em mantê-las solventes. Não é do interesse público a falência de entes integrantes da Administração indireta, ou seja, de desmembramento do Estado. Caindo elas em insolvência, os credores podem demandar seus créditos diretamente contra a pessoa jurídica de direito público controladora.

A segunda hipótese de exclusão absoluta do direito falimentar alcança as câmaras ou prestadoras de serviços de compensação e de liquidação financeira. Esses sujeitos de direito terão suas obrigações ultimadas e liquidadas de acordo com os seus regulamentos, aprovados pelo Banco Central. As garantias conferidas pelas câmaras ou prestadoras de serviços de compensação e de liquidação financeira destinam-se, por lei, prioritariamente à satisfação das obrigações assumidas no serviço típico dessas entidades (LF, art. 193). Em outros termos, em nenhuma hipótese pode ser decretada a falência delas, cabendo proceder-se de acordo com o disposto no regulamento adotado pelo respectivo serviço de compensação e liquidação financeira.

As sociedades empresárias relativamente excluídas do direito falimentar são três: as companhias de seguro, operadoras de planos privados de assistência à saúde e instituições financeiras.

As companhias de seguro (sociedades anônimas), nos termos do art. 26 do Decreto-Lei n. 73/66, estão sujeitas a procedimento específico de execução concursal, denominado *liquidação compulsória*, promovida pela Susep – Superintendência de Seguros Privados, autarquia federal responsável pela fiscalização da atividade securitária. Até 1999, era essa uma hipótese de exclusão total. Desde aquele ano (inicialmente, por medida provisória; a partir de 2002, pela Lei n. 10.190), cabe a decretação da falência das seguradoras, quando a liquidação compulsória, que passou a chamar-se *extrajudicial*, se frustra porque o ativo da companhia em liquidação não é suficiente para o pagamento de pelo menos metade do passivo quirografário. De qualquer modo, as sociedades seguradoras não podem falir em nenhuma circunstância a pedido de credor: a falência, na única situação cabível, será sempre requerida pelo liquidante nomeado pela Susep.

As operadoras de planos privados de assistência à saúde sujeitam-se à falência quando, no curso da liquidação extrajudicial decretada pela ANS – Agência Nacional de Saúde Suplementar, verifica-se que o ativo da massa liquidanda não é suficiente para pagar pelo menos metade dos créditos quirografários, as despesas administrativas e operacionais inerentes ao regular processamento da liquidação extrajudicial ou se houver fundados indícios de crime falimentar (Lei n. 9.656/98, art. 23, e MP n. 2.177-44/01). Em idêntica situação à das seguradoras se encontram as entidades abertas de previdência complementar (Lei Complementar n. 109/2001, art. 73).

Também entre as sociedades empresárias parcialmente excluídas do regime falimentar, estão, por fim, as instituições financeiras, às quais destinou o legislador o processo de liquidação extrajudicial previsto na Lei n. 6.024/74. A exclusão dessas sociedades empresárias é parcial, na medida em que elas, quando se encontram no exercício regular da atividade financeira, sujeitam-se à decretação da falência como qualquer outro empresário. Mas, se o Banco Central decreta intervenção ou liquidação extrajudicial de certa instituição, esta não pode mais falir *a pedido de credor*. Nesses casos, a quebra somente pode verificar-se a pedido do interventor (na intervenção) ou do liquidante (na liquidação extrajudicial), devidamente autorizados pelo Banco Central. Sob o mesmo regime de liquidação extrajudicial reservado às instituições financeiras encontram-se as sociedades empresárias arrendadoras dedicadas à exploração de *leasing* (Res. BC n. 2.309/96), as administradoras de consórcios de bens duráveis, fundos mútuos e outras atividades assemelhadas (Lei n. 5.768/71, art. 10) e as sociedades de capitalização (Decreto-Lei n. 261/67, art. 4.º), sendo as duas primeiras fiscalizadas pelo Banco Central e as duas últimas, pela Susep. Também é *parcial* a exclusão dessas sociedades empresárias e entidades, porque podem falir nas mesmas hipóteses que a lei estabelece para os bancos, ou seja, como qualquer outro empresário enquanto exercem regularmente suas atividades ou, a pedido do agente nomeado pelo Banco Central ou pela Susep, quando verificada a intervenção ou liquidação extrajudicial.

202. Operadora de plano de saúde

O TJSP, no julgamento da Apelação 581.909-4/1-00, relatado pelo Des. José Araldo da Costa Telles, confirmou o entendimento de que a operadora de plano privado de saúde está sujeita à falência desde que frustrada a liquidação extrajudicial: “possibilidade do decreto (de falência) se, submetida à liquidação extrajudicial, constatar-se a inferioridade de seu patrimônio em relação a seus débitos, principalmente quando o requerimento é formulado pelo liquidante e não por credor".

> **Art. 76. O juízo da falência é indivisível e competente para conhecer todas as ações sobre bens, interesses e negócios do falido, ressalvadas as causas trabalhistas, fiscais e aquelas não reguladas nesta Lei em que o falido figurar como autor ou litisconsorte ativo.**
>
> **Parágrafo único. Todas as ações, inclusive as excetuadas no *caput* deste artigo, terão prosseguimento com o administrador judicial, que deverá ser intimado para representar a massa falida, sob pena de nulidade do processo.**

203. Dispositivo equivalente na lei anterior

São equivalentes, na lei anterior, à cabeça do dispositivo acima os §§ 2.º e 3.º do art. 7.º, que estabeleciam: "o juízo da falência é indivisível e competente para todas as ações e reclamações sobre bens, interesses e negócios da massa falida, as quais serão processadas na forma determinada nesta Lei"; e "não prevalecerá o disposto no parágrafo anterior para as ações, não reguladas nesta Lei, em que a massa falida seja autora ou litisconsorte".

A diferença é mínima: enquanto a lei atual estabelece que a aptidão atrativa do juízo falimentar não alcança os feitos de que o falido é litisconsorte *ativo*, a anterior também ressalvava, por não discriminar a hipótese, o litisconsórcio passivo.

204. Universalidade do juízo falimentar

O juízo da falência é universal.

Isso significa que todas as ações referentes aos bens, interesses e negócios da massa falida serão processadas e julgadas pelo juízo perante o qual tramita o processo de execução concursal por falência. É a chamada aptidão atrativa do juízo falimentar, ao qual conferiu a lei a competência para conhecer e julgar todas as medidas judiciais de conteúdo patrimonial referentes ao falido ou à massa falida.

Se, por exemplo, ocorrer acidente de trânsito envolvendo veículo pertencente a uma companhia, por culpa do motorista empregado desta, e, em seguida, for declarada a sua falência, a ação de indenização a ser promovida pelo proprietário do outro veículo correrá perante o juízo universal da falência, não se aplicando a regra do art. 53, V, do CPC-15 ("é competente o foro de domicílio do autor ou do local do fato, para a ação de reparação de dano em razão de (...) acidente de veículos").

Em cinco hipóteses, contudo, abrem-se exceções ao princípio da universalidade do juízo falimentar:

a) ações não reguladas pela Lei de Falências em que a massa falida for autora ou litisconsorte ativa; no exemplo acima, se o culpado pelo acidente não foi o motorista do veículo da sociedade empresária ou do empresário individual, a massa falida será titular do direito de indenização e deverá demandar o responsável pelo dano perante o juízo competente, nos termos do Código de Processo Civil;

b) ações que demandam quantia ilíquida, independentemente da posição da massa falida na relação processual, também não são atraídas pelo juízo universal da falência, caso já estivessem em tramitação ao tempo da decretação desta (LF, art. 6.º, § 1.º); nesse caso, elas continuam se processando no juízo ao qual haviam sido distribuídas; imagine que o culpado pelo acidente de trânsito era o motorista empregado da sociedade empresária ou do empresário individual e que a ação de indenização proposta pela vítima já corria quando foi decretada a falência da demandada; como se trata de ação referente a quantia ilíquida, o juízo falimentar não terá força atrativa;

c) reclamações trabalhistas, para as quais é competente a Justiça do Trabalho, em razão de norma constitucional (CF, art. 114);

d) as execuções tributárias, que, segundo o disposto no art. 187 do CTN, não se sujeitam a nenhum concurso de credores, nem à habilitação na falência; a mesma regra excludente da universalidade aplica-se aos créditos não tributários inscritos na dívida ativa, segundo a Lei n. 6.830/80;

e) ações de conhecimento de que é parte ou interessada a União, entidade autárquica ou empresa pública federal, hipótese em que a competência é da Justiça Federal (CF, art. 109, I); se aquele acidente de trânsito envolvesse um veículo da sociedade ou empresário posteriormente declarado falido e, imagine-se, um pertencente à Caixa Econômica Federal (empresa pública sob controle da União), a ação de indenização teria curso perante juiz federal, seja proposta pela massa falida ou contra ela. Claro está que a competência para o processo da falência *não* se desloca para a Justiça Federal, em nenhuma circunstância, nem mesmo se a União tiver interesse na cobrança de um crédito e, a despeito da garantia do art. 187 do CTN, resolva habilitá-lo no processo falimentar. É a ação de conhecimento referente a obrigação ilíquida de que seja parte a massa falida, de um lado, e a União, entidade autárquica ou empresa pública federal, de outro, que não se encontra sujeita à universalidade do juízo falimentar.

Certa jurisprudência (*RT*, *780*/324) entende que o princípio da universalidade do juízo falimentar é mais simples, de sorte a serem atraídas apenas as ações reguladas pela Lei de Falências, continuando as disciplinadas por outros diplomas legais a tramitar perante o juízo competente de acordo com as regras gerais do processo civil. Com esse entendimento, é claro que a lista das ações não atraídas ao juízo falimentar é bem mais extensa.

205. Substituição do falido pela massa falida

O parágrafo único, ao estabelecer que as ações de que é parte o falido terão prosseguimento com o administrador judicial, incorre numa ligeira imprecisão. Melhor teria sido dizer que prosseguem com a massa falida, representada – claro – pelo administrador judicial.

A massa falida subjetiva – comunhão dos interesses dos credores do falido – mantém com esse uma relação ambígua. Em alguns casos, ela se contrapõe ao falido; em outros, é sucessora dele. Ao substituir o falido nas ações em que é parte, a massa falida o sucede como titular do interesse em litígio.

Art. 77. A decretação da falência determina o vencimento antecipado das dívidas do devedor e dos sócios ilimitada

e solidariamente responsáveis, com o abatimento proporcional dos juros, e converte todos os créditos em moeda estrangeira para a moeda do País, pelo câmbio do dia da decisão judicial, para todos os efeitos desta Lei.

206. Dispositivos equivalentes na lei anterior

Correspondiam ao dispositivo acima, na lei anterior, os arts. 25 ("a falência produz o vencimento antecipado de todas as dívidas do falido e do sócio solidário da sociedade falida, com o abatimento dos juros legais, se outra taxa não tiver sido estipulada") e 213 ("os créditos em moeda estrangeira serão convertidos em moeda do País pelo câmbio do dia em que for declarada a falência (...) e só pelo valor assim estabelecido serão considerados para todos os efeitos desta Lei"). Comparando-os com a norma da lei atual, percebe-se não ter-se operado nenhuma mudança material.

207. Vencimento antecipado e equalização dos créditos

Entre os principais efeitos da falência relacionados aos credores encontra-se o vencimento antecipado dos créditos contra o falido.

Anoto que essa antecipação não tem, e não poderia ter, o sentido de obrigar o pagamento na data da quebra. Cada credor terá seu direito atendido, ou não, após a consolidação do quadro geral de credores, observada a ordem de classificação dos créditos.

A antecipação do vencimento decorrente da falência tem implicação meramente contábil, ou seja, do valor dos créditos antecipados serão abatidos os juros legais, se outra taxa não tiver sido convencionada entre as partes.

Note-se que a combinação do efeito mencionado neste artigo (vencimento antecipado das obrigações) com o abrigado no art. 124 (suspensão da fluência de juros) serve à equalização dos créditos.

Se hoje é decretada a falência duma sociedade, e um dos créditos vencera já há 2 meses, o seu credor deve habilitá-lo pelo valor do título *acrescido* de juros correspondentes a 2 meses; se outro dos créditos venceria daqui a 2 meses, opera-se a antecipação, e o credor deve habilitá-lo pelo valor do título *reduzido* do equivalente a 2 meses de juros.

A equalização dos créditos, viabilizada pela articulação desses dois efeitos da quebra, expressa o princípio geral do concurso falimentar de tratamento paritário dos credores.

208. Créditos em moeda estrangeira na falência

Os créditos em moeda estrangeira são, no processo falimentar, convertidos para a moeda nacional de acordo com a taxa de câmbio vigente na data da sentença declaratória da falência. Desse modo, excepciona-se a regra geral aplicável às conversões de moedas estrangeiras, que elege a data da liquidação como parâmetro temporal. A conversão pela data da falência neutraliza, a partir de então, os efeitos da variação cambial – para melhor ou pior. Em outros termos, estabiliza-se o crédito em moeda brasileira pela correspondência na moeda nacional em que se encontrava no dia da quebra.

Como vigora, desde 1999, o câmbio flutuante, não existe mais uma cotação oficial da moeda estrangeira. Nos dias em que o Banco Central intervém no mercado, para comprar ou vender divisas, ele pratica um preço, como qualquer outro agente econômico. Esse preço – que por vezes se distancia do dos demais agentes, com o objetivo de manter, aumentar ou diminuir cotações; por vezes, não – tampouco pode ser considerado "oficial", já que não é ato de autoridade.

Desse modo, o juiz deve definir os critérios para identificar a taxa de câmbio que, no dia da falência, será observada na conversão. Pode fazê-lo, por exemplo, determinando o valor divulgado por um veículo jornalístico de boa reputação ou mesmo indicando certa instituição financeira (aquela em que a massa falida tiver sua conta de depósito, por exemplo) e elegendo a taxa do fechamento das operações dela daquele dia.

Art. 78. Os pedidos de falência estão sujeitos a distribuição obrigatória, respeitada a ordem de apresentação.

Parágrafo único. As ações que devam ser propostas no juízo da falência estão sujeitas a distribuição por dependência.

Art. 79. Os processos de falência e os seus incidentes preferem a todos os outros na ordem dos feitos, em qualquer instância.

209. Regras de distribuição da falência

Repetindo idêntica disciplina da lei anterior (arts. 202 e seu § 2.º, e 203), a atual estabelece a obrigatoriedade da distribuição dos pedidos de falência, a dependência das ações atraídas pelo juízo falimentar ou que nela devam tramitar (por exemplo, a revocatória e a rescisória de crédito admitido) e a preferência, em qualquer instância. Nenhuma novidade, portanto, foi introduzida na disciplina da matéria.

Art. 80. Considerar-se-ão habilitados os créditos remanescentes da recuperação judicial, quando definitivamente incluídos no quadro geral de credores, tendo prosseguimento as habilitações que estejam em curso.

210. Credores habilitados na recuperação judicial

Em caso de convolação da recuperação judicial em falência, os créditos remanescentes (isto é, os que não foram pagos, no todo ou em parte) estão, em razão desse dispositivo, incluídos já no quadro geral de credores do concurso falimentar.

Isso significa que eles devem constar da relação de credores fornecida pelo falido e cuja publicação dá início à verificação dos créditos. Caso a relação omita um ou mais desses créditos, o administrador judicial deve corrigi-la independentemente de habilitação ou divergência pelo credor interessado. Claro que, omitindo-se também o administrador judicial, o credor pode peticionar ao juiz, nos autos principais da falência, para que ele determine a emenda da relação.

Por fim, do dispositivo acima decorre que os créditos remanescentes não podem ser objeto de impugnação (pelo Ministério Público ou qualquer outro interessado), já que sua existência, valor e classificação encontram-se definitivamente julgados em virtude do procedimento de verificação havido na recuperação judicial.

Art. 81. A decisão que decreta a falência da sociedade com sócios ilimitadamente responsáveis também acarreta a falência destes, que ficam sujeitos aos mesmos efeitos jurídicos produzidos em relação à sociedade falida e, por isso, deverão ser citados para apresentar contestação, se assim o desejarem.

§ 1.º O disposto no *caput* deste artigo aplica-se ao sócio que tenha se retirado voluntariamente ou que tenha sido excluído da sociedade, há menos de 2 (dois) anos, quanto às dívidas existentes na data do arquivamento da alteração do contrato, no caso de não terem sido solvidas até a data da decretação da falência.

§ 2.º As sociedades falidas serão representadas na falência por seus administradores ou liquidantes, os quais terão os mesmos direitos e, sob as mesmas penas, ficarão sujeitos às obrigações que cabem ao falido.

211. Falência do sócio de responsabilidade ilimitada

Aqui, a lei operou uma mudança aparentemente significativa no trato da matéria, mas que, bem examinada, não tem nenhuma implicação prática de relevo.

No diploma anterior, os sócios solidária e ilimitadamente responsáveis pelas obrigações da sociedade falida não eram "atingidos pela falência", embora ficassem "sujeitos aos demais efeitos jurídicos (da) sentença declaratória" (art. 5.º).

Pela nova disciplina, esses sócios terão sua falência decretada *junto* com a da sociedade. Note-se que a lei criou, aqui, uma hipótese de concurso falimentar em que o devedor não é necessariamente empresário individual ou sociedade empresária.

A falta de implicação prática relevante reside no âmbito de incidência do preceito. Ele diz respeito unicamente às sociedades em nome coletivo, comandita simples (em relação ao comanditado) e por ações (em relação ao acionista-diretor). Apenas nesses tipos societários há sócios ilimitadamente responsáveis pelas obrigações da sociedade.

Como esses tipos de sociedade são raramente utilizados hoje em dia,[70] a profunda alteração que o dispositivo introduz acaba se limitando ao aspecto conceitual da questão.

212. Administradores e liquidantes da sociedade falida

Qualquer que seja o tipo societário – inclusive limitada ou anônima –, os seus representantes legais estão sujeitos às mesmas obrigações cabíveis ao falido. O § 2.º aplica-se, assim, aos administradores e liquidantes da sociedade falida, independente do tipo.

Mas é necessário destacar que os direitos e obrigações a que se refere o dispositivo são exclusivamente os estabelecidos pela própria Lei de Falências. Quer dizer, sempre que a lei prevê um ato processual a ser praticado pelo devedor, quem dele deve desincumbir-se ou estão legitimados a praticar são os representantes legais da sociedade falida, seus administradores ou liquidantes. Quando a lei diz, por exemplo, que o *devedor* deve acompanhar a arrecadação, tem legitimidade para impugnar o crédito ou falar na prestação de contas do administrador judicial, o preceito se aplica aos representantes legais da sociedade falida, sempre que for ela a devedora.

Em outros termos, não decorre do dispositivo em questão nenhuma responsabilidade objetiva dos administradores e liquidantes pelo passivo da sociedade falida. A responsabilidade dos administradores e liquidantes está exaustivamente delineada pelas leis societárias. Do mesmo modo, não deriva do preceito qualquer direito. Ao mencionar que, pagos todos os credores, o saldo é entregue ao falido, a lei não concede aos representantes legais da sociedade falida nenhum direito

70. Segundo a estatística do Departamento Nacional de Registro do Comércio, em 2002, das 230.488 sociedades constituídas no Brasil, apenas 371 eram desses tipos, o que equivale ao insignificante percentual de 0,16% (ver www.dnrc.gov.br).

de crédito. Não se pode extrair tal alcance da equiparação procedida pelo § 2.º. Em suma, a legislação falimentar cuida, nesse dispositivo, apenas do processo de falência, dos direitos e obrigações processuais do devedor que, em caso de falência de sociedade empresária, cabem aos representantes legais desta.

A simples leitura do dispositivo indica já que seu âmbito de incidência exaure-se na questão da representação. Sua interpretação sistemática, levando-se em conta principalmente o que vem tratado no artigo seguinte da lei, reforça esse entendimento.

> **Art. 82. A responsabilidade pessoal dos sócios de responsabilidade limitada, dos controladores e dos administradores da sociedade falida, estabelecida nas respectivas leis, será apurada no próprio juízo da falência, independentemente da realização do ativo e da prova da sua insuficiência para cobrir o passivo, observado o procedimento ordinário previsto no Código de Processo Civil.**
>
> **§ 1.º Prescreverá em 2 (dois) anos, contados do trânsito em julgado da sentença de encerramento da falência, a ação de responsabilização prevista no *caput* deste artigo.**
>
> **§ 2.º O juiz poderá, de ofício ou mediante requerimento das partes interessadas, ordenar a indisponibilidade de bens particulares dos réus, em quantidade compatível com o dano provocado, até o julgamento da ação de responsabilização.**

213. Dispositivos equivalentes na lei anterior

Poucas inovações trouxe a lei atual na disciplina da responsabilidade pessoal dos sócios e administrador da sociedade limitada falida e do acionista controlador e administrador da sociedade anônima falida. Do dispositivo equivalente da lei anterior já constava a necessidade de apuração dessa responsabilidade mediante ação de conhecimento própria (art. 6.º), no bojo da qual o juiz podia adotar medidas cautelares visando a preservação dos interesses dos credores (art. 6.º, parágrafo único).

As diferenças no tratamento da matéria são pontuais.

A lei atual trouxe de novo: *a*) a definição do juízo falimentar como competente para a ação de responsabilização; *b*) a desnecessidade de realização do ativo e da prova da insuficiência do passivo para sua propositura; *c*) a prescrição da pretensão da massa falida em 2 anos, contados da sentença de encerramento da falência.

Além disso, reuniu no mesmo dispositivo as duas hipóteses de responsabilização dos sócios e acionistas da sociedade falida: *a*) prejuízo imposto à sociedade falida, ao credor ou à comunhão por ato ilícito; *b*) falta de integralização do capital social. Essa última ação, na lei anterior, estava disciplinada em dispositivo próprio (art. 50).

214. Responsabilidade dos sócios, acionistas e administradores

O dispositivo acima aplica-se, principalmente, a quatro sujeitos: o sócio da sociedade limitada, administrador da sociedade limitada, acionista controlador da sociedade anônima e administrador da sociedade anônima.

Nele, trata-se dos aspectos processuais e da prescrição da ação de responsabilização desses sujeitos quando sobrevinda a falência da sociedade. A existência e extensão da responsabilidade, destaque-se, não são tratadas na legislação falimentar. É matéria da lei societária, à qual o dispositivo faz expressa remissão.

Cabe, portanto, indicar brevemente em que hipóteses cada um daqueles sujeitos pode ser responsável, segundo a lei societária específica, quando falida a sociedade.

O sócio da sociedade limitada responde em duas hipóteses.

Na primeira, quando participar de deliberação social infringente da lei ou do contrato social (CC, art. 1.080). É caso de responsabilidade por ato ilícito, em que não há nenhuma limitação. Enquanto o patrimônio do sócio responsável pelo ilícito suportar, pode-se cobrar dele a indenização pelo prejuízo sofrido pela sociedade, por credores ou pela comunhão.

Na segunda, o sócio responde solidariamente com os demais pela integralização do capital social (CC, art. 1.052). Aqui, a responsabilidade independe de ilícito. Se o contrato social contempla cláusula estabelecendo que o capital subscrito ainda não está totalmente integralizado, a massa falida pode demandar a integralização de qualquer um dos sócios. É a *ação de integralização*, que a lei anterior, ao contrário da atual, disciplinava em dispositivo específico.

O administrador da sociedade limitada, por sua vez, responde quando descumprir o dever de diligência (CC, art. 1.011) e prejudicar, com isso, a sociedade. Não existe hipótese de responsabilidade objetiva do administrador da limitada. Se ele cumpriu seus deveres legais – sintetizados na noção de diligência –, ele não pode ser responsabilizado pelos prejuízos sofridos pela sociedade. Sua obrigação é de meio e não de resultados.

O acionista controlador tem responsabilidade pelos danos que decorrerem de abuso no exercício do poder de controle (LSA, art. 117). Como o abuso de direito é ato ilícito (CC, art. 187), está-se cuidando aqui de hipótese de responsabilidade subjetiva. Não há caso nenhum na lei em que o acionista controlador responde de forma objetiva, independentemente de ilícito que tenha praticado, pelo passivo da sociedade anônima.

Note-se, de passagem, que a ação de integralização é a medida cabível também contra qualquer acionista da sociedade anônima falida que não tenha pago a totalidade do preço de emissão das ações que tiver subscrito ou adquirido. Embora o dispositivo mencione apenas o acionista controlador, é evidente que também o não controlador pode ser responsabilizado na hipótese de insuficiência na integralização do capital social.

Por fim, o administrador de sociedade anônima responde quando incorrer num ato ilícito na condução dos negócios sociais (LSA, art. 158). Sua responsabilidade é sempre subjetiva.[71]

215. Desconsideração da personalidade jurídica e as execuções individuais contra os sócios

Quando o Poder Judiciário, em execução individual contra sociedade empresária, desconsidera a personalidade jurídica da executada,

71. Coelho, *Curso de direito comercial*, cit., v. 2, p. 249-267.

para responsabilizar os seus sócios, e, em seguida, é decretada a falência desta, o juiz da execução deve atender ao pedido da massa falida de suspender o feito individual e colocar à disposição do juízo universal os bens particulares penhorados.

Assim como a instauração da execução concursal da sociedade empresária importa a suspensão das execuções individuais, para que todos os credores possam ter o tratamento paritário a que têm direito, também não devem prosseguir as execuções movidas contra os sócios dela, quando desconsiderada a personalidade jurídica da falida. Reforço que a desconsideração da personalidade jurídica de uma sociedade empresária somente é possível quando presentes os requisitos desta medida excepcional. Quer dizer, a suspensão das execuções individuais contra os sócios não é decorrência de toda e qualquer falência, mas apenas daquela em que se justificou especificamente a desconsideração da autonomia patrimonial da falida.

Sobre o tema, confira-se o Acórdão relatado pelo Des. Boris Kauffmann, no julgamento do Agravo de Instrumento n. 575.958-4/5-00: "Tratando-se de sócios de responsabilidade limitada, compete ao juízo da falência aferir a responsabilidade pessoal dos mesmos (Lei n. 11.101/2005, art. 82), arrecadando os bens particulares, se for o caso. O que não pode é prosseguir a execução individualmente por um dos credores sujeitos à quebra, mesmo tendo sido desconsiderada a personalidade jurídica das devedoras".

216. Desconsideração da personalidade jurídica e os direitos constitucionais dos sócios

No meu modo de entender a questão, a desconsideração da personalidade jurídica somente pode ser decretada em ação de conhecimento de que sejam réus aqueles que manipularam fraudulentamente a autonomia patrimonial, para que, em caso de procedência, haja título executivo para fundamentar sua responsabilização. Tem-se, contudo, admitido a aplicação da teoria da desconsideração como incidente em execução, incluindo a execução concursal.

De qualquer modo, mesmo a desconsideração incidental não pode ser decretada sem que se conceda aos réus a devida oportunidade para o exercício dos direitos constitucionais ao contraditório e à ampla defesa. O Des. Pereira Calças, no julgamento do Agravo de Instrumento n. 547.780-4/2-00, assim entendeu: "A jurisprudência desta Câmara Especializada perfilha o entendimento de que, apesar de ser admissível a aplicação da 'disregard doctrine' de forma incidental no processo de falência, com base nos requisitos do art. 50 do Código Civil, não se pode deixar de observar a ampla defesa, o contraditório e o devido processo legal (...)".

De se notar, contudo, que a simples investigação dos fatos para fins de futura e eventual desconsideração da personalidade jurídica pode ser feita sem a participação daqueles que virão, caso se dê o decreto, a ser responsabilizado por dívida da sociedade empresária. Como destacado pelo Des. Paulo Pastore Filho: "A desconsideração da personalidade jurídica (...) não se dá (...) quando o juiz autoriza a expedição de ofícios para a investigação da existência de patrimônio dos sócios da falida, mas sim quando reconhecida a responsabilidade por fraude à lei ou ao contrato, bens venham ser sequestrados ou tornados indisponíveis, para os fins do estabelecido no art. 6.º, parágrafo único, da Lei n. 7.661/45 e art. 82, § 2.º, da Lei n. 11.101/2005. Dessa forma, não tem a menor relevância a falta de manifestação dos sócios quanto à investigação de seus respectivos patrimônios, porque eles terão a oportunidade de defesa, em ação de responsabilidade prevista no art. 6.º da Lei n. 7.661/45 e art. 82 da Lei n. 11.101/2005 que, obrigatoriamente deverá ser proposta para que os bens daqueles venham a integrar a massa falida" (Agravo de Instrumento n. 366.267-4/2-00).

217. A ação de integralização

Em minha opinião, o ideal teria sido a disciplina em norma específica da ação de integralização.[72] Englobá-la no mesmo contexto da ação de responsabilização por ilícito não me parece conveniente, tendo em vista que a obrigação de integralizar o capital subscrito independe de culpa ou dolo do sócio ou acionista.

Além do mais, a obrigação de integralizar o capital subscrito incumbe ao sócio ou acionista, qualquer que seja sua posição no quadro

72. Insisti, aliás, nessa solução com o Senador Ramez Tebet (Sugestão de Emenda n. 24 e Contribuição 2.5 de 13-4-2004).

societário (controlador ou minoritário, administrador ou não etc.), mas a letra do dispositivo acabou não se abrindo a todas as possibilidades.

218. Indisponibilidade de bens

A lei anterior mencionava a possibilidade de o juiz decretar, a pedido do síndico, o sequestro dos bens dos sócios, acionistas ou administradores, com vistas a tornar efetiva a responsabilidade.

A atual, valendo-se de expressão de maior abrangência e tecnicamente mais apropriada, fala em indisponibilidade de bens, a requerimento da parte interessada ou de ofício.

Cabe a indisponibilidade de bens quando houver fundado receio de frustração da execução da sentença condenatória que afinal vier a ser proferida responsabilizando o sócio, acionista ou administrador. Não existindo esse receio, não há razões para a medida extrema.

De qualquer forma, a indisponibilidade será sempre limitada aos bens do demandado em valor suficiente para a indenização do dano alegado. Não cabe, em nenhuma hipótese na falência, o decreto da indisponibilidade dos bens dos sócios, acionistas ou administradores, em termos gerais. Ela deve sempre ser limitada, como diz a lei, ao valor do ressarcimento demandado.

Também é oportuno destacar que a indisponibilidade dos bens dos sócios, acionistas e administradores da sociedade falida só pode ser decretada como medida liminar numa ação de responsabilização (em geral, promovida pela massa falida).

Nos autos principais da falência, antes ou a despeito da ação de responsabilização, a indisponibilidade não é cabível, nem mesmo se limitada ao valor dos danos potenciais. Em outros termos, o juiz só pode determinar a medida extremada da indisponibilidade de bens pelo menos depois de ser distribuída a petição inicial da ação de responsabilização, que precise o pedido de indenização e o fundamente de forma adequada. Sem tais pressupostos, seria arbitrária qualquer constrição judicial sobre os bens dos sócios, acionistas ou administradores da sociedade (limitada ou anônima) falida. Isto porque eles titularizam, como qualquer outra pessoa protegida pela Constituição brasileira, o direito ao devido processo legal (CF, art. 5.º, LIV).

Seção II

Da Classificação dos Créditos

Art. 83. A classificação dos créditos na falência obedece à seguinte ordem:

I – os créditos derivados da legislação do trabalho, limitados a 150 (cento e cinquenta) salários mínimos por credor, e os decorrentes de acidentes de trabalho;

II – créditos com garantia real até o limite do valor do bem gravado;

III – créditos tributários, independentemente da sua natureza e tempo de constituição, excetuadas as multas tributárias;

IV – créditos com privilégio especial, a saber:

a) os previstos no art. 964 da Lei n. 10.406, de 10 de janeiro de 2002;

b) os assim definidos em outras leis civis e comerciais, salvo disposição contrária desta Lei;

c) aqueles a cujos titulares a lei confira o direito de retenção sobre a coisa dada em garantia;

d) aqueles em favor dos microempreendedores individuais e das microempresas e empresas de pequeno porte de que trata a Lei Complementar n. 123, de 14 de dezembro de 2006;

V – créditos com privilégio geral, a saber:

a) os previstos no art. 965 da Lei n. 10.406, de 10 de janeiro de 2002;

b) os previstos no parágrafo único do art. 67 desta Lei;

c) os assim definidos em outras leis civis e comerciais, salvo disposição contrária desta Lei;

VI – créditos quirografários, a saber:

a) aqueles não previstos nos demais incisos deste artigo;

b) os saldos dos créditos não cobertos pelo produto da alienação dos bens vinculados ao seu pagamento;

c) os saldos dos créditos derivados da legislação do trabalho que excederem o limite estabelecido no inciso I do *caput* deste artigo;

VII – as multas contratuais e as penas pecuniárias por infração das leis penais ou administrativas, inclusive as multas tributárias;

VIII – créditos subordinados, a saber:

a) os assim previstos em lei ou em contrato;

b) os créditos dos sócios e dos administradores sem vínculo empregatício.

§ 1.º Para os fins do inciso II do *caput* deste artigo, será considerado como valor do bem objeto de garantia real a importância efetivamente arrecadada com sua venda, ou, no caso de alienação em bloco, o valor de avaliação do bem individualmente considerado.

§ 2.º Não são oponíveis à massa os valores decorrentes de direito de sócio ao recebimento de sua parcela do capital social na liquidação da sociedade.

§ 3.º As cláusulas penais dos contratos unilaterais não serão atendidas se as obrigações neles estipuladas se vencerem em virtude da falência.

§ 4.º Os créditos trabalhistas cedidos a terceiros serão considerados quirografários.

219. Ordem de classificação dos credores

Os credores do falido não são tratados igualmente.

A natureza do crédito importa para a definição de uma *ordem* de pagamento, que deve ser observada pelo administrador judicial na liquidação das obrigações da falida.

Classificam-se, portanto, os credores do falido de acordo com a natureza do crédito, segundo a ordem de pagamento na falência, nas seguintes categorias: *a*) credores trabalhistas, compreendendo todos os pagamentos devidos pelo empresário a seus empregados (CLT, art. 449, § 1.º) e indenização por acidente de trabalho; *b*) credores com garantia real, até o limite do valor do bem onerado; *c*) dívida ativa de natureza tributária ou não tributária (arts. 186, § 2.º, do CTN e 4.º, § 4.º, da Lei n. 6.830/80); *d*) credores com privilégio especial; *e*) com privilégio geral; *f*) quirografários; *g*) titulares de direito a multa contratual ou penas pecuniárias por infração à lei administrativa ou penal; *h*) credores subordinados.

Essa classificação dos credores da falida resultante de diversos dispositivos (da Lei de Falências e de outros diplomas) é ordem dirigida ao administrador judicial. Quer dizer, ao realizar os pagamentos, após atender às dívidas da massa e cumprir as restituições em dinheiro, deve observar as preferências dessa ordem, pagando primeiro os credores trabalhistas e equiparados; depois, se sobrar dinheiro, os titulares de garantia real; em seguida, havendo ainda recursos, os fiscais, e assim por diante.

Note-se que a ordem de classificação dos credores na falência, por ser uma determinação endereçada ao administrador judicial, não afasta a possibilidade de certos credores serem atendidos antes dos que o precedem. Em razão das exceções ao princípio da universalidade do juízo falimentar ou da referente à suspensão das execuções individuais contra a falida, pode ocorrer de um credor ter seu crédito satisfeito sem observância da ordem estabelecida. Se a execução fiscal é mais célere que a falência, e o bem penhorado naquela é vendido quando ainda tramita a verificação dos créditos no concurso falencial, pode ocorrer de o Fisco receber antes dos credores trabalhistas ou titulares de direito real de garantia. Nessa hipótese, terá o preterido direito creditício contra aquele que recebeu indevidamente, no valor do que lhe caberia, segundo a natureza de seu crédito e as forças da massa.

Cabe concluir lembrando que os *credores do falido* não são os únicos a receber pagamento no processo falimentar. Pelo contrário, antes deles devem ser integralmente satisfeitos os créditos extraconcursais (credores da massa e os titulares de direito à restituição em dinheiro); e, depois deles, o falido ou os sócios da sociedade falida.

220. Constitucionalidade do dispositivo

A previsão de limites de valor para classificação do crédito trabalhista como preferencial (150 salários mínimos) foi considerada constitucional pelo STF, no julgamento da Ação Direta de Inconstitucionalidade n. 3.934-2 (DF), proposta pelo Partido Democrático Trabalhista.

De acordo com o relator Ministro Ricardo Lewandowski: "(...) passo agora ao exame do último argumento da presente ação direta, isto é, o da inconstitucionalidade da conversão de créditos trabalhistas, a partir de um certo patamar, em quirografários. Também nesse tópico não vejo qualquer ofensa à Constituição no tocante ao estabelecimento de um limite máximo de 150 (cento e cinquenta) salários mínimos, para além do qual os créditos decorrentes da relação de trabalho deixam de ser preferenciais. É que – diga-se desde logo – não há aqui qualquer perda de direitos por parte dos trabalhadores, porquanto, independentemente da categoria em que tais créditos estejam classificados, eles não deixam de existir nem se tornam inexigíveis. Quer dizer, os créditos trabalhistas não desaparecem pelo simples fato de serem convertidos em quirografários, mas apenas perdem o seu caráter preferencial, não ocorrendo, pois, nesse aspecto, qualquer afronta ao texto constitucional. (...) É importante destacar, ademais, que a própria legislação internacional de proteção ao trabalhador contempla a possibilidade de estabelecimento de limites legais aos créditos de natureza trabalhista, desde que preservado o mínimo essencial à sobrevivência do empregado. Esse entendimento encontra expressão no art. 7.1 da Convenção 173 da Organização Internacional do Trabalho – OIT (Convenção sobre a proteção dos créditos trabalhistas no caso de insolvência do empregador), segundo o qual a 'legislação nacional poderá limitar o alcance do privilégio dos créditos trabalhistas a um montante estabelecido, que não deverá ser inferior a um mínimo socialmente aceitável'. Embora esta Convenção não tenha sido ainda ratificada pelo Brasil, é possível afirmar que os limites adotados para a garantia dos créditos trabalhistas, no caso de falência ou recuperação judicial de empresas, encontram respaldo nas normas adotadas no âmbito da OIT, entidade integrante da Organização das Nações Unidas, que tem por escopo fazer com que os países que a integram adotem padrões mínimos de proteção aos trabalhadores. Nesse aspecto, as disposições da Lei n. 11.101/2005 abrigam uma preocupação de caráter distributivo, estabelecendo um critério o mais possível equitativo no que concerne ao concurso de credores".

Prossegue o voto: "Procurou-se, assim, preservar, em sua situação de adversidade econômica por que passa a empresa, o caráter isonômico do princípio da *par conditio creditorum*, segundo o qual todos os credores que concorrem no processo de falência devem ser tratados com igualdade, respeitada a categoria que integram. Esse é o entendimento de Fábio Ulhoa Coelho, para quem o limite à preferência do crédito trabalhista tem como objetivo 'impedir que (...) os recursos da massa [sejam consumidos] com o atendimento a altos salários dos administradores da sociedade falida. A preferência na classe dos empregados e equiparados é estabelecida com vistas a atender os mais necessitados, e os credores por elevados salários não se consideram nessa situação'. Insta sublinhar, ainda, que o valor estabelecido na Lei não se mostra arbitrário e muito menos injusto, afigurando-se, ao revés, razoável e proporcional, visto que, segundo dados do Tribunal Superior do Trabalho, constantes do já citado parecer da Comissão de Assuntos Econômicos do Senado Federal, 'o limite superior de 150 salários mínimos (...) afetará número reduzidíssimo de assalariados, entre os quais estão, exclusiva ou primordialmente, os ocupantes de cargos elevados da hierarquia administrativa das sociedades'. Isso porque as indenizações trabalhistas, levando-se em conta os valores vigentes à época da edição do diploma legal, foram, em média, de 12 (doze) salários mínimos".

E conclui: "forçoso é convir que o limite de conversão dos créditos trabalhistas em quirografários fixado pelo art. 83 da Lei n. 11.101/2005 não viola a Constituição, porquanto, longe de inviabilizar a sua liquidação, tem em mira, justamente, a proteção do patrimônio dos trabalhadores, em especial dos mais débeis do ponto de vista econômico".

221. Tratamento paritário dos credores

O *tratamento paritário dos credores* é o principal objetivo do processo falimentar.

A profissionalização da administração da falência – outro objetivo, cuja realização justifica a classificação da remuneração do administrador judicial como crédito extraconcursal – é, na verdade, mera condição para melhor atender aos direitos dos credores. A depuração da massa e a coibição da má-fé presumida da falida – objetivos ligados às restituições, que também são créditos extraconcursais – são, por seu turno, pressupostos para a definição dos recursos destináveis à satisfação daqueles mesmos direitos. A rigor, a falência é a tentativa de justa distribuição dos insuficientes bens do devedor entre os credores.

Esse princípio do tratamento paritário, ao mesmo tempo que assegura aos credores com título de mesma natureza a igualdade, estabelece hierarquias em favor dos mais necessitados (os empregados) e, em parte, do interesse público (representado pelos créditos fiscais), relegando ao fim da fila a generalidade dos empresários. O tratamento privilegiado dispensado aos credores com garantia real – que são em sua maioria bancos (e, portanto, também empresários) – visa criar as condições para o barateamento do crédito bancário, visando atender, em última análise, ao interesse da economia nacional.

Não é injusta a hierarquização em desfavor da generalidade dos empresários, já que eles normalmente têm condições de se prevenirem contra a insolvência da devedora, seja por meio de taxas de riscos embutidas nos preços e juros, seja pela existência de codevedores, por fiança ou aval.

A ordem de classificação dos credores da falida distingue essa espécie de beneficiário de pagamento na falência em oito classes: empregados e equiparados, credores com garantia real, Fisco, credores com privilégio especial, com privilégio geral, quirografários, titulares de crédito derivados de multas contratuais e penas pecuniárias e, por fim, os credores subordinados.

222. Credores trabalhistas e equiparados

Na classe dos empregados e equiparados, a mais elevada na escala de preferências dos credores da falida, encontram-se três grupos de credores: os empregados da falida titulares de crédito por indenização por acidente de trabalho, os titulares de crédito fundado na relação de emprego e os equiparados.

Acidente de trabalho. Os titulares de direito à indenização por acidente de trabalho verificado antes da decretação da falência integram a classe mais privilegiada entre os credores do falido.

Pelo direito de infortunística, o acidentado em trabalho tem, independentemente da causa que motivou o infortúnio, direito a benefício da Seguridade Social. Desse modo, pode reclamar do INSS o auxílio correspondente, qualquer que tenha sido o motivo do acidente. Se foi este causado por culpa ou dolo do empregador, por culpa do próprio empregado, por ato de terceiros ou por caso fortuito ou força maior, não interessa; o acidentado tem crédito contra o Instituto pelo valor previsto em lei e regulamento.

Não é, evidentemente, desse crédito que trata a Lei de Falências ao definir a preferência do acidentado entre os credores da falida. Cuida-se aqui do direito que o empregado tem à indenização pelo acidente causado *por culpa ou dolo do empregador*, direito, aliás, de índole constitucional (CF, art. 7.º, XXVIII, *in fine*). Quando o acidente decorre de ato culposo ou doloso do empregador, além do benefício devido pelo INSS, o empregado tem também direito a indenização.[73] Em se verificando a hipótese, e falindo o empregador condenado a indenizar o acidentado, o administrador judicial deve honrar, em primeiríssimo lugar entre os credores da falida, essa obrigação.

Créditos trabalhistas. Também nessa classe de preferências dos credores da falida estão os créditos trabalhistas de qualquer origem (CLT, art. 449, § 1.º). Saldo salarial, férias não gozadas, décimo terceiro proporcional ou integral, aviso prévio, hora extra e todos os demais valores devidos ao empregado, conforme apurados pela Justiça do Trabalho, devem ser pagos pelo administrador judicial no atendimento a essa ordem de classificação.

Atente-se que nem todos os créditos de natureza trabalhista gozam desse grau de preferência no concurso falimentar. A lei estabelece um limite de valor, ao definir os créditos dessa classe. O limite é de 150 salários mínimos por credor. Quer isso dizer que o empregado com crédito inferior ou igual a esse limite concorre nessa classe preferencial pela totalidade de seu direito; mas aquele que possui crédito maior

73. Coelho, *Curso de direito civil*, cit., v. 2, p. 332-335.

que o teto indicado participa do concurso em duas classes: pelo valor de 150 salários mínimos na dos empregados e equiparados e pelo que exceder, na dos quirografários.

O objetivo da limitação é impedir que se consumam os recursos da massa com o atendimento a altos salários dos administradores da sociedade falida. A preferência da classe dos empregados e equiparados é estabelecida com vistas a atender os mais necessitados, e os credores por elevados salários não se consideram nessa situação.

O salário mínimo a ser considerado, na definição do limite dos créditos em concurso na classe dos empregados e equiparados, deve ser o vigente na data do pagamento. A lei não estabelece critério temporal para identificação do parâmetro máximo, mas deve ser adotado o valor vigente no dia do pagamento para que não se frustre o tratamento privilegiado a que têm direito os assalariados. Se fosse adotado, por exemplo, o valor do salário mínimo da data da decretação da falência, e o pagamento retardasse alguns anos, como esse índice tem sido anualmente reajustado, menos empregados teriam o tratamento preferencial. Em suma, deve ser usado o critério que melhor preserve o poder de compra do dinheiro, valor que leva o intérprete a escolher o salário mínimo vigente na data do pagamento como a base para cálculo do limite da preferência.

Outra medida de amparo do pequeno assalariado adotada pela lei é a da *antecipação* de parte do crédito titulado (LF, art. 151).

Equiparados. Atente-se, por fim, a dois outros credores que *concorrem* com os trabalhistas na mesma classe: os representantes comerciais autônomos, pelas comissões e indenização devidas pela representada falida (Lei n. 4.886/65, art. 44, acrescido pela Lei n. 8.420/92), e a Caixa Econômica Federal, pelo FGTS (Lei n. 8.844/94, art. 2.º, § 3.º).

São equiparados aos empregados para fins de falência. Assim, se, depois de realizado todo o ativo e feitos os pagamentos anteriormente assinalados (credores da massa e restituições em dinheiro), os recursos disponíveis não forem suficientes para a integral satisfação dos credores dessa classe, deve o administrador judicial proceder ao rateio proporcional ao titularizado por cada um.

A equiparação da Caixa Econômica Federal, no tocante ao crédito do FGTS, até se pode entender, na medida em que os beneficiários desse fundo são, em última instância, os empregados. Não se entende bem, contudo, o concurso dos representantes comerciais autônomos, que são empresários, ainda que explorem atividade de reduzida expressão econômica. Aliás, muitos deles são revestidos da forma de pessoa jurídica – sociedade limitada ou anônima –, e alguns são empresas fortes, inclusive com recursos multinacionais. Estabelecer o concurso desses credores com os trabalhistas é um despropósito da lei, havendo até mesmo quem recomende a inobservância do preceito legal de equiparação.[74] Enquanto vigorar o dispositivo, entretanto, convém ao administrador judicial observá-lo para não ser responsabilizado.

223. Multa derivada da legislação trabalhista

As multas devidas pelo falido aos seus empregados, por força da legislação trabalhista, integram o crédito privilegiado a que estes têm direito. Classificam-se essas multas no inciso I do art. 83 da LF.

Nos termos do Acórdão relatado pelo Des. Lino Machado: "As multas previstas nos arts. 467 e 477 da CLT não são multas contratuais, penais, administrativas ou tributárias para que possam ser enquadradas no art. 83, *caput*, VII, da NLF. Neste sentido, acórdão desta Câmara, de 25 de junho de 2008, relatado pelo Desembargador Romeu Ricupero, com a participação dos Desembargadores Boris Kauffmann e Elliot Akel, no AI 575.518-4/8-00, no qual se lê: 'de fato, inserem-se entre os créditos derivados da legislação do trabalho aqueles postulados pelo reclamante e referentes a 13.º salário proporcional, férias proporcionais + 1/3, multa do art. 477 da CLT; aviso prévio; saldo de salário'; o julgamento referido excluiu, porém, dos créditos trabalhistas, para o efeito de classificação privilegiada da falência, 'a multa pactuada', razão pela qual negou provimento ao recurso do devedor. Quanto à verba de 40% do montante de todos os depósitos realizados na conta vinculada durante a vigência do contrato de trabalho, devida a título de FGTS, decorrente de despedida sem justa causa (art. 18, § 1.º, da Lei 8.036, de 11 de maio de 1990) movimentável pelo trabalhador (art. 20, *caput*, I, da mesma lei), constou expressamente da sentença da justiça traba-

74. Joaquim Antônio Penalva Santos, *Obrigações e contratos na falência*, Rio de Janeiro: Renovar, 1997, p. 151.

lhista como devida pela então reclamada ao então reclamante, o que torna certa a legitimidade do ora agravante para exigir seu pagamento" (Agravo de Instrumento n. 610.205-4/3-00).

224. Multa derivada de acordo trabalhista

No item anterior, tratou-se das multas previstas na legislação trabalhista, como, por exemplo, a de 40% sobre o saldo do FGTS em caso de despedida imotivada. Como visto, ela integra o crédito privilegiado do trabalhador. Em relação, contudo, às multas derivadas de acordo trabalhista, a classificação é diversa.

Se, em acordo celebrado perante a Justiça do Trabalho, e por esta homologado, o empregador concorda em pagar ao empregado uma multa, o montante correspondente não há de ser classificado, na falência, como crédito privilegiado. Cabe a classificação dessa multa na classe de créditos mencionada no inc. VII do art. 83 da LF.

Esse foi o entendimento adotado pelo TJSP, em Acórdão relatado pelo Des. Boris Kauffmann: "Estabelecida a multa no acordo celebrado na Justiça especializada, não pode o juízo da falência excluí-la, ou mesmo modificar o seu montante, como pretendem as falidas sob fundamento de a penalidade onerar demasiadamente a obrigação, ou porque outros créditos trabalhistas não contêm idêntica previsão, ou ainda por não terem agido com culpa no inadimplemento da obrigação assumida. A Lei 11.101/2005, diversamente do diploma anterior, prevê a possibilidade de ser exigida a multa contratual e a pena pecuniária, como se vê do seu art. 83, VII. (...) Como já decidiu em várias oportunidades esta Câmara Especial de Falências e Recuperações Judiciais, a multa não se inclui naqueles créditos previstos no art. 83, I, da Lei n. 11.101/2005, mas tem sua classificação apontada no inciso VII do mesmo dispositivo, logo abaixo dos créditos quirografários (Agravo de Instrumento n. 575518-4/8-00, relator Des. Romeu Ricupero, julgado em 25.06.2008; Agravo de Instrumento n. 583597-4/0-00, relator Des. Romeu Ricupero, julgado em 29-10-2008)" (Agravo de Instrumento n. 590.550-4/3-00).

Também em sede de recuperação judicial, a multa derivada de "acordo trabalhista" integra o crédito do empregado, se inadimplido o contrato em que se abriga. Esclarece o Acórdão relatado pelo Des.

Boris Kauffmann: "Estabelecida a multa no acordo celebrado na Justiça especializada, não pode o juízo da recuperação excluí-la, ou mesmo modificar o seu montante, como pretendem as recuperandas sob o fundamento da penalidade onerar demasiadamente a obrigação, ou porque outros créditos trabalhistas não contêm idêntica previsão, ou ainda por não [ter] agido com culpa no inadimplemento da obrigação assumida. Quando da celebração do acordo, em 9 de janeiro de 2007, convencionou-se a multa para a hipótese de inadimplemento da transação, de sorte que, não cumprido, devida a penalidade, passando a integrar o crédito do habilitante" (Agravo de Instrumento n. 565.286-4/0-00).

225. Cálculo do limite do crédito trabalhista privilegiado

Nem todo crédito trabalhista é, na atual lei, privilegiado, mas apenas o que não ultrapassa o limite legal de 150 salários mínimos. A lei, contudo, não definiu o critério para calcular o limite do privilégio, vale dizer, índice de que época se deve considerar: o salário mínimo vigente na data da quebra, da habilitação, do pagamento etc. Como se trata de uma restrição, a interpretação da norma deve ser a mais favorável ao credor trabalhista, razão pela qual o critério para cálculo do limite do crédito privilegiado deve ser o do salário mínimo vigente na data do pagamento.

Assim já decidiu o TJSP, em Acórdão relatado pelo Des. Romeu Ricupero: "A questão que se coloca neste processo é saber qual salário mínimo deve ser observado na espécie. O perito contador e o Administrador Judicial entenderam que seria o salário mínimo vigente na data da quebra (...), sendo acompanhados pelo parecer da douta representante do Ministério Público de primeira instância (...) e pelo MM. Juiz, que, ao sentenciar, assentou que 'a atualização dos valores a serem incluídos no quadro geral limita-se à data da quebra', acrescentando que 'isso está no art. 18, parágrafo único, da Lei n. 11.101/2005, sendo no mesmo sentido o art. 124 da referida lei' e que 'tal regra justifica-se na necessidade de se dar tratamento paritário aos credores, pois caso contrário cada um atualizaria até a data que quiserem, criando distorções nos pagamentos'. Não há dúvida de que o princípio geral é esse, isto é, os créditos anteriores à falência são incluídos no quadro geral pelo valor atualizado até a data da quebra. Ocorre que, em relação aos créditos derivados da legislação do trabalho, a lei limitou a inclusão, como privilegiado, até a quantia correspondente a 150 (cento e cinquenta) salários mínimos, por credor, mas não diz se esse salário mínimo, a ser considerado, é o vigente da data da quebra. Por isso a doutrina que cuidou do tema orienta-se em outra direção (...). Não é diferente a lição de Sérgio Campinho, para quem 'o prefalado limite, temos sustentado, face ao silêncio legal, deve levar em consideração o valor do salário mínimo vigente à época do pagamento, de modo a ser assegurado, ao máximo, o sistema de tratamento privilegiado conferido ao crédito dessa natureza' (Falência e Recuperação de Empresa, 2. ed., Rio de Janeiro, Renovar, 2006, n. 247, p. 399). Assim, o crédito do apelante, como privilegiado (art. 83, inciso I, da Lei 11.101/2005), é de 150 (cento e cinquenta) salários mínimos, a ser considerado o salário mínimo vigente na época do pagamento" (Agravo de Instrumento n. 590.549-4/9-00).

226. Equiparação do crédito dos representantes comerciais aos trabalhistas

O Judiciário tem considerado que apenas os representantes comerciais pessoa física têm os respectivos créditos equiparados aos trabalhistas, nos termos do art. 44 da Lei n. 4.886/65.

No julgamento do Agravo de Instrumento n. 550.678-4/4-00, o TJSP decidiu: "Somente poderão invocar a equiparação de seus créditos decorrentes do exercício de representação comercial, na falência ou na recuperação judicial, os representantes comerciais pessoas físicas (nesta categoria incluídos os inscritos nas Juntas Comerciais como 'firmas individuais', que são equiparados às pessoas jurídicas para fins de imposto de renda, pelo art. 150, I, do Decreto n. 3.000/99). Já os créditos oriundos de representação comercial titularizados por sociedades empresárias dotadas de personalidade jurídica, que não têm natureza alimentar, não podem ser beneficiados com a equiparação aos créditos derivados da legislação do trabalho, razão pela qual, ao invés de se classificarem como privilegiados a teor do artigo 93, I, devem ser classificados como créditos quirografários, nos termos do artigo 93, VI, ambos da Lei n. 11.101/2005" (relator Des. Pereira Calças).

Este, contudo, não é o meu entendimento da matéria. A lei de regência da representação comercial, ao estabelecer a equiparação, não fez nenhuma distinção entre os que exploram a atividade de forma empresarial e os demais.

227. Reembolso de honorários de advogado ao reclamante

No crédito trabalhista privilegiado inclui-se o reembolso de honorários de advogado determinado pela Justiça do Trabalho em favor do reclamante, com fundamento no art. 404 do Código Civil. Esse reembolso não se confunde com os honorários sucumbenciais vedados pelo art. 791 da CLT. De qualquer modo, uma vez reconhecido, na justiça especializada, o direito do trabalhador a esse crédito, não pode o juízo falimentar deixar de considerá-lo, a pretexto de que pertenceriam ao advogado e não ao reclamante. Assim foi decidido no Agravo de Instrumento n. 590.549-4/9-00, do TJSP, relatado pelo Des. Romeu Ricupero.

228. Credores com garantia real

Após os créditos titulados pelos empregados e equiparados, a preferência na ordem de classificação dos credores da falida recai sobre os dotados de garantia real.

A preferência sobre os créditos fiscais – introduzida no direito brasileiro pela nova Lei de Falências – visa atenuar os prejuízos a que esses últimos podem se expor, socializando o risco associado à insolvência do devedor com a sociedade como um todo. A intenção última do legislador foi criar as condições para o barateamento dos juros bancários, medida destinada a acentuar o desenvolvimento econômico do País, em atendimento, portanto, ao interesse público. Como a maioria dos credores com garantia real são os bancos, aposta-se que a inversão na ordem de classificação aumentará o volume de recuperação dos créditos abertos a empresários ou sociedades empresárias e, consequentemente, levará à prática de *spreads* menores.[75]

---

75. Na audiência pública de que participei na Comissão de Assuntos Econômicos do Senado Federal, para discussão do projeto de lei, manifestei-me

Os titulares de garantia real integram a categoria dos credores não sujeitos a rateio.

Essa categoria está, na verdade, dividida em duas classes: os titulares de garantia real e os de privilégio especial. De comum entre eles é a *vinculação* entre o produto da venda de determinado bem da falida e a satisfação do crédito garantido ou privilegiado. Os credores não sujeitos a rateio têm o seu direito creditício atendido com o produto da venda de certos bens sobre os quais recai a garantia real ou o privilégio especial. A diferença entre os credores de cada subclasse diz respeito à origem da vinculação. Na hipótese de credor com garantia real, o produto da venda do bem onerado (hipotecado, empenhado, caucionado etc.) é destinado prioritariamente ao pagamento do crédito garantido em decorrência de ato de vontade das partes. Foram os sujeitos da obrigação que concordaram em instituir a garantia real que vincula o produto da venda do bem onerado à satisfação do crédito garantido. Já na hipótese de credor com privilégio especial, a vinculação é determinada pela lei, independentemente de ato de vontade das partes.

Não há hierarquia entre as classes dos credores não sujeitos a rateio. Se o produto da venda do bem vinculado à satisfação de certo crédito supera o valor deste, o administrador judicial deve utilizar os recursos correspondentes à diferença para atender os demais credores, segundo a ordem de preferência. Na situação inversa, o saldo credor – a parte do crédito não coberta pelo produto da venda do bem

---

nos seguintes termos acerca desse objetivo da reforma (contribuir para a redução dos juros bancários): "Não devemos alimentar esperanças vãs. Tenho como clientes diversos bancos e, por isto, acho que entendo como raciocinam os banqueiros. A reforma da lei de falências deve contribuir para a redução dos riscos associados à inadimplência e insolvência, mas ninguém se iluda que, logo no dia seguinte, os *spreads* estarão reduzidos. Os banqueiros, primeiro, irão dizer que não estão reduzindo os juros porque ainda não se manifestaram os efeitos das inovações. E é fato: os *spreads* baseiam-se não só em projeções (futuro) como em estatísticas (passado). Somente após algum tempo, a contribuição da nova lei de falências irá se traduzir em dados estatísticos que influem a composição dos juros. Mas mesmo depois de a reforma frutificar, haverá banqueiros mantendo seus juros altos alegando um outro pretexto qualquer. A reforma deve ser feita, mas não vamos depositar nela falsas ilusões".

correspondente – é imediatamente reclassificado como quirografário, concorrendo aos rateios com os demais créditos dessa natureza. Não há concurso entre credores com garantia real ou privilégio especial, nem entre as classes, nem no interior delas.

Assim sendo, o bem sobre o qual recai a garantia real será vendido pelo juízo falimentar e o seu produto destinado prioritariamente à satisfação do crédito a que se encontrava vinculado. A preferência da classe dos titulares de garantia real é limitada ao valor de venda da coisa onerada. Desse modo, se o bem sobre o qual recaía a garantia alcançou, na venda judicial, valor inferior ao do crédito a que se vinculara, pela diferença concorrerá o credor na classe dos quirografários. Em outros termos, o valor do crédito que supera o preço de venda judicial do bem onerado classifica-se como quirografário.

Quando o bem dado em garantia é vendido em separado, não há dificuldade para mensurar as parcelas do crédito que concorrerão com os fiscais ou com os quirografários. Mas na hipótese de alienação da empresa ou venda de bens englobados, pode ser impossível identificar o específico valor alcançado pelo objeto da garantia. Se for esse o caso, o administrador judicial deverá considerar o valor de avaliação do bem onerado. Esse valor, contudo, deverá ser aumentado ou diminuído na mesma proporção em que variou o bloco de bens com o qual foi vendido. Assim, se o preço pago por todos os bens do bloco foi, por exemplo, 20% superior à soma da avaliação deles, o administrador judicial deve majorar no mesmo percentual o valor atribuído especificamente ao bem onerado; se tiver sido 15% inferior, deve reduzi-lo nesse percentual, e assim por diante.

Há uma hipótese em que o credor com garantia real, a despeito de ter sido o bem onerado vendido por valor que supera seu crédito, não é pago na falência. Verifica-se quando o produto da venda dos bens foi inteiramente consumido no atendimento dos créditos extraconcursais e dos empregados e equiparados. Quando isso ocorre, em razão da preferência desses beneficiários de pagamento, o crédito com garantia real não é satisfeito.

Os credores com garantia real são o hipotecário (seu crédito é atendido com o produto da venda do imóvel hipotecado), o pignoratício (cuja garantia, o penhor, recai sobre bem móvel) e os caucionados (que têm por garantia títulos de créditos transmitidos por endosso-caução). Também vale a pena aqui tomar o exemplo das instituições financeiras titulares de Cédula de Crédito (rural, industrial, comercial ou à exportação) e dos debenturistas titulares de debêntures com garantia real (LSA, art. 58, *caput*).

229. Credores fiscais

A segunda classe dos credores da falida é a dos créditos *públicos*, isto é, os disciplinados pelo direito público. São créditos titularizados pelo Estado ou por ente ao qual a lei estende as garantias e prerrogativas deste.

Engloba, assim, os créditos *fiscais* (do Estado e seus desmembramentos) e os *parafiscais* (dos entes aos quais foram estendidas as garantias e prerrogativas do Estado).

Dividem-se os créditos fiscais em tributários e não tributários, isto é, os direitos creditícios titularizados pelo estado podem decorrer de inadimplemento pelo falido de obrigação relativa a tributo (impostos, taxas e contribuições) ou relacionada a qualquer outra causa (p. ex., indenização por acidente de trânsito, descumprimento de contrato de fornecimento de bens ou serviços, prejuízos derivados da má execução de obra etc.).

Os créditos fiscais podem ser inscritos na dívida ativa, nos termos da Lei n. 6.830/80 (Lei das Execuções Fiscais). A União, os Estados, o Distrito Federal, os Territórios, os Municípios e as autarquias (fundacionais ou corporativas) podem inscrever na dívida ativa *qualquer* crédito que titularizem, tributários ou não tributários.

Note-se que, para fins de aparelhamento da execução fiscal, é irrelevante a natureza do crédito do Estado. Uma vez inscrito na dívida ativa, pode-se promover a execução contra o contribuinte que não pagou o imposto (crédito fiscal tributário) e contra o motorista responsável pelo acidente de trânsito que danificou veículo do Estado (crédito fiscal não tributário).

Para fins de classificação do crédito na falência, contudo, o administrador judicial deve atentar para uma sutil nuança do direito positivo. Quando o tributo não é pago no vencimento, a Administração

Pública não tem outra alternativa senão inscrever o correspondente crédito fiscal na dívida ativa (CTN, art. 201). Trata-se de ato administrativo vinculado. Os créditos contra a falida de natureza tributária, assim, sempre estarão inscritos na dívida ativa e deverão ser pagos pelo administrador judicial logo após os trabalhistas e equiparados e os credores com garantia real (CTN, art. 186, parágrafo único). Quanto aos créditos fiscais não tributários, por sua vez, o Poder Público pode optar por inscrevê-los ou não na dívida ativa. Definir a melhor forma de cobrar o devedor, nesse caso, é ato discricionário. Em relação a eles, portanto, o administrador judicial deve guiar-se por critério estritamente formal: quando inscrito na dívida ativa, o crédito não tributário do estado tem a mesma classificação do tributário (Lei n. 6.830/80, art. 4.º, § 4.º) e deve ser pago igualmente após os trabalhistas e equiparados e os credores com garantia real, mas, quando não está inscrito, sua classificação correta é a dos quirografários, devendo o administrador judicial processar o pagamento junto com o dos demais credores dessa categoria.

Os créditos parafiscais são as contribuições para entidades privadas que desempenham serviço de interesse social, como o Serviço Social do Comércio – Sesc, o Serviço Nacional da Indústria – Senai e assemelhados, ou para programa social administrado por órgão do governo, como o Programa de Integração Social – PIS. Se o falido era devedor dessas contribuições, o administrador judicial deverá realizar o pagamento junto com os créditos fiscais.

Há três subclasses na classe dos credores públicos. Estabelece a lei (CTN, art. 187, parágrafo único; LEF, art. 29, parágrafo único) uma ordem interna de pagamento entre os titulares de crédito fiscal ou parafiscal.

Assim, primeiramente o administrador judicial deve pagar o devido à União e suas autarquias. São exemplos de créditos incluídos nessa subclasse: os impostos e taxas federais, a contribuição do empregador devida pelo falido à Seguridade Social (Lei n. 8.212/91, art. 51) e as anuidades cobradas por órgão profissional (Conselho Regional dos Representantes Comerciais Autônomos, p. ex.). Os créditos parafiscais devem ser pagos também nessa oportunidade (Sesc, Sesi, PIS etc.). Se não houver recursos suficientes para o pagamento do devido a esses credores, o administrador judicial deverá realizar rateio proporcional ao valor do crédito.

A segunda subclasse dos credores públicos na ordem de pagamento abrange Estados, Distrito Federal, Territórios e suas autarquias, conjuntamente e *pro rata*. Os impostos estaduais, assim, devem ser pagos pelo administrador judicial depois de totalmente quitados os credores da primeira subclasse, se restarem recursos na massa.

A última subclasse é a dos Municípios e suas autarquias, conjuntamente e *pro rata*. Se o falido era proprietário de imóveis situados em dois Municípios diferentes e devia o IPTU relativo a ambos, o administrador judicial, se não tiver meios para pagar a totalidade desses tributos, deve proceder ao rateio.

A tecnologia tributarista questiona a constitucionalidade dessa ordem de preferência dos créditos públicos, invocando a paridade constitucional dos entes da Federação.[76] Se não estiver amparado em específica ordem do juízo falimentar e enquanto não for diretamente declarada a inconstitucionalidade dos arts. 187, parágrafo único, do CTN, e 29, parágrafo único, da Lei n. 6.830/80, o administrador judicial arrisca-se a ser responsabilizado se ignorar as subclasses do crédito público.

Por fim, cabem sobre os créditos públicos mais duas observações:

1.ª) O crédito fiscal goza da garantia de não participar de concurso de credores (CTN, art. 187; Lei n. 6.830/80, art. 4.º, § 4.º). Assim, a execução fiscal ajuizada antes da decretação da falência não se suspende, nem se encontra o Fisco inibido de promovê-la mesmo após a quebra da devedora.

Em decorrência, dependendo da tramitação dos feitos (a execução fiscal e a falência), pode ocorrer de o credor público ter o seu direito atendido antes dos trabalhistas e equiparados. Pode acontecer também de a execução fiscal do Município concluir-se anteriormente à ajuizada por uma autarquia federal, satisfazendo-se os direitos sem observância da preferência entre as subclasses. Essas inversões decorrem de exceção ao princípio da universalidade da falência.

76. Paulo de Barros Carvalho, *Curso de direito tributário*, 2. ed., São Paulo: Saraiva, 1986, p. 330-331.

Note-se, contudo, que a ordem dos pagamentos traduz-se numa série de *comandos para o administrador judicial*; não reproduz necessariamente a ordem em que os credores serão atendidos em seus créditos. O administrador judicial não pode fazer nenhum pagamento para o credor da falida sem observar estritamente as hierarquias e preferências entre as classes e subclasses, mas, se algum credor, por força das garantias de seu crédito, acaba recebendo em desacordo com essas hierarquias e preferências, a inversão não repercute na falência e não importa responsabilidade do administrador judicial.

2.ª) O administrador judicial não deve pagar *na classe dos créditos fiscais*, mesmo que inscrito na dívida ativa, o valor correspondente a penas pecuniárias por infração administrativa ou desrespeito à lei penal impostas por autoridade federal, estadual ou municipal, inclusive as multas tributárias.

Esse crédito não goza da mesma preferência do principal devido ao Fisco. Tem, na verdade, natureza de crédito subquirografário. Seu pagamento só prefere aos credores subordinados e, assim, eles devem ser atendidos após a satisfação dos quirografários e em concurso com o devido pelo empresário individual ou sociedade empresária com falência decretada, em razão de cláusula penal.

230. Credores com privilégio especial

Os credores com privilégio especial, a exemplo dos que titulam garantia real, também não estão sujeitos a rateio. Vendido o bem sobre o qual recai o privilégio, o produto será destinado prioritariamente ao atendimento desse crédito.

Claro que se o pagamento dos credores com preferência (extraconcursais, empregados e equiparados, com garantia real e fiscais) consumir todos os recursos da massa, os credores com privilégio especial não terão seus direitos satisfeitos. De outro lado, se o produto da venda dos bens sobre os quais recai o privilégio não for bastante para a integral satisfação do crédito privilegiado, a diferença é imediatamente reclassificada como crédito quirografário.

Na definição do valor do bem sobre o qual recai o privilégio, o administrador judicial deve observar os mesmos parâmetros ditados pela lei para os créditos com garantia real. Assim, se o bem sobre o qual recai o privilégio é vendido junto com outros, não será possível identificar o preço por ele alcançado. Nesse caso, leva-se em consideração o valor da avaliação, aumentado ou diminuído proporcionalmente em função da variação apresentada pelo bloco como um todo.

Imagine que *Antonio*, escritor, tem crédito de $ 20 por direitos autorais junto à editora falida. Na avaliação do estoque feita com a arrecadação, atribuiu-se aos exemplares das obras dele o valor de $ 30. Avaliou-se, na mesma oportunidade, o estabelecimento da editora como um todo, incluindo o estoque, em $ 1.000.000. Os órgãos da falência deliberaram por proceder à venda da empresa em bloco, por leilão. Nele, o maior lance oferecido foi $ 500.000. Os livros em estoque de autoria de *Antonio*, sobre os quais recai o privilégio especial, foram, evidentemente, vendidos junto com os demais elementos do estabelecimento da falida. Não se pode, portanto, saber exatamente o valor que o adquirente lhes atribuiu. Mas pode-se verificar que o preço de venda da empresa acabou resultando em montante 50% abaixo do da avaliação. Esse mesmo deságio, diz a lei, deve ser aplicado ao valor por que foi avaliado o bem objeto do privilégio. Desse modo, o administrador judicial deve considerar como valor de venda dos livros em estoque de autoria de *Antonio*, $ 15 (50% de $ 30), e destinar essa importância à satisfação do crédito privilegiado. Os restantes $ 5 ele deve reclassificar como crédito quirografário.

São credores com privilégio especial, entre outros: *a*) o credor por benfeitorias necessárias ou úteis sobre a coisa beneficiada (CC, art. 964, III); *b*) o autor da obra, pelos direitos do contrato de edição, sobre os exemplares desta, na falência da sociedade editora (CC, art. 964, VII); *c*) os credores titulares de direito de retenção sobre a coisa retida, como, por exemplo, os armazéns gerais; *d*) os subscritores ou candidatos à aquisição de unidade condominial sobre as quantias pagas ao incorporador falido (Lei n. 4.591/64, art. 43, III); *e*) o titular de Nota de Crédito Industrial sobre os bens elencados pelo art. 1.563 do Código Civil de 1916 (Decreto-Lei n. 413/69, art. 17); *f*) a seguradora, pelo prêmio devido em razão de seguro marítimo, sobre o navio de propriedade do falido (CCom, art. 475); *g*) o comissário, pelas comissões devidas pelo comitente falido (CC, art. 707); *h*) os segurados e beneficiários credores de indenização ajustada ou a ajustar sobre as reservas técnicas, fundos especiais ou provisões da seguradora ou resseguradora falidas (Decreto-Lei n. 73/66, com a redação dada pela LC n. 126/2007); *i*) credor microempresário ou empresário de pequeno porte (LF, art. 83, IV, *d*).

231. O credor microempresário ou empresário de pequeno porte

A LC 147/14 criou uma nova classe de credor com privilégio especial, reunindo os microempresários ou empresários de pequeno porte.

Duas observações cabem a este respeito.

A primeira aponta para a impropriedade da classificação entre os credores com privilégio especial sem identificação dos bens sobre os quais este recairá.

Os credores com privilégio especial não são credores sujeitos a rateio. Seu crédito é satisfeito com o produto da venda de determinados bens, especificados na lei. Quando não existe esta vinculação legal entre a satisfação do crédito privilegiado e o produto da venda de determinado bem do falido, o privilégio é *geral*.

Não há, portanto, outra solução senão considerar os microempresários e empresários de pequeno porte como titulares de privilégio geral, e concorrendo com os demais credores desta categoria.

A segunda observação diz respeito à hipótese em que o microempresário ou empresário de pequeno porte seja titular de um direito real (hipoteca, penhor etc) ou mesmo de um autêntico privilégio especial (ele é comissário, por exemplo). Neste caso, prevalece qual ordem de classificação?

Como a ordem específica dos microempresários e empresários de pequeno porte foi criada para conferir-lhes um benefício, a norma não deve ser interpretada em seu desfavor. Quer dizer, se o microempresário ou empresário de pequeno porte for titular de direito real ou de autêntico privilégio especial, ele desfrutará da correspondente preferência. Concorrerá com os outros microempresários ou empresários de pequeno porte e com os demais credores com privilégio geral apenas na parte do seu crédito que não tiver sido satisfeita com o produto da venda do bem onerado ou sobre o qual a lei fez recair o privilégio especial.

232. Credores com privilégio geral

Os credores sujeitos a rateio dividem-se em duas classes. A primeira, na ordem de preferência nos pagamentos, é a dos credores com privilégio geral; a segunda, a dos quirografários.

Estão na classe dos credores com privilégio geral os debenturistas titulares de debêntures com garantia flutuante, na falência da sociedade anônima emissora (LSA, art. 58, § 1.º).

Também se encontra nessa classe o advogado, que goza de privilégio geral na falência da devedora dos seus honorários, seja ela uma cliente com quem contratara a prestação de serviços advocatícios, seja a parte sucumbente na ação em que ele patrocinou os interesses da vencedora (Lei n. 8.906/94, art. 24).

Por fim, são credores titulares de privilégio geral na falência os credores quirografários pelos créditos constituídos antes da recuperação judicial do falido e que, durante esta, continuaram a conceder-lhe crédito. Ocorre, aqui, a *reclassificação* de um crédito originariamente quirografário em razão da convolação da recuperação judicial em falência (LF, art. 67, parágrafo único).

Se, no momento em que for dar início aos pagamentos relativos à classe dos credores com privilégio geral, o dinheiro existente em caixa for insuficiente à satisfação do total devido aos nela admitidos ou reclassificados, o administrador judicial deverá fazer pagamento *parcial* em favor de cada credor, proporcional ao crédito (principal mais juros até a quebra e correção monetária integral). É o rateio. Como classes da categoria dos credores sujeitos a rateio, os credores com privilégio geral, os quirografários e os subquirografários são pagos, sucessivamente, por dividendos, cabendo ao administrador judicial efetuar o rateio relativo à classe que está sendo atendida.

233. Credores quirografários

A classe dos quirografários – integrante da categoria dos credores sujeitos a rateio – é, sem dúvida, a mais extensa de todas as classificações de beneficiários de pagamento na falência.

Nela estão os credores a título negocial cujo direito é documentado num título de crédito (nota promissória, letra de câmbio, cheque ou duplicata), numa debênture sem garantia (LSA, art. 58, *caput*) ou num contrato desprovido de garantias reais.

Também nela se acham os credores por obrigação extracontratual, assim os titulares de indenização por ato ilícito.

Igualmente se encontram, nessa classe, as reclassificações: os credores não sujeitos a rateio, pelo saldo não satisfeito com o produto líquido da venda do ativo onerado ou objeto de privilégio especial, e os créditos públicos não inscritos na dívida ativa.

De um modo geral, nela também estão todos os demais credores não classificáveis em qualquer outra categoria da ordem de pagamentos na falência. Trata-se da classe dos quirografários da instância residual dos credores da falida. Quer dizer, se o credor não se enquadra, por expressa disposição da lei, em nenhuma das outras classes, ele é quirografário.

Apenas após a integral satisfação do valor devido aos credores de uma classe sujeita a rateio (titulares de privilégio geral, quirografários e subquirografários) é que o administrador judicial pode, se sobraram recursos na massa, pagar os da classe subsequente na ordem de preferências.

O credor sujeito a rateio está integralmente pago quando recebe o principal do título, acrescido de juros *até a decretação da falência* e correção monetária, esta incidente *até o pagamento*.

Assim, o administrador judicial deve pagar os credores com privilégio geral, se houver dinheiro em caixa, *após* o pagamento da totalidade do devido aos credores da massa, aos titulares de direito à restituição em dinheiro, aos empregados, equiparados e ao Fisco e *após* o exaurimento do produto líquido da alienação do bem onerado ou objeto de privilégio especial, no pagamento aos credores não sujeitos a rateio (lembre-se que o saldo credor dos titulares de garantia real ou privilégio especial não coberto pelo produto líquido da venda do bem onerado ou objeto do privilégio constitui *crédito quirografário* e, portanto, só participa do rateio depois da integral satisfação dos credores com privilégio geral). Pois bem, uma vez verificada essa condição, o administrador judicial passa ao pagamento dos credores quirografários, considerando o valor de cada crédito acrescido de juros até a quebra e de correção monetária integral.

Satisfeitos todos os quirografários, se restar ainda dinheiro em caixa, o administrador judicial paga os créditos subquirografários, que compreendem, inicialmente, as multas contratuais e as penas pecuniárias e, depois, os subordinados.

234. Cláusula penal e penas pecuniárias

A classe dos credores subquirografários, atendida após a completa satisfação dos quirografários, compreende duas subclasses: a dos créditos por ato ilícito e a dos credores subordinados.

Entre essas subclasses, há hierarquia, em razão da qual devem ser atendidos, inicialmente, os créditos por ilícito. Assim, depois de pagos os credores quirografários e antes de começar a atender os subordinados, o administrador judicial deve proceder ao pagamento das multas contratuais e penas pecuniárias.

Do crédito dos sujeitos privados deve sempre ser destacada a *multa contratual* para ser atendida apenas na subclasse dos subquirografários por ilícito. Imagine que certo fornecedor de insumos da sociedade falida mantinha com esta um contrato de fornecimento que estipula multa de 10% sobre o valor devido em caso de inadimplência. Considere que a sociedade não havia pago uma duplicata de $ 80. Pois bem, o crédito total do fornecedor – abstraídos outros consectários eventualmente devidos, como juros ou correção monetária – é de $ 88. Esse crédito será classificado como quirografário na parte correspondente à duplicata que não foi paga. Na parte correspondente à multa contratual, não se classifica como tal, mas sim como subquirografário, porque o seu pagamento só deve ocorrer se restarem recursos após a quitação de todos os quirografários.

Também integram essa classe de *subquirografários por ilícito* os créditos de sujeitos públicos correspondentes a penas pecuniárias por infração à lei penal ou administrativa, inclusive multas tributárias. Desse modo, o administrador judicial deve, por exemplo, pagar o principal devido a título de imposto na classe dos créditos fiscais e deixar a multa pelo atraso para pagar apenas após a satisfação dos credores quirografários, se tiver sobrado recurso para tanto.

A razão de ser desse desdobramento do crédito em duas classes é fácil de entender.

Trata-se de valores devidos em razão de um ilícito cometido pelo falido. Se deve pagar a multa contratual, é porque desrespeitou a norma legal que determina o cumprimento das obrigações em seu vencimento. Se é devedora de pena pecuniária, então um dos seus representantes cometeu crime ou contravenção, ou ela mesma incorreu em infração a lei administrativa ou deixou de pagar, no prazo, algum tributo. Em todas essas situações, a origem da obrigação é um ato ilícito.

Pois bem, não seria justo deixar de atender à maioria dos credores (excetuam-se desse tratamento apenas os subordinados) em razão de se consumirem recursos da massa no pagamento desse gênero de obrigação. Equivaleria, num certo sentido, a transferir para a comunidade dos credores as consequências da ilicitude perpetrada pelo devedor. Isso, principalmente quando se trata de pena pecuniária por infração à lei penal, agride frontalmente os valores sociais cultivados pela organização democrática, que impedem seja a sanção suportada por quem não cometeu o ilícito. Assim sendo, para evitar tal injustiça, a lei classifica os créditos derivados de multas contratuais e penas pecuniárias em seguida aos quirografários e antes dos subordinados.

Não são atendidos os créditos derivados de multa contratual ou pena pecuniária se constituídos em razão da falência.

Se o contrato de fornecimento prevê cláusula penal pelo inadimplemento de qualquer obrigação e o comprador estava adimplente na data em que foi decretada a quebra, o vendedor não pode querer receber o valor da multa, a pretexto de ter a falência posto fim à sua expectativa de faturamento. Os créditos desse tipo que se constituem em razão da instauração do concurso falimentar não são, em suma, reclamáveis na falência.

235. Credores subordinados

A segunda e última subclasse da classe dos credores subquirografários é a dos subordinados.

Ela abrange os créditos cujo pagamento somente pode ser feito após a satisfação integral dos credores da falida, *inclusive* dos juros posteriores à massa.

Pertencem à última categoria dos credores da falida os debenturistas titulares de debêntures subordinadas, na falência da sociedade anônima emissora (LSA, art. 58, § 4.º), e os diretores ou administradores da sociedade falida sem vínculo empregatício, bem como sócios da sociedade limitada ou acionista da anônima por créditos de qualquer natureza. Por exemplo, se quem titulariza o poder de controle de uma companhia, em vez de aportar nela, como capital social, os recursos necessários à exploração do objeto social, opta por emprestá-los, em sobrevindo a falência, o crédito do controlador é classificado como subordinado.

236. Controlador externo

No caso da recuperação judicial da *LP Displays Brasil Ltda.*, discutiu-se interessante questão relacionada à classificação do crédito titulada pelo controlador externo. O argumento dos advogados do agravante era o de que o banco concedente de crédito havia assumido, por força de seus direitos de credor, uma posição de relevância tal na empresa devedora, que passaram a controlá-la externamente. Pleiteou-se, na ocasião, que o crédito desses bancos deveria ser classificado como subquirografário, em razão do controle que exerciam.

No Acórdão relatado pelo Des. Lino Machado: "Nem é razoável, ao menos no caso sob exame, dar-se interpretação extensiva ao art. 83, VIII, *b*, da NLF, que classifica como créditos subordinados os 'dos sócios e dos administradores sem vínculo empregatício' para na hipótese enquadrar os bancos credores sob a alegação de que assumiram uma tal posição de relevância na vida das empresas do grupo que passaram a controlá-lo. Em primeiro lugar, porque não está evidenciada a atuação dos bancos na administração da controladora ou da controlada. Em segundo lugar, porque seria difícil, ou talvez impossível, obter o empréstimo que a controladora obteve se os bancos credores viessem a saber que as garantias que lhes foram prestadas não teriam valor por causa da ascendência econômica que pudessem ter adquirido tão só pelo fato de serem credores de uma grande soma. De qualquer modo, os bancos não são sócios, ao que se saiba, nem da controladora, nem da controlada, nem figuram como administradores da controlada no seu contrato social (...)" (Agravo de Instrumento n. 582.401-4/0-00).

237. Juros posteriores à falência e correção monetária

A decretação da falência suspende a fluência dos juros, legais ou contratuais. Desse modo, os vencidos até a data da sentença de quebra somam-se ao principal do crédito para fins de habilitação. Os juros posteriores à falência ficam suspensos e somente serão pagos se sobrarem recursos na massa ativa, depois que todos os credores subordinados da falida estiverem integralmente satisfeitos. Isso pressupõe o pagamento integral dos credores da massa, dos titulares de direito à restituição em dinheiro, dos empregados e equiparados, dos credores com garantia real, do Fisco, dos privilegiados, quirografários e subordinados. No entanto, admitido o credor à falência, seu crédito será considerado integralmente pago, em princípio, pelo recebimento do valor habilitado devidamente corrigido até a data do pagamento.

Em outros termos, para que o administrador judicial possa fazer o pagamento dos juros *posteriores* à quebra é necessário que todos os credores da falida tenham recebido o que lhes é devido com juros até a falência e correção monetária até o pagamento.

Em situação diferente encontra-se o credor com garantia real. Se o produto líquido da venda judicial do bem onerado (hipotecado, empenhado ou caucionado) for suficiente para o pagamento não só do principal, acrescido dos juros anteriores e correção monetária, mas também do valor correspondente aos juros posteriores à quebra, o administrador judicial deve pagá-los.

Note-se, contudo, que, na reclassificação para a classe dos quirografários do saldo do credor do titular de direito real de garantia, são excluídos os juros posteriores à decretação da falência. Esses juros passam a ter o tratamento dispensado aos dos demais credores da falida, ou seja, serão atendidos apenas se houver recursos na massa depois de integralmente satisfeitos os credores quirografários.

Em relação à correção monetária dos créditos admitidos na falência, importa ressaltar que, não representando ela nenhum acréscimo ao montante da obrigação (uma vez que apenas atualiza a expressão em moeda do mesmo valor), não se lhe aplicam as regras relativas ao pagamento dos juros.

Quer dizer, a correção monetária será sempre integral, devendo ser paga *junto* com o principal. O administrador judicial, ao realizar os pagamentos e distribuir rateios, deve, em outros termos, simplesmente ignorar o valor histórico das obrigações e considerar exclusivamente o atualizado.

238. Síntese

Em suma, a ordem dos beneficiários de pagamento na falência é a seguinte:

ESPÉCIE	CLASSE	SUBCLASSES ou EXEMPLOS
Credores da massa		1.1. Remuneração do administrador judicial 1.2. Remuneração dos auxiliares do administrador judicial 1.3. Despesas de administração dos bens da massa
Restituições	2. Restituições em dinheiro	
Credores do falido	3. Empregados e equiparados	Acidente de trabalho (antes da falência), credores trabalhistas, representantes comerciais e FGTS (CEF)
	4. Credores com garantia real	Credores hipotecários e pignoratícios
	5. Fisco	5.1. União, autarquias federais e credores parafiscais 5.2. Estados, Distrito Federal, Território e suas autarquias 5.3. Municípios e autarquias municipais
	6. Credores com privilégio especial	Credores por benfeitorias úteis ou necessárias e os autores na falência da editora

ESPÉCIE	CLASSE	SUBCLASSES ou EXEMPLOS
Credores do falido	7. Credores sujeitos a rateio	7.1. Credores com privilégio geral 7.2. Quirografários
	8. Credores subquirografários	8.1. Multas contratuais e penas pecuniárias 8.2. Credores subordinados
	9. Juros posteriores à falência	(Observada a mesma ordem de classificação)
Falido	10. Falido ou sócios da sociedade falida, proporcionalmente à participação no capital social	

239. Cessão de crédito e a exceção do crédito trabalhista

A regra geral do Código Civil é a de que a cessão de crédito importa a transferência ao cessionário de todas as preferências do crédito cedido (CC, arts. 287 e 349). Quando se trata, porém, de cessão de crédito trabalhista na falência do empregador, a lei abre uma exceção. Nessa hipótese, o cessionário não conserva a preferência do cedente, mas adquire crédito reclassificado como quirografário.

Ao excepcionar a regra geral da transmissão da preferência, a lei quer, na verdade, proteger o empregado. Ao determinar a reclassificação para baixo do crédito, ela praticamente inviabiliza a formação do mercado de aquisição dos créditos trabalhistas devidos na falência. Se a lei não abrisse a exceção, especuladores teriam interesse em assediar os empregados credores para deles adquirirem, com deságio significativo, o crédito. Os empregados, normalmente expostos a sérias dificuldades em razão da falência do empregador, seriam presas fáceis nas mãos desses especuladores. Ao determinar a reclassificação para baixo, a lei desestimula tais negociações e protege os titulares de crédito trabalhista.

Art. 84. Serão considerados créditos extraconcursais e serão pagos com precedência sobre os mencionados no art. 83 desta Lei, na ordem a seguir, os relativos a:

I – remunerações devidas ao administrador judicial e seus auxiliares, e créditos derivados da legislação do trabalho ou decorrentes de acidentes de trabalho relativos a serviços prestados após a decretação da falência;

II – quantias fornecidas à massa pelos credores;

III – despesas com arrecadação, administração, realização do ativo e distribuição do seu produto, bem como custas do processo de falência;

IV – custas judiciais relativas às ações e execuções em que a massa falida tenha sido vencida;

V – obrigações resultantes de atos jurídicos válidos praticados durante a recuperação judicial, nos termos do art. 67 desta Lei, ou após a decretação da falência, e tributos relativos a fatos geradores ocorridos após a decretação da falência, respeitada a ordem estabelecida no art. 83 desta Lei.

240. Os créditos extraconcursais

Os créditos extraconcursais são aqueles que o administrador judicial deve atender *antes* do pagamento dos credores do falido. São duas as espécies de créditos extraconcursais: os relacionados à administração da falência e as restituições em dinheiro.

A primeira espécie tem preferência sobre a segunda, de modo que somente são atendidos os titulares de direito às restituições em dinheiro depois do pagamento dos credores da massa *caso* sobrem recursos. Note-se que a expressão escolhida pela lei para identificar essa categoria de beneficiários ("extraconcursais") não é por tudo apropriada porque pode eventualmente haver concurso entre alguns desses créditos. De fato, não há que se falar em rateio entre os credores da massa, mas, se não houver recursos suficientes para atender às restituições em dinheiro, deve-se proceder à divisão das disponibilidades entre os titulares do direito, proporcionalmente ao crédito de cada um, e isso corresponde a um concurso.

No presente item, examinam-se os credores da massa. No seguinte, as restituições em dinheiro.

A primeira espécie de beneficiário de pagamento, na falência, abrange os credores da massa falida. Com a decretação da falência e a instauração do concurso de credores, os bens do falido são arrecadados e devem ser administrados com vistas à otimização do produto de sua futura venda judicial. Por essa razão, a administração da falência, no interesse da comunidade dos credores, deve ser profissional. A profissionalização pressupõe que o administrador judicial e todos os prestadores de serviços e colaboradores (contador, leiloeiro, advogado e outros) devem ficar satisfeitos com suas remunerações. Estas, em outros termos, devem ser compatíveis com o valor de mercado do trabalho profissional despendido para a massa. Se o administrador judicial, por exemplo, não for pago a contento pelas inúmeras e complexas tarefas que a lei lhe impõe, dificilmente lhes dará a dedicação necessária. E é normal e humano que assim seja. Ninguém está minimamente obrigado a gastar tempo e energia em atividades não remuneradas de forma satisfatória. Assim também deve ser, por outro lado, em relação aos terceiros contratados pelo administrador judicial para a prestação de serviços à massa. Se os bens precisam ser recolhidos a um depósito, os serviços de armazenagem devem ser pagos. Se convém segurar certos itens do patrimônio arrecadado – obras de arte, por exemplo –, a seguradora só dará cobertura mediante pagamento do prêmio. A profissionalização da administração da massa é do interesse da comunidade dos credores. Se os bens da falida forem administrados com competência e diligência, todos serão, efetiva ou potencialmente, beneficiados.

Toda e qualquer despesa com a administração da falência ou o andamento do processo falimentar tem a natureza de crédito extraconcursal com absoluta preferência.

A lei contempla elenco exemplificativo dessas despesas: *a*) remuneração do administrador judicial e seus auxiliares, inclusive obrigações trabalhistas e decorrentes de acidente de trabalho quando referentes a serviços prestados após a decretação da falência; *b*) quantias fornecidas à massa pelos credores; *c*) despesas com arrecadação, administração, realização do ativo e distribuição do seu produto, além das custas judiciais; *d*) obrigações resultantes de atos jurídicos válidos praticados no âmbito da recuperação judicial ou da falência. Além dessas despesas listadas na lei, outras podem ser lembradas: disponibilização de páginas na rede mundial de computadores, organização e realização da Assembleia dos Credores ou de reunião do Comitê, publicação de aviso em jornal de grande circulação, pagamento de tributos e contribuições cujos fatos geradores verificam-se durante a tramitação do processo de falência etc.

Entre os créditos extraconcursais de prioridade absoluta encontram-se também alguns dos constituídos durante o processo de recuperação judicial.

Os créditos *negociais* contraídos pelo empresário individual ou sociedade empresária no curso da recuperação judicial (por exemplo, fornecimento a crédito mediante hipoteca, financiamento com caução de títulos etc.) são reclassificados, em caso de falência, como extraconcursais (LF, art. 67, *caput*). Trata-se de medida destinada a assegurar as condições de efetiva recuperação da empresa. Se aqueles que fornecem insumos a prazo ou financiamento ao empresário em estado de recuperação judicial (mediante garantia ou não) tivessem de concorrer com os credores anteriores, é provável que o crédito – essencial para qualquer reerguimento de empresa – escasseasse em definitivo. Em consequência, os objetivos da recuperação judicial se frustrariam. Com a definição da extraconcursalidade desses direitos creditórios, confere-se maior garantia de recebimento a quem vier a conceder crédito ao empresário em recuperação, contribuindo para o sucesso desta.

Os credores da massa devem ser pagos pelo administrador judicial assim que vencerem seus respectivos créditos. Não há concurso entre eles, exceto se faltarem recursos para o pagamento integral dos titulares de créditos autorizados. Nesse caso, atendidos integralmente os demais credores da massa, divide-se o saldo de caixa remanescente entre os credores por crédito autorizado proporcionalmente ao valor de cada um.

241. Restituições em dinheiro (1)

A ordem de pagamentos na falência deve prestigiar quatro outros objetivos da Lei Falimentar, além da profissionalização da administração da massa e do tratamento paritário dos credores. Trata-se dos objetivos relacionados aos pedidos de restituição.

O primeiro é a apuração da massa falida. A arrecadação, como já se referiu, compreende todos os bens encontrados no estabelecimento empresarial do empresário em falência, inclusive os que se encontram na posse dela, mas não lhe pertencem. Os bens dos quais a falida era depositária, comodatária ou locatária, desse modo, são arrecadados pelo administrador judicial. É claro, entretanto, que eles, por não serem da propriedade da devedora quebrada, não integram a garantia dos credores e devem ser, por isso, destacados da constrição judicial. Um dos objetivos do pedido de restituição é justamente a lapidação da massa, isto é, a devolução ao proprietário do bem que se encontrava no estabelecimento empresarial da falida.

O segundo objetivo, também relacionado ao pedido de restituição, é a coibição da má-fé presumida da falida. Nos 15 dias que antecedem a distribuição do pedido de falência, os representantes legais da empresa sabem que dificilmente conseguirão pagar as mercadorias que estão recebendo dos fornecedores. Presume a lei que deveriam, em boa-fé, recusar novas remessas a partir do momento em que constatam a precariedade da situação econômica e financeira do empresário. Sabe-se, contudo, que a recusa não é também uma alternativa fácil para os administradores. De um lado, há sempre expectativas de reerguimento dos negócios; de outro, a atitude certamente despertaria preocupações no mercado, dificultando ainda mais a sobrevivência da empresa. Nesse contexto, a lei determina à massa que restitua aos vendedores as mercadorias entregues à falida nos 15 dias antecedentes ao pedido de falência.

O terceiro objetivo é o estímulo às exportações. Relaciona-se ao pedido de restituição de importâncias adiantadas ao exportador com base num contrato de câmbio. Ao determinar o atendimento desse crédito como extraconcursal, a Lei de Falências contribui para a redução, na operação de financiamento, do risco associado à insolvência do exportador e para o consequente barateamento dos juros dessa linha de crédito bancário.

Por fim, o quarto objetivo é a proteção do contratante de boa-fé que tiver sofrido prejuízo em razão da declaração de ineficácia subjetiva ou objetiva de ato praticado pela falida. Ao prestigiar o interesse desse sujeito de direito, a lei evita enriquecimento indevido da comunhão dos credores.

Quando a realização desses objetivos faz-se mediante restituição em dinheiro (art. 86), o titular do direito tem, na falência, crédito extraconcursal.

Seção III

Do Pedido de Restituição

Art. 85. O proprietário de bem arrecadado no processo de falência ou que se encontre em poder do devedor na data da decretação da falência poderá pedir sua restituição.

Parágrafo único. Também pode ser pedida a restituição de coisa vendida a crédito e entregue ao devedor nos 15 (quinze) dias anteriores ao requerimento de sua falência, se ainda não alienada.

242. Os pedidos de restituição

A definição do ativo do falido ou da sociedade falida é objetivo do processo falimentar que se alcança pela conjugação de um ato, o de arrecadação dos bens da devedora, e de um procedimento, o de restituição.

O primeiro representa a constrição judicial do patrimônio da executada, na execução concursal falimentar, e abrange todos os bens de sua propriedade, além dos que se encontram nos seus estabelecimentos empresariais. Como são arrecadados, inclusive, bens que se encontram na posse do falido ou da sociedade falida, mas que não lhe pertencem – dos quais é locatário, depositário ou comodatário, por exemplo –, a definição do ativo complementa-se pela sua restituição aos proprietários. Evidentemente, os bens que não integram o patrimônio do devedor não podem ser liquidados para a satisfação dos credores, e o meio procedimental adequado de destacá-los da massa arrecadada é o pedido de restituição.

Por outro lado, o vendedor de mercadorias entregues às vésperas da falência foi, em certo sentido, induzido em erro, na medida em que teria obstado a entrega, se soubesse da situação econômica precária em que a compradora certamente já se encontrava à época. Para prestigiar a boa-fé que deve imperar nas transações comerciais, a lei falimentar também exclui do patrimônio executável da devedora essas mercadorias, determinando a sua restituição.

Também o crédito titularizado por instituição financeira com base em adiantamentos feitos ao exportador falido ou o direito de terceiro de boa-fé prejudicado pela declaração de ineficácia de ato em razão da falência correspondem a bens que, por razões diversas, devem ser destacados da massa falida e restituídos aos legitimados para a titularidade deles.

Waldemar Ferreira chama a arrecadação de *integração da massa ativa* e a restituição de *desintegração*.[77] Pois bem, a definição do ativo da falida é o resultado desses dois movimentos do processo falimentar, a integração e a desintegração da massa falida objetiva. Os bens na posse da falida, as mercadorias entregues às vésperas da falência, entre outros, não devem integrar, ou melhor, devem ser desintegrados da massa de bens a serem vendidos em juízo para pagamento dos credores participantes do concurso.

São *quatro* os pedidos de restituição previstos na Lei de Falências. Um, delineado no *caput* do art. 85, tem por fundamento a titularidade de direito real sobre bem arrecadado, e o seu objetivo é a lapidação da massa, o destaque das coisas que não são do patrimônio do falido. Outro, encontrado no parágrafo único do art. 85, funda-se na *entrega* de mercadorias, vendidas a prazo e não pagas, ocorrida nos 15 dias que antecederam a distribuição do pedido de falência e visa à coibição da má-fé presumida da falida. O terceiro, previsto no art. 75, § 3.º, da Lei n. 4.728/65, diz respeito à restituição de adiantamento ao exportador feito com base num contrato de câmbio e visa estimular as exportações, facilitando e barateando seu financiamento. Finalmente, cabe o pedido de restituição para atendimento do credor de boa-fé, na hipótese de revogação ou ineficácia do contrato, como determinado pelo art. 136 da LF.

---

77. *Obra citada*, v. 15, p. 61-129.

São, portanto, quatro os pedidos de restituição, com fundamentos e objetivos diferentes, iguais apenas na disciplina procedimental.

Nos dois primeiros casos (art. 85 e seu parágrafo único), deferido o pedido de restituição, a coisa deve ser restituída em espécie, isto é, o juízo falimentar deve destacar da massa ativa e devolver ao requerente exatamente o mesmo bem de sua propriedade ou a mesma mercadoria por ele vendida e entregue. Caso perdida a coisa ou mercadoria por qualquer razão e nos dois outros casos (adiantamento ao exportador ou devolução ao contratante de boa-fé), opera-se a restituição em dinheiro.

Quando feita em espécie, a restituição deve seguir-se imediatamente ao trânsito em julgado da sentença que acolher o pedido, determinando o juiz, nas 48 horas seguintes, a expedição de mandado para a entrega da coisa ao reclamante.

Quando feita em dinheiro, o administrador judicial deve providenciar o pagamento ao beneficiário do direito após pagar as despesas com a administração da falência e antes de atender à ordem de preferência dos credores (comentários ao art. 83). Com efeito, os titulares de direito à restituição, ainda que tenha esta de realizar-se em dinheiro, não entram na classificação dos credores. Caracterizam-se como credores extraconcursais.

243. Não cabe pedido de restituição na recuperação judicial

Na antiga lei de falências, o pedido de restituição era manejável tanto na falência como na concordata do comprador de mercadorias. Na lei atual, ele cabe apenas no caso de quebra. Embora haja paralelismos possíveis e frutíferos entre a concordata e a recuperação judicial, as diferenças entre os dois institutos obstam qualquer interpretação no sentido de se estender a esta última o pedido de restituição. Como a concordata era um favor legal, que independia da vontade dos credores, a lei devia prever instrumentos de coibição de sua eventual utilização fraudulenta, como era a prática de elevar os estoques às vésperas da impetração. Como a recuperação judicial não é favor da lei, o devedor deve conquistar na mesa de negociação com seus credores o acesso ao mecanismo de superação da crise, reduzindo-se o espaço para manobras fraudulentas.

Ao julgar a Apelação Cível com Revisão 569.786-4/0-00, o TJSP confirmou o entendimento de que não cabe pedido de restituição na recuperação judicial (relator Des. Pereira Calças).

244. O pedido de restituição do *caput* do art. 85

Serão arrecadados pelo administrador judicial todos os bens na posse do falido. Dentre estes, poderá existir um ou mais que não sejam da propriedade dela, bem do qual era comodatária, depositária ou locatária, por exemplo. É claro que esse bem não poderá ser alienado pelo juízo falimentar para satisfazer, com o produto da venda, credores da falida, visto não se tratar de elemento do patrimônio da devedora, mas de terceiro estranho às relações obrigacionais atendidas no concurso falimentar.

Para a defesa do proprietário do bem, há, na Lei de Falências, duas medidas judiciais: o pedido de restituição e os embargos de terceiro. Qualquer uma delas pode ser acionada pelo atingido pelo esbulho judicial, indiferentemente. Assim, o locador, depositante ou comodante do bem arrecadado devem pedir a sua restituição ou oferecer embargos perante o juízo falimentar. Julgada procedente a medida proposta, destacar-se-á da massa o bem em questão para retorno às mãos do titular do domínio.

Não há outra forma de o proprietário ser reintegrado na posse do bem. Pelo esquema legal criado, compete exclusivamente ao juiz decidir se certa coisa encontrada no estabelecimento empresarial da falida pertence ou não a esta. Não é, portanto, o administrador judicial, no ato da arrecadação, que decide quais são os elementos do patrimônio da devedora a serem objeto da constrição judicial. Sua função é simplesmente arrecadar tudo que encontrar na sede e, se houver, em filiais da empresa quebrada. Os titulares de direito real sobre bens arrecadados, por meio do pedido de restituição ou dos embargos de terceiro que lhes cabe providenciar, terão o seu pleito examinado pelo juiz. É função jurisdicional decidir se certa mercadoria ou coisa integra, ou não, a massa ativa.

O pedido de restituição se traduz num rito de cognição sumária, em que a *coisa julgada* somente opera em relação à natureza da posse que a massa falida exerce sobre o bem. A decisão do pedido de restituição não compreende o conhecimento judicial de propriedade, senão para os fins de se decidir sobre a justeza da posse exercida pela massa sobre a coisa reclamada. Se restar apurado, posteriormente à concessão da restituição, que o bem reclamado era, na verdade, do domínio do falido, a massa poderá promover a competente ação (revocatória, possessória ou reivindicatória) para reavê-lo, não podendo o reclamante invocar a autoridade da coisa julgada em vista dos estreitos limites do pedido restituitório.

Por disposição expressa de lei (Decreto-Lei n. 911/69, art. 7.º), cabe o pedido de restituição da coisa alienada com garantia fiduciária, por parte da instituição financeira fiduciária, na falência da sociedade devedora fiduciante. Trata-se, a rigor, de simples especificação de comando normativo já encontrado no próprio art. 85, *caput*, da LF. A instituição financeira fiduciária é a titular da propriedade resolúvel da coisa alienada, enquanto a devedora fiduciante detém a posse direta. Verificada a falência desta última, têm-se os mesmos pressupostos do dispositivo da Lei Falimentar, que autorizam, por exemplo, a restituição do bem em posse da locatária falida em favor do locador.

O pedido de restituição de dinheiro é possível, segundo entendimento assente do STF (Súmula 417). De fato, o dinheiro, como qualquer outro bem, pode encontrar-se na posse do falido – depositado em sua conta bancária, na verdade – e não ser de sua propriedade. É, por exemplo, o caso da contribuição dos empregados para a Seguridade Social descontada dos salários e não recolhida ao INSS. Com a quebra, o dinheiro correspondente a essa contribuição estará ainda em posse da falida, mas pertence ao Instituto desde o dia em que foi descontado dos salários pagos aos empregados. Desse modo, o INSS pode reivindicar o numerário correspondente a tais contribuições (Lei n. 8.212/91, art. 51, parágrafo único). Note-se que a contribuição do próprio falido, enquanto empregador, não pode ser objeto de pedido de restituição. O valor desta última será inscrito pelo INSS na dívida ativa, e o administrador judicial deve pagá-lo juntamente com os demais créditos públicos federais.

Também títulos podem ser reclamados por meio de pedido de restituição, quando presentes os pressupostos da titularidade do requerente e da posse ilegítima da massa falida. A propósito, na Lei n. 9.514/97, sobre o sistema de financiamento imobiliário, encontra-se hipótese específica de pedido de restituição de título, na falência do cedente de direitos creditícios oriundos da alienação de imóveis (art. 20).

245. O pedido de restituição do parágrafo único do art. 85

O art. 85, parágrafo único, da LF cuida de pedido de restituição com fundamento e objetivo diversos dos referidos no *caput* do mesmo dispositivo e outros dispositivos legais.

Trata-se da reclamação de coisas vendidas a crédito e entregues à falida nos 15 dias anteriores ao pedido de falência, se ainda não alienadas.

A finalidade é a proteção da boa-fé que deve permear as práticas interempresariais. De fato, às vésperas da quebra, os representantes legais e administradores da sociedade sabem que dificilmente poderão honrar novos compromissos. Ao aceitarem remessas de mais mercadorias de fornecedores, estão agindo com presumível má-fé. Têm informações sobre o estado pré-falimentar da compradora de que não dispõe o vendedor, e, mais, informações que, se fossem do conhecimento do vendedor, provavelmente recomendariam não entregar as mercadorias vendidas.

Para que se configure o direito à restituição, contudo, é necessário que as mercadorias não tenham sido revendidas pelo comprador *antes* de falir ou que o pedido seja formulado no juízo falimentar *antes* da venda judicial das mercadorias. Uma vez verificada qualquer uma dessas hipóteses (revenda pelo comprador ou alienação judicial), não haverá mais direito restituitório. Nesse caso, resta ao vendedor habilitar o crédito e concorrer na massa passiva.

A revenda pelo próprio comprador, antes de ser decretada a quebra, inibe o direito à restituição quando o pedido se funda no parágrafo único do art. 85. A referência, constante do *caput* do dispositivo, à restituição de bem arrecadado "que se encontre em poder do devedor" tem sentido apenas no contexto da apuração da massa falida, e não se aplica à restituição destinada a coibir a má-fé do falido (a do parágrafo único). Como visto, as duas hipóteses de restituição atendem a pressupostos diversos.[78]

---

78. Em sentido contrário: Miranda Valverde, *Comentários à Lei de Falências*, 4. ed., Rio de Janeiro: Forense, 1999, revista e atualizada por J. A. Penalva Santos e Paulo Penalva Santos, v. II, p. 33.

No pedido de restituição do parágrafo único do art. 85, o requerente deverá provar que as mercadorias foram *entregues* num dos 15 dias anteriores ao da distribuição do pedido de falência acolhido. São irrelevantes as datas do contrato, do vencimento, do despacho; o que interessa unicamente ao direito à restituição é a da efetiva entrega, isto é, a chegada das mercadorias no estabelecimento empresarial da falida.

Art. 86. Proceder-se-á à restituição em dinheiro:

I – se a coisa não mais existir ao tempo do pedido de restituição, hipótese em que o requerente receberá o valor da avaliação do bem, ou, no caso de ter ocorrido sua venda, o respectivo preço, em ambos os casos no valor atualizado;

II – da importância entregue ao devedor, em moeda corrente nacional, decorrente de adiantamento a contrato de câmbio para exportação, na forma do art. 75, §§ 3.º e 4.º, da Lei n. 4.728, de 14 de julho de 1965, desde que o prazo total da operação, inclusive eventuais prorrogações, não exceda o previsto nas normas específicas da autoridade competente;

III – dos valores entregues ao devedor pelo contratante de boa-fé na hipótese de revogação ou ineficácia do contrato, conforme disposto no art. 136 desta Lei.

Parágrafo único. As restituições de que trata este artigo somente serão efetuadas após o pagamento previsto no art. 151 desta Lei.

246. Restituições em dinheiro (2)

Em duas hipóteses as restituições são feitas em dinheiro.

Primeira, quando o bem na posse do falido objeto do pedido é dinheiro. Por exemplo, no caso da contribuição do empregado à Seguridade Social descontada do salário e ainda não recolhida. O numerário correspondente encontra-se na posse da falida – provavelmente depositado em conta bancária –, mas não é de sua propriedade; pertence ao INSS. Outros exemplos de restituição que tem por objeto dinheiro são: a de adiantamentos ao exportador ou a destinada a compensar o contratante de boa-fé pelos prejuízos derivados da declaração de ineficácia de ato da falida.

Segunda, se o bem a ser restituído não mais existir quando da restituição, porque foi roubado ou furtado após a arrecadação ou se perdeu.

São nessas situações em que a restituição é feita em dinheiro que o pagamento antecede o dos credores da falida. Trata-se de desembolso que corresponde a bens (dinheiro ou não) que a lei, por razões várias, considera *não* integrantes da massa falida e, por isso, não componentes da garantia dos credores.

Antes de qualquer outro pagamento, mesmo em favor dos credores da falida com a mais absoluta preferência, o administrador judicial deve atender aos titulares do direito à restituição em dinheiro por essa razão (exceção apenas ao adiantamento dos salários em atraso, nos limites legais). Se ele inverter a ordem, pagando credor da falida antes de proceder às restituições em pecúnia, pode estar satisfazendo crédito mediante execução de bem *não* integrante do patrimônio do devedor ou frustrando a realização de objetivos da lei falimentar.

Os titulares de direito à restituição em dinheiro não são classificados como credores – nem da massa, nem do falido; constituem uma espécie própria de beneficiário de pagamento na falência.

247. O pedido de restituição de adiantamento ao exportador

Um dos grandes desafios do Brasil desde sua inserção na economia globalizada e estabilização monetária, verificadas a partir dos anos 1990, tem sido o de aumentar as exportações. Com superávits comerciais expressivos, poderá nossa economia reduzir a dependência de divisas externas e fortalecer seu processo de desenvolvimento. Beneficia toda a sociedade brasileira, por isso, o estímulo às exportações.

A facilitação e barateamento do financiamento aos exportadores representam, em outros termos, medida do interesse nacional. Quanto maiores forem as garantias de recuperação do dinheiro emprestado aos exportadores pelos bancos, menores serão os juros praticados. Isso porque parte das taxas cobradas pelas instituições financeiras é pressionada pelos riscos associados à insolvência do devedor. Ao estabelecer a lei a restituição das quantias adiantadas ao exportador falido com base num contrato de câmbio, definindo o crédito da instituição financeira como extraconcursal, atenuam-se o risco associado à insolvência e, consequentemente, os juros cobrados nessa linha de financiamento.

Em outros termos, o pedido de restituição do art. 75, § 3.º, da Lei n. 4.728/65 contribui para a facilitação e o barateamento do financiamento às exportações; ajuda, em última instância, o enfrentamento do desafio nacional pela redução da dependência externa.

O exportador se compromete a entregar mercadorias ao comprador situado no exterior. Este, por sua vez, se compromete a pagar-lhe o valor das mercadorias. O pagamento é feito, via de regra, em moeda de curso internacional, como o dólar norte-americano ou, eventualmente, o euro. Como visto anteriormente, o exportador é obrigado, pela lei brasileira, a adquirir moeda nacional (utilizando, como meio de pagamento, a estrangeira) de uma instituição financeira, mediante a celebração de contrato de câmbio.

Evidentemente, a venda ao exterior é contratada algum tempo antes da entrega da mercadoria e liberação do pagamento – que se faz, em geral, por crédito documentário mediado por instituições financeiras. Por vezes, passam-se vários meses entre a contratação da exportação e sua execução. Nesse período, o exportador que precisa de financiamento pode obtê-lo numa operação de ACC (antecipação de crédito derivado de contrato de câmbio). Ele procura o banco e celebra, desde logo, o contrato de câmbio. O banco, então, antecipa ao exportador o o dinheiro nacional (que este último será obrigado a adquirir) e fica sendo o credor da moeda estrangeira a ser entregue pelo estrangeiro comprador das mercadorias (*melhor*, pela instituição financeira contratada pelo estrangeiro comprador das mercadorias para emitir a carta de crédito).

Em termos singelos, a garantia do banco, na operação de ACC, é a solvência da instituição financeira contratada pelo estrangeiro comprador das mercadorias para emitir a carta de crédito. A antecipação, claro, é operação financeira lucrativa para o banco: o valor antecipado ao exportador é sempre menor que o mencionado na carta de crédito.

Se, antes da entrega das mercadorias e vencimento do crédito documentário, ocorrer a falência do exportador, ele não poderá dar cumprimento ao contrato. Em consequência, a instituição financeira contratada pelo estrangeiro comprador não desembolsará nenhuma divisa e o banco que procedeu à antecipação da quantia correspondente perderá a garantia. Nessa hipótese, tem ele direito à restituição do valor antecipado.

Se a lei não lhe assegurasse um crédito extraconcursal (via pedido de restituição), os juros cobrados dos exportadores nesse tipo de operação financeira teriam de ser maiores para absorverem o risco associado a essa eventualidade. Como titulariza crédito extraconcursal, a instituição financeira que procedeu ao adiantamento em favor do exportador será paga antes dos credores, minimizando-se dessa forma o risco de não recebimento.

248. O pedido de restituição do art. 136

Essa hipótese de pedido de restituição visa proteger a boa-fé do terceiro contratante, mas não tem necessariamente o sentido de coibir a má-fé do falido (como é o caso da restituição do parágrafo único do art. 85).

O fundamento desse tipo de restituição, que sempre é feita em dinheiro e não em espécie, liga-se também ao da medida de apuração da massa falida. Nesse sentido, configura uma hipótese intermediária entre a restituição do *caput* e a do parágrafo único do art. 85, reunindo elementos de ambas as espécies.

Cabe a restituição do art. 136 quando recursos monetários que se encontram na massa falida objetiva devem ser destacados dela para proteger o contratante de boa-fé, cujo contrato foi declarado ineficaz (objetiva ou subjetivamente). Como será examinado no comentário aos arts. 129 e 130, a lei fulmina com a ineficácia perante a massa falida dos credores determinados atos que frustram os objetivos do concurso falimentar, tenham sido praticados com ou sem fraude. Declarada a ineficácia desses atos, bens devem retornar à massa falida, o que pode importar prejuízo a terceiros contratantes de boa-fé. Para evitar o enriquecimento indevido da massa, o prejudicado com a declaração de ineficácia, provando sua boa-fé, pode requerer a restituição do dinheiro que neutralize a lesão sofrida.

Em razão do pedido de restituição previsto no art. 136, o administrador judicial ou o legitimado (Ministério Público ou qualquer credor) que estiver cogitando postular a declaração de ineficácia de certo ato deve avaliar criteriosamente se o resultado final será positivo ou negativo para a comunhão de credores. Se o bem apartado da massa falida por ato ineficaz estiver na propriedade de contratante de boa-fé, a declaração de ineficácia pode redundar na *redução* dos recursos disponíveis na massa para o atendimento dos credores, tendo em vista a natureza de crédito extraconcursal do titular do direito à restituição. Note-se que o administrador judicial ou o legitimado que ingressar com o pedido, a ação própria ou revocatória responde por *má administração* dos interesses da comunhão de credores se ignorar esse cálculo de custo e benefício.

Art. 87. O pedido de restituição deverá ser fundamentado e descreverá a coisa reclamada.

§ 1.º O juiz mandará autuar em separado o requerimento com os documentos que o instruírem e determinará a intimação do falido, do Comitê, dos credores e do administrador judicial para que, no prazo sucessivo de 5 (cinco) dias, se manifestem, valendo como contestação a manifestação contrária à restituição.

§ 2.º Contestado o pedido e deferidas as provas porventura requeridas, o juiz designará audiência de instrução e julgamento, se necessária.

§ 3.º Não havendo provas a realizar, os autos serão conclusos para sentença.

Art. 88. A sentença que reconhecer o direito do requerente determinará a entrega da coisa no prazo de 48 (quarenta e oito) horas.

Parágrafo único. Caso não haja contestação, a massa não será condenada ao pagamento de honorários advocatícios.

Art. 89. A sentença que negar a restituição, quando for o caso, incluirá o requerente no quadro-geral de credores, na classificação que lhe couber, na forma desta Lei.

Art. 90. Da sentença que julgar o pedido de restituição caberá apelação sem efeito suspensivo.

Parágrafo único. O autor do pedido de restituição que pretender receber o bem ou a quantia reclamada antes do trânsito em julgado da sentença prestará caução.

Art. 91. O pedido de restituição suspende a disponibilidade da coisa até o trânsito em julgado.

Parágrafo único. Quando diversos requerentes houverem de ser satisfeitos em dinheiro e não existir saldo suficiente para o pagamento integral, far-se-á rateio proporcional entre eles.

Art. 92. O requerente que tiver obtido êxito no seu pedido ressarcirá a massa falida ou a quem tiver suportado as despesas de conservação da coisa reclamada.

249. Rito do pedido de restituição

As quatro hipóteses de restituições processam-se de acordo com o mesmo rito.

O titular do direito peticiona ao juiz da falência fundamentando sua pretensão e descrevendo a coisa a restituir. A petição e seus documentos são autuados em separado. Tão logo recebido o pedido de restituição, suspende-se a disponibilidade da coisa reclamada. O administrador judicial deve, então, sustar eventuais providências que estivesse adotando para sua alienação.

Serão intimados no pedido de restituição o falido, o Comitê (se existir) e o administrador judicial para que, no prazo sucessivo de 5 dias, se manifestem sobre o pedido. Quando a lei fala em sucessão dos prazos, isso significa que cada parte terá seu prazo para manifestação iniciado no dia seguinte ao término do anteriormente aberto, sem que se promova novo ato de cientificação ou intimação. Assim, o juiz intima a todos conjuntamente, mas o administrador judicial só fala nos 5 dias seguintes ao término do prazo dado aos credores; estes, nos 5 dias seguintes ao do Comitê, e assim por diante.

Havendo manifestação contrária à restituição, ela será recebida como contestação. Se houver provas a realizar, procede-se à dilação probatória.

Conclusos os autos, o juiz proferirá sentença determinando a restituição da coisa ao requerente ou indeferindo o pedido. Se denegar a restituição, o juiz, em reconhecendo a titularidade de crédito pelo requerente, determinará sua inclusão no quadro geral de credores, na classificação cabida. Se houve contestação ao pedido, o sucumbente arca com as custas e despesas processuais. Caso não tenha havido, correm inteiramente por conta do titular do direito à restituição.

Da sentença que julgar o pedido de restituição cabe apelação, no efeito meramente devolutivo.

Sempre que concedida a restituição, o administrador judicial deve entregar ao requerente a coisa nas 48 horas seguintes ao trânsito em julgado da sentença. Quando ainda em curso o pedido ou pendente recurso, a restituição poderá ser feita antes do trânsito em julgado, desde que o requerente preste caução. Se a massa tiver incorrido em despesas com a conservação do bem ou mercadoria a restituir, a entrega pode ser condicionada ao seu ressarcimento.

Sendo a restituição em dinheiro, o requerente deve ser pago pelo administrador judicial após o atendimento às despesas de administração da falência e antes do pagamento aos credores. A restituição em dinheiro representa o último dos pagamentos de crédito extraconcursal a fazer. Quando dois ou mais requerentes tiverem direito à restituição em dinheiro e inexistirem recursos para atendê-los totalmente, proceder-se-á ao rateio proporcional ao valor do crédito de cada um.

Art. 93. Nos casos em que não couber pedido de restituição, fica resguardado o direito dos credores de propor embargos de terceiros, observada a legislação processual civil.

250. Os embargos de terceiro

Quando a constrição judicial representada pela arrecadação lesa o domínio de coisa de terceiro encontrada na posse do falido, o remédio processual adequado é o pedido de restituição do *caput* do art. 85. Quando, porém, a posse é turbada ou usurpada pela arrecadação, o meio adequado para sua defesa contra o ato judicial são os embargos de terceiro.[79]

Sob a égide da lei anterior, alguns doutrinadores, como Miranda Valverde, por um lado, sustentavam que não eram coincidentes as hipóteses de cabimento do pedido de restituição e embargos de terceiro, quando a posse exercida sobre o bem arrecadado deveria ser entregue ao demandante.[80] Por outro lado, outros, a exemplo de Rubens Requião, defendiam a coincidência e apontavam como vantagem dos embargos de terceiro sobre o pedido de restituição a possibilidade de, naquele, pleitear-se a entrega *in limine* da posse.[81]

A nova Lei de Falências não dá ensejo mais a dúvida. Quando couber o pedido de restituição, os embargos de terceiro não são admissíveis, e vice-versa. Resulta essa interpretação dos claros termos em que se pôs o dispositivo acima.

Na falência de sociedade empresária limitada ou anônima, é difícil identificar-se exemplo de arrecadação de bem na posse do falido sobre o qual algum outro sujeito exerceria posse legítima também (sem o domínio), suscetível de tutela via embargos de terceiro. Na maioria das vezes, portanto, parecerá sem sentido a norma aqui comentada. Se a falida é sociedade empresária limitada ou anônima, não haverá hipótese em que o pedido de restituição não seja cabível na correção do ato de constrição judicial.

Se o falido é empresário individual, porém, ou se se considera a arrecadação de bens do sócio de sociedade empresária de tipo menor, é possível vislumbrar a aplicação do preceito na definição do meio pro-

---

79. Não há dúvida de que os embargos de terceiro se prestam à tutela da posse diante de constrição judicial. Cf., por todos, Antonio Carlos Marcato, *Procedimentos especiais*, 10. ed., São Paulo: Atlas, 2004, p. 165.
80. Miranda Valverde, *obra citada*, v. II, p. 69-70.
81. Requião, *Curso de direito falimentar*, cit., v. 1, p. 254.

cessual adequado à defesa da meação do cônjuge, por exemplo. Nessa situação específica e rara, o pedido de restituição não seria pertinente, mas sim os embargos de terceiro.

Seção IV

Do Procedimento para a Decretação da Falência

Art. 94. Será decretada a falência do devedor que:

I – sem relevante razão de direito, não paga, no vencimento, obrigação líquida materializada em título ou títulos executivos protestados cuja soma ultrapasse o equivalente a 40 (quarenta) salários mínimos na data do pedido de falência;

II – executado por qualquer quantia líquida, não paga, não deposita e não nomeia à penhora bens suficientes dentro do prazo legal;

III – pratica qualquer dos seguintes atos, exceto se fizer parte de plano de recuperação judicial:

***a)* procede à liquidação precipitada de seus ativos ou lança mão de meio ruinoso ou fraudulento para realizar pagamentos;**

***b)* realiza ou, por atos inequívocos, tenta realizar, com o objetivo de retardar pagamentos ou fraudar credores, negócio simulado ou alienação de parte ou da totalidade de seu ativo a terceiro, credor ou não;**

***c)* transfere estabelecimento a terceiro, credor ou não, sem o consentimento de todos os credores e sem ficar com bens suficientes para solver seu passivo;**

***d)* simula a transferência de seu principal estabelecimento com o objetivo de burlar a legislação ou a fiscalização ou para prejudicar credor;**

***e)* dá ou reforça garantia a credor por dívida contraída anteriormente sem ficar com bens livres e desembaraçados suficientes para saldar seu passivo;**

_f_) ausenta-se sem deixar representante habilitado e com recursos suficientes para pagar os credores, abandona estabelecimento ou tenta ocultar-se de seu domicílio, do local de sua sede ou de seu principal estabelecimento;

_g_) deixa de cumprir, no prazo estabelecido, obrigação assumida no plano de recuperação judicial.

§ 1.º Credores podem reunir-se em litisconsórcio a fim de perfazer o limite mínimo para o pedido de falência com base no inciso I do *caput* deste artigo.

§ 2.º Ainda que líquidos, não legitimam o pedido de falência os créditos que nela não se possam reclamar.

§ 3.º Na hipótese do inciso I do *caput* deste artigo, o pedido de falência será instruído com os títulos executivos na forma do parágrafo único do art. 9.º desta Lei, acompanhados, em qualquer caso, dos respectivos instrumentos de protesto para fim falimentar nos termos da legislação específica.

§ 4.º Na hipótese do inciso II do *caput* deste artigo, o pedido de falência será instruído com certidão expedida pelo juízo em que se processa a execução.

§ 5.º Na hipótese do inciso III do *caput* deste artigo, o pedido de falência descreverá os fatos que a caracterizam, juntando-se as provas que houver e especificando-se as que serão produzidas.

251. Pesquisa da intenção do requerente

Um dos objetivos da reforma da lei falimentar de 2005 foi a de desmotivar o uso do pedido de falência como mero instrumento de cobrança de obrigação líquida. Este objetivo se intentou mediante o estabelecimento de um valor mínimo para o crédito inadimplido que legitima o credor ao pedido, com base na impontualidade injustificada: quarenta salários mínimos.

Convém ressaltar, contudo, que, mesmo tendo sido este um dos objetivos da nova lei, uma vez atendido ao requisito do valor mínimo, não cabe ao juiz pesquisar outros elementos que pudessem eventualmente indicar que a intenção do requerente era menos a instauração do concurso e mais a pura e simples satisfação de seu crédito. Atendido o valor mínimo, presume-se absolutamente que a intenção do requerente é a quebra do devedor, não podendo o juiz perscrutá-la além desse parâmetro objetivo.

Assim decidiu o TJSP, em Acórdão relatado pelo Des. Elliot Akel: "O estado falencial verifica-se com a situação de insolvência do comerciante, que é presumida, em razão do não pagamento na data aprazada de obrigação líquida constante do título que legitime a execução. Comprovados que estão os requisitos objetivos exigidos pela lei para a apreciação do pedido de falência, não se vê razão para que o juiz imiscua-se na subjetividade do requerente para dela extrair a sua verdadeira intenção, pois é evidente que, como credor, sempre pretenderá, direta ou indiretamente, a satisfação de seu crédito" (Apelação Cível sem Revisão 453.401-4/4-00).

Este entendimento foi, posteriormente, sumulado no âmbito do TJSP: "a possibilidade de execução singular do título executivo não impede a opção do credor pelo pedido de falência" (Súmula 42).

252. A insolvência jurídica

O estado patrimonial do devedor que possui o ativo inferior ao passivo é denominado insolvência econômica ou insolvabilidade. O devedor nesse estado encontra-se sujeito à execução concursal de seu patrimônio, como imperativo da *par conditio creditorum*. Se é ele empresário individual ou uma sociedade empresária, a execução é a falência.

Um dos pressupostos da instauração deste específico processo judicial de execução é, portanto, a insolvência. Atente-se que não deve ser entendido esse pressuposto em sua acepção econômica, ou seja, como o estado patrimonial de insuficiência de bens de um sujeito de direito para a integral solução de suas obrigações. Deve ser a insolvência compreendida num sentido jurídico preciso que a lei falimentar estabelece. Para que o devedor empresário se submeta à execução concursal falimentar, é rigorosamente indiferente a prova da inferioridade do ativo em relação ao passivo. Não é necessário ao requerente da quebra demonstrar o estado patrimonial de insolvência do requerido para que se instaure a execução concursal falimentar, nem, por outro lado, se livra da execução concursal o empresário que lograr demonstrar eventual superioridade do ativo em relação ao passivo. Note-se que a prova da solvência econômica pelo devedor civil tem o efeito de afastar a instauração de sua execução concursal (CPC-73, art. 756, II; CPC-15, art. 1.052), mas isso não acontece no âmbito do pedido de falência.

Para fins de decretação da falência, o pressuposto da insolvência não se caracteriza por um determinado estado patrimonial, mas pela ocorrência de um dos fatos previstos em lei como ensejadores da quebra. Especificamente, se o empresário for, sem justificativa, impontual no cumprimento de obrigação líquida (inciso I do dispositivo comentado), se incorrer em tríplice omissão (inciso II) ou se praticar ato de falência (inciso III), cumpre-se o pressuposto da insolvência *jurídica*. Quer dizer, demonstrada a impontualidade injustificada, a execução frustrada ou o ato de falência, mesmo que o empresário tenha patrimônio líquido positivo, com ativo superior ao passivo, ser-lhe-á decretada a falência. Ao revés, se não ficar demonstrado nenhum desses fatos, não será instaurado o concurso de credores ainda que o passivo do empresário devedor seja inferior ao seu ativo. A insolvência que a lei considera como pressuposto da execução por falência é, por assim dizer, presumida. Os comportamentos discriminados pelo dispositivo da Lei de Falências aqui comentado são, em geral, praticados por quem se encontra em insolvência econômica, e esta é a presunção legal *absoluta* que orienta a disciplina da matéria. Se o empresário é solvente – no sentido de que os bens do ativo, se vendidos, alcançariam preço suficiente para pagamento das obrigações passivas –, mas está passando por problemas de liquidez, não tem caixa para pagar os títulos que se vencem, então ele não se encontra em insolvência econômica, mas jurídica. Se ele não conseguir resolver o problema (por meio de financiamento bancário, securitização ou capitalização), sua quebra poderá ser decretada.

253. Impontualidade injustificada

A impontualidade injustificada, característica da falência, deve referir-se a obrigação líquida, entendendo-se assim a representada por título executivo, judicial ou extrajudicial, protestado. Qualquer dos títulos que legitimem a execução individual, de acordo com a legislação processual civil pode servir de base à obrigação a que se refere a impontualidade caracterizadora da falência (§ 3.º do dispositivo comentado). Trata-se de critério formal da lei: só dá ensejo à falência, por esse fundamento, a impontualidade referente a obrigação líquida documentada num título executivo judicial ou extrajudicial devidamente protestado.

O título da obrigação líquida, para autorizar o pedido de falência por impontualidade injustificada, além de executivo e protestado, deve atender a mais um requisito que diz respeito ao seu valor. O devedor só pode ter a falência decretada se tiver deixado de cumprir pontualmente obrigação de, pelo menos, 40 salários mínimos. Admite a lei que os credores se reúnam em litisconsórcio ativo para, somando os seus créditos, alcançarem juntos esse patamar. Caso o título ou a soma dos títulos protestados não atinja o montante mínimo legal e não se consiga formar o litisconsórcio, o credor não pode requerer a falência do devedor, mas unicamente mover-lhe execução judicial.

Quando se fala em impontualidade injustificada do empresário devedor, tem-se em mira a inexistência de relevante razão para o inadimplemento da obrigação líquida. Está claro que o empresário, se tem fundados motivos para não pagar determinado título, não pode falir por força de inadimplemento, de impontualidade injustificada, até mesmo porque, a rigor, não existirá inadimplemento ou impontualidade se justificável a omissão do devedor em realizar o pagamento. Se a obrigação estiver já prescrita, for inexistente ou nula, por exemplo, o fato de o devedor deixar de cumpri-la não caracteriza insolvência jurídica. De um modo geral, quando inexigível a obrigação, por qualquer motivo, ainda que materializada em título executivo protestado, a omissão de pagamento não configura a impontualidade ensejadora da falência. A própria lei sugere um elenco de hipóteses de impontualidade *justificada*: falsidade do título, prescrição, nulidade da obrigação, pagamento da dívida ou qualquer motivo que extinga ou suspenda o cumprimento da obrigação ou não legitime a cobrança do título (LF, art. 96).

A prova da impontualidade é sempre o *protesto* do título por falta de pagamento. Qualquer que seja o documento representativo da obrigação a que se refere a impontualidade injustificada, deve ser protestado. Se for título de crédito (letra de câmbio, nota promissória, cheque, duplicata, cédula de crédito etc.), o protesto cambial basta à caracterização da impontualidade, mesmo que extemporâneo, isto é, ainda que ultrapassado o prazo fixado na legislação cambial para a conservação do direito de regresso contra codevedores. Protestado o título por falta de pagamento a qualquer tempo, caracteriza-se a impontualidade injustificada do devedor principal (aceitante da letra de câmbio, subscritor da nota promissória, emitente do cheque ou sacado da duplicata). Para a decretação da falência de codevedor (avalista, endossante etc.), hipótese mais rara embora igualmente possível, o protesto cambial deve ter sido providenciado pelo credor no prazo da lei cambiária, visto ser esta uma condição de exigibilidade da obrigação, no caso. De outro lado, não se tratando de título sujeito a protesto cambial (sentença judicial, certidão de dívida ativa etc.), será ele também protestado como forma de caracterização da impontualidade (é o chamado protesto especial da falência).[82] Nenhum outro meio de prova – testemunhal, documental etc. – é apto a essa finalidade, isto é, demonstrar a impontualidade para os fins da Lei Falimentar.

Em suma, para que se encontre caracterizado o comportamento descrito pelo art. 94, I, da LF, e, portanto, seja cabível a instauração da execução concursal por falência, é necessário que o empresário devedor tenha sido impontual, sem relevante razão jurídica, no cumprimento de obrigação documentada em título executivo. A impontualidade, ademais, deverá ser provada necessariamente pelo protesto, cambial ou especial, do título.

254. Suficiência da prova da impontualidade

Súmula 43 do TJSP: "no pedido de falência fundado no inadimplemento de obrigação líquida materializada em título, basta a prova da impontualidade, feita mediante o protesto, não sendo exigível a demonstração da insolvência do devedor".

255. Execução frustrada

O empresário devedor que, executado, não paga, não deposita, nem nomeia bens à penhora no prazo legal incorre em execução frus-

82. Requião, *Curso de direito falimentar*, cit., v. 1, p. 99.

trada (LF, art. 94, II). Trata-se da hipótese mais usual dos pedidos de falência, tirante os fundados na impontualidade. Se está sendo promovida contra o empresário uma execução individual, isso significa que ele não pagou, no vencimento, obrigação líquida, certa e exigível (CPC-15, art. 783). Por outro lado, se não nomeou bens à penhora, é sinal de que talvez não disponha de meios sequer para garantir a execução. Esses fatos denunciam a insolvabilidade do executado e possibilitam a decretação da falência.

O pedido de falência do executado com fundamento no inciso II do dispositivo aqui comentado não se faz nos autos da execução individual. Esta, na verdade, deve ser suspensa ou mesmo extinta (alguns juízes condicionam o processamento do pedido de falência à prova do encerramento definitivo da execução). O exequente deve, então, solicitar uma certidão atestando a falta do pagamento, depósito ou nomeação de bens à penhora, para, em seguida, formular, perante o juiz competente, o pedido de falência instruído com aquele documento.

Para essa hipótese de insolvência jurídica, o protesto do título em que se baseia a execução é desnecessário. Lembre que o título de crédito não protestado pode ser cobrado por execução judicial dos devedores principais em qualquer hipótese e também dos codevedores, no caso de cláusula "sem despesas".[83] Mesmo não estando o título de crédito protestado e frustrando-se a execução, o credor poderá ajuizar o pedido de falência com base no art. 94, II, da LF.

Ademais, noto que para a caracterização da tríplice omissão como fundamento da falência do executado, não é necessário que o título objeto da execução tenha valor mínimo. Esse requisito a lei estabeleceu apenas para a hipótese de falência por impontualidade injustificada. Desse modo, se o credor executou duplicata de valor inferior a 40 salários mínimos, essa circunstância não impede que, vindo a se configurar a execução frustrada, seja pedida e decretada a falência do devedor. Este, aliás, é o entendimento sumulado no âmbito do TJSP: "no pedido de falência fundado em execução frustrada é irrelevante o valor da obrigação não satisfeita" (Súmula 39).

83. Coelho, *Curso de direito comercial*, cit., v. 1, p. 423-424.

256. Suspensão da execução frustrada

Para que não ocorra duplicidade visando a satisfação do mesmo direito, o pedido de falência com base na execução frustrada só pode ser ajuizado com a prova de suspensão desta. É o entendimento sumulado no âmbito do TJSP: "para ajuizamento com fundamento no art. 94, II, da Lei n. 11.101/2005, a execução singular anteriormente aforada deve ser suspensa" (Súmula 48).

257. Execução frustrada e falta de executividade do título

Não é o caso de se decretar a falência se, na execução frustrada, o exequente não exibira título executivo. Em razão da frustração, a falta de executividade pode não ter sido objeto de conhecimento judicial, no bojo da execução. A questão, suscitada e apreciada no âmbito do pedido de falência, justifica o indeferimento deste.

Esta foi a conclusão do TJSP, ao julgar a Apelação com Revisão 620.447.4/5-00. Pelo voto do relator, Des. Pereira Calças: "tendo a apelante promovido execução por quantia certa contra a apelada com base nos cheques que lhe foram cedidos por contrato de fomento mercantil, sem cláusula expressa de responsabilidade do cedente (faturizada) pela solvência dos devedores (cedidos), não se pode invocar o direito de regresso contra a apelada, como corretamente decidiu o digno sentenciante. Por outro lado, tratando-se de falência fundada na referida execução frustrada, em que pese a comprovação da caracterização do art. 94, inciso II, da Lei n. 11.101/2005, evidenciada a falta de executividade dos cheques que deram embasamento à execução singular, inviável o decreto de quebra da apelada".

258. Ato de falência

Os atos de falência correspondem a comportamentos normalmente praticados pelo empresário individual ou representante legal da sociedade empresária que se encontra em insolvência econômica, isto é, com ativo inferior ao passivo (patrimônio líquido negativo). Trata-se, também aqui, de presunção absoluta. Assim como o devedor empresário *impontual* não está necessariamente insolvável, mas a lei determina a decretação de sua falência por considerar a impontualidade uma forma de insolvência jurídica, de igual modo, o que incorre em qualquer das condutas do art. 94, III, da LF pode eventualmente encontrar-se em situação patrimonial equilibrada, mas expõe-se ao decreto de quebra porque a lei as define como outra forma de insolvência jurídica. Em suma, não interessa se o empresário ou sociedade empresária tem ou não ativo superior ao passivo; se seu representante legal, em nome da pessoa jurídica, praticou ato de falência, cabe a instauração da execução concursal.

São atos de falência:

a) Liquidação precipitada. Incorre nessa hipótese legal o empresário que liquida seu negócio de forma abrupta, isto é, vende os bens do ativo não circulante indispensáveis à exploração da atividade (mobiliário, máquinas, tecnologia, veículos etc.), sem reposição, deixando de observar as regras atinentes à dissolução. Também está praticando ato de falência o empresário que emprega meios ruinosos ou fraudulentos para realizar pagamentos, como a contratação de novos empréstimos para quitar os anteriores, sem perspectiva imediata de recuperação econômica da empresa, ou aceita pagar juros excessivos, comparativamente aos praticados no mercado.

b) Negócio simulado. Se o empresário individual ou a sociedade empresária tenta retardar pagamentos ou fraudar credores por meio de negócio simulado, ou, ainda, alienar, parcial ou totalmente, elementos do seu ativo não circulante, está incorrendo em comportamento definido como ato de falência.

c) Alienação irregular de estabelecimento. O empresário individual ou sociedade empresária que vende o seu estabelecimento empresarial sem o consentimento dos credores, salvo se conservar, no patrimônio, bens suficientes para responder pelo passivo, está exposto à decretação da quebra, por ter incorrido em conduta característica de ato de falência. Entre os requisitos do direito brasileiro para a regularidade do trespasse, que é o negócio jurídico de alienação do estabelecimento empresarial, encontra-se a anuência dos credores.[84] Como esse bem representa, a rigor, a mais importante garantia dos credores, considera a lei indispensável a concordância deles para a plena eficácia do ato.

84. Coelho, *Curso de direito comercial*, cit., v. 1, p. 116-125.

Buscando ampliar a extensão da garantia, define a realização do negócio sem atendimento da condição como ato de falência.

d) Transferência simulada do principal estabelecimento. O empresário é, em princípio, livre para transferir seu principal estabelecimento para onde e quando quiser. Se o motivo da mudança é ditado pela racionalidade empresarial (por exemplo, proximidade de fornecedores ou consumidores, melhor infraestrutura logística etc.), é lícita e não configura, por conseguinte, qualquer ato de falência. Há, contudo, transferências cujo objetivo é fraudar a lei, frustrar a fiscalização ou prejudicar credores, dificultando-lhes o exercício de direitos. Nesses casos, considera-se *simulada* a transferência, já que seu objetivo não é empresarialmente justificável, caracterizando-se, então, o ato de falência.

e) Garantia real. Para a caracterização desta hipótese de ato de falência, a instituição de garantia real (hipoteca, penhor, caução de títulos etc.) pelo empresário em favor de um de seus credores deve operar-se *posteriormente* à constituição do crédito. Não se verifica o ato de falência se a constituição da obrigação e a concessão da garantia real são concomitantes. A incoincidência entre os atos é que revela o intuito de fraudar a *par conditio creditorum*, na medida em que importa atribuir a quem já é credor uma condição mais favorável, na eventualidade da quebra (na ordem de pagamentos, o titular de garantia real tem preferência sobre os credores não garantidos). Normalmente, ninguém concede garantia real para o credor que já havia concordado conceder crédito sem ela. Também o reforço de garantia, quando não houver justificativa para sua realização, configura ato de falência. Só costuma agir dessas formas o empresário que antevê a possibilidade de falência, por encontrar-se em estado de insolvabilidade.

f) Abandono do estabelecimento empresarial. O abandono do estabelecimento empresarial por parte do empresário individual ou do representante legal da sociedade devedora importa caracterização de ato de falência. Não há fundamento para a quebra, contudo, se o empresário ou sociedade empresária constituiu procurador com poderes e recursos suficientes para responder pelas obrigações sociais.

g) Descumprimento de obrigação assumida no plano de recuperação judicial. Se o empresário é beneficiário de recuperação judicial, ele não pode deixar de cumprir sem justificativa qualquer das obrigações assumidas no plano de reorganização. Verificado o inadimplemento, a qualquer tempo, caracteriza-se o ato de falência.

259. Instrução da petição inicial

O processo falimentar desdobra-se em três grandes etapas, sendo a primeira delas, *a fase pré-falimentar*, dedicada à verificação dos dois pressupostos materiais da decretação da falência, que são a empresarialidade da sociedade devedora ou da atividade do devedor pessoa física e a insolvência jurídica. Essa fase é também conhecida por pedido de falência. Nela, ainda não se estabelece relação processual concursal. Trata-se da mesma relação que se nota na generalidade dos processos cíveis, envolvendo duas partes, a demandante (o requerente, que é quase sempre o credor) e a demandada (o requerido, isto é, o devedor, empresário individual ou a sociedade empresária). Se não se verificarem os pressupostos da decretação da falência, o juiz proferirá sentença denegatória (o que nem sempre significa a sucumbência do demandante, conforme será visto a seu tempo), e encerrar-se-á o processo em sua primeira fase. Ao contrário, se presentes os pressupostos da empresarialidade e insolvência jurídica da sociedade limitada ou anônima, o juiz editará a sentença declaratória da falência, instaurando, aí sim, a relação processual concursal (que liga o falido, de um lado, à comunidade dos credores, de outro).

A fase pré-falimentar instaura-se com a petição inicial de pedido de falência, cuja instrução está prevista em lei.

Varia a instrução da petição inicial de acordo com o tipo de insolvência jurídica indicada como causa de pedir. Se fundada na impontualidade injustificada, ela será instruída com os títulos executivos devidamente protestados que tenham por valor pelo menos 40 salários mínimos. Quando baseada na tríplice omissão, pela certidão expedida pelo cartório em que se processou a execução frustrada. Por fim, caso o pedido se alicerce em ato de falência, todas as provas que o demandante tiver devem ser apresentadas na petição inicial, cabendo, somente nessa hipótese, especificar outras que serão produzidas.

Em função das diferenças na instrução da petição inicial, pode-se concluir que o rito do pedido de falência fundado em impontualidade injustificada e em execução frustrada caracteriza-se pela cognição estrita. Quer dizer, ao requerente não será dada outra oportunidade de prova, além da petição inicial. O rito de cognição ampla, com dilação probatória em favor do autor, tem lugar apenas se o pedido se funda em ato de falência.

260. Instrução do pedido fundado em ato de falência

Quando o pedido de falência se lastreia em prática de ato de falência, não é exigido o protesto do título. Este, na verdade, destina-se a provar fundamento diverso, o da impontualidade injustificada. Não estando esta em causa, não há que se exigir o prefalado protesto. Também não há que se exigir do credor o atendimento aos requisitos próprios da falência fundada na execução frustrada, como, por exemplo, a certificação da citação do devedor na execução individual. Conferir, a respeito, o Agravo de Instrumento n. 547.780-4/2-00 (relator Des. Pereira Calças).

261. Caução para garantia de remuneração do administrador judicial

Tem-se admitido, e com razão, que o requerente da falência deve prestar caução para garantia da remuneração do administrador judicial sempre que os recursos da massa forem insuficientes para responderem por esse crédito extraconcursal. Caso não prestada caução pelo requerente, a falência deve ser encerrada desde logo.

Ilustro esse entendimento mencionando o Agravo de Instrumento n. 542.393-4/0-00, do TJSP, relatado pelo Des. Romeu Ricupero, cuja ementa diz: "Falência decretada – Fixação de caução a requerente da quebra, para garantia da remuneração do Administrador Judicial, para o caso de não aceitar o cargo – Admissibilidade – A caução determinada à requerente da quebra mais não é do que a antiga previsão do artigo 75 do Decreto-Lei n. 7.661/45, ou seja, o convite à requerente da quebra para, querendo o prosseguimento da falência, entrar com a quantia necessária às despesas, a qual será considerada encargo da massa – Se a agravante não quiser efetuar a caução, o mesmo ocorrendo com eventuais outros credores, e como sequer consta qualquer arrecadação, a solução é mesmo o encerramento sumário da falência, o que não é novidade, já que o mesmo acontecia na lei anterior (cf. art. 75, § 3.º, do Decreto-Lei n. 7.661/45) – O que não é possível é a nomeação de Administrador Judicial, pessoa estranha à falência, isto é, profissional idôneo, preferencialmente advogado, economista, administrador de empresas ou contador, ou pessoa jurídica especializada (*caput* do art. 21 da Lei n. 11.101/2005), para trabalhar sem qualquer previsão de remuneração, eis que não há indício de arrecadação positiva – Precedentes da Câmara Especializada – Agravo de instrumento não provido".

262. Protesto para fim falimentar

De acordo com o art. 23, *caput*, da Lei n. 9.492/97, todos os protestos serão lavrados num único livro, inclusive os destinados a fins especiais. O parágrafo único desse dispositivo, por sua vez, estabelece que apenas os títulos e documentos de dívida de responsabilidade de pessoas sujeitas à falência podem ser protestados para fim falimentar.

Em termos procedimentais, portanto, a especificidade do protesto para fim falimentar reside no exame que o cartório deve fazer da sujeição, em tese, do devedor à falência. Não se trata de exame fácil, até mesmo porque ao cartório de protesto são apresentados apenas dados genéricos de identificação do devedor. Assim, não se deve desconsiderar a hipótese de um protesto não poder ser tirado com a específica finalidade falimentar por insuficiência de informações ou mesmo por imprecisão do cartório.

Em vista dessa dificuldade – e também levando em conta a completa inutilidade da distinção prevista na lei entre protesto em geral e para fim falimentar –, qualquer protesto deve ser admitido na instrução do pedido de falência fundado na impontualidade injustificada.

263. Protesto cambial e protesto para fins de falência

A jurisprudência vem confirmando que o protesto regular atende a exigência da lei de falência para a caracterização formal da impontualidade.

No julgamento da Apelação Cível com Revisão 609.271-4/0-00, o relator Des. Romeu Ricupero deixou assente: "É verdade que a nova lei não contém dispositivo semelhante ao art. 10 do Decreto-Lei n. 7.661/45 e isso parece mais um argumento no sentido da antiga jurisprudência de que, havendo protesto cambial, protesto comum, dispensa-se o protesto especial (*RT* 543/115, *RF* 265/230; *RJTJESP* 94/120; REsp 7.151-0-SP, 3.ª Turma do STJ, rel. Min. Cláudio Santos, j. 29/6/92, não conheceram, v.u., *DJU* 28/09/92, p. 16.424; REsp 203-791-MG, 4.ª Turma do STJ, rel. Min. Sálvio de Figueiredo Teixeira, j. 08/06/99, não conheceram, v.u., *DJU* 28/06/99, p. 122). De fato, se na lei revogada, mesmo existindo um específico dispositivo acerca do protesto para o pedido de falência, a jurisprudência consolidou-se na direção de que o protesto cambial (comum) dispensava o especial, não há como se chegar à conclusão de que, na nova lei de falências, que não contém tal dispositivo legal, a tendência seja diferente, ainda mais que a lei de protesto (Lei n. 9.492/97) não prevê o protesto especial para fim falimentar".

No mesmo sentido é o julgamento do Agravo de Instrumento n. 595.799-4/5-00, relatado pelo Des. Lino Machado: "Desnecessário protesto especial para a falência, se realizado o protesto cambial. Comprovada a entrega das mercadorias vendidas, bem como não tendo a devedora arguido falta de regulares notificações para o protesto, por indicação, de duplicatas sem aceite não quitadas, em valores fundamentados em notas fiscais emitidas pela vendedora, inexiste invalidade dos protestos lavrados e da quebra decretada. Possível que o protesto se faça por indicação, independentemente da apresentação da duplicata ou triplicata".

O entendimento foi sumulado no âmbito do TJSP: "o protesto comum dispensa o especial para o requerimento de falência" (Súmula 41).

264. A Súmula 361 do STJ

O STJ sumulou entendimento acerca do protesto de títulos para fins falimentares, exigindo, neste caso, que a notificação identifique quem a tiver recebido. A pessoa a quem a notificação do protesto foi entregue, se não for o próprio representante legal da sociedade empresária devedora, deve ser algum subordinado em condições de fazê-la chegar às mãos dele. Quer-se ter, em suma, a garantia de que o devedor terá sido efetivamente notificado do protesto, em vista das sérias implicações envolvidas (a possibilidade de decretação da falência).

O texto da Súmula 361 do STJ é: "A notificação do protesto, para requerimento de falência de empresa devedora, exige a identificação da pessoa que a recebeu".

Após a edição da súmula, o assunto pacificou-se, como se percebe do Acórdão relatado pelo Des. Romeu Ricupero: "Não cabe mais discussão: para o pedido válido de falência, a notificação do protesto deve identificar a pessoa que, em nome da empresa devedora, a recebeu" (Ação Rescisória 556.000-4/5-00).

Não existe, em suma, um protesto específico para fins falimentares, como destacado no item anterior; mas não produzirá os efeitos de provar formalmente a impontualidade injustificada o protesto cujo instrumento não identificar, com precisão, a pessoa a quem a notificação foi entregue.

Súmula do TJSP esclarece que o entendimento sumulado do STJ não implica, contudo, que a notificação deva ser entregue ao empresário protestado, bastando a identificação da pessoa que a recebeu no estabelecimento do devedor: "para a validade do protesto basta a entrega da notificação no estabelecimento do devedor e sua recepção por pessoa identificada" (Súmula 52).

265. Inexigibilidade do protesto

O protesto só é elemento imprescindível à instrução do pedido de falência fundado na impontualidade injustificada. Se o fundamento é diverso (execução frustrada ou ato de falência), não há necessidade de protestar o título de que é credor o requerente.

Súmula 50 do TJSP: "no pedido de falência com fundamento na execução frustrada ou nos atos de falência não é necessário o protesto do título executivo".

Art. 95. Dentro do prazo de contestação, o devedor poderá pleitear sua recuperação judicial.

266. A recuperação judicial como meio de defesa

Entre as alternativas que se abrem ao demandado no pedido de falência está a impetração da recuperação judicial no prazo da contestação.

Se ela estiver convenientemente instruída (art. 51) e o pedido formulado tiver por base a impontualidade injustificada (art. 96, VII), a falência não poderá ser decretada. Opera-se, nesse caso específico, a suspensão do pedido de falência.

Claro que não tendo sido impetrada a recuperação judicial com a instrução determinada em lei ou sendo o pedido fundado em execução frustrada ou ato de falência, não há previsão legal de suspensão. Se forem esses os casos, o pedido de falência prossegue a despeito do requerimento da recuperação judicial. Aqui, somente o despacho de processamento da recuperação judicial, se e quando deferido, terá o efeito de sustar a tramitação do pedido de falência.

267. Intempestividade do pedido de recuperação judicial

Para que importe a suspensão do pedido de falência, o pedido de recuperação judicial deve ser apresentado durante o prazo da contestação. Se a apresentação é posterior, enquanto não tiver sido proferido o despacho de processamento da recuperação judicial, a suspensão não se verifica.

O Des. Pereira Calças, relatando o julgamento do Agravo de Instrumento n. 578.381-4/3-00, consignou na ementa: "Falência. Impontualidade. Apresentação de pedido de recuperação judicial pela devedora após o decurso do prazo de contestação. Decisão que determina a suspensão do processamento da falência. Inviabilidade. Ausência de previsão legal para sustação da ação falimentar. Apenas o pedido de recuperação judicial formulado antes do pleito de falência ou no prazo de contestação impede a tramitação da ação falimentar. Agravo provido para ordenar o prosseguimento da ação de falência".

O caso ostenta a particularidade de a recuperação judicial ter sido impetrada um ano após o ajuizamento do pedido de falência que, naquela oportunidade, "graças ao retardamento injustificado de seu processamento, ainda não (tinha sido) decidido". Mas, ainda que não se verifique essa excepcional hipótese, não cabe a suspensão do pedido de falência se a impetração da recuperação judicial ocorrer após o decurso do prazo de contestação.

Art. 96. A falência requerida com base no art. 94, inciso I do *caput*, desta Lei, não será decretada se o requerido provar:

I – falsidade de título;

II – prescrição;

III – nulidade de obrigação ou de título;

IV – pagamento da dívida;

V – qualquer outro fato que extinga ou suspenda obrigação ou não legitime a cobrança de título;

VI – vício em protesto ou em seu instrumento;

VII – apresentação de pedido de recuperação judicial no prazo da contestação, observados os requisitos do art. 51 desta Lei;

VIII – cessação das atividades empresariais mais de 2 (dois) anos antes do pedido de falência, comprovada por documento hábil do Registro Público de Empresas, o qual não prevalecerá contra prova de exercício posterior ao ato registrado.

§ 1.º Não será decretada a falência de sociedade anônima após liquidado e partilhado seu ativo nem do espólio após 1 (um) ano da morte do devedor.

§ 2.º As defesas previstas nos incisos I a VI do *caput* deste artigo não obstam a decretação de falência se, ao final, restarem obrigações não atingidas pelas defesas em montante que supere o limite previsto naquele dispositivo.

268. Excludentes da falência

Preocupou-se a lei em estabelecer causas excludentes da decretação da falência apenas para a hipótese de pedido fundado em impontualidade injustificada. Quando busca o autor a instauração do concurso falimentar por força de execução frustrada ou ato de falência, as excludentes listadas no dispositivo acima são ineficazes, isto é, não sustam a tramitação do pedido, nem impedem a decretação da quebra. A razão de ser dessa distinção reside na natureza das excludentes referidas pela lei. Elas todas desconstituem a impontualidade injustificada. Se o autor imputa ao réu ter sido impontual sem justificação no pagamento de um título, mas esse é falso, é claro que não existe o fundamento invocado pelo pedido. Se, porém, a imputação é de tríplice omissão ou qualquer ato de falência, a falsidade do título do demandante é irrelevante. Falso ou não o título, se o requerido incorreu em tríplice omissão ou numa das irregularidades tipificadoras de ato de falência, impõe-se a instauração do concurso de credores.

O dispositivo equivalente na lei anterior era o art. 4.º. As excludentes eram, em sua maior parte, as mesmas da lei atual. Acresceu-se a hipótese de vício no protesto ou em seu instrumento e subtraiu-se o depósito judicial oportunamente feito. Se antes, como agora, havia menção a "qualquer outro motivo que suspenda ou extinga a obrigação do requerido", essa alteração não tem nenhuma implicação concreta. A hipótese nova já estava compreendida na cláusula geral e a antiga continua nela abrigada (...). A única diferença significativa entre os dois regimes está na limitação, feita apenas pela lei nova, da aplicação dos excludentes ao pedido fundado em impontualidade injustificada.

Art. 97. Podem requerer a falência do devedor:

I – o próprio devedor, na forma do disposto nos arts. 105 a 107 desta Lei;

II – o cônjuge sobrevivente, qualquer herdeiro do devedor ou o inventariante;

III – o cotista ou o acionista do devedor na forma da lei ou do ato constitutivo da sociedade;

IV – qualquer credor.

§ 1.º O credor empresário apresentará certidão do Registro Público de Empresas que comprove a regularidade de suas atividades.

§ 2.º O credor que não tiver domicílio no Brasil deverá prestar caução relativa às custas e ao pagamento da indenização de que trata o art. 101 desta Lei.

269. Dispositivo equivalente na lei anterior

O dispositivo equivalente aos incisos II a IV, na lei anterior, era o art. 9.º, que cuidava da legitimação ativa do pedido de falência não requerido pelo próprio devedor.

Pequenas mudanças se verificam com a nova norma. A legitimação do cônjuge sobrevivente, herdeiros e inventariante não se limita mais às hipóteses não difamantes de falência, o que não parece ser uma inovação pertinente. Além disso, qualquer herdeiro atuando isoladamente – e não mais o conjunto deles – está legitimado. Por fim, o credor com garantia real não precisa mais demonstrar sua insuficiência ou renunciar a ela para legitimar-se no pedido, como exigia o art. 9.º, III, *b*, da lei revogada.

270. Legitimidade para o pedido de falência de sociedade empresária

Estão legitimados para o pedido de falência de uma sociedade empresária devedora, além de ela mesma, o seu sócio e o credor. Examine-se cada uma das três hipóteses.

A Lei Falimentar impõe ao próprio devedor a obrigação de requerer a *autofalência*, quando estiver insolvente e considerar que não atende aos requisitos para pleitear a recuperação judicial. Trata-se, porém, de obrigação desprovida de sanção. Nenhum devedor, por isso, costuma requerer a autofalência como manda a lei, e, mesmo assim, não sofre punição ou enfrenta qualquer consequência. O requerimento da autofalência deve ser entendido, assim, como recomendação ao empresário insolvente que não reúne as condições para obter em juízo a reorganização de sua empresa.

Atribui também a lei legitimidade ativa concorrente para o pedido de falência ao sócio ou acionista da sociedade empresária devedora. É hipótese rara. Em primeiro lugar, porque só tem cabimento quando a maioria dos sócios não considera oportuna a instauração do concurso de credores, e um ou alguns minoritários entendem diferentemente. Se todos os sócios, ou pelo menos os majoritários, quisessem a falência, poderiam deliberar a apresentação do pedido pela própria sociedade (autofalência). Além disso, embora o sócio em minoria possa vir a ter interesse na instauração do concurso de credores, movido pelo intuito de encerrar a sociedade que considera inviável,[85] o fato é que, nessa hipótese, tem-se preferido a dissolução parcial como forma de preservação dos interesses desse minoritário.

Regra geral, é o credor o maior interessado na instauração do processo de execução concursal, até mesmo porque o pedido de falência tem-se revelado um eficaz instrumento de cobrança. Na verdade, o credor, ao ajuizar o pedido de falência, em função da impontualidade do devedor, quer mais o recebimento de seu crédito e menos, consideravelmente menos, a falência do devedor. A melhor forma de entender essa ação judicial, essa etapa do processo falimentar, é considerá-la espécie de cobrança judicial. Há quem considere que o credor, ao formular o pedido de falência, estaria buscando a instauração do processo de execução concursal, como a via mais interessante para realizar seu crédito, em vista da garantia do tratamento paritário com os demais credores. Esse seria o seu objetivo, que o devedor frustraria, ao cumprir em juízo a obrigação devida.[86] Estimulado pela possibilidade de receber o seu crédito, aberta pela pressão ligada à eventualidade da quebra, ou pela vontade de ver instaurado o concurso universal, o credor, de um modo ou de outro, é sujeito ativo do pedido de falência. Não é correto o entendimento de alguns juízes que indeferem a petição inicial de pedido de falência, quando não tentado pelo credor, antes, o recebimento do crédito por meio da execução (salvo, por evidente, na hipótese de tríplice omissão). A utilização da via falimentar para recebimento do devido, embora não corresponda exatamente ao que diz alguma doutrina, é legítima.

Em relação ao credor, certas condições específicas foram estabelecidas para o exercício do direito de ação. A sua legitimidade ativa, em determinados casos, é condicionada ao atendimento de alguns requisitos. Assim, se o credor é empresário ou sociedade empresária (essa última é a hipótese que se verifica na maioria das vezes), deve provar a

85. Cf. Valverde, *obra citada*, v. 1, p. 154.

86. J. X. Carvalho de Mendonça, *Tratado de direito comercial brasileiro*, 3. ed., Rio de Janeiro: Freitas Bastos, 1939, v. 7, p. 21; Requião, *Curso de direito falimentar*, cit., v. 1, p. 28-30.

regularidade de sua situação, exibindo o registro na Junta Comercial. Se não for domiciliado no país, o credor somente se legitima ao pedido se prestar caução, destinada a cobrir as custas do processo e eventual indenização do requerido, caso venha a ser denegada a falência. Nos demais casos, isto é, se o credor não for empresário e estiver domiciliado no Brasil, ele possui a legitimidade ativa para o pedido de falência, independentemente do atendimento de outros requisitos específicos. Assim, por exemplo, o credor civil não necessita demonstrar a regularidade no exercício de sua atividade econômica.

Reforçando: a condição de empresário não é exigida para a legitimidade ao pedido de falência. O credor não comerciante (não empresário) é parte legítima para o pedido de falência, conforme assentado em entendimento sumulado no âmbito do TJSP: "o credor não comerciante pode requerer a quebra do devedor" (Súmula 47).

271. Legitimação do credor com título não vencido

O credor, no pedido de falência, deve exibir o seu título. Deve-se admitir a legitimação do credor, *mesmo que seu título não esteja ainda vencido*. O direito falimentar está atento aos interesses dos que não podem exigir o pagamento de seus créditos, porque ainda em curso o prazo de vencimento da obrigação, mas que presenciam a deterioração da situação econômica e patrimonial da sociedade empresária devedora. Se devessem aguardar o vencimento do título, para somente então se legitimarem ao pedido de falência, poderia ser tarde demais para a tutela dos seus direitos. De início, a legitimação ativa do credor com título não vencido parece referir-se somente ao pedido fundado em ato de falência, visto que a impontualidade e a execução frustrada pressupõem o vencimento. Contudo, a hipótese também se aplica ao pedido de falência fundado nessas causas, quando o credor deve exibir o seu título não vencido e também a prova da impontualidade ou da tríplice omissão do devedor *relativamente à obrigação titularizada por terceiro* (por meio de certidão de protesto ou do cartório judicial em que correu a execução frustrada). Assim, não é necessário que o requerente da falência tenha o seu título vencido, mesmo quando o pedido se funda na impontualidade injustificada ou na execução frustrada, desde que estas tenham ocorrido em relação a título executivo de outro credor.

272. Emenda da inicial

Se a petição inicial não vem adequadamente instruída, não é o caso de, desde logo, decretar-se a extinção do processo, se a tempestiva emenda pode suprir a deficiência, nos termos do art. 321 do CPC-15.

Assim decidiu o TJSP, em julgamento relatado pelo Des. Elliot Akel: "Não constituía a ausência de comprovação da regularidade das atividades do autor, como empresário, perante os registros públicos, circunstância a ensejar, desde logo, eventual extinção do processo, sem resolução do mérito, muito menos o decreto de improcedência da ação. Eventual falha era evidentemente sanável, tanto que juntada competente certidão da Jucesp por ocasião da interposição do recurso do requerente, comprovando-se a constituição da empresa e as alterações subsequentes (...). Entendesse o juízo inexistir documentação suficiente, cumpria-lhe determinar a regularização, a teor do disposto no art. 284 do Código de Processo Civil [1973]" (Apelação Cível com Revisão 618.041-4/2-00).

273. Crédito posterior ao pedido de recuperação

Súmula 55 do TJSP: "Crédito constituído após o pedido de recuperação judicial legitima requerimento de pedido de falência contra a recuperanda".

O fundamento deste acertado entendimento sumular encontra-se no art. 49, *caput*, que sujeita à recuperação judicial todos os créditos existentes na data do pedido, excluindo dos efeitos desta medida, *a contrario sensu*, os posteriormente constituídos. Deste modo, mesmo que o devedor esteja em recuperação judicial, se o crédito constituiu – se depois da impetração desta, em se verificando qualquer hipótese de insolvência jurídica (impontualidade injustificada, execução frustrada ou ato de falência), é cabível o pedido de falência.

Art. 98. Citado, o devedor poderá apresentar contestação no prazo de 10 (dez) dias.

Parágrafo único. Nos pedidos baseados nos incisos I e II do *caput* do art. 94 desta Lei, o devedor poderá, no prazo da contestação, depositar o valor correspondente ao to-

tal do crédito, acrescido de correção monetária, juros e honorários advocatícios, hipótese em que a falência não será decretada e, caso julgado procedente o pedido de falência, o juiz ordenará o levantamento do valor pelo autor.

274. Dispositivos equivalentes na lei anterior

Os dispositivos equivalentes na lei anterior encontram-se nos §§ 1.º e 2.º do art. 11 e 1.º do 12.

A mudança mais importante, na disciplina da resposta do requerido no pedido de falência, diz respeito ao prazo, que aumentou de 24 horas para 10 dias. Trata-se de mais uma tentativa do legislador de minar a vocação de ação de cobrança tradicionalmente apresentada pelo pedido de falência.[87]

87. Perante a Comissão de Assuntos Econômicos do Senado, afirmei sobre a questão: "O terceiro e último objetivo da reforma da lei de falências está relacionado a outra grande questão que o Brasil enfrenta. A redução dos juros bancários, que todos concordam, é condição para o nosso desenvolvimento econômico. (...) Quanto a este objetivo, existem aspectos do projeto que ajudam a alcançá-lo. São pontos positivos. Mas existem também aspectos do projeto que vão na direção oposta, isto é, que aumentam ao invés de reduzir os riscos associados à insolvência e inadimplência. São pontos negativos, que devem ser objeto de emenda aqui no Senado. (...) Quais são os pontos negativos? Aqueles que aumentam ao invés de reduzir os riscos associados à inadimplência ou insolvência? São três. O primeiro diz respeito à previsão de valor mínimo para o pedido de falência. O segundo, com o incompreensível aumento do prazo para contestação e depósito elisivo, que o projeto passa de 24 horas para 5 dias. O terceiro é a simples apresentação do pedido de recuperação judicial como impedimento da decretação da falência. Por que estas três inovações não são compatíveis com o objetivo de redução dos juros? Porque procuram retirar do pedido de falência sua vocação de ação de cobrança. Muitos juristas afirmam que o pedido de falência não poderia servir como ação de cobrança, e estas inovações retratam tal entendimento. Mas, se queremos que a nova lei contribua para a redução dos juros, é necessário conservar a vocação do pedido de falência como ação de cobrança. Isto porque ele tem sido uma medida muito mais eficiente e rápida na recuperação do crédito do que a execução judicial". Vê-se que os senadores não só não se sensibilizaram com meu argumento, como até mesmo aumentaram de 5 para 10 dias o prazo para a resposta.

Outra mudança vê-se na incorporação ao direito positivo do entendimento jurisprudencial atinente aos consectários que devem acompanhar o valor depositado para o ato ter eficácia elisiva.

275. Resposta do devedor

O pedido de falência segue rito diferente em função de seu autor. Requerida a falência pelo credor ou sócio minoritário, o rito segue os preceitos dos arts. 94 a 96 e 98. Nesse caso, o pedido de falência observa um procedimento judicial típico, isto é, contencioso. Já, em caso de autofalência, segue o pedido o rito dos arts. 105 a 107 da LF, de natureza não contenciosa.

Quando fundado na impontualidade injustificada, a petição inicial deve vir instruída obrigatoriamente com o título acompanhado do instrumento de protesto. Se o fundamento é a tríplice omissão, a lei exige, na instrução, a certidão expedida pelo juízo em que se processa a execução frustrada. Sendo, por fim, ato de falência o fundamento do pedido, determina a lei que se descrevam os fatos que o caracterizam, juntando-se as provas que houver e especificando-se as que serão produzidas no decorrer do processo.

Ao disciplinar a resposta do devedor, no contexto do procedimento contencioso do pedido de falência, a lei incorre numa imprecisão, tratando apenas da "contestação". O mais correto teria sido mencionar "resposta", em primeiro lugar porque não está afastada a possibilidade de o demandado, ao invés de resistir à pretensão do autor, reconhecer a procedência do pedido. O prazo para a defesa do requerido é de 10 dias, que devem ser contados da citação. Não há nenhuma regra específica do processo falimentar nessa matéria, aplicando-se a legislação processual sem reservas.

276. Citação

Ao proceder a citação para o pedido de falência, o oficial de justiça está obrigado a procurar o devedor apenas no próprio estabelecimento empresarial. Se nele não se encontra, nem há quem o represente, pode até mesmo se caracterizar o ato de falência referido no art. 94, III, *f*.

O Des. Romeu Ricupero, ao relatar a Apelação Cível com Revisão 609.271-4/0-00, assentou: "Ainda que se aplique supletivamente o Código de Processo Civil (art. 188 da Lei n. 11.101/2005), é certo que o oficial de justiça não está obrigado a procurar o devedor fora do estabelecimento comercial (*RT* 479/57, *RF* 256/253, *RJTJESP* 90/345, 105/269), não havendo necessidade de se esgotarem as diligências para a localização do representante legal da devedora, e isso porque, tanto na lei anterior (art. 2.º, inciso VII, do Decreto-Lei n. 7.661/45), quanto na lei atual (art. 94, inciso III, letra *f*, da Lei n. 11.101/2005), será decretada a falência do devedor que se ausenta sem deixar representante habilitado e com recursos suficientes para pagar os credores, abandona estabelecimento ou tenta ocultar-se de seu domicílio, do local de sua sede ou de seu principal estabelecimento".

Não encontrado o devedor no estabelecimento, proceder-se-á à citação editalícia, dispensadas quaisquer outras diligências destinadas a localizá-lo. É o ditado pela Súmula 51 do TJSP: "nos pedidos de falência, se o devedor não for encontrado em seu estabelecimento será promovida a citação editalícia independentemente de quaisquer outras diligências".

277. Descaracterização da impontualidade em razão da transação judicial

A jurisprudência que se vem formando acerca da LF atual confirma o entendimento pacificado sob a vigência da anterior, no sentido de que a transação judicial no bojo do pedido de falência fundado em impontualidade injustificada acaba por descaracterizar irremediavelmente o fundamento da quebra. Se o credor, na transação, concorda em receber o devido em outro prazo ou em valor menor, então não há mais que se falar em impontualidade, tornando-se inviável a decretação da falência com esse fundamento.

Confira-se o julgamento da Apelação com Revisão 609.667-4/8-00, relatado pelo Des. Lino Machado: "se no curso da primeira fase do processo falimentar as partes acordam o pagamento parcelado da dívida, o acordo deve ser homologado, o que dará ensejo ao cumprimento da sentença homologatória nos próprios autos, nos quais, porém, não mais poderá ser decretada a quebra".

278. Citação por edital

Súmula 38 do TJSP: "no pedido de falência, feita a citação por editais e ocorrendo a revelia, é necessária a nomeação de curador especial ao devedor".

279. O depósito elisivo

No prazo da resposta, o requerido poderá elidir a falência, depositando o valor da obrigação em atraso.

A elisão pode acompanhar a defesa ou ser feita independentemente de resposta.

No primeiro caso, tem nítido caráter de cautela, precavendo-se a devedora da hipótese de sua defesa não sensibilizar o magistrado; no segundo, equivale o depósito ao reconhecimento do pedido, em seu molde específico do direito falimentar.

Fato é que, uma vez efetuado o depósito, a decretação da falência está de todo afastada. Elidido o pedido de falência com o depósito judicial do reclamado, essa ação, mesmo para aqueles que não a consideram uma forma de execução individual, converte-se em inequívoca medida judicial de cobrança, já que a instauração do concurso universal dos credores está por completo impossibilitada.[88]

Embora a lei não o preveja expressamente, deve ser admitido o depósito elisivo também nos pedidos de credor fundados em ato de falência, já que ele afasta a legitimidade do requerente. Assegurado, pelo depósito, o pagamento do crédito por ele titularizado, não tem interesse legítimo na instauração do concurso falimentar.

Se o fundamento do pedido é a impontualidade injustificada do devedor, é interessante acentuar uma particularidade. O pedido de suspensão do processo, feito apenas pelo requerente ou de comum acordo com o requerido, importa, necessariamente, sua extinção.[89] Como o fundamento do pedido é a impontualidade, o requerimento

88. Nesse sentido: Ferreira, *obra citada*, v. 14, p. 260-264.

89. Requião, *Curso de direito falimentar*, cit., v. 1, p. 96.

de sustação do andamento da ação produz os efeitos da *moratória*; ele descaracteriza, assim, a impontualidade.

280. Descabimento de audiência de conciliação

Seguindo o pedido de falência rito próprio, não há que se cogitar, porque dela não cogita a lei, de audiência de tentativa de conciliação entre as partes. A ausência dessa audiência não invalida, assim, o processo judicial, como ressaltado no julgamento do Agravo de Instrumento n. 594.398-4/8-00, relatado pelo Des. Costa Telles.

Este entendimento foi, posteriormente, sumulado no âmbito do TJSP: "a lei falimentar, por especial, possui todo o regramento do pedido e processo de falência, e nela não se prevê a designação de audiência de conciliação" (Súmula 46).

281. Apreciação da resposta

Súmula 40 do TJSP: "o depósito elisivo não afasta a obrigação do exame do pedido de falência para definir quem o levanta".

282. Prejudicialidade externa e suspensão do pedido

Súmula 53 do TJSP: "configurada a prejudicialidade externa, o pedido de falência deverá ser suspenso pelo prazo máximo e improrrogável de um ano".

283. O Ministério Público no pedido de falência

A lei não prevê a obrigatória intervenção do Ministério Público nos pedidos de falência, quaisquer que sejam as circunstâncias. E, de fato, não há justificativas para a participação obrigatória do promotor de justiça nessa ação, em que a lide versa exclusivamente sobre interesses patrimoniais e disponíveis. Em última análise, mesmo quando fundado o pedido na prática de ato de falência, o direito do requerente e a obrigação do requerido dizem respeito ao pagamento de uma dívida.

A participação do Ministério Público, como fiscal da lei e titular da ação penal, é compreensível somente após a instauração do concurso de credores, quando podem entrar em conflito, de um lado, os interesses de trabalhadores, do Fisco e de sujeitos de direito vulneráveis e, de outro, os dos credores cíveis, normalmente empresários e bancos. Mesmo assim, quando não houver as hipóteses descritas na lei, não há razões para envolver o promotor de justiça na demanda.

Por isso, a partir da entrada em vigor da nova lei, deve-se abandonar a prática largamente difundida de o juiz remeter ao Ministério Público os autos do pedido de falência, para parecer, logo após a manifestação do requerido ou o transcurso do prazo para esta.

A alegação é a de que o promotor partícipe dos pedidos de falência pode já se familiarizar com a situação dos empresários requeridos, que se encontram potencialmente em situação pré-falimentar, para fins de reunir já alguns subsídios para nortear sua intervenção no processo, na eventualidade de vir a ser instaurado o concurso de credores. Esse benefício, contudo, é ocasional e pequeno e não justifica os correspondentes custos e a demora na tramitação do pedido de falência.

Art. 99. A sentença que decretar a falência do devedor, dentre outras determinações:

I – conterá a síntese do pedido, a identificação do falido e os nomes dos que forem a esse tempo seus administradores;

II – fixará o termo legal da falência, sem poder retrotraí-lo por mais de 90 (noventa) dias contados do pedido de falência, do pedido de recuperação judicial ou do 1.º (primeiro) protesto por falta de pagamento, excluindo-se, para esta finalidade, os protestos que tenham sido cancelados;

III – ordenará ao falido que apresente, no prazo máximo de 5 (cinco) dias, relação nominal dos credores, indicando endereço, importância, natureza e classificação dos respectivos créditos, se esta já não se encontrar nos autos, sob pena de desobediência;

IV – explicitará o prazo para as habilitações de crédito, observado o disposto no § 1.º do art. 7.º desta Lei;

V – ordenará a suspensão de todas as ações ou execuções contra o falido, ressalvadas as hipóteses previstas nos §§ 1.º e 2.º do art. 6.º desta Lei;

VI – proibirá a prática de qualquer ato de disposição ou oneração de bens do falido, submetendo-os preliminarmente à autorização judicial e do Comitê, se houver, ressalvados os bens cuja venda faça parte das atividades normais do devedor se autorizada a continuação provisória nos termos do inciso XI do *caput* deste artigo;

VII – determinará as diligências necessárias para salvaguardar os interesses das partes envolvidas, podendo ordenar a prisão preventiva do falido ou de seus administradores quando requerida com fundamento em provas da prática de crime definido nesta Lei;

VIII – ordenará ao Registro Público de Empresas que proceda à anotação da falência no registro do devedor, para que conste a expressão "Falido", a data da decretação da falência e a inabilitação de que trata o art. 102 desta Lei;

IX – nomeará o administrador judicial, que desempenhará suas funções na forma do inciso III do *caput* do art. 22 desta Lei sem prejuízo do disposto na alínea a do inciso II do *caput* do art. 35, desta Lei;

X – determinará a expedição de ofícios aos órgãos e repartições públicas e outras entidades para que informem a existência de bens e direitos do falido;

XI – pronunciar-se-á a respeito da continuação provisória das atividades do falido com o administrador judicial ou da lacração dos estabelecimentos, observado o disposto no art. 109 desta Lei;

XII – determinará, quando entender conveniente, a convocação da assembleia geral de credores para a constituição de Comitê de Credores, podendo ainda autorizar

a manutenção do Comitê eventualmente em funcionamento na recuperação judicial quando da decretação da falência;

XIII – ordenará a intimação do Ministério Público e a comunicação por carta às Fazendas Públicas Federal e de todos os Estados e Municípios em que o devedor tiver estabelecimento, para que tomem conhecimento da falência.

Parágrafo único. O juiz ordenará a publicação de edital contendo a íntegra da decisão que decreta a falência e a relação de credores.

284. A sentença declaratória da falência

De acordo com a conhecida classificação do direito processual civil, as sentenças, nos processos de conhecimento, podem ser meramente declaratórias (tornam indisputável a existência de certa relação jurídica ou falsidade de documento), condenatórias (atribuem ao vencedor da demanda direito de promover a execução contra o vencido) ou constitutivas (criam, modificam ou extinguem relações jurídicas).

Essa classificação destaca o aspecto mais importante do provimento judicial, já que, de uma forma ou de outra, todas as sentenças representam uma declaração, na maioria das vezes fixam a condenação do vencido, ao menos em honorários de sucumbência e despesas do processo, e, sob o ponto de vista da relação processual, modificam-na ao decidirem a lide.[90]

Dentro desse contexto, pode-se concluir que, apesar do nome de que fez uso o legislador, a *sentença declaratória da falência*, pressuposto inafastável da instauração do processo de execução concursal de empresário, tem caráter predominantemente *constitutivo*.

---

90. Cf., por todos, Moacyr Amaral Santos, *Comentários ao Código de Processo Civil*, 7. ed., Rio de Janeiro: Forense, 1994, v. 4, p. 393-397.

Esse é o entendimento predominante na doutrina.[91] Com a sua edição pelo juiz, opera-se a dissolução da sociedade empresária falida, ficando seus bens, atos jurídicos, contratos e credores submetidos a um regime jurídico específico, o falimentar, diverso do regime geral do direito das obrigações. É a sentença declaratória da falência que introduz a falida e seus credores nesse outro regime. Ela não se limita, portanto, a declarar fatos ou relações preexistentes, mas modifica a disciplina jurídica destes, daí o seu caráter constitutivo.

285. Conteúdo da sentença declaratória da falência

A sentença declaratória da falência deve ter o conteúdo genérico de qualquer sentença judicial e o específico que a Lei Falimentar lhe prescreve. Assim, deverá o juiz, ao julgar procedente o pedido de falência, atentar tanto ao disposto no art. 489 do CPC-15 quanto no dispositivo acima da Lei de Falências.

Pelo primeiro, a sentença declaratória da falência deve, como qualquer sentença judicial, conter: *a*) relatório, com a suma do pedido e da resposta, e o registro das principais ocorrências da fase pré-falimentar; *b*) os fundamentos adotados para exame das questões de fato e de direito; *c*) dispositivo legal que embasa a decisão.[92]

Já pela norma da lei de quebras, a sentença deve ostentar: *a*) síntese do pedido, identificação do devedor, bem como a designação dos representantes legais (os administradores das sociedades limitadas e os diretores das anônimas); *b*) o termo legal da falência; *c*) a determinação ao falido que entregue em cartório a relação dos seus credores; *d*) explicitação do prazo para as habilitações de crédito; *e*) ordem de suspensão das ações e execuções contra o falido; *f*) a proibição da prática de atos de disposição ou oneração de bens do falido sem prévia autorização judicial; *g*) as diligências a serem adotadas para salvaguarda dos interesses das partes envolvidas, incluindo a prisão preventiva dos representantes

91. Waldo Fazzio Jr., *Lei de falências e concordatas comentada*, São Paulo: Atlas, 1999, p. 126-127.

92. Nelson Nery Jr. e Rosa Maria Andrade Nery, *Código de Processo Civil comentado e legislação processual civil extravagante em vigor*, 3. ed., São Paulo: Ed. RT, 1997, p. 1579.

legais da sociedade devedora, se presentes elementos que indiquem a prática de crime falimentar; *h*) ordem à Junta Comercial para a anotação da falência; *i*) nomeação do administrador judicial; *j*) determinação de expedição de ofícios a órgãos e repartições públicas ou entidades que, de acordo com o perfil do falido, possam fornecer informações sobre os bens e direitos deste; *l*) ordem de lacração do estabelecimento do falido, se houver risco à execução da arrecadação ou preservação dos bens da massa ou interesses dos credores; *m*) autorização para a continuação provisória da empresa com o administrador judicial, se considerar cabível; *n*) se for o caso, convocação da Assembleia dos Credores para a constituição do Comitê; *o*) determinação da intimação do Ministério Público e expedição de cartas às Fazendas Públicas Federal e de todos os Estados e Municípios em que o devedor tiver estabelecimento, para conhecimento da falência.

286. O termo legal da falência

O termo legal da falência é o período anterior à decretação da quebra, que serve de referência para a auditoria dos atos praticados pelo falido.

Como é fácil perceber, a falência não costuma surpreender os responsáveis pela empresa falida, já que normalmente a degradação da situação econômica, patrimonial e financeira é paulatina, e o sócio controlador e administradores anteveem o desfecho desastroso para o negócio. Nesse contexto, pode-se verificar a prática de atos que frustram os objetivos do antevisto processo falimentar.

De qualquer forma, é necessário investigar se ocorreram irregularidades nas vésperas da declaração da falência, auditando-se os atos do falido. Para a realização dessa auditoria, é necessário adotar uma referência temporal que circunscreva os atos a serem investigados. É o juiz que deve, se possível na própria sentença de quebra, estabelecer esse parâmetro investigativo, por meio da fixação do termo legal da falência. Esse termo tem importância também para a ineficácia perante a massa de alguns dos atos que frustram os objetivos do processo falimentar.

Quando a falência tem por fundamento a impontualidade injustificada ou execução frustrada, o termo legal não pode retrotrair por mais de 90 dias do primeiro protesto por falta de pagamento; na hipótese de pedido fundado em ato de falência ou de autofalência, o termo legal não pode retrotrair por mais de 90 dias da petição inicial; e se é o caso de convolação em falência de recuperação judicial ou de recuperação extrajudicial homologada em juízo, não pode retrotrair por mais de 90 dias do respectivo requerimento.

Caso o juiz, ao decretar a falência, não tenha ainda os elementos para a determinação do termo legal, deverá fixá-lo provisoriamente na sentença declaratória da falência. Adotará, para tanto, as poucas informações sobre o devedor e o volume da massa de que dispuser naquele momento.

287. Continuação provisória das atividades do falido

Na sentença declaratória da falência, o juiz deve-se pronunciar sobre a continuação provisória das atividades do falido ou a lacração do seu estabelecimento. Não são alternativas excludentes. Inexistindo razões tanto para autorizar a continuação provisória das atividades do falido como para a lacração do estabelecimento, o juiz pode simplesmente denegar as duas medidas.

A continuação provisória das atividades do falido se justifica em casos excepcionais, quando ao juiz parecer que a empresa em funcionamento pode ser vendida com rapidez, no interesse da otimização dos recursos do falido. Se, pela tradição da marca explorada ou pela particular relevância social e econômica da empresa, parecer ao magistrado, no momento da decretação da quebra, que o encerramento da atividade agravará não só o prejuízo dos credores como poderá produzir efeitos deletérios à economia regional, local ou nacional, convém que ele autorize a continuação provisória dos negócios.

Caberá ao administrador judicial a gerência da atividade durante a continuação provisória. Investe-se ele, nesse caso, de amplos poderes de administração da empresa explorada pelo falido.

A continuação provisória convém que seja breve, muito breve. Decretada a medida, devem-se acelerar os procedimentos de realização do ativo, para que logo se defina o novo titular da atividade. O provisório que tende a se eternizar não tem sentido lógico nem jurídico; falta-lhe base na lei.

288. Publicidade da sentença declaratória da falência

A publicidade da sentença declaratória da falência é ligeiramente diferente da das demais.

Em geral, a sentença cível torna-se pública pela inserção de seu dispositivo no órgão oficial. Quando se trata de sentença de quebra, porém, quer a lei garantir maior publicidade. Desse modo, estabelece que a sentença declaratória da falência deve ser publicada por edital. Isto quer dizer que não apenas o dispositivo da sentença, mas seu inteiro teor é transcrito no *Diário Oficial*.

Ademais, se já constar dos autos a relação dos credores, também dela será feita a publicação junto com a sentença.

Há, além dessa, outras três regras específicas pertinentes à publicidade da sentença declaratória da falência. *Primeira*, se a massa falida comportar, ela será publicada também em jornal ou revista de circulação regional ou nacional. *Segunda*, proceder-se-á à intimação do Ministério Público e ao envio de comunicação à Fazenda Federal e às dos Estados e Municípios em que a falida possuir estabelecimento ou filial. *Terceira*, a falência deve ser comunicada à Junta Comercial em que o falido tem seus atos arquivados e esta disponibilizará a informação na rede mundial de computadores.

> **Art. 100. Da decisão que decreta a falência cabe agravo, e da sentença que julga a improcedência do pedido cabe apelação.**

289. Sentença denegatória da falência

A sentença denegatória da falência pode fundar-se em duas razões bem distintas, que são, de um lado, a elisão do pedido em razão do depósito do valor em atraso pelo requerido, e, de outro, a pertinência das razões articuladas na contestação.

São diferentes as duas hipóteses, porque varia a sucumbência. No primeiro caso, considera-se que o requerido sucumbiu, tendo em vista que, não fosse o depósito, inevitavelmente faliria. No último, é o requerente que sucumbiu, já que acolhida a defesa do requerido. A parte sucumbente deve arcar com as despesas do processo e os honorários que o juiz fixar em favor do advogado da vencedora. Os honorários de sucumbência serão, quando for o caso, apurados em liquidação da sentença denegatória, processada de acordo com o Código de Processo Civil, seguindo-se a execução, como nas demais decisões condenatórias.

Se contestado e feito o depósito pelo requerido, o juiz não pode deixar de apreciar as razões apresentadas pelo devedor. O depósito afasta a possibilidade de instauração do concurso de credores, mas é necessário verificar se era procedente a pretensão do requerente deduzida em juízo para fins de definir a sucumbência.

Sendo, então, a sentença denegatória proferida com fundamento não na elisão, mas no acolhimento da contestação, o valor depositado será levantado pelo próprio requerido, e não pelo requerente. Não há, no pedido de falência, a possibilidade de acolhimento *parcial* do pedido (ou a falência é decretada, porque presentes os seus pressupostos, ou denegada, por ausentes; não existe meio-termo), e, desse modo, não cabe levantamento *parcial* do depósito em favor do credor.

Ainda na hipótese de denegação da falência com sucumbência do requerido, deve a sentença condená-lo ao pagamento de correção monetária. A Lei n. 6.899/81, que instituiu a atualização monetária dos débitos judiciais, é aplicável ao processo da falência. O pedido de falência deve ser visto sempre como processo de cobrança, não havendo razão para deixar de satisfazer integralmente o direito do credor. Mesmo a doutrina que não o considera assim entende que o pedido de falência elidido frustra o objetivo de instauração da execução concursal e converte-se num processo de cobrança. A correção monetária é devida a partir do vencimento do título executivo que embasou o pedido. A Súmula 29 do STJ, editada nos anos 1980, preceitua que o próprio depósito elisivo deve compreender, desde logo, a correção monetária, além de juros e honorários de advogado. A lei atual incorporou o entendimento jurisprudencial. A aplicação rigorosa da norma legal ou do preceito sumulado conduz ao reconhecimento da ineficácia elisiva do depósito feito sem essas verbas, isto é, levando-se o critério às últimas consequências, o juiz deve decretar a falência do requerido que depositou apenas o valor histórico ou nominal da dívida. Considero, porém, que esse apenas é o caso quando a economia é significativamente inflacionária, e o montante histórico consignado em juízo não representa parte substancial da obrigação efetivamente devida. Quando estabilizado o poder de compra da moeda, o Judiciário deve atribuir efeito elisivo ao depósito do principal, denegando a falência; o recebimento dos juros e correção monetária decorrerá, nesse caso, da execução da sentença denegatória, juntamente com os ônus de sucumbência.

Se o juiz acolher a contestação e julgar pela improcedência do pedido, deve verificar se da conduta do requerente, quando do ajuizamento, derivou de dolo *manifesto*, caso em que, na própria sentença denegatória, irá condená-lo a indenizar o requerido (LF, art. 101).

290. Recursos no pedido de falência

Da sentença declaratória da falência cabe, sempre, o recurso de agravo. Nota-se, de pronto, que o processo falimentar adotou sistema recursal próprio, diferente do processo civil em geral. Neste, o agravo é o recurso cabível contra as decisões interlocutórias em geral (CPC-15, art. 1.015), e a apelação, contra sentenças (CPC-15, art. 1.009).

No processo de falência, contudo, cabe agravo contra sentença (LF, art. 100). A única modalidade adequada nesse caso será a do agravo *por instrumento*, já que não há sentido nenhum na interposição do *retido*, tendo em vista que sua apreciação, a título de preliminar, no julgamento da apelação contra a sentença de encerramento da falência não poderá desconstituir a execução concursal já concluída. O prazo, a tramitação e os efeitos do agravo são os dispostos no Código de Processo Civil, assim preceitua a Lei de Falências (art. 189).

O agravo é interponível contra a sentença declaratória da falência em qualquer caso, independentemente do fundamento da quebra (impontualidade injustificada, execução frustrada, ato de falência, convolação de recuperação judicial ou extrajudicial homologada etc.).

Têm legitimidade para agravar, além da falida, também o credor e o Ministério Público, embora não costumem estes últimos recorrer.

Já contra a sentença que denega o pedido de falência pode ser interposto o recurso de apelação, no prazo e segundo o processo previsto no Código de Processo Civil. Em relação a esse caso de recurso contra decisão judicial de primeiro grau, nada há de específico na legislação falimentar.

Também são admissíveis no pedido de falência os embargos de declaração.

> **Art. 101. Quem por dolo requerer a falência de outrem será condenado, na sentença que julgar improcedente o pedido, a indenizar o devedor, apurando-se as perdas e danos em liquidação de sentença.**
>
> **§ 1.º Havendo mais de 1 (um) autor do pedido de falência, serão solidariamente responsáveis aqueles que se conduziram na forma prevista no *caput* deste artigo.**
>
> **§ 2.º Por ação própria, o terceiro prejudicado também pode reclamar indenização dos responsáveis.**

291. Responsabilidade do requerente

O juiz, ao acolher a contestação do requerido e julgar improcedente o pedido de falência, deve examinar a conduta do requerente.

Se ocorreu dolo *manifesto* de sua parte quando do ajuizamento do pedido, deve na própria sentença denegatória da falência condená-lo ao pagamento de indenização em favor do requerido.

O valor das perdas e danos será objeto de liquidação de sentença.

O dolo reputa-se manifesto, nesse caso, quando os elementos reunidos no próprio pedido de falência já são suficientes para o juiz convencer-se de que o requerente tinha a intenção de causar danos ao requerido ao aduzir a pretensão em juízo.

Se não houver dolo manifesto no comportamento do requerente, o juiz não pode, obviamente, condená-lo. Nessa hipótese, o requerido prejudicado poderá demandar o requerente da falência em ação própria, que não é falimentar. Idêntica ação deve-se admitir também em caso de culpa ou abuso de direito pelo requerente. Por exemplo, age com culpa a pessoa que não faz controle adequado dos títulos de cujo pagamento recebe, e acaba ajuizando pedido de falência sob a alegação de impontualidade injustificada do devedor que, após o protesto, houvera pago integralmente a dívida. Ela deverá indenizar os prejuízos que causou ao requerido, na ação própria que este lhe mover, não cabendo a condenação já na sentença denegatória.

Seção V

Da Inabilitação Empresarial, dos Direitos e Deveres do Falido

Art. 102. O falido fica inabilitado para exercer qualquer atividade empresarial a partir da decretação da falência e até a sentença que extingue suas obrigações, respeitado o disposto no § 1.º do art. 181 desta Lei.

Parágrafo único. Findo o período de inabilitação, o falido poderá requerer ao juiz da falência que proceda à respectiva anotação em seu registro.

Art. 103. Desde a decretação da falência ou do sequestro, o devedor perde o direito de administrar os seus bens ou deles dispor.

Parágrafo único. O falido poderá, contudo, fiscalizar a administração da falência, requerer as providências necessárias para a conservação de seus direitos ou dos bens arrecadados e intervir nos processos em que a massa falida seja parte ou interessada, requerendo o que for de direito e interpondo os recursos cabíveis.

Art. 104. A decretação da falência impõe ao falido os seguintes deveres:

I – assinar nos autos, desde que intimado da decisão, termo de comparecimento, com a indicação do nome,

nacionalidade, estado civil, endereço completo do domicílio, devendo ainda declarar, para constar do dito termo:

a) as causas determinantes da sua falência, quando requerida pelos credores;

b) tratando-se de sociedade, os nomes e endereços de todos os sócios, acionistas controladores, diretores ou administradores, apresentando o contrato ou estatuto social e a prova do respectivo registro, bem como suas alterações;

c) o nome do contador encarregado da escrituração dos livros obrigatórios;

d) os mandatos que porventura tenha outorgado, indicando seu objeto, nome e endereço do mandatário;

e) seus bens imóveis e os móveis que não se encontram no estabelecimento;

f) se faz parte de outras sociedades, exibindo respectivo contrato;

g) suas contas bancárias, aplicações, títulos em cobrança e processos em andamento em que for autor ou réu;

II – depositar em cartório, no ato de assinatura do termo de comparecimento, os seus livros obrigatórios, a fim de serem entregues ao administrador judicial, depois de encerrados por termos assinados pelo juiz;

III – não se ausentar do lugar onde se processa a falência sem motivo justo e comunicação expressa ao juiz, e sem deixar procurador bastante, sob as penas cominadas na lei;

IV – comparecer a todos os atos da falência, podendo ser representado por procurador, quando não for indispensável sua presença;

V – entregar, sem demora, todos os bens, livros, papéis e documentos ao administrador judicial, indicando-lhe, para serem arrecadados, os bens que porventura tenha em poder de terceiros;

VI – prestar as informações reclamadas pelo juiz, administrador judicial, credor ou Ministério Público sobre circunstâncias e fatos que interessem à falência;

VII – auxiliar o administrador judicial com zelo e presteza;

VIII – examinar as habilitações de crédito apresentadas;

IX – assistir ao levantamento, à verificação do balanço e ao exame dos livros;

X – manifestar-se sempre que for determinado pelo juiz;

XI – apresentar, no prazo fixado pelo juiz, a relação de seus credores;

XII – examinar e dar parecer sobre as contas do administrador judicial.

Parágrafo único. Faltando ao cumprimento de quaisquer dos deveres que esta Lei lhe impõe, após intimado pelo juiz a fazê-lo, responderá o falido por crime de desobediência.

292. Dispositivos equivalentes na lei anterior

Equivaliam, na lei anterior, aos dispositivos acima, respectivamente, os arts. 40, 36, *caput*, 34 e 35. Nenhuma mudança importante cabe destacar.

Anote-se que a pena de prisão administrativa do falido prevista no art. 35 acertadamente não foi reproduzida pela nova lei. A previsão legal não havia sido recepcionada pela ordem constitucional inaugurada em 1988, que impediu a lei ordinária de criar novas hipóteses de prisão por dívida além das previstas na Constituição.

293. Efeitos da falência em relação ao empresário individual falido

A exploração de atividade econômica por uma pessoa física é possível. Normalmente, a atividade será de modesta dimensão, com pouquíssimos ou nenhum empregado, faturamento diminuto, pequena importância para a economia local. Se não for informal – traço, aliás, comum na hipótese –, o empresário pessoa física terá registro na Junta Comercial e nos cadastros de contribuintes como *firma individual*. Note-se que esta é apenas uma *espécie* de nome empresarial[93] e não representa nenhum mecanismo de personalização ou separação patrimonial. O empresário individual, ao providenciar os registros obrigatórios por lei, não está constituindo um novo sujeito de direito, com autonomia jurídica, mas simplesmente regularizando a exploração de atividade econômica.

Há uma grande confusão conceitual nesse campo, principalmente porque, sob a perspectiva do direito tributário, muitas vezes encontram-se sob o mesmo regime de obrigações instrumentais o empresário individual e algumas sociedades. É necessário, contudo, ressaltar que a firma individual não é sujeito de direito, mas categoria de nome empresarial. O sujeito – isto é, o credor, devedor, contratante, demandante, demandado, falido etc. – será sempre a pessoa física do empresário individual, *identificado* pela firma que levou a registro. É erro técnico grosseiro dizer, por exemplo, que *foi decretada a falência da firma individual* ou propor ação judicial contra a *firma individual* e pretender distinguir *bens da firma*. Como não se trata de sujeito de direito, mas simples categoria registrária, a firma não contrata, não pode falir, demandar ou ser demandada, titularizar domínio ou posse sobre coisas, nem exercer qualquer atributo próprio das pessoas ou dos entes despersonalizados.

O empresário individual pode ter sua falência decretada nas mesmas hipóteses da sociedade empresária, isto é, cabe a instauração do concurso de credores se o empresário individual não cumprir, no vencimento, obrigação líquida (impontualidade injustificada), for executado e não pagar, não depositar nem nomear bens à penhora (execução frustrada), incorrer em conduta que faça presumir sua insolvabilidade (ato de falência), requerer a decretação da própria falência (autofalência), obter a recuperação judicial e não a cumprir. Os objetivos da instauração do processo falimentar são iguais aos da

93. Coelho, *Curso de direito comercial*, cit., v. 1, p. 177-179.

falência da sociedade: a realização do ativo (venda de bens e cobrança dos credores) para a satisfação do passivo (pagamento dos credores), com observância do princípio do tratamento paritário. O processo falimentar também se desenvolve sob as mesmas regras. As diferenças encontram-se nos efeitos da falência – alguns são específicos da falência do empresário individual –, na responsabilidade penal e na reabilitação.

A decretação da falência do empresário individual não lhe subtrai a capacidade civil, embora a restrinja. O falido não é incapaz, mas, a partir da sentença de quebra, ele perde o direito de administrar e dispor de seu patrimônio.

Desse modo, pode, sem a assistência ou atuação do administrador judicial ou do juízo falimentar, praticar a generalidade dos atos civis, como casar, divorciar-se, adotar, votar, ser eleito, prestar concurso público, tomar posse, celebrar contrato de trabalho como empregado etc.; falta-lhe capacidade apenas para atos de conteúdo patrimonial, como compra e venda de imóvel, celebração de contrato social, recebimento e quitação de dívidas etc.

Essa restrição é o mais importante efeito, em relação à pessoa do falido, decorrente da falência. Ressalte-se que ele não perde, desde logo, a propriedade de seus bens, que são arrecadados e passam à administração do juízo falimentar. A propriedade apenas se transfere da titularidade do falido com a venda dos bens na realização do ativo durante a liquidação. A massa falida subjetiva não se torna proprietária dos bens integrantes do patrimônio do falido; apenas congrega os interesses dos credores sobre a administração e disponibilização deles.

Além da restrição decorrente da falta de capacidade para os atos de conteúdo patrimonial, fica o falido sujeito a outras limitações. Não pode ausentar-se da comarca em que se processa a falência sem razão justificadora e autorização do juiz. Se houver justo motivo e for autorizado, deve constituir, em qualquer caso, procurador com poderes para representá-lo nos atos processuais. Fica suspenso, por outro lado, o direito constitucional de sigilo à correspondência quanto aos assuntos pertinentes ao seu negócio. A partir da decretação da quebra, o administrador judicial recolhe a correspondência endereçada ao falido e está legalmente autorizado a abri-la. Caso constate que a correspondência tem conteúdo estranho à atividade empresarial, deve entregá-la ao falido. Outro direito constitucional suspenso é o de livre exercício da profissão, visto que o falido não poderá exercer atividade empresarial enquanto não for reabilitado.

Ao falido impõe a lei o dever de colaborar com a administração da falência, auxiliando o administrador judicial com zelo e presteza, comparecendo em todos os atos da falência, incluindo a arrecadação dos bens, apresentando a relação de credores, examinando e dando parecer nas contas do administrador judicial etc.

Sobre os bens do falido, ressalte-se que não existe, no direito brasileiro, como regra geral, a separação de patrimônio em decorrência da exploração de atividade econômica. Quando se trata de sociedade empresária, todos os bens da pessoa jurídica compõem o respectivo patrimônio e estão, ou devem estar, direta ou indiretamente, envolvidos com o desenvolvimento da empresa. Sendo individual o empresário, tanto os bens envolvidos na atividade econômica (os integrantes do seu estabelecimento empresarial) como os não envolvidos (moradia, veículos a serviço da família, casa de praia etc.) pertencem a *um* único e mesmo patrimônio: o titularizado pela pessoa física. Tanto aqueles como estes representam a garantia dos credores do empresário individual falido e são alcançados na execução concursal.

O administrador judicial deve arrecadar todos os bens de propriedade do falido, mesmo que se achem na posse de terceiros, a título de locação ou comodato, por exemplo. A arrecadação deve também abranger todos os bens na *posse* do falido. Destes serão excluídos aqueles que, embora possuídos por ele, não lhe pertencem, mediante pedido de restituição. Não serão, contudo, arrecadados os bens absolutamente impenhoráveis, segundo a definição da lei processual civil.

294. Efeito da falência em relação à sociedade empresária falida

O efeito da decretação da falência em relação à *pessoa* jurídica da sociedade empresária é a sua extinção. A decretação da falência provoca a *dissolução* da sociedade empresária. Trata-se de ato judicial que instaura uma forma específica de liquidação do patrimônio social, para que a realização do ativo e a satisfação do passivo sejam feitas não por um liquidante escolhido pelos sócios ou nomeado pelo juiz da ação de dissolução, mas sim pelo próprio Poder Judiciário, no âmbito do juízo falimentar, com a colaboração do administrador judicial. A falência é hipótese de dissolução *total judicial*. A sentença declaratória da falência desfaz todos os vínculos existentes entre os sócios ou acionistas e inaugura o processo judicial de terminação da personalidade jurídica da sociedade. É portanto *total*. De outro lado, não existe falência como ato de vontade dos integrantes da sociedade falida. Mesmo quando se trata de autofalência, quem a decreta – quando presentes os seus pressupostos – é sempre o Poder Judiciário. A falência é, assim, dissolução *judicial* sempre.

Desenvolvendo o paralelo com o instituto do direito societário,[94] lembre-se que a dissolução-procedimento da sociedade empresária abrange a dissolução-ato (ato ou fato jurídico desencadeante do processo de encerramento da pessoa jurídica), a liquidação (solução das pendências obrigacionais mediante a realização do ativo e a satisfação do passivo) e a partilha (distribuição, entre os sócios, do patrimônio líquido remanescente). A dissolução-ato causada pela falência é a decisão do juiz expressa na sentença que instaura a execução concursal. A liquidação ocorre na tramitação do processo falimentar, em que o administrador judicial vende os bens da massa, ultima a cobrança dos devedores e paga os credores. Por fim, não é comum ocorrer, mas, feito o pagamento do principal com correção monetária e juros posteriores à quebra de *todos* os credores, se restarem recursos, estes pertencem aos sócios da sociedade falida, em valor proporcional à contribuição de cada um para o capital social (quota ou ação). A lei falimentar não denomina partilha essa repartição (nem sequer obriga que se a faça em juízo), mas a medida atende aos mesmos objetivos da derradeira fase da dissolução-procedimento.

A dissolução por falência, como aliás qualquer outro procedimento dissolutório, amigável ou judicial, pode ser interrompida com a reversão dos efeitos dissolutórios. Em caso de interrupção, a sociedade empresária retorna ao estatuto anterior ao ato de dissolução, normalmente voltando à prática regular dos seus negócios. A declaração judicial de extinção das obrigações antes da sentença de encerramento

94. Coelho, *Curso de direito comercial*, cit., v. 2, p. 452-472.

do processo falimentar (o chamado "levantamento da falência") é um modo particular de interrupção da dissolução falencial. Mesmo depois de encerrado o processo, podem os antigos sócios reabilitar a sociedade empresária falida, revertendo os efeitos dissolutórios da falência, com o objetivo de fazê-la retornar à exploração da atividade. Isso contudo é raríssimo, porque desinteressante por todos os ângulos por que se avalia a matéria. O mesmo objetivo, ademais, podem alcançar os empreendedores que eram sócios da falida, por meio da constituição de nova sociedade empresária, com ativo e passivo por tudo incomunicáveis com os da dissolvida. O procedimento de reabilitação previsto na Lei Falimentar acaba destinando-se, assim, às hipóteses de falência do empresário individual ou à reabilitação do representante legal da sociedade falida condenado por crime falimentar.

Normalmente, a dissolução por falência acarreta a paralisação da atividade econômica, já que o objetivo do concurso dos credores é procurar satisfazer, o quanto possível, o passivo da falida. O direito de falências tem, historicamente, o interesse dos credores no tratamento por paridade, diante da insolvabilidade do devedor empresário, como o bem jurídico a tutelar. Apenas no transcorrer do século XX passaram a preocupar-se a tecnologia jurídica e a jurisprudência com a *preservação da empresa*, isto é, a busca de alternativas que garantissem a continuidade da exploração da atividade econômica. Criam-se, desse modo, mecanismos que conciliam a dissolução falimentar da sociedade empresária com a continuação do negócio, preservando-se empregos, geração de tributos e atendimento às necessidades dos consumidores. O direito positivo brasileiro contempla, além da recuperação judicial ou extrajudicial – que visam a preservação da empresa *antes* de verificada quebra –, a possibilidade de o negócio continuar operando sob a titularidade de sociedade constituída entre os credores ou trabalhadores ou de terceiro que adquira o estabelecimento da falida em bloco ou uma de suas unidades produtivas. Admite, também, que o juiz, na sentença de quebra, autorize a continuação provisória da atividade, quando a providência mostrar-se útil ao cumprimento das finalidades da execução concursal.

A sociedade empresária dissolvida pode ter sua falência requerida e decretada durante a fase de liquidação. A dissolução, judicial ou extrajudicial, não obsta a decretação da falência. Assim, o credor ou a própria sociedade liquidanda (no caso de autofalência) formulam pedido de falência, tal como fariam se não houvesse ocorrido a dissolução. Quando cabível, cita-se a sociedade devedora, na pessoa do liquidante, seguindo-se a mesma tramitação de todos os demais pedidos de falência. Se a falência for decretada, cessa, no ponto em que se encontra, a liquidação de direito societário, inclusive a operada no âmbito judicial. A ação de dissolução e liquidação de sociedades é encerrada e arquivada, e todas as questões nela debatidas ainda pendentes de apreciação judicial devem ser renovadas, pelo procedimento adequado, perante o juízo falimentar.

295. Efeitos da falência em relação aos sócios da sociedade falida

A Lei Falimentar brasileira de 1945 resultou de anteprojeto da lavra de um grande tecnólogo, Miranda Valverde, e das alterações nele introduzidas pela comissão integrada por Filadelfo Azevedo, Hahnemann Guimarães, Noé Azevedo, Joaquim Canuto Mendes de Almeida, Sílvio Marcondes e Luís Lopes Coelho. Naquele tempo, os elaboradores do texto legal elegeram o comerciante individual como a figura central da disciplina jurídica. Na reforma de 2005, não houve preocupação de alterar o foco, continuando a lei a disciplinar o instituto a partir da falência do devedor pessoa física. Isso representa uma dificuldade para o intérprete e o aplicador da Lei Falimentar. Como, na expressiva maioria das vezes, a execução concursal diz respeito a sociedade limitada ou anônima, e o texto preocupa-se mais com a falência do comerciante pessoa física, surgem mal-entendidos acerca do alcance do decreto falimentar contra os sócios da falida, principalmente no assunto relacionado aos seus bens e responsabilidades.

A falência de uma sociedade empresária projeta, claro, efeitos sobre os seus sócios. Mas não são eles os falidos e, sim, ela. Recorde-se, uma vez mais, que a falência é da pessoa jurídica, e não dos seus membros.

Os sócios, contudo, mesmo não sendo *falidos*, expõem-se a consequências decorrentes da quebra da sociedade. Dois fatores devem ser levados em conta no exame dos desdobramentos da falência na situação jurídica dos sócios: a função exercida na empresa e o tipo de sociedade.

Desse modo, os efeitos da falência da sociedade sobre os sócios variam, em primeiro lugar, de acordo com a função exercida na empresa. Os investidos de poder de representante legal da sociedade (*administrador da limitada* ou *diretor da anônima*) possuem encargos de colaboração com o processo de falência e responsabilidade penal não imputáveis aos demais, àqueles que apenas subscreveram quotas ou ações do capital social sem participar da administração da empresa. Em termos gerais, a lei atribui ao representante legal da sociedade falida os mesmos encargos processuais reservados ao empresário individual. De fato, sempre que o falido é sociedade empresária, cabe aos seus representantes legais (diretores e administradores) prestar as informações e declarações, bem como se manifestar em juízo em nome dela.

Em relação à responsabilidade *civil* pelas obrigações da sociedade, não há nenhuma diferença entre os sócios relacionada ao exercício de funções administrativas ou de representação legal. Tanto os sócios diretores, administradores ou liquidante como os que apenas prestaram capital para o negócio respondem pelas obrigações sociais na mesma extensão. Quanto a esse aspecto da matéria, tem importância o tipo adotado pela sociedade falida.

Quando se trata de sociedade limitada ou anônima, se o capital social está inteiramente integralizado, o sócio ou acionista *não* tem responsabilidade pelas obrigações sociais.[95] Se o contrato social diz que todas as quotas do capital da sociedade limitada estão totalmente integralizadas ou se a contabilidade da sociedade anônima registra que o preço de emissão da ação foi inteiramente pago, os bens do sócio – quotista, no primeiro caso, e do acionista, no segundo, não são envolvidos, *de nenhum modo*, no processo falimentar. Já se o capital social da falida não está totalmente integralizado, nos termos do contrato social da limitada ou da contabilidade da anônima, caberá ao administrador judicial promover a *ação judicial de integralização*. Após o devido processo legal, se o sócio ou acionista não provar o pagamento da contribuição com que se obrigara para a formação do capital da sociedade, o juiz proferirá decisão condenando-o ao cumprimento desse dever. Transitada em julgado, seguir-se-á a execução de sentença, com a penhora de bens do patrimônio do sócio ou acionista.

95. Coelho, *Curso de direito comercial*, cit., v. 2, p. 27-29, 63-66 e 402-413.

Na ação judicial de integralização deve ser respeitada a regra da subsidiariedade da responsabilidade dos sócios pelas obrigações sociais. A rigor, os bens da sociedade falida devem ser vendidos *antes* dos penhorados em execução da sentença proferida na ação de integralização. Se acaso o produto apurado na venda daqueles bastar ao pagamento dos credores (satisfação do passivo), não serão vendidos os bens dos sócios, levantando-se a penhora. A dispensabilidade da prova de insuficiência dos bens sociais é mera condição processual para a propositura da ação desde logo, com vistas à celeridade do processo falimentar.

Quando, por outro lado, se trata de sociedade de tipo menor (nome coletivo, comandita simples ou comandita por ações), é necessário distinguir a situação jurídica do sócio com responsabilidade ilimitada (qualquer um, na sociedade em nome coletivo; comanditado, na comandita simples; acionista-diretor, na comandita por ações) da dos que respondem limitadamente (comanditário, na comandita simples e o acionista não diretor, na comandita por ações) pelas obrigações sociais. Na falência de sociedade de tipo menor, os bens dos sócios de responsabilidade ilimitada são *arrecadados* pelo administrador judicial juntamente com os da sociedade. Estão, assim, sujeitos à mesma constrição judicial do patrimônio da falida. Chegando, contudo, o momento da liquidação, deverão ser vendidos, em primeiro lugar, os bens da sociedade, para, somente no caso de ser o produto dessa venda insuficiente ao pagamento dos credores, promover-se, em seguida, a venda de tantos bens do patrimônio do sócio quantos bastem ao pagamento do saldo. Essa ordem deve ser observada para obediência da regra da subsidiariedade da responsabilidade dos sócios pelas obrigações sociais.

Noto que a falência duma sociedade limitada ou anônima não impede o sócio ou acionista de continuar participando das demais sociedades de que faz parte. Não obsta, também, que ele constitua nova sociedade ou ingresse noutra existente, de qualquer tipo. Além de obstar a exploração individual de atividade empresarial, a lei veda apenas que a pessoa condenada por *crime falimentar* constitua nova sociedade ou entre numa existente enquanto não obtiver a reabilitação judicial (Lei n. 8.934/94, art. 35, II). Se não for esse o caso (porque não está em curso ação penal falimentar contra aquele sócio ou mesmo porque ainda não transitou em julgado a sentença condenatória), inexiste empecilho à titularidade de quotas sociais em limitadas ou ações de anônimas. Mas se a falência é de sociedade de tipo menor, o sócio com responsabilidade ilimitada sofre restrições patrimoniais que o impedem de livremente administrar e dispor de seus bens, estando assim obstado o ato de subscrever ou adquirir quotas ou ações de outras sociedades, novas ou já existentes.

Em relação à responsabilidade penal, todos os sócios são equiparados ao empresário individual falido, independentemente de exercerem ou não a administração da empresa ou do tipo societário adotado pela sociedade devedora. Por essa razão, se for condenado por crime falimentar, além de não poder constituir nova sociedade, nem ingressar em alguma existente, o sócio fica impedido de participar da administração de sociedade *empresária*. O impedimento veda a eleição do sócio criminoso para cargos ou funções em conselho de administração, diretoria ou gerência e também a prática de atos de representação como mandatário ou gestor de negócio. Não há óbice, contudo, à sua participação na administração de sociedades não empresárias (*simples*) ou de outras pessoas jurídicas (*associações* ou *fundações*).

Seção VI
Da Falência Requerida pelo Próprio Devedor

Art. 105. O devedor em crise econômico-financeira que julgue não atender aos requisitos para pleitear sua recuperação judicial deverá requerer ao juízo sua falência, expondo as razões da impossibilidade de prosseguimento da atividade empresarial, acompanhadas dos seguintes documentos:

I – demonstrações contábeis referentes aos 3 (três) últimos exercícios sociais e as levantadas especialmente para instruir o pedido, confeccionadas com estrita observância da legislação societária aplicável e compostas obrigatoriamente de:

a) balanço patrimonial;

b) demonstração de resultados acumulados;

c) demonstração do resultado desde o último exercício social;

d) relatório do fluxo de caixa;

II – relação nominal dos credores, indicando endereço, importância, natureza e classificação dos respectivos créditos;

III – relação dos bens e direitos que compõem o ativo, com a respectiva estimativa de valor e documentos comprobatórios de propriedade;

IV – prova da condição de empresário, contrato social ou estatuto em vigor ou, se não houver, a indicação de todos os sócios, seus endereços e a relação de seus bens pessoais;

V – os livros obrigatórios e documentos contábeis que lhe forem exigidos por lei;

VI – relação de seus administradores nos últimos 5 (cinco) anos, com os respectivos endereços, suas funções e participação societária.

Art. 106. Não estando o pedido regularmente instruído, o juiz determinará que seja emendado.

Art. 107. A sentença que decretar a falência do devedor observará a forma do art. 99 desta Lei.

Parágrafo único. Decretada a falência, aplicam-se integralmente os dispositivos relativos à falência requerida pelas pessoas referidas nos incisos II a IV do *caput* do art. 97 desta Lei.

296. Dispositivo equivalente na lei anterior

A autofalência estava disciplinada, na lei anterior, pelo art. 8.º. Seu fundamento era o inadimplemento de obrigação líquida e o prazo para o requerimento era de 30 dias. Previa-se sanção relacionada à concordata, que, desde há muito, não era aplicada pelo Poder Judiciário. Muda-se o fundamento e descarta-se qualquer sanção.

297. A autofalência

Os tecnólogos mais puristas criticam a expressão "autofalência". Como toda a falência é sempre uma decisão judicial, o termo é equivocado. Eles têm, devo reconhecer, razão em seu argumento. Emprego, contudo, a condenada expressão, em vista de seu largo uso nos meios forenses. Não vale a pena perder-se tempo com a melhor forma de designar a falência requerida pelo próprio devedor, até mesmo por se tratar de hipótese raríssima.

Quando se tratar de autofalência, o pedido do empresário devedor deve vir instruído com a extensa lista de documentos prevista em lei: *a*) demonstrações contábeis dos últimos 3 exercícios e especialmente levantadas para o pedido; *b*) relação dos credores; *c*) inventário dos bens e direitos do ativo acompanhados dos documentos comprobatórios de propriedade; *d*) registro na Junta Comercial; em sendo irregular o exercício da atividade empresarial pela sociedade requerente, por falta do hábil registro, a indicação e qualificação de todos os sócios acompanhada da relação de seus bens; *e*) livros obrigatórios e documentos contábeis legalmente exigidos; *f*) relação dos administradores, diretores e representantes legais dos últimos 5 anos.

Apresentada a petição inicial de autofalência, e estando ela convenientemente instruída, o juiz sentencia a quebra do requerente. Se não estiver, o juiz deve determinar sua emenda. Vencido o prazo para a emenda sem adequada manifestação do requerente, o juiz deve sentenciar a quebra, mesmo que não instruída corretamente a petição inicial.

Quando o próprio devedor requer a falência, o juiz apenas não deve decretá-la em caso de desistência tempestiva. Trata a hipótese de verdadeira retratação, se apresentada pelo devedor *antes da sentença*. O devedor pode desistir do pedido de instauração do concurso de seus credores, mesmo que presente o pressuposto legal para a autofalência; qual seja, a insolvência de quem não atende às condições para a recuperação judicial. Note-se que a desistência da autofalência apresentada depois de o juiz ter sentenciado a quebra é por tudo ineficaz. Embora a retratação seja ato de vontade do devedor, se não for recebida tempestivamente, não produz o efeito de evitar a decretação da quebra solicitada. De qualquer modo, salvo na hipótese de retratação tempestiva, o juiz não poderá deixar de decretar a quebra requerida pelo próprio devedor.

298. Consequência da falta do pedido de autofalência

Nenhuma é a consequência da falta do pedido de autofalência. Embora o dispositivo legal sugira uma ordem ao devedor empresário, inexiste qualquer tipo de sanção. Na lei anterior, a falta do pedido de autofalência importava consequências relativamente à concordata, mas a jurisprudência se encarregara de tornar letra morta o dispositivo em que se assentavam.

Qual o interesse, então, do pedido de autofalência? Se o devedor conclui que a empresa por ele explorada não tem mais recuperação, ou não tem ele o mínimo interesse em tentá-la, a autofalência – caso não tenha cometido nenhuma irregularidade à testa do negócio – pode-se apresentar como alternativa mais rápida de pôr fim a ela e, em certo sentido, desincumbir-se das tarefas de liquidação. O empresário honesto, em outros termos, tem o direito de transferir ao Estado a liquidação de sua empresa frustrada, por meio do pedido de autofalência.

Seção VII

Da Arrecadação e da Custódia dos Bens

Art. 108. Ato contínuo à assinatura do termo de compromisso, o administrador judicial efetuará a arrecadação dos bens e documentos e a avaliação dos bens, separadamente ou em bloco, no local em que se encontrem, requerendo ao juiz, para esses fins, as medidas necessárias.

§ 1.º Os bens arrecadados ficarão sob a guarda do administrador judicial ou de pessoa por ele escolhida, sob responsabilidade daquele, podendo o falido ou qualquer de seus representantes ser nomeado depositário dos bens.

§ 2.º O falido poderá acompanhar a arrecadação e a avaliação.

§ 3.º O produto dos bens penhorados ou por outra forma apreendidos entrará para a massa, cumprindo ao juiz deprecar, a requerimento do administrador judicial, às autoridades competentes, determinando sua entrega.

§ 4.º Não serão arrecadados os bens absolutamente impenhoráveis.

§ 5.º Ainda que haja avaliação em bloco, o bem objeto de garantia real será também avaliado separadamente, para os fins do § 1.º do art. 83 desta Lei.

299. Constrição judicial dos bens do empresário individual falido

O administrador judicial deve arrecadar todos os bens de propriedade do empresário individual falido, mesmo que se achem na posse de terceiros, a título de locação ou comodato, por exemplo. A arrecadação deve também abranger todos os bens na *posse* do falido. Destes serão excluídos aqueles que, embora possuídos por ele, não lhe pertencem, mediante pedido de restituição. Não serão, contudo, arrecadados os bens absolutamente impenhoráveis, segundo a definição da lei processual civil.

300. Constrição judicial dos bens da sociedade empresária falida

Quando a falência é da sociedade empresária (normalmente, uma limitada ou anônima), os bens que serão arrecadados para integração à massa falida são exclusivamente os da sociedade.

Os bens dos sócios não são bens da falida e, por isso, não se sujeitam à constrição judicial da execução falimentar. Apenas são arrecadados os bens da pessoa jurídica da sociedade falida, e não dos seus integrantes. Os sócios somente têm seus bens arrecadados na falência da sociedade quando esta adota a forma de um tipo menor (comandita simples ou nome coletivo), e eles têm responsabilidade solidária ou ilimitada pelas obrigações sociais.

Na execução concursal do patrimônio da sociedade limitada ou anônima, não existe arrecadação dos bens de sócios, nem mesmo se o capital social não se encontra inteiramente integralizado; nesse caso, transitada em julgado a condenação proferida na ação de integralização movida pelo administrador judicial, a constrição judicial dos bens dos sócios será feita por *penhora*, em execução de sentença. Para não se deixar confundir pela redação da lei concentrada na figura da pessoa física falida, o intérprete e o aplicador da lei devem sempre ter presente o princípio da autonomia da pessoa jurídica e das regras limitadoras da responsabilidade dos sócios por obrigações da sociedade.

Serão arrecadados todos os bens de propriedade da sociedade empresária falida, ainda que não se encontrem em sua posse, assim como todos os bens na posse dela, mesmo os que não são de sua propriedade. Quanto a estes, caberá, oportunamente e pelo meio apropriado (isto é, mediante *pedido de restituição*: art. 85 da LF), apartá-los da massa falida objetiva, já que os bens possuídos pela falida, mas que não lhe pertencem (bens dos quais é locatária ou comodatária, p. ex.), não integram a garantia dos credores e não podem ser, por isso, vendidos na liquidação para a satisfação dos créditos habilitados.

Os bens da sociedade falida que, no momento da arrecadação, se encontrarem penhorados numa execução singular ou sujeitos a qualquer outra forma de constrição judicial serão também arrecadados, mediante deprecação expedida pelo juízo falimentar, salvo no caso de a execução singular ser daquelas que não se suspendem pela decretação da falência.

Arrecadados os bens, ficam eles sob a guarda direta ou indireta do administrador judicial, sempre sob sua responsabilidade. O representante legal, se aceitar o encargo, poderá ficar como depositário dos bens da massa.

301. Securitizadora com Recebíveis Imobiliários em regime fiduciário

Nos termos da disciplina legal do sistema financeiro imobiliário (Lei n. 9.514/97), os créditos decorrentes de operações imobiliárias podem ser securitizados, por meio da emissão, pela companhia securitizadora, de títulos de crédito negociáveis denominados Certificado de

Recebíveis Imobiliários – CRI. A emissão pode ou não estar sujeita ao regime fiduciário, quem decide é a própria companhia securitizadora, por ato unilateral de vontade. Se instituído esse regime, determina a lei a *separação de patrimônios*, de forma que, falindo a companhia securitizadora, os créditos correspondentes a cada emissão não são arrecadados para a massa falida.

Considere-se um exemplo para melhor compreensão da matéria: a empresa que pretende incorporar e construir prédio residencial não dispõe de recursos próprios para a empreitada. Existe a alternativa de buscá-los junto ao banco, por meio de financiamento bancário, em geral concedido mediante hipoteca do imóvel e do futuro prédio. Na medida em que os adquirentes terminam de pagar o devido, a sociedade incorporadora quita o financiamento bancário ou a parte da unidade condominial vendida, levantando-se a hipoteca correspondente. O risco sério para o consumidor e, em certa medida, também para o agente financeiro está na hipótese de falência da incorporadora, no momento em que a obra está inconclusa. Se os condôminos não se dispuserem a assumir o restante da construção, porque isso significa prover os recursos necessários em montantes superiores à prestação que haviam contratado (Lei n. 4.591/64, art. 43, III), o banco terá preferência, em razão da garantia real, sobre o produto da venda do imóvel em construção, pouco ou nada restando para os consumidores exercerem o privilégio legal que titularizam.

A alternativa criada em 1997 pela lei do sistema financeiro imobiliário procurou evitar essas situações de grande prejuízo aos consumidores, presentes na alternativa tradicional de financiamento de operações imobiliárias (naquele ano, inclusive, uma construtora, a *Encol*, insolvente, havia paralisado obras em todo o país, expondo milhares de consumidores a perdas significativas). Pelo novo sistema, a incorporadora do exemplo acima cede os créditos que possui junto aos consumidores para uma companhia securitizadora, recebendo desta os recursos necessários à construção do prédio residencial. Os adquirentes de unidades do prédio em construção pagam as prestações contratadas à companhia securitizadora, que é a titular dos créditos. Esses créditos são ativos da cessionária e podem servir – essa é a finalidade da cessão – de base à emissão de títulos negociáveis, a serem oferecidos aos investidores no mercado. Há dois regimes de disciplina desses ativos: o geral e o fiduciário. A companhia securitizadora define qual o aplicável, com vistas a facilitar sua colocação como alternativa de investimento. Se optar pelo regime fiduciário, os créditos imobiliários constituirão um ou mais patrimônios separados, administrados pela companhia, mas segregados do patrimônio social. Decretada a falência de companhia securitizadora com recebíveis imobiliários sob o regime fiduciário, esses créditos não serão arrecadados. Os adquirentes das unidades condominiais continuam pagando as prestações devidas, agora ao agente fiduciário, que assume o patrimônio separado, sendo, nesse contexto, menos complexo viabilizar a continuidade e a conclusão da obra.

302. Regras especiais sobre alguns bens

Quando, entre os bens do falido, se encontram substâncias entorpecentes licitamente possuídas, bens protegidos pelo direito industrial ou quotas de sociedade limitada, aplicam-se regras específicas. São as seguintes:

Posse legítima de substâncias entorpecentes. A posse de substância entorpecente ou que determine dependência física ou psíquica é, em geral, crime (Lei n. 11.343/2006). Há, contudo, a hipótese de posse legítima pelo titular de estabelecimento industrial, comercial, hospitalar, de pesquisa e ensino ou de prestação de serviços médicos, devidamente licenciados pelas autoridades sanitárias. A indústria farmacêutica, por exemplo, mantém em estoque substâncias utilizadas no preparo de remédios que podem determinar dependência física ou psíquica, e nada há de ilícito ou criminoso nesse caso. Sobrevindo a falência de empresário que detenha a posse legítima dessas substâncias, determina a lei que elas ficarão sob a guarda e depósito das autoridades sanitárias competentes. A venda dessas substâncias, em hasta pública, só poderá ser feita a "pessoas jurídicas regularmente habilitadas na área de saúde ou de pesquisa científica que comprovem a destinação lícita a ser dada ao produto a ser arrematado" (Lei n. 11.343/2006, art. 69 e §§).

Propriedade industrial. A propriedade industrial abrange as patentes de invenção ou de modelo de utilidade e os registros de desenho industrial e de marca. Como bens incorpóreos integrantes do patrimônio do empresário, devem ser arrecadados na falência desta e vendidos judicialmente, como os demais elementos do estabelecimento empresarial.[96] A marca, por vezes, representa o mais importante e valioso bem do patrimônio da falida, seu *goodwill*. Claro que a falência pode, em determinadas circunstâncias, desvalorizar a marca, resultando daí desinteresse nos agentes econômicos em adquiri-la. Mas pode verificar-se o contrário: marcas como "Casa Centro" e "Mappin" permaneceram com valor de mercado, mesmo depois da falência dos seus titulares, que eram sociedades empresárias dedicadas ao comércio varejista em São Paulo. À massa falida competem todas as providências, medidas e ações previstas na lei para a defesa da propriedade patentária ou marcária, tais como o direito de requerer a oportuna renovação do registro, demandar perdas e danos e abstenção de condutas lesivas à integridade do direito industrial. Exige-se atenção especial do administrador judicial para evitar a perda do direito por caducidade. Cabe-lhe, por exemplo, licenciar o uso da marca, enquanto não realizada a cessão dos direitos industriais.

Quotas de sociedade limitada. A lei estabelece que um dos efeitos da falência é a exclusão, de pleno direito, do falido das sociedades limitadas em que tenha participação (CC, art. 1.030, parágrafo único). A falência implica, em outros termos, a liquidação das quotas de sociedade limitada que se encontrem no patrimônio do falido. Portanto, em vez de proceder à arrecadação das quotas de sociedade limitada para posterior alienação judicial, deve o administrador judicial instar os sócios do falido a realizarem a apuração dos haveres correspondentes à participação societária deste. Após o levantamento de balanço de determinação, as quotas serão mensuradas por seu valor patrimonial. Quando a sociedade pagar este valor à massa falida, o sócio falido é excluído da sociedade. Caso a sociedade a que pertence o falido se recuse a promover a apuração dos haveres, o administrador judicial deve ajuizar contra ela a ação de dissolução. Atuará a massa falida, nesse caso, como sucessora dos direitos do falido, incluindo o de apuração de haveres e reembolso das sociedades limitadas de que faz parte.

---

96. João Luiz Coelho da Rocha, A propriedade industrial na falência – a alienação de direito de marca, *Revista de Direito Mercantil*, São Paulo: Malheiros, v. 111, 1998.

Art. 109. O estabelecimento será lacrado sempre que houver risco para a execução da etapa de arrecadação ou para a preservação dos bens da massa falida ou dos interesses dos credores.

303. Lacração do estabelecimento do falido

Na lei anterior, não havia disciplina sobre o assunto. Os juízes, contudo, adotaram a prática de determinar invariavelmente a lacração. Os profissionais da área pensavam mesmo que a lei, em algum lugar, obrigava o ato, tão comum era a ordem de o realizar. Na lei atual, autoriza-se a lacração quando houver risco para a arrecadação ou preservação dos bens da massa ou dos interesses dos credores.

Na verdade, não há nada mais desmoralizado nesse mundo que o lacre judicial do estabelecimento do falido. Não havendo meios de se fazer efetivo policiamento no local ou mesmo contratar o administrador judicial serviços de guarda particular, é o caso de o juiz desocupar-se do assunto. O papel colado na porta não assusta ninguém; aliás, nem é lido por quem pretende subtrair bens do local. Por outro lado, se já houver vigilância efetiva no local, o lacre judicial é pompa inteiramente dispensável.

Determinar, por isso, que se providencie o lacre do estabelecimento do falido, sem que estejam presentes as condições de efetiva vigilância do local, significa apenas criar, de pronto, mais trabalho inútil para os funcionários do cartório; e, em seguida, mais um inquérito policial por desobediência de autoria desconhecida a contribuir para o atraso do serviço de alguns órgãos do Estado (Delegacia de Polícia, Ministério Público e Poder Judiciário).

Art. 110. O auto de arrecadação, composto pelo inventário e pelo respectivo laudo de avaliação dos bens, será assinado pelo administrador judicial, pelo falido ou seus representantes e por outras pessoas que auxiliarem ou presenciarem o ato.

§ 1.º Não sendo possível a avaliação dos bens no ato da arrecadação, o administrador judicial requererá ao juiz a concessão de prazo para apresentação do laudo de avaliação, que não poderá exceder 30 (trinta) dias, contados da apresentação do auto de arrecadação.

§ 2.º Serão referidos no inventário:

I – os livros obrigatórios e os auxiliares ou facultativos do devedor, designando-se o estado em que se acham, número e denominação de cada um, páginas escrituradas, data do início da escrituração e do último lançamento, e se os livros obrigatórios estão revestidos das formalidades legais;

II – dinheiro, papéis, títulos de crédito, documentos e outros bens da massa falida;

III – os bens da massa falida em poder de terceiro, a título de guarda, depósito, penhor ou retenção;

IV – os bens indicados como propriedade de terceiros ou reclamados por estes, mencionando-se essa circunstância.

§ 3.º Quando possível, os bens referidos no § 2.º deste artigo serão individualizados.

§ 4.º Em relação aos bens imóveis, o administrador judicial, no prazo de 15 (quinze) dias após a sua arrecadação, exibirá as certidões de registro, extraídas posteriormente à decretação da falência, com todas as indicações que nele constarem.

304. O auto de arrecadação

Desse modo, os bens do falido serão arrecadados pelo administrador judicial, como medida inicial de constituição da massa falida objetiva. A arrecadação será formalizada, nos autos do processo judicial, por um auto (composto do termo de inventário e do laudo de avaliação), elaborado e assinado pelo administrador judicial, o empresário individual falido ou o representante legal da sociedade falida, se estiver presente, e pelas demais pessoas que tenham auxiliado ou assistido ao ato.

Do termo de inventário constarão: *a*) menção dos livros obrigatórios e facultativos do falido, com referência ao estado em que foram achados, número e denominação, páginas escrituradas, datas do início da escrituração e do último lançamento feito; *b*) opinião do administrador judicial sobre o atendimento às formalidades legais, a qual, evidentemente, poderá ser referendada ou refutada pelo laudo técnico-contábil que, oportunamente, acompanhará a exposição; *c*) dinheiro, papéis, documentos e demais bens do falido, destacando os que se encontram na posse de terceiros a título de guarda, depósito, penhor ou retenção; *d*) os bens na posse do falido, indicados como de propriedade de terceiros ou reclamados por aqueles.

No mesmo ato da arrecadação, o administrador judicial avalia os bens e informa o valor atribuído num laudo que compõe, junto com o termo de inventário, o auto de arrecadação. Se o administrador judicial não se sentir em condições de proceder à avaliação dos bens arrecadados, tendo em vista suas especificidades, ele deve requerer autorização do juiz para contratar um profissional avaliador. A avaliação dos bens arrecadados serve de referência para alguns atos subsequentes de administração da massa falida, como, por exemplo, a locação ou arrendamento de bens com o objetivo de geração de renda, na venda sumária ou na definição do valor do crédito com garantia real titular de preferência.

Havendo no termo informação com a qual não concorda o representante legal da falida, poderão ser apresentadas, em separado, observações ou declarações para ressalva de direitos. Imagine-se que, ao descrever determinado instrumento industrial, o administrador judicial omita a referência a caracteres que o distinguem de outros de menor valor. O representante legal poderá lançar essa referência, explicando sua importância, numa declaração em apartado, que também será juntada aos autos. Se houver dúvidas, no futuro, quanto ao valor do bem, o juiz poderá levar em conta as ressalvas feitas à arrecadação.

Art. 111. O juiz poderá autorizar os credores, de forma individual ou coletiva, em razão dos custos e no interesse da massa falida, a adquirir ou adjudicar, de imediato, os bens arrecadados, pelo valor da avaliação, atendida a regra de classificação e preferência entre eles, ouvido o Comitê.

305. Venda sumária dos bens arrecadados

Em uma hipótese, a venda dos bens do falido realiza-se de forma sumária, quer dizer, abreviada ao extremo. Quando não existem bens no ativo dele de valor suficiente a compensar os custos da venda ordinária ou extraordinária.

Pode ocorrer, e a situação não é rara, de os bens encontrados pelo administrador judicial no estabelecimento empresarial do falido, quando da arrecadação, serem de valor irrisório, não se justificando a adoção dos relativamente custosos procedimentos de leilão, propostas ou pregão.

Pois bem, quando é esta a situação, o juiz pode autorizar que os credores, ou parte deles, adquiram ou adjudiquem os bens arrecadados pelo valor de avaliação, independentemente de hasta pública. Põe-se, desse modo, fim imediato à realização do ativo e procede-se à célere satisfação do passivo.

Cabe ao administrador judicial, à Assembleia ou mesmo a qualquer um dos credores submeter ao juiz a solicitação de autorização. Sendo deferida, o administrador judicial procura os credores pelo meio mais barato (ligação telefônica, por exemplo) e obedecendo a ordem de classificação. Oferece-lhes, no contato, os bens pelo valor da arrecadação. Quando encontrar alguém interessado, faz a venda e apresenta um relatório específico ao juiz. Para instruir esse relatório, deve solicitar que os credores lhe enviem por escrito (fax ou correio eletrônico) as recusas que tiverem manifestado; não as recebendo de um ou mais, porém, o administrador judicial deve simplesmente mencionar a circunstância no relatório, presumindo-se verdadeira a informação. Quaisquer outras providências (intimação judicial dos credores, por exemplo) não são compatíveis com a celeridade e economia que devem nortear o processo falimentar, especialmente na hipótese de venda sumária.

De qualquer modo, o credor eventualmente preterido em sua preferência terá a oportunidade de oferecer impugnação à venda sumária dos bens. O juiz, então, decidirá se houve ou não recusa do embargante e quais os efeitos dela.

Em relação à impugnação à venda, convém destacar que é inteiramente aplicável à modalidade sumária, em termos analógicos, o dispositivo que a admite na venda ordinária (art. 143).

Art. 112. Os bens arrecadados poderão ser removidos, desde que haja necessidade de sua melhor guarda e conservação, hipótese em que permanecerão em depósito sob responsabilidade do administrador judicial, mediante compromisso.

306. Guarda dos bens arrecadados

A remoção dos bens arrecadados, principalmente quando o falido não é o proprietário do imóvel em que instalara seu estabelecimento, é medida usual e necessária. Ninguém questiona isso. A providência, contudo, esbarra na questão relativa aos custos. Os depósitos judiciais, quando existem, há muito estão abarrotados e os particulares cobram pelos serviços. Se a massa falida não dispõe de recursos para a contratação do depósito, chega-se ao impasse.

Naqueles poucos processos em que esse impasse não se verificar, aplica-se o dispositivo acima. O administrador judicial, mediante compromisso, continua responsável pela guarda, a despeito do depósito dos bens, exceto – é claro – se demonstrar a culpa ou dolo do depositário no cumprimento de suas obrigações contratuais.

Art. 113. Os bens perecíveis, deterioráveis, sujeitos à considerável desvalorização ou que sejam de conservação arriscada ou dispendiosa, poderão ser vendidos anteci-

padamente, após a arrecadação e a avaliação, mediante autorização judicial, ouvidos o Comitê e o falido no prazo de 48 (quarenta e oito) horas.

307. Venda antecipada dos bens arrecadados

Se o bem arrecadado é perecível, deteriorável, sujeito a considerável desvalorização ou não se podem conservar sem risco ou dispêndio, autoriza a lei que se proceda à venda antecipada.

Ao contrário da lei anterior, cujo art. 73 definia que a venda antecipada se faria em leilão, a atual não traz nenhuma regra acerca do procedimento a observar. Em decorrência, deve-se considerar que o juiz é livre para definir o mais adequado, podendo se inspirar nos relativos à venda sumária (art. 111) ou ordinária (art. 142) ou mesmo determinar qualquer outro procedimento que julgue atender convenientemente os objetivos do processo falimentar.

Art. 114. **O administrador judicial poderá alugar ou celebrar outro contrato referente aos bens da massa falida, com o objetivo de produzir renda para a massa falida, mediante autorização do Comitê.**

§ 1.º O contrato disposto no *caput* deste artigo não gera direito de preferência na compra e não pode importar disposição total ou parcial dos bens.

§ 2.º O bem objeto da contratação poderá ser alienado a qualquer tempo, independentemente do prazo contratado, rescindindo-se, sem direito a multa, o contrato realizado, salvo se houver anuência do adquirente.

308. Fruição dos bens arrecadados

Novidade da lei atual é a previsão em norma de direito positivo da possibilidade de o administrador judicial dar aos bens arrecadados uma fruição econômica, útil aos objetivos do processo falimentar.

Autorizado pelo Comitê – e quando este órgão não existir, pelo juiz –, o administrador judicial pode alugar o bem arrecadado, ou, mediante outro contrato qualquer, dele extrair renda.

O locatário ou contratante não terá direito nenhum de preferência na alienação do bem e o contrato será sempre celebrado por prazo indeterminado, de modo a ser rescindido, sem multa, por quem o adquirir em juízo, se for do seu interesse.

Seção VIII
Dos Efeitos da Decretação da Falência sobre as Obrigações do Devedor

Art. 115. A decretação da falência sujeita todos os credores, que somente poderão exercer os seus direitos sobre os bens do falido e do sócio ilimitadamente responsável na forma que esta Lei prescrever.

309. Credores sujeitos e admitidos à falência

Entre os principais efeitos da falência estão os projetados sobre os credores do falido. Aliás, como a instauração e a tramitação do concurso falimentar têm o objetivo de proporcionar uma justa repartição dos insuficientes recursos do ativo na satisfação do passivo, é óbvio que os credores são necessariamente envolvidos pela falência.

A partir da decretação da quebra, a execução concursal passa a ser o *exclusivo* processo judicial de cobrança do seu direito creditício (exceto em relação ao credor fiscal, que desfruta da garantia de não participar de concurso). Em regra, nada pode ser feito, em juízo, pelo credor, na busca do pagamento do que lhe é devido pela falida, a não ser perante o juízo falimentar e normalmente nos autos do processo de falência. Apenas na hipótese de existirem coobrigados (fiador ou avalista), o credor terá outras alternativas para receber seu crédito. Mas esses coobrigados, por seu turno, uma vez responsabilizados pela dívida do falido, só poderão exercer o direito de regresso no concurso falimentar.

Além disso, na falência confere-se à comunidade de credores o tratamento *paritário*, que, se de um lado assegura a igualdade entre credores de mesma natureza, de outro, impõe a desigualdade no estabelecimento de hierarquias e preferências. O credor quirografário sem garantia de fiança ou aval, por exemplo, só tem a alternativa de se habilitar no concurso e aguardar a sua vez de receber o pagamento, torcendo para que os recursos da massa sejam suficientes para atendê-lo, quando chegar a vez dele.

A falência, sendo processo de execução concursal do empresário individual ou da sociedade empresária insolvável, abrange todos os credores do falido, civis ou comerciais.

Em situação específica encontram-se os credores fiscais, titulares de garantia legal que os exclui de qualquer concurso. Os demais credores, qualquer que seja a natureza do crédito (trabalhista, de consumidor, comercial, decorrente de indenização por ato ilícito, acidente de trabalho por culpa ou dolo do empregador etc.), devem submeter-se ao concurso falimentar para receberem o que for possível receber de seus créditos. A lei afasta da falência o credor fiscal, tendo em vista a proteção do interesse público, cujo atendimento depende dos recursos derivados da arrecadação tributária.

De outro lado, há créditos excluídos da falência. São titulados por credores que não podem participar do concurso porque o atendimento a seus direitos creditórios seria, para os demais, injusto.

Está excluído da falência, em primeiro lugar, o credor por obrigações a título gratuito. Se a sociedade empresária havia, por exemplo, se obrigado a patrocinar um evento cultural e vem a falir, o atendimento a essa obrigação subtrairia da massa recursos em prejuízo do pagamento dos demais credores. O promotor do evento não pode reclamar a verba do patrocínio na falência, porque a lei considera injusto *tirar* dos credores por título oneroso (vendedor de mercadorias, prestador de serviços, mutuante etc.) para *dar* aos beneficiários de obrigação por título gratuito.

Também não pode ser reclamado na falência o despendido pelos credores para habilitação ou declaração de crédito. As despesas, custas e honorários de advogado pagos por um credor, ao postular sua participação no concurso falimentar, não serão ressarcidos pela massa. Cada um deve arcar com seus dispêndios. Abre, contudo, a lei exceção para albergar as custas judiciais em litígio com a massa falida. Se o credor não dispunha de título líquido e certo, e, por isso, teve que mover prévia ação de conhecimento contra a massa falida para obtê-lo, o valor das custas da demanda é acrescido ao do crédito para fins de habilitação (os honorários de sucumbência devidos pela massa são crédito do advogado que patrocinou a ação e devem ser objeto de habilitação específica).

Por fim, está excluído da falência o crédito relacionado a multa contratual ou pena pecuniária cuja constituição decorre da decretação da quebra do devedor. Se a própria falência é a fonte da obrigação pelo pagamento da multa contratual ou pena pecuniária, então o crédito não pode ser nela reclamado. Quando, porém, essas obrigações por ilícito já estavam constituídas quando sobreveio a falência do devedor, elas podem ser reclamadas e devem ser pagas, obedecida a classificação dos credores.

Desse modo, excepcionando, de um lado, o credor fiscal (que não está sujeito a concurso) e, de outro, os excluídos da falência (em atenção aos interesses da comunhão dos credores), os demais têm apenas na execução concursal falimentar o único meio de cobrança de seus créditos. Para identificá-los, a lei estabeleceu um procedimento específico, denominado verificação de crédito (LF, arts. 7.º a 20).

Em termos gerais, a verificação de crédito se inicia com a publicação por edital da sentença de quebra, eventualmente acompanhada da relação dos credores. Esta relação instrui a petição inicial em caso de autofalência ou é apresentada pelo falido nos 5 dias seguintes à decretação da falência. Abre-se, então, o prazo de 15 dias para os credores apresentarem ao administrador judicial eventuais divergências (caso não concordem com o constante da relação) ou habilitarem seu crédito (se omitido da relação). Diante das divergências e habilitações, o administrador judicial pode rever ou manter a relação apresentada pelo falido. Faz-se, em seguida, nova publicação da relação com as alterações que o administrador judicial considerou cabíveis. A republicação marca o início do decurso do prazo de 10 dias para eventuais impugnações. Processadas e julgadas as impugnações, o administrador judicial organiza a consolidação do quadro geral de credores, que será homologado pelo juiz.

310. Direitos dos credores admitidos

Da declaração de falência até o fim do processo falimentar – ou antes, se não admitido o credor na massa (no julgamento de impugnação de crédito) ou se determinada sua exclusão (no julgamento de ação rescisória), o credor pode: *a*) intervir, como assistente, em qualquer ação ou incidente em que a massa seja parte ou interessada; *b*) fiscalizar a administração da massa; *c*) requerer e promover, no processo de falência, o que for do interesse dos credores, sendo indenizado pela massa das despesas que fizer na defesa desse interesse geral se ela auferiu vantagem e até o limite desta; *d*) examinar, sempre que desejar e independentemente de autorização judicial, os livros e demais documentos da massa.

Os credores podem constituir procurador para representá-los na falência. Se o mandatário for advogado, basta a outorga de procuração com a cláusula *ad judicia*. A procuração com a cláusula *ad negotia* também habilita o outorgado a representar o credor. Este, no entanto, somente poderá praticar diretamente os atos que o outorgante também poderia, como a habilitação tempestiva de crédito. Não poderá o mandatário por procuração mercantil, evidentemente, praticar atos privativos de advogado, como peticionar, recorrer, impugnar créditos etc. Os credores debenturistas serão representados pelo agente fiduciário (LSA, art. 68, § 3.º, *d*). Caso este não exista (p. ex., em emissões privadas), os debenturistas reunir-se-ão em assembleia para eleger um representante.

311. A massa falida *subjetiva*

A sentença declaratória da falência produz quatro efeitos principais em relação aos credores: *a*) formação da massa falida subjetiva; *b*) suspensão das ações individuais em curso contra o falido; *c*) suspensão da fluência dos juros; *d*) vencimento antecipado dos créditos.

A expressão "massa falida" encontra-se na lei em dois sentidos diferentes: subjetivo e objetivo. A massa falida subjetiva (também chamada de *massa passiva* ou *dos credores*) é o sujeito de direito despersonalizado voltado à defesa dos interesses gerais dos credores de um empresário falido. Ressalte-se, ela não é pessoa jurídica, apta à prática dos atos jurídicos em geral, mas um sujeito de direito despersonalizado, que apenas pode praticar atos compatíveis com as suas finalidades.[97]

A massa falida, para buscar a proteção dos interesses gerais dos credores, atua de forma ambivalente. Por vezes, na defesa desses interesses, age como *sucessora* da falida. Por exemplo, ao cobrar, judicial ou amigavelmente, os devedores da sociedade empresária quebrada ou ao ser demandada por quem se pretende titular de direito contra esta. Aqui, atuando como sucessora da sociedade empresária falida, a massa não terá nunca mais direitos do que esta antes da quebra, nem mais obrigações perante terceiros por negócio, ato ou fato anterior à declaração da falência. Em outras ocasiões, a massa falida age, na defesa dos interesses gerais dos credores, *contra* o próprio falido. Ao mover ação revocatória, com o intuito de ver declarada a ineficácia subjetiva de ato que frustra os fins do concurso de credores, a massa atua contra a falida, que pode integrar o polo passivo da relação processual. Nessa hipótese, a sociedade empresária falida manifestar-se-á pelas pessoas que, no momento da abertura da falência, encontravam-se investidas dos poderes de representação legal da pessoa jurídica.

A massa falida *objetiva*, por sua vez, é o conjunto de bens arrecadados do patrimônio do falido. É chamada, também, de *massa ativa*. Não se confunde com a comunhão de interesses dos credores (massa falida subjetiva), embora a lei chame esta e aquele indistinta e simplesmente de "massa falida".

Art. 116. A decretação da falência suspende:

I – o exercício do direito de retenção sobre os bens sujeitos à arrecadação, os quais deverão ser entregues ao administrador judicial;

97. Coelho, *Curso de direito comercial*, cit., v. 2, p. 7-11, e *Curso de direito civil*, cit., v. 1, p. 137-155.

II – o exercício do direito de retirada ou de recebimento do valor de suas quotas ou ações, por parte dos sócios da sociedade falida.

312. Titular de direito de retenção

Uma das inovações da lei atual é a suspensão do exercício do direito de retenção sobre os bens arrecadados. Quem o titulariza, em decorrência, não pode exercê-lo se o bem pertencer a empresário individual ou sociedade empresária falida. Deve simplesmente entregar ao administrador judicial e habilitar seu crédito na massa na classe dos titulares de privilégio especial (recaindo sobre o bem anteriormente passível de retenção).

Ao inovar a matéria, o legislador esqueceu-se de suprimir da competência do administrador judicial a de remir os bens objeto de direito de retenção, que a lei anterior reservava ao síndico no art. 120, § 1.º, e a atual contempla no art. 22, III, *m*. O conflito entre as normas deve ser resolvido pelo critério da anterioridade, prevalecendo o art. 116, I.

313. Titular de direito de retirada

Titula o direito de retirada o sócio ou acionista dissidente de deliberação majoritária adotada pela sociedade empresária limitada ou anônima. Quando o exerce, o dissidente tem direito ao reembolso de suas quotas ou ações. Sobrevindo a falência da sociedade antes do pagamento do reembolso, suspende-se o exercício do direito de retirada. Em consequência, o dissidente concorre, juntamente com os demais sócios ou acionistas, ao acervo remanescente do pagamento integral a todos os credores da massa falida. Quer dizer, em vez de ser reembolsado, ele participa da partilha do acervo, proporcionalmente à sua parte no capital social da falida.

Art. 117. Os contratos bilaterais não se resolvem pela falência e podem ser cumpridos pelo administrador judicial se o cumprimento reduzir ou evitar o aumento do

passivo da massa falida ou for necessário à manutenção e preservação de seus ativos, mediante autorização do Comitê.

§ 1.º O contratante pode interpelar o administrador judicial, no prazo de até 90 (noventa) dias, contado da assinatura do termo de sua nomeação, para que, dentro de 10 (dez) dias, declare se cumpre ou não o contrato.

§ 2.º A declaração negativa ou o silêncio do administrador judicial confere ao contraente o direito à indenização, cujo valor, apurado em processo ordinário, constituirá crédito quirografário.

Art. 118. O administrador judicial, mediante autorização do Comitê, poderá dar cumprimento a contrato unilateral se esse fato reduzir ou evitar o aumento do passivo da massa falida ou for necessário à manutenção e preservação de seus ativos, realizando o pagamento da prestação pela qual está obrigada.

314. Os contratos unilaterais e bilaterais do falido

A sentença declaratória da falência importa a disciplina dos contratos do falido segundo regras específicas. Afasta-se a incidência das normas do direito civil, comercial ou de tutela do consumidor – conforme a natureza da relação jurídica – e submetem-se os contratos às regras específicas do direito falimentar. O regime jurídico dos contratos de que seja parte empresário individual ou a sociedade empresária, em termos gerais, varia segundo estejam falidos, ou não.

A disposição geral sobre os contratos na falência autoriza a *rescisão* dos bilaterais não cumpridos e dos unilaterais, por decisão do administrador judicial (LF, arts. 117 e 118).

Embora a redação do legislador adote, por vezes, solução transversa para regular a matéria, não duvida a doutrina de que o sentido do comando normativo é o de assentar a faculdade de os órgãos da falência (isto é, o administrador judicial autorizado pelo Comitê, quando existente) desconstituírem a relação contratual desinteressante para a massa.[98]

É condição para a rescisão que nenhuma das partes tenha dado início, ainda, ao cumprimento das obrigações assumidas[99] ou seja unilateral o contrato. Excluem-se do âmbito do preceito, portanto, e da possibilidade de serem rescindidos pela decretação da falência, os contratos que, embora definidos como bilaterais pelo direito obrigacional comum, já tiveram a sua execução iniciada por qualquer uma das partes. Se o vendedor já entregou as mercadorias vendidas – antes do prazo que autoriza a restituição –, cumprindo assim integralmente as obrigações que lhe competiam, mas o comprador não pagou ainda o preço, vindo este último a falir, não será o contrato de compra e venda, no caso, suscetível de rescisão. O vendedor deverá simplesmente habilitar o seu crédito e participar do concurso de credores. Em suma, a falência do contratante pode provocar a rescisão do contrato em que ambas as partes assumem obrigações (sinalagmáticos) *se* a sua execução ainda não teve início por nenhuma delas e daquele em que somente uma das partes (unilaterais) se obrigou. Se a falida ou o outro contratante já haviam iniciado a execução do contrato bilateral, cumprindo parcial ou totalmente as obrigações contraídas, a falência não poderá importar a rescisão. Nessa situação, se a falida era credora, o administrador judicial deve diligenciar o recebimento do crédito; se devedora, o outro contratante habilita-se no processo falimentar.

Compete a até dois dos órgãos da falência a decisão quanto ao cumprimento ou rescisão do contrato unilateral ou do bilateral de execução não iniciada. Diz a lei que esses contratos só podem ser cumpridos pelo administrador judicial se o cumprimento proporcionar redução do passivo, evitar seu aumento ou for necessário à preservação do ativo. Se convencido de que determinado contrato unilateral ou bilateral ainda não executado se enquadra nessa situação, o administrador judicial deverá submeter ao Comitê, se em funcionamento, a proposta de o adimplir. Caso contrário, se considerar desinteressante para a massa falida o cumprimento, deve propor sua rescisão. Ao Comitê caberá, pelo voto da maioria de seus membros, autorizar ou

98. Requião, *Curso de direito falimentar*, cit., v. 1, p. 162.

99. Cf. Valverde, *obra citada*, v. 1, p. 297.

não o cumprimento do contrato, acolhendo ou rejeitando a proposta do administrador judicial. Nas falências em que o Comitê não existe, o administrador judicial isoladamente deve decidir a partir do que entende seja o mais conveniente para a massa.

Os órgãos da falência responsáveis pela decisão respondem, evidentemente, por má administração do interesse dos credores, relacionado a cada contrato rescindido ou mantido. A decisão do Comitê, do administrador judicial ou de ambos, por isso, é definitiva, não podendo os demais credores ou o outro contratante pleitear a revisão do que esses órgãos deliberaram quanto a esse ponto.

A lei tutela apenas o interesse do contratante do contrato bilateral de execução não iniciada em ver definida a situação do seu contrato na falência. Se quiser, ele pode interpelar o administrador judicial para que este se posicione quanto ao cumprimento ou não do contrato. O silêncio do administrador judicial, no prazo de 10 dias, importará a rescisão do contrato, assegurado ao contratante reclamar, por ação própria, a indenização a que tem direito, constituindo o valor apurado crédito quirografário.

Essa tutela não se estende ao contratante do vínculo contratual unilateral. Se o falido era donatário de certo bem, os órgãos da falência decidem se é do interesse da comunhão dos credores o cumprimento ou a rescisão do contrato (pode ser que a coisa doada não interesse à massa, por ter valor irrisório); nesse caso, porém, o doador não tem direito de notificar o administrador judicial, nem pode pleitear indenização como crédito quirografário. A unilateralidade da obrigação justifica o tratamento diferenciado.

315. Cláusula de rescisão pela falência

A falência não provoca, em princípio, a rescisão dos contratos da falida, exceto no caso acima referido – contratos sinalagmáticos não executados ou unilaterais, cujo cumprimento não redundaria redução do passivo, não evitaria o aumento deste ou não preservaria o ativo. Nas demais hipóteses, observadas as regras específicas que a Lei de Falências estabelece, o contrato deve ser cumprido pelo contratante, nos mesmos termos em que seria caso não houvesse sido decretada a quebra, podendo a massa falida exigir o cumprimento das obrigações contratadas.

Atenção particular deve-se ter, no exame desse assunto, para a cláusula expressa de resolução por falência. Nos contratos interempresariais, costuma constar do instrumento a expressa previsão de rescisão na hipótese de falência de um ou qualquer dos contratantes. Se as partes pactuaram *cláusula de rescisão por falência*, esta é válida e eficaz, não podendo os órgãos da falência desrespeitá-la. O direito falimentar, como capítulo do direito comercial, tem normas contratuais de natureza *supletiva* da vontade dos contratantes; seus preceitos sobre obrigações contratuais só se aplicam se as partes não convencionaram diferentemente. Assim, o contrato se rescinde não por força do decreto judicial, mas pela vontade das partes contratantes, que o elegeram como causa rescisória do vínculo contratual.[100]

Note-se que, atualmente, alguns empresários, em especial os bancos, têm eleito como causa rescisória do contrato não a decretação da falência, mas sim a mera distribuição de pedido contra qualquer dos contratantes. Essa cláusula é igualmente válida e eficaz e não pode deixar de ser obedecida pelos órgãos da falência (Comitê e administrador judicial). Se as partes pactuam sobre as consequências que a eventual quebra, ou o pedido de falência, de uma delas trará para o vínculo contratual, concordando que este se desconstituirá, afastam a aplicação das normas do direito falimentar.

Art. 119. Nas relações contratuais a seguir mencionadas prevalecerão as seguintes regras:

I – o vendedor não pode obstar a entrega das coisas expedidas ao devedor e ainda em trânsito, se o comprador, antes do requerimento da falência, as tiver revendido, sem fraude, à vista das faturas e conhecimentos de transporte, entregues ou remetidos pelo vendedor;

II – se o devedor vendeu coisas compostas e o administrador judicial resolver não continuar a execução do contrato, poderá o comprador pôr à disposição da massa falida as coisas já recebidas, pedindo perdas e danos;

100. Ferreira, *obra citada*, v. 14, p. 515-516.

III – não tendo o devedor entregue coisa móvel ou prestado serviço que vendera ou contratara a prestações, e resolvendo o administrador judicial não executar o contrato, o crédito relativo ao valor pago será habilitado na classe própria;

IV – o administrador judicial, ouvido o Comitê, restituirá a coisa móvel comprada pelo devedor com reserva de domínio do vendedor se resolver não continuar a execução do contrato, exigindo a devolução, nos termos do contrato, dos valores pagos;

V – tratando-se de coisas vendidas a termo, que tenham cotação em bolsa ou mercado, e não se executando o contrato pela efetiva entrega daquelas e pagamento do preço, prestar-se-á a diferença entre a cotação do dia do contrato e a da época da liquidação em bolsa ou mercado;

VI – na promessa de compra e venda de imóveis, aplicar-se-á a legislação respectiva;

VII – a falência do locador não resolve o contrato de locação e, na falência do locatário, o administrador judicial pode, a qualquer tempo, denunciar o contrato;

VIII – caso haja acordo para compensação e liquidação de obrigações no âmbito do sistema financeiro nacional, nos termos da legislação vigente, a parte não falida poderá considerar o contrato vencido antecipadamente, hipótese em que será liquidado na forma estabelecida em regulamento, admitindo-se a compensação de eventual crédito que venha a ser apurado em favor do falido com créditos detidos pelo contratante;

IX – os patrimônios de afetação, constituídos para cumprimento de destinação específica, obedecerão ao disposto na legislação respectiva, permanecendo seus bens, direitos e obrigações separados dos do falido até o advento do respectivo termo ou até o cumprimento de sua finalidade, ocasião em que o administrador judicial arrecadará o saldo a favor da massa falida ou inscreverá na classe própria o crédito que contra ela remanescer.

316. Supletividade do dispositivo

Nos comentários aos dois dispositivos anteriores, examinou-se a regra geral definida pela Lei de Falências, que se aplica a quaisquer contratos da falida, caracterizados pelos pressupostos da bilateralidade e da não execução ou da unilateralidade.

Determinados contratos, por outro lado, submetem-se a regras específicas estipuladas pelo direito falimentar, que serão agora examinadas. De se notar, inicialmente, que a cláusula de rescisão por falência afasta, também nesse caso, a aplicação das regras do direito falimentar. Se as partes (iguais) haviam contratado livremente que consequências desejavam para a eventualidade da falência de uma delas – desde que, evidentemente, não ultrapassem os limites dos direitos por elas mesmas titularizados –, deve-se prestigiar a autonomia da vontade.

Em outros termos, as disposições da legislação falimentar acerca dos contratos têm sempre natureza supletiva, e não cogente.

317. Compra e venda mercantil – falência do comprador

Falindo o comprador, variam os direitos do vendedor, de acordo com o momento da entrega das mercadorias, em relação ao do *pedido da falência*. Dependendo dessa circunstância, o vendedor terá direitos diferentes.

São quatro as hipóteses a delinear.

Primeira, a do vendedor que ainda não despachou as mercadorias, se o comprador não pagou nada do preço. Nesse caso, aplica-se a regra geral dos contratos na falência, cabendo ao administrador judicial avaliar, em conjunto com o Comitê, se em funcionamento, os efeitos do cumprimento ou da rescisão da compra e venda relativamente ao ativo e passivo do falido. O direito do vendedor foi já examinado nos comentários aos arts. 117 e 118: ele pode interpelar o administrador judicial para que, em 10 dias, manifeste sua decisão. Se nesse prazo o administrador judicial disser que resolveu cumprir o contrato, o vendedor deverá entregar a mercadoria, nos termos contratados, e habilitar seu crédito na falência.

Também se a falida houvera pago em parte o preço, caberá ao vendedor cumprir o contrato e habilitar-se. Se, por outro lado, o administrador judicial, no prazo da interpelação, decidir rescindir o contrato, o vendedor não terá nenhum direito oponível contra a massa ou mesmo exercitável no processo falimentar. Por último, se o administrador judicial não se manifestar no prazo legal, o contrato será rescindido, e o vendedor terá direito a indenização, como crédito quirografário, a apurar-se em ação ordinária.

Segunda, a hipótese de o vendedor tomar conhecimento do pedido de falência do comprador após ter despachado as mercadorias. Aqui, ele poderá *obstar* a entrega de coisa vendida à falida, se ainda não paga, nem recebida, e desde que não tenha havido a revenda sem fraude por tradição simbólica (feita, por exemplo, com base em fatura ou conhecimento de frete).

É a previsão da lei que os doutrinadores apontam como a incorporação, pelo Brasil, do *right of stoppage in transitu* do direito inglês.[101] Não me parece assim, contudo. A interpretação do art. 119, I, não pode ser feita dissociada dos demais dispositivos da legislação falimentar, em especial o art. 117 e seus parágrafos. O vendedor de mercadorias despachadas não pode ter mais direitos que teria caso não as houvesse ainda despachado. O que a lei estabelece é a possibilidade de ele comunicar à empresa de transporte uma contraordem, para que seja sustada a entrega das mercadorias, *no aguardo da decisão do administrador judicial relativamente ao cumprimento ou não do contrato*. Se o administrador judicial decidir que é vantajosa para a massa falida a execução da compra e venda, a entrega deverá realizar-se, e ao vendedor caberá habilitar-se no concurso de credores.

O instituto do direito anglo-saxão tem abrangência mais ampla e confere ao vendedor o direito de ficar com a coisa, rescindindo-se o negócio de compra e venda.[102] No Brasil, o vendedor pode obstar a entrega, mas deve, na sequência, promover a interpelação do administrador judicial, para que este manifeste sua decisão quanto ao destino do contrato, submetendo-se ao interesse geral dos credores.

Terceira, o vendedor entregou as mercadorias nos 15 dias anteriores ao pedido de falência. Nesse caso, ele tem direito à restituição, se

101. Valverde, *obra citada*, v. 1, p. 328.

102. *Black's Law Dictionary*, 6. ed., 4. reimpr., St. Paul, Minn: West, 1991, p. 1420.

as mercadorias não haviam sido pagas e desde que não tenha ocorrido a alienação. A revenda das mercadorias pelo próprio comprador antes da decretação da falência ou a venda judicial obstam a restituição, que se operará, nesse caso, em dinheiro.

Quarta, é a hipótese do vendedor que fez entrega das mercadorias *antes* do período dos 15 dias antecedentes ao pedido de falência, ou posteriormente a este. Se a entrega ocorreu, por exemplo, no vigésimo dia anterior à distribuição do pedido de falência, resta-lhe unicamente o caminho da habilitação do crédito. Essa também é a única via aberta na hipótese de a falência ter sido pedida *antes* da entrega das mercadorias no estabelecimento do comprador. Considera-se que, nessa situação, se o vendedor tinha já meios de saber da condição em que se encontrava o empresário comprador – requerido em pedido de falência –, e, mesmo assim, não exerceu o direito de sustar a entrega, então ele não foi vítima da má-fé dos representantes legais daquela; desse modo, não se justifica a restituição.

318. Compra e venda mercantil – falência do vendedor

Na venda, pela falida, de coisa composta rescindida pelo administrador judicial, o comprador pode, colocando as composições já recebidas à disposição da massa, pleitear perdas e danos (inciso II do artigo comentado). E, na venda pela falida de coisa móvel, com pagamento a prestação, o administrador judicial pode optar pela rescisão do contrato, procedendo à habilitação do crédito do comprador (inciso III).

São essas as regras do direito falimentar, atinentes à compra e venda mercantil, na hipótese de falência do vendedor.

A primeira não apresenta maiores problemas em sua aplicação, cabendo registrar que o valor da indenização deverá ser decidido no julgamento de ação de conhecimento movida pelo comprador perante o juízo falimentar.

A segunda pode ser regra de difícil aplicação, dependendo do estado em que o administrador judicial encontra o caixa do falido. Se não houver recursos monetários disponíveis suficientes para suportar a restituição das prestações, não poderá o administrador judicial valer-se do produto da realização do ativo para essa finalidade, porque essa solução importaria inequívoca quebra do princípio do tratamento paritário dos credores.

319. Reserva de domínio

Se a falida havia comprado coisa móvel, mediante reserva de domínio do vendedor, independentemente do que já tiver sido pago das prestações do preço, o administrador judicial, ouvido o Comitê, deverá decidir se continua cumprindo o contrato, com vistas à quitação do preço e subsequente solução da propriedade em favor da massa, ou se procede à restituição da coisa para o vendedor. Na segunda hipótese, para que não se verifique o enriquecimento indevido dele, titulariza a massa direito de crédito pelo valor corrigido das prestações pagas. Recebendo seu crédito, restitui a coisa ao titular do domínio reservado.

320. Compra e venda a termo

Na compra e venda a termo de bens com cotação em Bolsa ou mercado, não se executando o contrato, prestará o contratante ou a massa a diferença entre as cotações do dia do contrato e o da liquidação. Se, por exemplo, a sociedade empresária falida se dedicava à industrialização de sucos de laranja, provavelmente ela havia adquirido, no ano anterior à falência, a safra de fazendas produtoras dessa fruta, contratando pagar o preço de cotação na Bolsa de Mercadorias e Futuros, correspondente ao dia da entrega. Falindo a compradora, comparam-se as cotações de dois dias: de um lado, o da assinatura do contrato de compra e venda e, de outro, aquele em que deveria ocorrer a entrega, caso não falisse a compradora.[103] Se a primeira supera a segunda, a massa falida tem crédito; se ocorre o inverso, tem débito perante o vendedor.

Essa regra não é equilibrada. Na verdade, quando as partes contratam hoje a venda de bens, concordando fixar o preço de acordo com o valor de cotação da data da futura entrega, é este o valor a prevalecer, nada justificando apurar-se uma indenização pela variação do período em favor de uma ou outra parte. Nesses contratos em particular, o

103. Valverde, *obra citada*, v. 1, p. 337.

resguardo dos interesses das partes está na cláusula de rescisão pela falência.

321. Compromisso de compra e venda

O compromisso de compra e venda de bens imóveis loteados ou de lotes não pode ser rescindido pelo administrador judicial. Na falência do vendedor, o compromisso será cumprido; na do adquirente, os seus direitos de promitente serão arrecadados e liquidados (art. 30 da Lei n. 6.766/79).

Desse modo, se o falido se dedicava à atividade de incorporação e venda de loteamento, o administrador judicial continua recebendo os valores devidos pelos adquirentes, nos exatos termos do contrato de compromisso de compra e venda, e, uma vez integralizado o preço, outorga a escritura definitiva de venda e compra. E se o empresário falido era o adquirente, os direitos emergentes do compromisso são arrecadados e vendidos em juízo. Quem os arrematar sub-roga-se no contrato, e, pagando as prestações vencidas e vincendas, recebe o imóvel loteado ou o lote.

322. Locação

A falência por si só não resolve o contrato de locação.

Se o falido era locador, o locatário continua na posse do bem e passa a pagar o aluguel à massa falida, na pessoa do administrador judicial. Feita a venda judicial do bem locado, o adquirente decidirá se quer ou não continuar aquele vínculo locatício. Note, contudo, que, em vista do art. 8.º da Lei n. 8.245/91, se o contrato de locação de imóvel urbano contiver a cláusula de vigência em caso de alienação e estiver registrado no Registro de Imóveis, o novo titular da propriedade estará obrigado a manter o vínculo locatício nos exatos termos e condições que haviam sido contratados com o falido. Claro que o arrematante do bem levou em conta, na ponderação de seus interesses, o direito titulado pelo locatário, nesse caso, de permanecer locando o imóvel.

Se, por outro lado, era locatário o falido, caberá ao administrador judicial avaliar se convém ou não permanecer locando o bem. Optando por manter a locação, por considerar essa a alternativa mais interessante para a massa, deverá evidentemente continuar a pagar o aluguel e cumprir as demais obrigações do contrato. A qualquer tempo, diz a lei, pode o administrador judicial denunciar o contrato de locação de que era locatário o falido.

Particular atenção deve-se ter à hipótese de locação empresarial. É desta categoria a locação que atende aos pressupostos do art. 51 da Lei n. 8.245/91, que são: *a)* contrato escrito, celebrado por prazo determinado; *b)* vínculo locatício de, no mínimo, 5 anos; *c)* exploração do mesmo ramo de atividade, no imóvel, nos últimos 3 anos.

Quando presentes esses requisitos, considera-se que o empresário constituiu um *ponto* de referência para os consumidores no local e merece ser protegido pelo direito. Essa proteção consiste no direito à renovação compulsória da locação, por meio da ação renovatória.

O mercado, por seu turno, valoriza localizações mais propícias à exploração de determinadas atividades econômicas, dispondo-se os agentes econômicos a pagar pelo valor do *fundo de empresa* correspondente. Desse modo, se o estabelecimento empresarial do falido encontra-se em imóvel locado de acordo com esses pressupostos, *pode ocorrer* de o administrador judicial identificar nessa situação um valor a ser preservado para futura alienação judicial em benefício da massa. O mais corriqueiro, porém – e, no geral, mais interessante para todos –, é o administrador judicial denunciar o contrato e restituir o quanto antes o imóvel, totalmente desocupado dos bens do estabelecimento empresarial.

323. Locação em *shopping center*

Quando se trata de locação de loja de *shopping center*, a pronta desocupação do espaço pela locatária falida é promovida pelo locador, valendo-se da cláusula de rescisão por falência, normalmente expressa nos instrumentos contratuais desse tipo.

De fato, é extremamente prejudicial, tanto para o titular do complexo comercial quanto para os demais lojistas nele abrigados, a demora na retirada do estabelecimento da falida. Cada *shopping*, ao competir com os demais, deve apresentar-se aos consumidores com identidade própria, e espaços lacrados por ordens de juízes de falência prejudicam a imagem de todo o complexo.

Por outro lado, é direito do empreendedor do *shopping center* organizar a distribuição das ofertas de bens e serviços no interior do seu estabelecimento (*tenant mix*), elemento essencial à sua atividade, que a distingue dos demais negócios.[104] Desse modo, se o contrato contém a cláusula resolutiva por falência, ou qualquer outra previsão que autorize o locador a retomar a posse da loja, para destiná-la a outro locatário, o administrador judicial não poderá obstá-lo.[105]

Costuma-se argumentar contra as providências do empreendedor de apossar-se rapidamente do seu espaço, invocando a remota possibilidade de a massa falida realizar o ativo correspondente ao ponto, gerando recursos para pagamento dos credores. Não procede, contudo, esse argumento. Além das razões acima apontadas (jurídica e de mercado), que desvalorizam esse ativo em qualquer imóvel, cabe lembrar que nem sempre o lojista de *shopping center* cria, com a sua atividade, um *ponto* de referência para os consumidores. Na grande maioria das vezes, excetuadas situações muito específicas de alguns lojistas-âncoras, o consumidor não vai ao *shopping* porque nele se encontra a loja; ele vai à loja porque ela está no *shopping*.[106]

324. Câmara de Compensação e Liquidação

O empresário individual ou a sociedade empresária cuja falência foi decretada pode ter celebrado um contrato de compensação e liquidação com Câmara autorizada pelo Banco Central a desenvolver essas atividades, no bojo do sistema financeiro nacional.

Nesse caso, o contrato poderá ser considerado antecipadamente vencido pela Câmara, procedendo-se ao seu encerramento segundo o disposto no regulamento específico da operação. Admite a lei, de

104. Coelho, *Curso de direito comercial*, cit., v. 1, p. 112-116.
105. Penalva Santos, *obra citada*, p. 83-85.
106. Nos Estados Unidos, a disciplina legal também privilegia os interesses do *shopping center* sobre os dos credores da loja locatária em estado falimentar, mesmo se ela está em regime de reorganização judicial (Jordan-Warren, *obra citada*, p. 383-384).

qualquer modo, a compensação entre eventual crédito que venha a ser apurado em favor do empresário individual falido ou da sociedade empresária falida com dívidas dessa junto à Câmara de Compensação e Liquidação.

Na hipótese de falência de titular de crédito ou débito perante a Câmara, observa-se o disposto no respectivo Regulamento aprovado pelo Banco Central (LF, arts. 193 e 194).

325. Patrimônio de afetação

O risco empresarial, inerente a qualquer atividade econômica, atinge, em primeiro lugar, evidentemente, o empreendedor que tomou a iniciativa de explorá-la. Outros sujeitos de direito são, entretanto, alcançados pelo mesmo risco, assim os empregados, investidores e consumidores. Também estes outros sujeitos expõem-se ao risco de perderem o emprego, o capital investido ou o bem ou serviço adquirido e não recebido, em caso de insucesso da empresa. O patrimônio de afetação (que, na melhor técnica jurídica, deve ser chamado de "patrimônio separado" – item 327) é um expediente de segregação de riscos que convém ser lembrado pela lei sempre que disciplinar hipótese em que vários empreendimentos isolados são explorados simultaneamente pelo mesmo empresário, de modo que trabalhadores, investidores e consumidores tenham seus interesses afetados pelos riscos associados apenas e diretamente ao empreendimento a que estão ligados. O insucesso de um dos empreendimentos de determinado empresário, por meio da técnica do patrimônio separado, não contamina os demais.

Garantir que as regras de segregação dos riscos tenham plena eficácia, assim, significa atentar a esses interesses que gravitam em torno da empresa, mas transcendem os dos empreendedores. Em última análise, os protegidos por tais regras são os empregados, consumidores e investidores, e não o empresário. Na falência, liquidação extrajudicial ou insolvência, o patrimônio separado deve receber o tratamento específico que justificou sua criação, não se misturando com os ativos e passivos da massa, exatamente para que não se opere aquela indesejada contaminação dos empreendimentos afortunadamente frutíferos pelos azares dos fracassados.

Na lei falimentar anterior, não havia disposição sobre o patrimônio separado titulado pelo falido. O tema foi contemplado, pela lei vigente, no dispositivo que reúne as regras especiais dos efeitos da falência a determinados contratos. Pode-se criticar a localização da norma, em vista da questionável natureza contratual do patrimônio separado, mas seu conteúdo é preciso e adequado.

Quando a falência surpreende empresário que havia separado ativos e passivos de seu patrimônio, para afetá-los a determinada finalidade, uns e outros não são alcançados pela quebra. Os credores titulares de obrigações separadas não participam da massa falida subjetiva (estão, portanto, dispensados de habilitação e não devem constar do quadro geral de credores), assim como os ativos separados tampouco integram a massa falida objetiva (são, em princípio, insuscetíveis de arrecadação e sua administração não compete ao administrador judicial).[107]

326. Conceito de patrimônio separado

Patrimônio separado é a parte do patrimônio de um sujeito de direito composta por ativos e passivos reciprocamente vinculados, no sentido de que os ativos separados só podem ser objeto de expropriação judicial na satisfação dos passivos separados.

Compreende-se melhor o conceito a partir da noção geral de patrimônio. Este é definido como o conjunto de bens, direitos e obrigações associado diretamente a um sujeito de direito. Tal associação

107. Registro que parte das reflexões desenvolvidas neste comentário ao art. 119, IX, da LF, originou-se de salutar debate havido em evento promovido pela Escola Superior do Ministério Público do Estado de São Paulo, em 17 de agosto de 2009 ("As relações contratuais do falido na nova lei de falências e recuperações: patrimônio de afetação"), do qual participaram ativamente dois grandes representantes daquela instituição, os Drs. Alberto Camiña Moreira e Eronides Aparecido Rodrigues dos Santos. Evidentemente, responde somente o autor pelo que vem aqui descrito e sustentado; mas é imperioso reconhecer que, sem as instigantes colocações desses estudiosos do direito falimentar naquela oportunidade, não teriam certamente amadurecido certas reflexões sobre o patrimônio separado adiante expostas.

jurídica é de *titularidade*, de modo que o sujeito de direito é o titular do conjunto de bens, direitos e obrigações.[108]

Em sentido corriqueiro, patrimônio é referência às coisas tituladas por uma pessoa. É neste sentido, por exemplo, que se diz ser o patrimônio do devedor a garantia do credor. Em sentido mais bem elaborado, sob o ponto de vista técnico, patrimônio compreende também as obrigações passivas, isto é, as dívidas do sujeito de direito. E, por esta razão, pode-se falar em *patrimônio negativo*, observável no caso de seus bens e direitos serem insuficientes para a integral satisfação das obrigações passivas. O sujeito de direito tem patrimônio, mesmo se o passivo supera o ativo.

Todos, ainda o mais indigente, têm patrimônio, embora somente alguns tenham a obrigação legal de o contabilizar. As pessoas físicas, em geral, não contabilizam, nem precisam contabilizar seus patrimônios, mensurando os bens e direitos do ativo e as obrigações do passivo; já as sociedades empresárias, por força de antiga imposição genérica do direito mercantil (dispensadas, hoje, as microempresas e empresas de pequeno porte), bem assim a generalidade das demais pessoas jurídicas, por determinação da lei tributária ou administrativa, são obrigadas a levantar o balanço periódico de seu patrimônio.

Conhecer a estrutura do balanço patrimonial auxilia no esforço de compreender a figura jurídica do patrimônio. Divide-se este instrumento contábil em duas colunas. A da esquerda acomoda o ativo – nela, o profissional da contabilidade apropria os bens e direitos do sujeito titular do patrimônio contabilizado; a da direita subdivide-se por um traço horizontal, para lançar-se na parte superior o passivo e, na

108. Para definir patrimônio é corrente a fórmula "complexo de relações jurídicas de uma pessoa, que tiverem valor econômico". Encontra-se nas lições de Clóvis Beviláqua, entre outros (*Teoria geral do direito civil*. 2. ed. histórica, revista e atualizada por Caio Mário da Silva Pereira. Rio de Janeiro: Ed. Rio, 1980, p. 167). Trata-se, contudo, de fórmula excessivamente abstrata, que pouco diz do seu objeto semântico. Exige explicação. E, quando vem a explicação, nota-se que o conceito se refere ao conjunto de bens, direitos e obrigações (incluindo as passivas) associado a determinado sujeito de direito. É o mesmo conceito operacional da contabilidade, cuja importação para o campo da argumentação jurídica só traz proveitos.

inferior, o patrimônio líquido. Os dois valores na base de cada coluna coincidem necessariamente, porque o instrumento contábil encerra, no final, uma mera tautologia: se o patrimônio líquido é o ativo subtraído do passivo, então a soma deste com aquele haverá necessariamente de resultar no mesmo valor atribuído ao ativo.

Pois bem, o patrimônio separado consiste no *destaque* de alguns bens ou direitos do ativo e de alguns itens do passivo, os quais ficam reciprocamente vinculados.[109] O sujeito de direito autorizado pela lei a separar seu patrimônio passa a titular, então, pelo menos dois patrimônios: o *principal* (também chamado de "geral") e o *separado* (ou "especial"). Neste último, encontram-se as partes do ativo e passivo separados do primeiro. Enquanto o patrimônio principal será sempre um só, nada impede que o mesmo sujeito de direito titule dois ou mais patrimônios separados.

A vinculação recíproca caracteriza-se por suas implicações: (i) o credor titular de passivo separado, ao buscar em juízo a realização de seu crédito, não pode pleitear a expropriação de bem ou direito do patrimônio principal do devedor, sem antes exaurir-se o *respectivo* patrimônio separado; (ii) o credor titular de passivo não separado, ao buscar em juízo a realização de seu crédito, não tem direito à expropriação de bens ou direitos componentes do ativo separado; (iii) a instituição do patrimônio separado pode definir que os bens e direitos do patrimônio principal do devedor não respondem pelo passivo separado, mesmo após o exaurimento do ativo separado; (iv) somente no caso de liquidação de todos os passivos separados, o eventual saldo no ativo separado reintegra-se ao patrimônio principal do devedor, encerrando-se, então, a separação patrimonial.

327. Três digressões doutrinárias

Há três observações a contemplar antes de avançar o exame do patrimônio separado. São digressões doutrinárias totalmente despro-

109. Sobre o tema, consulte-se o estudo de Alberto Camiña Moreira (*Patrimônio de afetação e penhora*. In: *Execução civil:* estudos em homenagem ao Professor Paulo Furtado. Rio de Janeiro: Lumen Juris, 2006, p. 7-28), assentado em autorizada e ampla doutrina nacional e estrangeira.

vidas de desdobramentos jurídicos relevantes. Servem, assim, apenas de ilustração à matéria. A primeira noticia o contexto do surgimento da teoria do patrimônio separado; a segunda pesquisa a pertinência da expressão; a terceira discute a efetiva cindibilidade do patrimônio.

Primeira. A elaboração da teoria do patrimônio como uma *universalidade de direito* consolidou-se em tempos recentes. No século XIX, a doutrina francesa, principalmente pelo trabalho de Aubry e Rau, acentuava as marcas do patrimônio: *unicidade* (todo sujeito de direito tem somente um patrimônio), *indivisibilidade* (o patrimônio é incindível) e *inalienabilidade* (todo sujeito de direito tem um patrimônio; seus bens componentes podem ser alienados isoladamente, mas não o próprio patrimônio). Por esta formulação (que, posteriormente, chamou-se "subjetiva"), o patrimônio era considerado uma extensão da personalidade de seu titular, bem ao gosto da ideologia individualista que permeava as concepções jurídicas ao tempo do liberalismo econômico.

No início do século XX, dois doutrinadores alemães, Brinz e Berckley, sugeriram a figura da separação patrimonial, questionando o fundamento da concepção clássica ao negarem que o patrimônio fosse uma projeção da personalidade do titular. Propuseram o que viria a ser chamado de concepção "objetiva" do patrimônio. Partiram do exame do *trust*, antigo instituto do direito anglo-saxão,[110] pelo qual o titular de um bem (*beneficiary* ou *cestui que trust*) transfere sua propriedade (com cláusula de resolubilidade) a outra pessoa (*trustee*) com vistas a conferir maior eficiência na sua administração. O bem sujeito ao *trust* deixa temporariamente de integrar o patrimônio do *beneficiary* e passa ao do *trustee*; este, apresentando-se como o proprietário, pode administrar o bem de modo mais eficiente, porque o título que ostenta dispensa as cautelas normalmente observáveis no caso do mandatário (conferência da extensão e limites dos poderes outorgados, validade do ato de outorga etc). Como se transfere a propriedade resolúvel, a qualquer momento, ou nos termos e condições do ato de instituição do *trust*, o *beneficiary* pode retomá-la.

---

110. Yaëll Emerich, *Les fondements conceptuels de la fiducie française face au trust de la* common law: *entre droit des contrats et droit des biens*. *Revue Internationale de Droit Comparé*, Paris, SLC, v. 61(1), p. 49-72.

Na verdade, a figura do *trust* apenas inspirou a teoria do patrimônio separado, ao proporcionar elementos que demonstravam a plena possibilidade jurídica de um sujeito de direito cindir seu patrimônio em duas ou mais porções, objetivando atender às exigências negociais da era contemporânea.

Segunda. Têm-se usado indistintamente, no Brasil, as expressões "patrimônio separado" e "patrimônio de afetação" como se fossem sinônimas. A própria lei assim procede. Há, contudo, em sede doutrinária, uma precisão conceitual que critica essa sinonímia, propondo que "patrimônio de afetação" é gênero, do qual "patrimônio separado" seria uma das espécies.

Assim, sempre que alguém destaca bens do seu patrimônio e declara que a administração deles ficará, a partir de então, *afetada* à realização de determinadas finalidades, configura-se um "patrimônio de afetação". Abrem-se, então, duas alternativas. Na primeira, a instituição do patrimônio de afetação se faz acompanhar da alienação para um *novo* sujeito de direito. É o caso da instituição de fundação, em que o instituidor *afeta* os bens que transfere ao patrimônio fundacional, vinculando sua administração e frutos à realização de determinadas finalidades. Aqui, a espécie de afetação é designada por "patrimônio autônomo".

Na segunda espécie de afetação patrimonial, não há a alienação dos bens afetados a um novo sujeito de direito. Eles permanecem sob a titularidade do mesmo proprietário, que instituiu a afetação, mas passam a compor um patrimônio apartado. Neste caso, a afetação patrimonial gera um "patrimônio separado".[111]

O correto, no rigor da doutrina, portanto, seria a lei brasileira, inclusive a falimentar, mencionar a expressão "patrimônio separado", já que disciplina esta específica hipótese de afetação patrimonial e não se aplica à da instituição de fundação.

Terceira. Há quem, prestigiando a formulação subjetiva do patrimônio e mantendo-se apegado à ideia de unicidade patrimonial, sustente que a vinculação de certos bens e direitos do ativo à satisfação

111. Conferir, por todos, Oscar Barreto Filho, *Teoria do estabelecimento comercial*. 2. ed. São Paulo: Saraiva, 1988, p. 57-58.

de específicas obrigações passivas não faz nascer, propriamente, um patrimônio diverso, separado, segregado. É ainda um único e mesmo patrimônio, agora integrado por elementos (ativo e passivo) mutuamente vinculados. A discussão, como dito, não tem repercussão de relevo, já que esses autores apressam-se em reconhecer as exatas mesmas implicações dos que advogam a separação patrimonial.[112]

328. Separação do patrimônio

A separação do patrimônio pode decorrer diretamente da lei ou de negócio jurídico por esta especificamente autorizado. Os sujeitos de direito não têm a faculdade de cindir seus patrimônios em qualquer hipótese, mas apenas naquelas previstas em preceito legal. Como a regra é a da unicidade e indivisibilidade do patrimônio, apenas nas exceções abertas pela lei admite-se a segregação.

Esta limitação restringe-se à afetação do patrimônio no modo "separado", já que, em relação à do modo "autônomo" (vale dizer, a instituição de fundação), os sujeitos de direito têm ampla liberdade, podendo praticar o negócio jurídico correspondente a qualquer tempo, independentemente de específica autorização legal. A diferença de tratamento justifica-se porque o patrimônio autônomo é titulado pelo sujeito de direito constituído simultaneamente à afetação, de modo que não se escapa à regra geral da unicidade e indivisibilidade. A fundação, como pessoa jurídica, no momento de sua constituição, é titular de um só patrimônio, inconfundível com o do instituidor.

Deve-se, contudo, alertar que nem sempre o legislador prima pela melhor técnica jurídica – e isto, infelizmente, no Brasil, tem-se revelado uma verdade cada vez mais incômoda. Vale dizer, há textos legais que, valendo-se do mais aprimorado aparato conceitual do direito, dispõem sobre a separação patrimonial de forma clara e indiscutível, delimitando os contornos do instituto com precisão. Mas há, também, textos legais que cuidam da matéria sem fazer menção ao instituto de forma adequada. Conclui-se que a norma disciplina uma hipótese de patri-

112. Veja-se, por exemplo, Caio Mário da Silva Pereira, *Instituições de direito civil*. 5. ed. Rio de Janeiro: Forense, 1976, v. I, p. 343-345.

mônio separado em decorrência de sua interpretação teleológica ou sistemática, descartando-se a intelecção meramente literal do texto.

Quem afirma que o direito positivo contempla hipóteses de patrimônio separado mesmo quando não emprega esta expressão, não se distancia, noto com ênfase, da imperiosa necessidade de previsão legal (instituindo diretamente ou autorizando a instituição) para a lícita segregação patrimonial. De qualquer forma, a lei é indispensável, não podendo os sujeitos de direito livremente separar seus patrimônios. Talvez, no futuro, o direito positivo brasileiro venha a contemplar alguma autorização genérica para a segregação, mas, por enquanto, ela não existe.

Sendo assim, apenas em seis hipóteses pode ser instituído o patrimônio separado no direito brasileiro vigente, sendo parte delas adequadamente prevista e disciplinada na lei e parte derivada de interpretação não literal de certos dispositivos legais. As hipóteses adequadamente previstas e disciplinadas são três: (a) emissão de *Certificados de Recebíveis Imobiliários* no regime fiduciário; (b) classificação, pelo Banco Central, de determinada *Câmara de Compensação e Liquidação* (CCL) como sistemicamente importante; (c) incorporação de empreendimento imobiliário no regime de patrimônio de afetação; (d) Certificados de Recebíveis do Agronegócio. Já as hipóteses legais assentadas em dispositivos imperfeitamente redigidos são duas: (a) patrimônio constituído pelas contribuições de grupo de consorciados; (b) recursos públicos recebidos por instituições privadas para aplicação compulsória em educação, saúde ou assistência social.

Friso ser essencial à caracterização do patrimônio separado que tanto ativos como passivos se destaquem do patrimônio principal e fiquem vinculados uns aos outros. O destaque apenas de um ativo, pondo-o a salvo da responsabilização patrimonial do titular, não importa a instituição de patrimônio separado. O "bem de família" não é um patrimônio separado, porque não se opera a afetação deste ativo, no sentido de o vincular à satisfação de determinada obrigação passiva dos cônjuges ou da entidade familiar. Também não configura patrimônio separado o imóvel residencial, definido como impenhorável pela lei. As exceções à impenhorabilidade contidas na parte final do art. 1.715 do CC (em relação ao "bem de família") e nos incisos do art. 3.º da

Lei n. 8.009/90 (em relação ao "imóvel de residência da família") não são passivos separados por duas razões: eles podem ser (e normalmente são) satisfeitos com recursos alocados no patrimônio principal e sua liquidação não importa o fim da pretensa separação patrimonial, já que remanesce a impenhorabilidade.

329. O patrimônio separado no direito positivo

Na lei brasileira, encontram-se quatro hipóteses de instituição de patrimônio separado, em que o legislador utilizou-se da expressão adequada para identificação do instituto.

Historicamente, a primeira menção, no direito positivo brasileiro, ao patrimônio separado se manifesta na lei do Sistema de Financiamento Imobiliário (SFI) (Lei n. 9.514/97). Trata-se de diploma de muito boa técnica, que visou pôr à disposição dos empresários do ramo de comercialização de imóveis instrumentos de inovação financeira aptos a viabilizarem a adequada segregação dos riscos dos empreendimentos imobiliários.

Toda obra se depara com maior ou menor margem de riscos, de ordens variadas, que podem acarretar atrasos ou elevar os seus custos: riscos naturais (excesso de chuvas ou condições geológicas adversas não inteiramente antevistas no projeto), de engenharia (comportamento atípico do movimento de terra e os erros de projeto ou execução), trabalhistas (greve), institucionais (medidas judiciais suspendendo o andamento da obra ou demora exagerada na tramitação administrativa dos pedidos de licença), negociais (dificuldade em encontrar pessoas interessadas na aquisição de unidades condominiais), financeiros (inesperada elevação no nível de inadimplência dos adquirentes das unidades condominiais) etc. Como o incorporador, normalmente, se dedica à edificação de vários empreendimentos simultaneamente, se não se preocupar em blindar cada um deles dos riscos dos demais, acontecerá inevitável contaminação. Se um dos empreendimentos se depara com riscos mais acentuados que os demais, o incorporador será constrangido a se aproveitar de parte dos resultados positivos destes últimos para atenuar os negativos daquele. Não me refiro aos lucros (caso em que não haveria nenhum problema no aproveitamento), mas a recursos materiais, financeiros ou humanos que deveriam, em princípio, estar alocados nos empreendimentos menos afetados pelos riscos de obra e foram deslocados para o mais afetado.

Neste contexto, sempre atendeu ao interesse dos consumidores (adquirentes de unidades condominiais) algum expediente de isolamento de riscos que o empreendedor pudesse empregar. Se a obra do *edifício X* vai bem, não é justo, nem racional, que os adquirentes das unidades condominiais desse empreendimento acabem sendo prejudicados pelas dificuldades manifestadas na obra do *edifício Y*. Que o adquirente de uma unidade condominial seja afetado exclusivamente pelos riscos associados apenas à obra do respectivo empreendimento – tal o objetivo das medidas de segregação.

Antes do SFI, os incorporadores costumavam se valer da figura da *sociedade de propósito específico* (SPE), para segregarem os riscos. Constituindo uma sociedade limitada para cada empreendimento, eles isolavam os riscos da obra no patrimônio dessa pessoa jurídica. Os custos da SPE, contudo, não eram desprezíveis e, então, a securitização dos recebíveis imobiliários foi disciplinada, na lei, para oferecer uma alternativa mais barata de segregação dos riscos.

A securitização de recebíveis imobiliários tem início mediante a cessão onerosa, em favor da companhia securitizadora, dos créditos titulados pelo incorporador perante os adquirentes das unidades condominiais. A companhia securitizadora emite títulos de créditos, designados Certificados de Recebíveis Imobiliários (CRI), lastreados nos créditos que recebeu por cessão. Cada série de CRI está lastreada nos créditos relativos a um determinado empreendimento imobiliário. A emissão pode, ou não, ser feita em "regime fiduciário". Adotado este regime, constituir-se-á um patrimônio separado, composto pelos créditos da companhia securitizadora perante os adquirentes das unidades condominiais (ativos) e pelos débitos desta perante os investidores adquirentes das CRIs da série correspondente (passivos).

A segunda referência ao instituto no direito pátrio se localiza na lei de disciplina das câmaras de compensação e liquidação no âmbito do Sistema Brasileiro de Pagamentos (SBP) (Lei n. 10.214/2001). Estas entidades, de natureza financeira, em razão do volume e natureza das operações que abrigam, podem ser classificadas, pelo Banco Central, como "sistemicamente importantes". Elas, segundo avaliação da autoridade monetária, podem desencadear crises sistêmicas, aptas a contaminarem seriamente o sistema financeiro nacional. Quando for este o caso, a CCL fica obrigada, por lei, a constituir um patrimônio separado, no qual deve alocar as obrigações que tem perante os participantes de cada sistema por ela administrado (passivos) e títulos da dívida pública federal de no mínimo dez milhões de reais (ativos).[113] O patrimônio separado visa, aqui, assegurar a estabilidade nas operações desenvolvidas pelas câmaras sistemicamente importantes, visto que, para a satisfação das demais obrigações desta entidade financeira, não pode ser expropriado judicialmente o ativo consistente nos títulos da dívida pública federal separados.

Na terceira vez em que o direito positivo brasileiro dispôs sobre o patrimônio separado, novamente a preocupação voltava-se à segregação dos riscos de obra. Desta vez, a Lei n. 10.931/2004 inseriu, na Lei n. 4.591/64, o Capítulo I-A, destinado a disciplinar o "patrimônio de afetação". O incorporador, desejando isolar em cada obra os seus riscos próprios, pode, em vez de ceder seus créditos a companhia securitizadora de recebíveis, submeter a incorporação ao "regime da afetação", mediante averbação no Registro de Imóveis. Trata-se, por certo, de alternativa menos custosa que a securitização de recebíveis ou a constituição de SPE, na medida em que não precisa transferir ao preço das unidades seja o desconto da cessão ou os impactos da constituição e liquidação de uma sociedade empresária.

Ao submeter ao regime de afetação determinado empreendimento, isolam-se os riscos da obra correspondentes, de modo que nenhuma outra obrigação do incorporador poderá ser executada sobre os ativos separados por este regime.

A quarta menção legal ao instituto encontra-se na Lei n. 11.076/2004, que dispôs sobre títulos de créditos e de investimentos exclusivos do agronegócio. No art. 36, parágrafo único, esta lei autorizou as companhias securitizadoras de direitos creditórios do agronegócio a emitirem CRA (Certificado de Recebíveis do Agronegócio) em regime fiduciário. A remissão aos arts. 9.º a 16 da Lei n. 9.514/97, deste dispositivo, importa a sujeição da emissão feita nestas condições ao

113. Valor estabelecido pela Circular n. 3.057/2001, do Banco Central.

mesmo regime de separação patrimonial atinente às CRIs. Vinculam-se, assim, os créditos detidos pela sociedade securitizadora junto aos empresários exploradores de agronegócio (ativo separado) e os débitos dela perante os investidores adquirentes dos CDAs (passivo separado).

330. Patrimônio separado e imprecisões do texto legal

A interpretação da lei, levada a cabo pela doutrina e jurisprudência, depara-se, não raras vezes, com impropriedades técnicas e redacionais. O legislador (na verdade, um mero conceito da argumentação jurídica) nem sempre é um técnico competentemente especializado no assunto tratado em lei. Nesses casos, como recomenda a hermenêutica, a interpretação literal deve ser preterida, prestigiando-se a decorrente da delimitação das finalidades da norma (teleológica) ou de sua compreensão como repertório de um conjunto logicamente erguido (sistemática).

Em algumas oportunidades, o legislador disciplina o patrimônio separado fazendo uso, infelizmente, de noções, expressões e redação equivocada. Nelas, se nos contentarmos com a intelecção literal da lei, ora não chegaremos a nenhum sentido útil (forçando-nos a concluir pela inexistência da lei mesma), ora mergulharemos em contradições com outras disposições ou institutos legais.

Um exemplo desta imprecisão encontra-se na hipótese de impropriedade conceitual da lei reside na definição, pelo art. 3.º da Lei n. 11.795/2008, de que o "grupo de consórcio é uma sociedade não personificada constituída por consorciados". Não é possível levar ao pé da letra esta disposição legal sem emaranhar-se em algumas contradições. Confira. São duas as sociedades não personificadas: de um lado, a *sociedade em comum*; de outro, a *em conta de participação* (CC, arts. 968 a 996). Deve-se entender que a lei dos consórcios quis fazer referência a uma delas. Se o grupo é uma sociedade "em comum", falta um elemento essencial constitutivo do vínculo societário, que é o contrato entre os sócios. Cada consorciado contrata exclusivamente com a administradora e, em geral, não conhece os demais integrantes do grupo. Ademais, os sócios têm, no caso da sociedade em comum, responsabilidade ilimitada pelas obrigações sociais, mas é induvidoso que nenhum consorciado poderá responsabilizar os demais pelos prejuízos que sofre em função, por exemplo, da inadimplência de alguns deles. Se, porém, a lei dos consórcios tinha em mente a sociedade em conta de participação, não há como fugir da completa incompatibilidade entre essa formulação e a própria estrutura deste tipo societário: qual dos consorciados é o sócio ostensivo e quais os participantes?

Além dessas contradições insuperáveis relativamente à disciplina legal das sociedades não personificadas, destaco que o exame de outros dispositivos da lei dos consórcios (arts. 3.º, § 3.º, e 5.º, § 5.º) conduz o intérprete à conclusão de que os valores pagos pelos consorciados (fora a taxa de administração) compõem, rigorosamente falando, um patrimônio separado. E como tal deve ser considerado pelo intérprete.

331. A falência do titular de patrimônio separado

Entre os sujeitos de direito autorizados ou obrigados pela lei a constituírem patrimônio separado encontram-se sociedades empresárias sujeitas à regra geral da falência (incorporador e companhia securitizadora), sociedades empresárias excluídas desse regime, parcial (administradora de consórcio) ou absolutamente (CCL sistemicamente importante), e também sujeitos de direito não classificáveis como empresários ou sociedades empresárias e, portanto, não sujeitos à falência (entidades particulares que recebem recursos públicos para aplicar em educação, saúde e assistência social).

Em relação ao patrimônio separado das sociedades empresárias absolutamente excluídas do regime de falência e dos sujeitos de direito não classificáveis como empresários ou sociedades empresárias, é obvio que não incide o art. 119, IX, da LF. Trata-se, contudo, de mera questão formal, já que, em caso de liquidação extrajudicial de CCL ou insolvência de entidade particular que recebeu recursos públicos, não há outra forma de cuidar do patrimônio separado senão a indicada naquele dispositivo da lei falimentar para as sociedades empresárias falidas; vale dizer: continua a viger e ter plena eficácia a disciplina específica do patrimônio separado (legal ou regulamentar) até a completa solução do passivo separado mediante liquidação do ativo separado, destinando-se apenas o saldo, se houver, à satisfação dos demais credores da CCL ou da entidade particular subvencionada. Também será necessariamente esta a maneira adequada de tratar o patrimônio separado da administradora de consórcio no caso de decreto de sua liquidação extrajudicial, se a satisfação do passivo for concluída no âmbito administrativo (isto é, sem falência).

Restam, portanto, no campo de aplicação privilegiada do inciso IX do art. 119 da LF os casos de falência de: (a) incorporador com um ou mais empreendimentos em andamento sob o "regime de afetação"; e (b) sociedade securitizadora emitente de CRIs sob "regime fiduciário".

A primeira hipótese é detalhadamente cuidada no art. 31-F da Lei n. 4.591/64. Em termos gerais, o dispositivo reforça que não integram a massa falida "o terreno, as acessões e demais bens, direitos creditórios, obrigações e encargos objeto da incorporação" (*caput*). Dispõe, também, que, nos sessenta dias seguintes à decretação da falência, os adquirentes de unidades do empreendimento devem se reunir em assembleia geral para deliberarem se continuarão a obra (hipótese em que instituirão o condomínio da construção e definirão como ela será desenvolvida) ou se procederão à liquidação do patrimônio separado (§ 1.º). A Comissão de Representantes (eleita ou referendada na assembleia) tem poderes para firmar o contrato definitivo com os adquirentes das unidades (§ 3.º), dirigir a obra (§ 11) ou dar cumprimento à decisão assemblear de liquidação do patrimônio separado (§ 7.º). O eventual saldo entre a receita e o custo do empreendimento será entregue, pela Comissão de Representantes, à massa falida do incorporador (§ 13).

Já em relação à segunda hipótese, o legislador foi bem mais conciso. O parágrafo único do art. 15 da Lei n. 9.514/97 reitera que a "insolvência" da companhia securitizadora não afeta os patrimônios separados que havia constituído. O *caput* do dispositivo atribui ao agente fiduciário a custódia e administração dos créditos componentes do patrimônio separado. Além disso, determina a convocação de assembleia geral dos titulares de CRIs para deliberarem sobre a continuidade da administração do patrimônio separado. Havendo saldo, após completo resgate das CRIs, o agente fiduciário deve entregá-lo à massa falida da companhia securitizadora.

Embora possa se deparar com obstáculos de ordem prática, em vista da dificuldade de se antecipar e mensurar o saldo na liquidação do patrimônio separado, não há impedimento legal à alienação, pela massa falida, do direito a ele correspondente, de modo a abreviar o processamento da falência, que não precisará mais aguardar o cumprimento de todas as obrigações afetas ao patrimônio separado.[114] Não havendo, contudo, como proceder-se a esta alienação, sendo ela desinteressante ou não acudindo interessados, ao administrador judicial não resta outra alternativa senão a de esperar a integral solução do passivo afetado.

A massa falida, na condição de credora eventual do saldo do patrimônio separado, tem direito de *fiscalizar* os atos praticados pela Comissão de Representantes (na falência do incorporador) ou pelo agente fiduciário (na da companhia securitizadora), bem como o de *exigir deles* a devida prestação de contas. Exerce tais direitos por meio do administrador judicial.

332. Tratamento específico dos créditos fiscais e trabalhistas

O *caput* do art. 76 da Medida Provisória n. 2.158-35/2001 prescreve: "as normas que estabeleçam a afetação ou a separação, a qualquer título, de patrimônio de pessoa física ou jurídica não produzem efeitos em relação aos débitos de natureza fiscal, previdenciária ou trabalhista, em especial quanto às garantias e aos privilégios que lhes são atribuídos". E, aparentemente para que não restassem dúvidas, o parágrafo único reitera: "Para os fins do disposto no *caput*, permanecem respondendo pelos débitos ali referidos a totalidade dos bens e das rendas do sujeito passivo, seu espólio ou sua massa falida, inclusive os que tenham sido objeto de separação ou afetação".

Em vista da disposição em foco, conclui-se que a vinculação recíproca entre os ativos e passivos separados não projeta efeitos quando se trata de execução de alguns créditos do titular do patrimônio separado: os de natureza fiscal, previdenciária ou trabalhista.

No caso de execução individual, a penhora pode recair sobre quaisquer bens do patrimônio do devedor, inclusive os ativos separados. A separação do patrimônio não apresenta óbice juridicamente eficaz a esta medida de constrição judicial, se não houver outro bem,

---

114. Ricardo Tepedino não vê óbice à alienação do "direito a receber esse futuro e eventual saldo, se tiver valor econômico" (*Comentários à lei de recuperação de empresas e falência*. Coordenadores Paulo F. C. Salles de Toledo e Carlos Henrique Abraão. São Paulo: Saraiva, 2005, p. 323).

no patrimônio principal do devedor, que pudesse servir igualmente ao propósito de satisfação judicial do crédito exequendo. Em havendo, a substituição da penhora é de rigor, e não pode ser recusada. Substituir o ativo separado penhorado por outro equivalente não representa nenhuma desobediência ao tratamento excepcional liberado pela norma acima referida. Ademais, se o devedor executado não puder substituir a penhora por outro bem de seu patrimônio principal (e, em decorrência, levar-se a cabo a expropriação judicial), fica obrigado a "repor", quando puder, ativo de valor equivalente ao patrimônio separado.

No âmbito da execução concursal, a questão adquire contornos mais complexos. Se o administrador judicial não dispuser de recursos, na massa, para proceder ao pagamento dos credores trabalhistas, deverá requerer a arrecadação de bens do patrimônio separado em valor suficiente para tanto. Também deverá requerê-la se, avançando na ordem de pagamento, não puder satisfazer integralmente os credores fiscais e previdenciários. Pressuposto inafastável para essa arrecadação excepcional é a inexistência de outros recursos na massa falida, por força do exaurimento, na liquidação falimentar, do patrimônio principal. Por outro lado, se, após a alienação de ativo separado para pagamento dos credores fiscais, previdenciários ou trabalhistas, uma vez verificada a integral satisfação destes, ocorrer de a massa falida vir a receber novos recursos (anteriormente desconhecidos, não encontrados, sujeitos a condição suspensiva etc.), o administrador judicial deve, em primeiro lugar, "repor" o ativo separado, para que outras classes de credores, além dos contemplados pela exceção aberta pelo art. 76 da Medida Provisória n. 2.158-35/2001, não se locupletem indevidamente, em detrimento dos beneficiários do patrimônio separado.

333. Capital para garantir pagamento de pensão

O art. 533 do CPC-15 não alberga hipótese de patrimônio separado. Neste dispositivo, dispôs a lei que a condenação judicial em indenização por ato ilícito que inclua a prestação de alimentos pode impor ao devedor a obrigação de constituir capital destinado a assegurar renda suficiente ao pagamento da pensão mensal. Esta condenação não importa a separação do patrimônio do sucumbente porque "assegurar o pagamento" não significa "ficar vinculado à satisfação daquele passivo". Se o capital em questão não gerar, num determinado mês, por conta da oscilação dos valores dos títulos que o compõem, recursos suficientes ao pagamento da pensão, o devedor haverá de pagá-la com outros bens de seu patrimônio. Ademais, não há nenhuma regra de impenhorabilidade deste capital na execução de outras dívidas do sucumbente, o que demonstra não ter o legislador cogitado de separar o patrimônio do devedor.

Note-se que nem seria apropriado a lei atribuir ao capital mencionado no art. 533 do CPC-15 a natureza de patrimônio separado, uma vez que a tanto equivaleria distorcer a ordem de classificação de pagamentos na falência.

Duas podem ser as classes dos credores titulares de indenização por ato ilícito, na falência do devedor: (a) credor por acidente de trabalho (LF, art. 83, I); (b) credor quirografário (LF, art. 83, VI, *a*). Em outros termos, ou o beneficiário da sentença condenatória foi vítima de acidente de trabalho ou de ato ou fato de outra espécie. No primeiro caso, ele titula o elevado privilégio de concorrer com os credores trabalhistas; no segundo, será pago no rateio em favor dos quirografários.

Se o beneficiário da sentença condenatória sofrera acidente de trabalho, considerar o capital um patrimônio separado do falido importaria subtrair esse recurso da massa destinada ao pagamento dos demais créditos da mesma classe, em prejuízo dos empregados do falido e demais vítimas de acidente desta natureza, infringindo-se a *par conditio creditorum*. Se, por outro lado, é credor quirografário, tomar-se o capital como patrimônio separado equivaleria a inverter a ordem de pagamentos na falência, conferindo-lhe um privilégio que a lei falimentar rechaça.

334. Contratos de consumo

O Código de Defesa do Consumidor não traz nenhuma regra sobre os contratos de consumo na hipótese de falência do fornecedor. Aplica-se, portanto, a norma geral de rescindibilidade dos contratos bilaterais de execução não iniciada, quando presentes os seus pressupostos. Não havendo norma específica na legislação tutelar dos consumidores, também em relação aos contratos de consumo (bilaterais e não cumpridos ou unilaterais), a palavra final sobre a integridade ou a dissolução do vínculo contratual é exclusiva dos órgãos da falência, intérpretes dos interesses da coletividade dos credores (expressa pela busca dos efeitos de redução ou não elevação do passivo ou de preservação do ativo). Se for do interesse da massa, nesse caso, rescindir contrato que o consumidor gostaria de ver executado, ou vice-versa, prevalece o primeiro, posto que silente o Código de Defesa do Consumidor sobre a matéria. Por outro lado, tendo já o consumidor feito o pagamento ou recebido o produto ou serviço, no todo ou em parte, igualmente se aplica o disposto na Lei de Falências acerca da generalidade dos contratos, isto é, se credor o consumidor, deve habilitar o crédito; se devedor, deve pagar ao administrador judicial.

Quando o fornecedor tem a falência decretada, a legislação de proteção ao consumidor autoriza a responsabilização dos administradores se tiverem sido culpados pela deterioração da condição econômica e patrimonial da sociedade empresária (CDC, art. 28).[115]

335. Alienação fiduciária em garantia

No contrato de alienação fiduciária em garantia, uma das partes (fiduciante) é devedora da outra, geralmente instituição financeira (fiduciária), e esta última titulariza, como garantia, a propriedade resolúvel e a posse indireta de certo bem, que aquela lhe alienou sob a condição de recebê-lo de volta, quando da quitação do débito.

Falindo o fiduciante, a fiduciária pode pedir a restituição do bem móvel, já que é a titular do direito real de propriedade (Decreto-Lei n. 911/69, art. 7.º).

Restituída a coisa (móvel) objeto de contrato, a fiduciária era obrigada, até a entrada em vigor da Lei n. 10.931/2004, a vendê-lo, aplicando o preço no pagamento do seu crédito e das despesas em que incorreu. Após a venda do bem e aplicação do preço na quitação do devido pela falida, podiam então verificar-se duas situações. *Primeira*, o produto da venda não bastou à satisfação do crédito da fiduciária. Nesse caso, ela se habilitava pelo saldo na falência como credora quirografária. *Segunda*, o preço da venda superava o devido pela falida. Agora,

115. Para uma visão crítica sobre o dispositivo do CDC: Coelho, *O empresário e os direitos do consumidor*, São Paulo: Saraiva, 1994, p. 226-230.

o saldo credor é da massa, e a fiduciária devia entregar o numerário correspondente ao administrador judicial.

Com a entrada em vigor da Lei n. 10.931/2004, a disciplina legal do instituto foi alterada, eliminando-se a proibição do pacto comissório e a obrigatoriedade da venda do bem restituído à fiduciária. De acordo com a nova sistemática legal, a propriedade do bem se consolida nas mãos da instituição fiduciária. Note que a inovação legislativa nem sempre importará o tratamento mais justo da massa falida. Deve o juízo falimentar ficar atento a essa eventualidade e, quando for o caso, determinar que se aplique a sistemática anterior a 2004: venda do bem e encontro de contas. Como o art. 7.º, parágrafo único, do Decreto-Lei n. 911/69 não foi alterado pela Lei n. 10.931/2004, a sistemática anterior, quando mais justa para a massa falida, ainda pode ser adotada por ordem judicial.

Quando a alienação fiduciária em garantia tem por objeto bem imóvel de falido, a instituição financeira ou o credor fiduciário podem obter a consolidação da propriedade, na forma da Lei n. 9.514/97.

336. Contratos em moeda estrangeira

Os créditos em moeda estrangeira existentes perante o falido serão convertidos para a moeda nacional pelo câmbio do dia em que for declarada a falência. Feita a conversão cambial à taxa desse dia, esse será o valor que, corrigido, corresponderá ao direito do credor.

Trata-se de exceção à regra geral da conversão de valores entre diferentes moedas, que se faz tomando-se por referência o dia do pagamento (como, por exemplo, no art. 75, § 1.º, da Lei n. 4.728/65). Assim, se a sociedade empresária contrata o financiamento à importação de insumos em moeda estrangeira, a taxa cambial a ser observada na liquidação do devido junto ao banco será sempre a do dia do pagamento. São irrelevantes as taxas do dia do contrato ou do vencimento da obrigação não paga. Essa é a regra geral dos contratos em moeda estrangeira. Em se verificando, porém, a falência do devedor, não será mais adotada a taxa cambial do dia do pagamento, mas unicamente a do dia da decretação da falência.

O legislador falimentar, para possibilitar a definição precisa do passivo da falida, criou essa particular regra de conversão cambial para fins falimentares. Por ela, os riscos da oscilação cambial passam a ser do credor, na falência do devedor.

A regra especial do direito falimentar não é aplicável se do contrato celebrado em moeda estrangeira resulta crédito em favor do empresário individual falido ou da sociedade empresária falida.

Aqui, cabe ressaltar de pronto, a falência será forçosamente duma instituição financeira, tendo em vista que, pelo direito brasileiro, apenas elas podem ser titulares de crédito em moeda estrangeira nas operações de comércio exterior e correspondente financiamento. Pois bem, nesse caso, o administrador judicial da massa falida da instituição financeira exigirá do financiado devedor o pagamento, em moeda nacional, pela taxa de câmbio do dia.

337. Contrato de câmbio

Contrato de câmbio é a compra e venda de moeda estrangeira. O preço se paga na moeda nacional, e a coisa adquirida é a moeda estrangeira.

Na maior parte das vezes, o câmbio é celebrado para pagamento contra a entrega. O vendedor dá a moeda estrangeira, e o comprador, no mesmo ato, entrega-lhe o equivalente em moeda nacional, de acordo com a cotação praticada naquele momento pelo primeiro. Nessa modalidade, o contrato não sofre repercussão nenhuma se um ou outro tiverem, posteriormente, a quebra decretada. Quando, contudo, o câmbio acompanha uma operação comercial e financeira mais complexa, a falência do contratante pode repercutir no contrato.

A sociedade empresária importadora precisa de dinheiro estrangeiro para pagar pelo produto que está adquirindo no exterior. Pelo direito monetário brasileiro, ela deve contratar o câmbio, necessariamente com uma instituição financeira autorizada a operar no Brasil, ou por meio dela.

Se, por outro lado, é exportadora, não poderá receber diretamente o dinheiro estrangeiro que lhe será pago pelo produto que está vendendo no exterior. Nesse caso, também ela é obrigada a contratar câmbio com uma instituição financeira.

Em razão do câmbio, importadora e exportadora, em geral, acabam firmando com os bancos intermediários contratos de mútuo. No primeiro caso, o banco *financia* a aquisição, pagando o devido pela importadora em dinheiro estrangeiro e cobrando desta, com juros e encargos, o equivalente em dinheiro nacional, adotada a taxa cambial do dia do pagamento das prestações. No caso da exportação, é comum a instituição financeira *adiantar*, em moeda nacional, parte do valor que deverá ser pago pelas mercadorias exportadas, ganhando com a diferença.

Se falir a sociedade compradora no contrato de câmbio (o caso da importadora), o valor da dívida será convertido pela taxa do dia da falência, conforme examinado no subitem anterior. Se falir a sociedade vendedora no contrato de câmbio (o caso da exportadora), a instituição financeira terá direito à *restituição* do dinheiro adiantado (Lei n. 4.728/65, art. 75, § 3.º).

338. Depósito em armazém geral

É comum a sociedade empresária que negocia com produtos agrícolas, importa ou exporta ter mercadorias depositadas em armazém geral, à espera de comprador ou mesmo de embarque.[116] Pelo contrato de armazenagem, a depositante é devedora de remuneração ao armazém geral, e este tem, por lei, direito de retenção sobre os bens depositados pelo crédito que titulariza (englobando o valor da armazenagem, despesas com as mercadorias realizadas a pedido do dono, adiantamentos feitos com fretes e seguro, bem assim comissões e juros pelas mercadorias consignadas: Decreto n. 1.102/1903, art. 14, *caput*). Quer dizer, o armazém geral pode condicionar a devolução dos bens armazenados ao prévio pagamento do devido por seus serviços.

Falindo a sociedade empresária depositante, o armazém é obrigado a entregar as mercadorias ao administrador judicial assim que reclamadas.

Perante a massa falida não há direito de retenção – a segunda alínea do art. 14 do Decreto n. 1.102/1903, que expressamente a previa, está

116. Coelho, *Curso de direito comercial*, cit., v. 3, p. 158-161.

revogada. O art. 83, IV, *c*, da LF, dispõe diferentemente sobre a matéria, isto é, sobre a situação jurídica do titular do direito de retenção na falência do outro contratante. A lei em vigor, além de suspender o exercício do direito de retenção contra a massa falida, atribui a todos os credores que o titularizam um privilégio especial sobre os bens referentes correspondentes. Como na hierarquia dos pagamentos na falência muitos outros beneficiários têm preferência sobre os credores com privilégio especial (por exemplo, os créditos trabalhistas, assegurados por garantia real e os fiscais), não pode o armazém geral reter as mercadorias depositadas para receber seu pagamento.

Contra a massa falida não é, pela Lei de Falências, oponível a retenção: o bem deve ser entregue ao administrador judicial assim que reclamado. O armazém geral deve habilitar seu crédito na falência e titularizará privilégio especial sobre o produto da venda dos bens armazenados, isto é, se chegar a sua vez na ordem de pagamentos, será atendido prioritariamente com os valores apurados na alienação judicial dos bens sobre os quais detinha o direito de retenção.

Convém salientar que a retenção não é direito real, oponível *erga omnes*. Trata-se de direito pessoal, típico de certos contratos bilaterais; uma manifestação específica da *exceção do não cumprimento do contrato*. Desse modo, se o juiz da falência determinar a *restituição* de mercadorias que se encontram depositadas em armazém geral, este não as poderá reter para exigir o que lhe é devido pelos serviços prestados. Se direito de retenção existisse nessa hipótese, ele seria oponível exclusivamente contra os devedores dos serviços de guarda (o depositante ou o endossatário do *warrant* e do conhecimento de depósito), e nunca contra os terceiros titulares do direito à restituição.

339. Contratos de trabalho

Os contratos de trabalho não se rescindem propriamente com a falência, mas sim com a cessação das atividades da empresa.

Se, ao decretar a falência, o juiz autoriza a continuação provisória da atividade, os contratos de trabalho não se alteram em nada, devendo o administrador judicial providenciar os pagamentos dos salários e demais verbas trabalhistas, bem como exigir o regular cumprimento da jornada de trabalho. Assim, salvo na hipótese de continuação provisória da empresa visando o cumprimento dos objetivos do concurso de credores, a cessação da atividade econômica decorrente da quebra rescinde a relação contratual empregatícia. Em decorrência, pode o empregado reclamar os saldos salariais e as verbas indenizatórias pertinentes.

Na falência, cabe à Justiça do Trabalho julgar o *quantum* devido aos empregados. O juízo falimentar, pertencente à Justiça Estadual e, portanto, incompetente para conhecer e julgar dissídios relacionados ao vínculo empregatício, não pode reabrir a discussão; cabe-lhe simplesmente considerar o valor líquido e definitivo determinado pela Justiça do Trabalho quando do pagamento.

Assim, na falência do empregador, o empregado deve mover sua reclamação perante a Vara do Trabalho competente e, uma vez definidas a existência e a extensão de seu direito, declarar o crédito na falência e aguardar o pagamento.

Essa é a determinação da lei, que corresponde à melhor forma de compatibilizar todos os interesses envolvidos (dos demais credores trabalhistas, dos credores da massa etc.). Ela tem sido, porém, descartada por alguns juízes trabalhistas, que consideram também a Justiça do Trabalho a única competente para a *execução* da sentença, mesmo se falida a executada. De acordo com essa visão, o empregado deve promover a execução da sentença condenatória, requerendo ao juiz do trabalho que determine a intimação do administrador judicial, a penhora de bens do falido e a subsequente venda judicial para satisfação daquele específico credor trabalhista. Trata-se de séria distorção, que prejudica os demais empregados, quando os recursos da falida não são suficientes para o pagamento deles todos. Outra distorção tem sido a responsabilização dos sócios ou do acionista controlador pelas obrigações trabalhistas da sociedade empresária falida, sob o pálio da teoria *menor* da desconsideração da personalidade jurídica.[117]

Não se podem confundir os contratos de trabalho da sociedade empresária falida com os da massa. É raro, mas pode ocorrer de a falência apresentar uma complexidade tal que exige do administrador judicial a contratação de pessoal administrativo de apoio, como uma secretária ou advogado. O vínculo entre a massa falida e esse pessoal

117. Coelho, *Curso de direito comercial*, cit., v. 2, p. 46.

pode ser, e normalmente é, o de locação de serviços disciplinado na legislação civil. Nada impede, entretanto, que a massa tenha empregados contratados no regime da Consolidação das Leis do Trabalho, se justificável a alternativa. Os salários e verbas trabalhistas devidas aos empregados contratados pelo administrador judicial (após autorização do juiz para trabalharem na administração da falência) são *despesas extraconcursais* e não concorrem com os créditos trabalhistas titularizados pelos antigos empregados da empresa falida.

340. Contratos administrativos

Quando o empresário é contratado pela Administração Pública (União, Estados etc.) para fornecer bens, prestar serviços ou executar obras, normalmente após licitação, o vínculo obrigacional submete-se ao regime do direito administrativo.

Este é caracterizado pela predominância do interesse público, que se traduz em prerrogativas titularizadas por um dos contratantes (a Administração Pública) e negadas ao outro (o empresário).[118] Sendo decretada a falência deste último, pode ser rescindido o contrato administrativo de fornecimento de bens ou serviços ou execução de obras (Lei n. 8.666/93, art. 78, IX).[119]

Também é regulado pelo direito administrativo o contrato de concessão para a exploração de serviço público, que se rescinde pela falência da sociedade empresária concessionária. A lei prevê a extinção da concessão nessa hipótese (Lei n. 8.987/95, art. 35, VI), determinando o retorno ao Poder concedente de todos os bens reversíveis, direitos e privilégios transferidos à concessionária, nos termos do contrato.

Penalva Santos alerta para os problemas que poderiam advir da rescisão do contrato de concessão e desatendimento da população.[120] Cabe, contudo, registrar que o direito administrativo determina, em qualquer hipótese de extinção da concessão, a imediata assunção do

118. Celso Antônio Bandeira de Mello, *Elementos de direito administrativo*, São Paulo: Ed. RT, 1981, p. 3-34.

119. Carlos Ari Sundfeld, *Licitação e contrato administrativo*, São Paulo: Malheiros, 1994, p. 253.

120. *Obra citada*, p. 105-112.

serviço pelo Poder concedente, que ocupará e utilizará as instalações e bens reversíveis (Lei n. 8.987/95, art. 35, §§ 1.º a 3.º), não havendo, desse modo, nenhum perigo de descontinuação do serviço público.

Art. 120. O mandato conferido pelo devedor, antes da falência, para a realização de negócios, cessará seus efeitos com a decretação da falência, cabendo ao mandatário prestar contas de sua gestão.

§ 1.º O mandato conferido para representação judicial do devedor continua em vigor até que seja expressamente revogado pelo administrador judicial.

§ 2.º Para o falido, cessa o mandato ou comissão que houver recebido antes da falência, salvo os que versem sobre matéria estranha à atividade empresarial.

341. Mandato e comissão

Na lei anterior, era previsto que a falência não fazia cessar os efeitos do mandato outorgado pelo devedor, antes da falência, para a realização de negócios. O mandatário deveria aguardar sua revogação expressa pelo síndico e, então, prestar-lhe contas. Até lá, continuava podendo praticar atos de interesse da massa falida (art. 49).

A atual Lei de Falências muda a disciplina do contrato e estabelece que a falência cessa os efeitos do mandato, cabendo ao mandatário, de imediato, prestar contas de sua gestão ao juízo falimentar.

Em relação ao mandato pertinente à atividade empresarial explorada do qual o falido era mandatário, a nova lei mantém a mesma disciplina da anterior, ao preceituar a cessação dos seus efeitos. Os demais mandatos outorgados ao falido, isto é, os estranhos à atividade empresarial por ele explorada, continuam em pleno vigor. Essa regra se aplica, também, à comissão de que seja comissário o falido.

Em relação ao mandato outorgado pelo falido ou ao falido de objeto estranho à atividade empresarial e à comissão em que ele era comitente, não se aplica o dispositivo aqui em foco, mas as regras gerais dos contratos na falência.

Art. 121. As contas-correntes com o devedor consideram-se encerradas no momento de decretação da falência, verificando-se o respectivo saldo.

342. Conta-corrente

As contas-correntes da falida serão encerradas no momento da declaração da falência, apurando-se o saldo, que deverá ser, quando credor para a massa, pago pelo contratante, e, se constituir crédito deste, habilitado na falência.

O contrato de conta-corrente não se confunde com o depósito bancário. São institutos diversos. Porém, a regra que determina o encerramento da conta-corrente aplica-se, *por analogia*, aos contratos de depósito bancário. Como o falido perde o direito de dispor e administrar seu patrimônio, os recursos monetários que o integram e que se encontram depositados junto a algum banco devem ser transferidos à conta de depósito da massa falida, encerrando-se as contas abertas e movimentadas antes da falência.

Com o encerramento das contas que o falido mantinha junto aos bancos, apura-se o saldo credor ou devedor existente na data da decretação da falência.

Todos os movimentos e lançamentos posteriores de que seja beneficiária a própria instituição financeira depositária, ainda que fundamentados em contrato ou regulamento, devem ser estornados. Desse modo, por exemplo, os juros bancários posteriores à decretação da quebra, debitados da conta do falido, devem ser creditados de novo. Mesmo que o banco depositário desconhecesse a falência de seu cliente quando operou o lançamento, estará obrigado ao estorno dos valores retirados da conta em favor dele.

Diferente é a situação relativa aos movimentos e lançamentos regulares de que terceiros sejam credores. Se o banco, por desconhecer a declaração judicial de quebra do depositante, liquida cheque regularmente emitido e apresentado, ele não é responsável por repor o valor do pagamento. Apenas se já tem inequívoco conhecimento da falência da titular do depósito, e, mesmo assim, processa cheques e ordens de pagamento – retirando recursos da conta que deveria estar encerrada –, responde a instituição financeira depositária pelo prejuízo causado à massa de credores.

Art. 122. Compensam-se, com preferência sobre todos os demais credores, as dívidas do devedor vencidas até o dia da decretação da falência, provenha o vencimento da sentença de falência ou não, obedecidos os requisitos da legislação civil.

Parágrafo único. Não se compensam:

I – os créditos transferidos após a decretação da falência, salvo em caso de sucessão por fusão, incorporação, cisão ou morte; ou

II – os créditos, ainda que vencidos anteriormente, transferidos quando já conhecido o estado de crise econômico-financeira do devedor ou cuja transferência se operou com fraude ou dolo.

343. A compensação falimentar

O direito comparado revela que a compensação na falência é admitida em países como os Estados Unidos[121] e Alemanha,[122] e, de modo

121. Joseph J. Wielebinski e Davor Rukavina informam: "a claim is also secured, however, to the extent that the creditor has a valid setoff right against the debtor. Setoff generally requires that: (i) the debtor owes the creditor money; (ii) the creditor owes the debtor money (frequently on a claim that is 'mutual' to the debtor's debt to the creditor); and (iii) the creditor has a non-bankruptcy tight to set off his claim against the debtor against the debtor's claim against the creditor. Thus resort to non-bankruptcy law is important" (*Overview of the Bankruptcy Code in the U.S.* Em "World Insolvency Systems: a comparative study". Editor Otto Eduardo Fonseca Lobo. Thomsom Reuters, 2009, p. 749). Cfr. Também em Robert L. Jordan e William D. Warren, *Bankruptcy*. 3. ed. New York: Foudation Press, 1993, p. 454/456.

122. Esclarecem Markus Trompetz e Bernd Klose: "Section 94 of the InsO (Insolvency Law) provides that the insolvency creditor's set-off right is

parcial, em Portugal[123] e México;[124] e alguns países, como a Argentina, não a admitem.[125]

A admissão ou não da compensação na falência corresponde, em última análise, a um dos aspectos da definição, pela lei, da ordem de pagamento dos credores.

Nos direitos que admitem a compensação na falência reconhecem na reciprocidade de crédito e débito uma forma de garantia, que, a exemplo de tantas outras, deve ser prestigiada com determinada preferência na classificação dos créditos. Aqueles que a rejeitam, não tomam a reciprocidade como uma garantia de adimplemento, e a desconsideram na organização da ordem dos credores. Admitir ou não

---

preserved in principle even if bankruptcy proceedings have been instituted against the debtor. This enables the insolvency creditor to satisfy himself up to the full amount of the counterclaim, while otherwise he would have to pay into the estate in full and just receive a dividend. The act intends to protect the confidence in the set-off position once it has been created" (*German Insolvency Statute*. Em "World Insolvency Systems: a comparative study". *citado*, p. 311).

123. Catarina Serra, *O regime português da insolvência*. 5. ed. Coimbra: Almedina, 2012, p. 91/92.

124. Para Fernando Pérez Correa, "the set-off is a way of extinguishing reciprocal obligations, since the debtors have the opportunity to free its debts by releasing his credit, because both debts are extinguished up to the lower amount of both debts. Article 90 of the CIL (Commercial Insolvency Law) establishes that the set-off could be applied once the Commercial Insolvency Ruling is passed only in the following cases: (i) the right in favor and the obligations in charge of the merchant who come from the same operation and this is not interrupted by the commercial insolvency proceeding; (ii) the rights in favor and the obligations in charge of the merchant that expired before the Commercial Insolvency Ruling is passed and its set-off is foreseen in its corresponding law; (iii) the rights and obligations that come from repurchase (REPO), securities loan, futures and derivatives agreements to avoid they continue to be valid; and (iv) tax credits in favor or against the merchant" (*Mexico*. Em "World Insolvency Systems: a comparative study", *citado*, p. 495).

125. Ley de Concursos y Quiebras, n. 24.522, de 1995, "Articulo 130. – Compensación. La compensación sólo se produce cuando se ha operado antes de la declaración de la quiebra".

a compensação na falência resume-se, pois, a questão de diferentes enfoques na definição da classificação dos credores.

No Brasil, a lei há tempos não hesita em admitir a plena compensação de obrigações na falência. Reconheceu-a na reforma da legislação de quebras empreendida em 1902, pela Lei n. 859, de nossa nascente República (art. 27, 2.ª alínea). E confirmou-a nas reformas de 1908 (Lei n. 2.024, art. 49), 1929 (Decreto n. 5.764, art. 49), 1945 (Decreto-Lei n. 7.661, art. 46) e na vigente lei falimentar (Lei n. 11.101/05 – LF, art. 122).[126]

O art. 122 da LF reproduz, grosso modo, os preceitos das leis que o antecederam. Quando comparado com o dispositivo equivalente do Decreto-Lei n. 7.661/45, ressalta-se a alteração na redação destinada a conferir maior clareza à norma, isto é, tornar clara que a finalidade da compensação na falência consiste, em outras palavras, em prestigiar uma classe preferencial na ordem de pagamentos.[127]

---

126. Os dados históricos podem ser extraídos das principais obras sobre falência produzidas pela literatura nacional, em particular: J. X. Carvalho de Mendonça (*Tratado de direito comercial brasileiro*. 6. ed. posta em dia por Roberto Carvalho de Mendonça. Rio de Janeiro: Freitas Bastos, 1960, vol. VII, p. 400/402), Miranda Valverde (*Comentários à Lei de Falências*. 4. ed. Atualizadores J. A. Penalva Santos e Paulo Penalva Santos. Rio de Janeiro: GEN-Forense, 1999, vol. I, p. 352) e Rubens Requião (*Curso de direito falimentar*. 15. ed. São Paulo: Saraiva, 1993, vol. 1, p. 20/22).

127. Para Paulo Salvador Frontini: "O preceito, em seu *caput*, corresponde, com modificação, ao art. 46 da antiga Lei de Falências. A modificação centra-se na locução 'com preferência sobre todos os demais credores'" (*Comentários à Lei de Recuperação de Empresas e Falência*. Coordenação Francisco Satiro de Souza Jr. e Antônio Sérgio A. de Moraes Pitombo. São Paulo; RT, 2006, p. 448). Cfr., também: "o dispositivo equivalente [ao art. 122 da LF] na lei anterior era o art. 46. Duas mudanças devem ser destacadas. A primeira diz respeito à expressa previsão de que a compensação é feita a despeito da ordem de classificação dos créditos. Na lei anterior, não havia a ressalva. A segunda é a supressão dos títulos ao portador como exceção à regra da compensação. Como esses títulos deixaram de existir no direito brasileiro em 1990, a alteração era necessária como atualização do texto legislativo" (meu *Comentários à Lei de Falências e de recuperação de empresas*. 10. ed. São Paulo: Saraiva, 2014, p. 447).

Não escapou, portanto, ao legislador brasileiro que a compensação entre créditos e débitos do falido pode inverter, em determinada medida, a classificação dos credores. Se credor quirografário é simultaneamente devedor do falido, opera-se a extinção por meio da compensação no montante em que créditos e débitos se equivalem. Se não ocorresse a compensação, ele teria que pagar o devido à massa e aguardar o rateio de sua classe, correndo sério risco de nada receber pelo crédito. Operando-se, como determina a lei brasileira, a compensação, terá a receber o crédito remanescente em seu favor ou deverá pagar apenas o saldo resultante em favor da massa.

Quando o legislador nacional vem admitindo, há mais de um século, a compensação entre créditos e débitos de sujeito falido, tem como objetivo precisamente assegurar esta garantia ao credor do falido que é simultaneamente seu devedor.[128]

Dito de outra forma, a lei pode estabelecer livremente a ordem de classificação dos credores, constituindo as classes que considera racionais e justas. Quando admite a compensação na falência, está apenas criando uma preferência na ordem de pagamento. Do mesmo modo

---

128. As razões pelas quais o direito falimentar brasileiro tradicionalmente admite a compensação encontram-se bem expostas por J. X. Carvalho de Mendonça, que foi, aliás, o festejado autor da lei de falências de 1908. Em suas lições: "Opera-se a compensação entre os créditos e os débitos de terceiros para com o falido, provenha o vencimento da sentença declaratória da falência ou da expiração do prazo contratual. O credor, ao mesmo tempo devedor do falido, tem na própria dívida uma garantia, sobre a qual exerce o seu direito. Quem possui um bem do devedor pode retê-lo até ser pago. Assim o devedor, se é, também, credor, pode abster-se de pagar operando a compensação ainda que não haja conexão entre as dívidas recíprocas. Este direito de compensação é, para o credor, uma cobertura (Deckung), na expressão dos escritores alemães, semelhante ao direito de retenção ou ao direito de penhor. Estes três direitos constituem relativamente ao credor um meio de segurança, uma garantia, uma defesa. Ora, não seria justo que o credor restituísse à massa a cobertura do seu crédito, e, abrindo mão da garantia, figurasse como simples credor da falência. Ao direito de o credor pagar-se, separadamente dos outros, sobre uma coisa do devedor comum, que ele detém, corresponde o direito de não pagar à massa, mas de aplicar o seu débito para especialmente satisfazer o seu crédito" (*Obra citada*, p. 399/400).

que reconhece a preferência de certos créditos em razão da garantia real ou de privilégio geral, a lei reconhece a compensação como outra espécie de garantia do credor, qualificando-a como relevante para fins de preferência na ordem de pagamento. A circunstância de esta particular preferência (a do credor simultaneamente devedor do falido) vir no art. 122 e não no art. 83 da LF não tem nenhuma relevância ou implicação jurídica.

A admissibilidade da compensação, ademais, guarda absoluta sintonia com a visão contemporânea do instituto, que identifica a extinção das obrigações como consequência da sujeição decorrente do exercício de um direito potestativo.[129] Na classificação proposta por Chiovenda, os direitos subjetivos são distinguidos em duas categorias: (i) os direitos a cuja satisfação corresponde uma prestação positiva ou negativa de outrem (direitos a uma prestação); e (ii) direitos a cujo atendimento corresponde uma modificação do estado jurídico existente (direitos potestativos).[130] A compensação não corresponde a nenhum direito a qualquer prestação, mas, sim, ao de ver reconhecida uma modificação em determinado estado jurídico, especificamente na definição da extensão de certa obrigação.

Se dois sujeitos são simultaneamente credores e devedores um do outro, por obrigações que se compensam, nenhum deles pode exigir o pagamento do valor integral do crédito que titula. Se um deles pretender eventualmente cobrar todo o crédito, o outro terá o direito de sujeitá-lo ao estado jurídico de titular de crédito por importância inferior ou mesmo de exclusivamente devedor. À extinção das obrigações por compensação corresponde um direito subjetivo potestativo.

Pois bem. O sujeito que for simultaneamente credor e devedor de um falido, por obrigações compensáveis, tem o direito potestativo de sujeitar a massa falida ao estado jurídico correspondente à extinção das obrigações recíprocas no quanto se equivalem. A compensação, decididamente, não representa o "confronto" de direitos ao recebimento de

129. Para Pontes de Miranda, a compensação é "direito formativo extintivo" (*Tratado de direito privado*. 3. ed. São Paulo: Ed. RT, 1984, t. 24, p. 323 e s.).

130. *Instituições de direito processual civil*. 2. ed. São Paulo: Saraiva, 1965, p. 10.

prestações recíprocas, devidas pela massa e por um de seus credores, mas sim ao direito potestativo de qualquer um deles e sujeitar o outro ao estado jurídico em que as obrigações compensáveis se extinguem no quanto se equivalem.

A opção do legislador brasileiro de admitir a compensação na falência não deriva, portanto, de algum desacerto, irracionalidade ou desatenção. Ao contrário, é o reconhecimento inequívoco de uma exceção deliberadamente introduzida na ordem de pagamentos (como tantas outras há), fundada no entendimento mais adequado sobre o tema, que classifica o direito à compensação como potestade, ou seja, como um poder.[131]

344. O vencimento das obrigações compensáveis na falência

Quando se trata de compensação na falência, não pode o intérprete deixar de considerar as normas próprias do direito falimentar e os efeitos da sentença declaratória da falência em relação às obrigações do falido.

---

131. Para Judith Martins-Costa: "Os direitos formativos, ou potestativos, são espécies de direitos subjetivos cujo conteúdo é o de formar relações jurídicas concretas, mediante ato unilateral do titular, nos casos reconhecidos pela lei. Trata-se, mais propriamente, de um *poder*, conferido pela lei, a determinadas pessoas, de influírem, com uma declaração de vontade, sobre situações jurídicas de outras pessoas *sem o concurso da vontade destas*. Portanto, a pessoa contra quem é dirigido o direito formativo (na sua tríplice dimensão, *geradora*, *modificativa* e *extintiva*) resta em *estado de sujeição*, que é o correspectivo ao direito formativo, assim como o dever jurídico é o correspectivo ao direito subjetivo. Aos direitos formativos não corresponde uma *prestação* – como ocorre com os direitos subjetivos em sentido próprio – pois o que se visa não é compelir o *alter* a uma prestação, mas criar, modificar ou extinguir determinada relação jurídica, sendo o seu exercício processado extrajudicialmente ou, em outras hipóteses, por intermédio da atividade judicial. É justamente o que ocorre na compensação: A, devedor de B em 100 mil reais, e seu credor B em 150 mil reais, sendo procurado por este, que é seu credor-devedor, para que pague a dívida de 100 mil reais, pode alegar a compensação, sem incorrer em mora: estará exercendo direito formativo. Se a causa for a juízo, a sentença será *declarativa da pretensão fundada*" (*Comentários ao novo Código Civil*. Coordenador Sálvio de Figueiredo Teixeira. Rio de Janeiro: Forense, 2003, vol. V, t. I, p. 571/572).

Para desbastar o intrincado do tema, devem-se distinguir situações possíveis, em relação ao vencimento das obrigações, quando se verifica simultaneidade de créditos e débitos e na falência de um dos sujeitos das relações obrigacionais.

São quatro situações: a) crédito e débito do falido correspondem a obrigações vencidas antes da decretação da falência; b) crédito do falido corresponde a obrigação vencida antes da decretação da falência e débito, a obrigação vencida após; c) crédito do falido corresponde a obrigação vencida após a decretação da falência e débito, a obrigação vencida antes desta; d) crédito e débito do falido correspondem a obrigações vencidas após a decretação da falência.

A situação I pode ser esquematizada da seguinte forma:

Vencimento do débito do falido

Vencimento do crédito do falido

Decretação da Falência

Esta situação, na verdade, não está alcançada pelo art. 122 da LF. Sendo a compensação um fato jurídico que extingue as obrigações recíprocas no valor em que se equivalem, independentemente da vontade dos sujeitos,[132] a situação em que tanto o crédito como o débito do falido vencem antes da decretação da falência é alcançada pelo art. 368 do Código Civil ("se duas pessoas forem ao mesmo tempo credor e devedor uma da outra, as duas obrigações extinguem-se, até onde se compensarem"). É indubitável que o art. 122 da LF não incide sobre esta primeira situação porque, quando a falência foi decretada, as obrigações já se encontravam extintas no montante da equivalência, em razão da incidência anterior do art. 368 do Código Civil. A mesma

132. "No direito brasileiro, a compensação não depende da vontade dos sujeitos da relação obrigacional. Opera-se, a rigor, mesmo contra a de qualquer um deles. É um fato jurídico: estabelecida a equivalência entre as prestações que dois sujeitos de direito mutuamente se devem, dá-se a extinção até o equivalente" (meu *Curso de direito civil*. 6. ed. São Paulo: Saraiva, 2014, vol. 2, p. 163).

obrigação não pode ser extinta, por compensação, duas vezes. Se já se extinguiu em razão da norma do Código Civil antes da decretação da falência, é evidente que não pode extinguir-se novamente com esta. Ademais, a LF não precisaria contemplar um dispositivo próprio acerca da compensação, se o objetivo fosse apenas repetir o que já está determinado em norma do CC. Seria uma disposição inútil, hipótese repudiada pela hermenêutica.

O art. 122 da LF, portanto, não cuida da situação em que tanto o crédito como o débito do falido já haviam vencido antes da decretação da falência. Não se presumindo a redundância da lei, a hipótese está disciplinada exclusivamente pelo art. 368 do Código Civil.

Na situação II, o crédito do falido vence antes da decretação da falência, mas o débito tem o vencimento posterior:

Vencimento do crédito do falido	Vencimento do débito do falido

Decretação da Falência

No exame desta situação, deve-se considerar que o débito do falido terá o vencimento antecipado pela decretação da falência (LF, art. 77: "a decretação da falência determina o vencimento antecipado das dívidas do devedor (...)"). Com a antecipação do vencimento do débito do falido, opera-se, na data da falência, o encontro de contas da compensação. É esta uma das hipóteses abrangidas pelo art. 122 da LF, que menciona o vencimento "proveniente" da decretação da falência.

A situação III é a do vencimento do débito do falido ocorrer antes da decretação da falência, mas o crédito vencer após. É situação também alcançada pelo art. 122 da LF, importando a compensação do crédito com o débito do falido.

Vencimento do débito do falido	Vencimento do crédito do falido

Decretação da Falência

Enfatize-se que a doutrina falencista discute a subsunção desta situação ao art. 122 da LF, concluindo unanimemente pela afirmativa. Ocorre a compensação das obrigações até o montante da equivalência sempre que o débito do falido venceu antes da decretação da falência e o crédito dele, depois. Miranda Valverde,[133] Nelson Abrão[134] e Ricardo Tepedino[135] destacam, com inteira propriedade, que, embora a

---

133. "Uma interpretação estreita [do art. 46 do Decreto-Lei n. 7.661/45, equivalente ao art. 122 da LF] levar-nos-ia à conclusão de que, só se vencendo com a falência as dívidas passivas do falido e não as suas dívidas ativas, a compensação seria unicamente possível quando já vencida a dívida do credor do falido por ocasião da sentença de falência, ou se vencesse, justamente, no dia da abertura da falência. Essas duas hipóteses não são comuns, pois, por via de regra, a sentença declaratória da falência não encontra vencido o débito do credor *in bonis*. Com essa interpretação, raríssimas vezes teria aplicação o preceito legal, o que bastaria para tê-la por menos exata. A eliminação do termo, provocada pela sentença que decreta a falência, quanto às dívidas passivas do falido, não pode de forma alguma prejudicar o direito, ainda que eventual, do credor *in bonis* à compensação. Frequentemente, na vida dos negócios, não se resolve o comerciante a abrir um crédito a outro senão porque já é deste devedor. Na sua própria dívida, vê ele uma garantia do pagamento do crédito concedido. Não é justo, portanto, que o vencimento antecipado do seu crédito anule essa garantia, criada sem fraude, e que já está no seu patrimônio com um direito eventual, que a falência (...) não prejudica, antes o respeita" (*Obra citada*, p. 353/354).

134. "Questão interessante é a de saber-se se o credor *in bonis*, que tiver uma dívida ainda não vencida para com o falido, poderá compensá-la com seu crédito na falência. Argumenta-se que a hipótese esbarra na norma contida no art. 1.010 do CC, segundo a qual as dívidas para se compensarem deverão ser vencidas. Entretanto a opinião contrária é a que reúne melhores foros de juridicidade e tem sido consagrada pelo STF". Este jurista cita a decisão proferida pelo STF no julgamento do Recurso Extraordinário n. 62.849-SP, publicado na *RT* 452/244 e na *RDM* 14/94 (*Curso de direito falimentar*. 5. ed. Atualizador Carlos Henrique Abrão. São Paulo: LEUD, 1997, p. 167/168).

135. "Eis o pomo da discórdia: como a lei civil requer que ambas as dívidas se achem vencidas e a sentença de quebra tem o condão de fazer vencer antecipadamente apenas as dívidas do falido, uma interpretação estreita, para recorrer uma vez mais a Valverde, levaria à conclusão de que 'a compensação seria unicamente quando já vencida a dívida do credor do falido por ocasião da sentença da falência, ou se vencesse, justamente, no dia da abertura da falência. Isso, acentua com acerto o notável jurista, dificilmente acontece, o que tornaria raramente aplicável o preceito legal, sendo o quanto basta para ter essa interpretação como menos exata.

interpretação meramente literal da regra sobre compensação na falência (atual art. 122 da LF) pudesse sugerir sua aplicação apenas para os créditos do falido ("dívida ativa do falido") vencidos antes da decretação da falência, adotá-la importaria uma enorme distorção: a de conferir-se o tratamento benéfico da compensação ao devedor em mora (na segunda situação) e negá-lo ao que não incorreu em qualquer inadimplência.

A derradeira possibilidade (situação IV), relativamente ao vencimento de débito e crédito do falido compensáveis é a de vencimento deles após a decretação da falência. Esquematicamente:

Vencimento do crédito do falido

Vencimento do débito do falido

Decretação da Falência

Nesta hipótese, a quebra antecipa o vencimento do débito do falido (LF, art. 77), mas não antecipa o do crédito do falido. Mas esta diferença de tratamento não afasta a compensação. Ao contrário, incide na hipótese o art. 122 da LF, com a compensação das obrigações até

Prosseguindo, oberva que o advento da quebra não pode servir para prejudicar o direito de que desfrutaria o credor *in bonis* a compensar o seu crédito, não houvesse o vencimento antecipado que decorre da sentença declaratória (LRE, art. 77). Nelson Abrão, após citar acórdão do STF, ajunta outros ótimos argumentos em prol do entendimento acima defendido, sendo um deles irresistível: supor que a compensação só se operará se a dívida ativa do falido se acha vencida na data da quebra equivaleria a premiar o devedor em mora, que faria jus ao inegável privilégio, negado a quem não faltou com suas obrigações. Esse tratamento desigual e injusto, difícil será dissentir, agride o direito. Lembra também Abrão que o prazo se presume em benefício do devedor, o qual, portanto, pode a ele renunciar, e reserva ainda um argumento que deliciará os amantes das interpretações literais: a lei falimentar – que é especial e por isso prevalece sobre a regra geral do Código Civil – só faz menção, tanto a de ontem como a de hoje, ao vencimento da dívida passiva, nada requerendo quanto à exigibilidade da dívida ativa do falido" (*Comentários à Lei de Recuperação de Empresas e Falência*. Coordenadores Paulo F. C. Salles de Toledo e Carlos Henrique Abrão. São Paulo: Saraiva, 2005, p. 329/330).

o montante em que se equivalem. Isto porque, em razão do princípio constitucional da igualdade (CF, art. 5.º, *caput*), não se pode tratar desigualmente os credores do falido que se encontram na mesma situação jurídica.

Comparem-se as situações III e IV. Nas duas, há sujeitos titulares de crédito perante o falido com vencimento para depois da decretação da falência. Neste ponto, portanto, não há nenhuma diferença entre elas. A diferença existe, inicialmente, no vencimento do débito do falido. Na situação III, este débito vence antes da falência, enquanto na IV, vence depois. Mas, atente-se, a regra da antecipação das dívidas do falido por força da falência (LF, art. 77) desfaz a diferença, de modo a tornar as duas situações idênticas, já que o art. 122 da LF trata igualmente o vencimento "proveniente da sentença" e o vencimento "não proveniente da sentença".

Então, também na hipótese de débito e crédito do falido vencendo posteriormente à declaração de falência, cabe a compensação falimentar. A única particularidade da situação IV está em que a extinção das obrigações aguardará, ainda, o vencimento do crédito do falido. Tão prontamente vencido o crédito do falido, *ipso facto*, ele se compensa com o débito do falido vencido antecipadamente.

Em suma, como se percebe a partir do exame de cada uma das quatro possíveis situações, a compensação entre créditos e débitos simultâneos, em caso de quebra de um dos sujeitos das relações obrigacionais, verifica-se independentemente do vencimento de uns e outros ocorrer antes ou depois da decretação da falência.

Aliás, da leitura atenta do art. 122 da LF salta aos olhos que a lei cuida exclusivamente das "dívidas do devedor" (crédito perante a massa), sem mencionar absolutamente nada acerca das "dívidas do credor" (débito perante a massa). Deste modo, ao estabelecer condições para a compensação apenas para as dívidas do devedor (dívida passiva do falido), resulta inequívoco que a lei não excluiu nenhuma dívida de credor (dívida ativa do falido) da compensação falimentar.

Como, ademais, o art. 122 da LF deixa absolutamente claro que são compensáveis as dívidas do devedor, tanto as vencidas antes da falência como as vencidas em razão do vencimento antecipado ocasionado pela decretação desta (LF, art. 77), resulta inequívoco também que a lei não excluiu nenhuma dívida de devedor (dívida passiva do falido) da compensação falimentar.

Dito de outro modo, o vencimento das obrigações compensáveis, para fins de compensação falimentar, é elemento indiferente para a extinção de crédito e débito, no quanto se equivalem. Apenas não haverá compensação falimentar nas seguintes hipóteses: (i) expressa exclusão da compensação pela LF, isto é, nas hipóteses previstas pelo art. 122, parágrafo único; (ii) se pelo menos uma das prestações for infungível (caso em que não se atende ao requisito da fungibilidade determinado pela legislação civil, conforme o disposto na parte final do art. 122 da LF); ou (iii) se o devido pelo falido não for exigível. A exigibilidade de obrigação devida pelo falido, porém, não coincide e não pode coincidir com a das obrigações em geral (ver item seguinte).

345. O requisito da exigibilidade na compensação falimentar

Na aplicação de normas sobre a compensação de créditos e débitos recíprocos do falido, além das particularidades examinadas na seção precedente, deve-se também considerar a relacionada à questão da exigibilidade. Se for adotado, no exame da exigibilidade de débito do falido, os mesmos padrões reservados à de obrigações passivas de não falidos, a conclusão seria a impossibilidade de qualquer compensação; ora, é esta uma conclusão absurda, porque implicaria aniquilar por completo qualquer conteúdo para o art. 122 da LF.

Em outros termos, para as obrigações em geral, considera-se atendido o requisito da exigibilidade quando a obrigação é líquida e vencida. Em outros termos, quando está documentada em título que autoriza o credor a ingressar com a execução individual de seu crédito.

Não há dúvidas, contudo, de que o falido não pode ser executado individualmente por nenhuma dívida. Em consequência, a medida da exigibilidade dos débitos do falido tem que ser outra, plenamente ajustada às especificidades da falência. Aliás, a falência é uma execução, ou seja, um processo que visa a satisfação de obrigações devidas pelo falido. Ela é uma execução concursal (espécie de ação coletiva), mas seus objetivos são idênticos aos da individual, ou seja, a satisfação de obrigação devida por um sujeito de direito.

Quando, então, se deve considerar exigível uma obrigação devida pelo falido? A resposta é simples: uma obrigação devida por falido é exigível quando pode ser habilitada na falência.

A habilitação na falência é o meio processual adequado para o credor postular seu ingresso na massa falida e, assim, integrar o concurso de credores na liquidação do patrimônio do devedor falido.[136] Não há outro meio de se exigir a satisfação de um crédito perante falido a não ser mediante a participação do credor na falência. É, aliás, clara determinação da LF brasileira, em seu art. 115: "A decretação da falência sujeita todos os credores, que somente poderão exercer os seus direitos sobre os bens do falido e do sócio ilimitadamente responsável na forma que esta lei prescrever".

O concurso, a propósito, é instaurado exatamente para que todos os credores dele participem. Não haveria nenhum sentido na tramitação simultânea da falência (execução concursal) e outras cobranças judiciais (execuções individuais). E qual é a "forma que a LF prescreve" para o credor postular o recebimento de seu crédito? Como o credor de um falido pode "exigir" a satisfação de seu crédito na execução concursal? A resposta é a habilitação do crédito.

A exigibilidade de qualquer crédito perante devedor falido, portanto, considera-se requisito cumprido desde que ele possa ser habilitado. Ela não pressupõe necessariamente a habilitação em si, mas, sim, a admissibilidade da habilitação. Todo crédito que reúne as condições para ser habilitado numa falência é exigível no sentido próprio do direito falimentar.

---

136. Na síntese de Ricardo Tependino: "o [art. 115 da LF] enuncia a característica central do processo falimentar: um concurso universal de credores sobre o patrimônio do devedor – ou a sua execução coletiva. Como observa Provinciali, se, na execução singular, o patrimônio do devedor é perseguido de forma limitada, na execução coletiva ela é golpeado no seu conjunto. Numa apreciação mais completa, que nos é dada por Alfredo Buzaid, tem-se que o objetivo da execução universal, na falência, 'não é a satisfação de alguns senão de todos os credores e cuja esfera de ação não compreende uma parte senão todo o patrimônio do devedor'. Por essa razão é que à falência devem acudir todos os credores, tenham ou não garantia, sejam ou não privilegiados, porque é no seu bojo que se efetivará o direito real de garantia e se atenderão aos privilégios" (*obra citada*, p. 305/306).

346. Exceções à compensação

A compensação não se admite, em regra, quando qualquer uma das obrigações (do falido ou do credor) tiver sido transmitida por assunção de dívida ou cessão de crédito. Não fossem as proibições contidas nos incisos do parágrafo único do dispositivo em comento, qualquer credor que quisesse ter o seu crédito atendido antes do momento oportuno de acordo com a ordem de classificação, poderia simplesmente negociar o recebimento, por assunção de dívida, de obrigação compensável com o falido. Imagine que *A* deve $ 100 a *B*, e este deve $ 80 a *C*. São obrigações quirografárias, as duas. Falindo *B*, a massa falida tem o direito de receber $ 100 de *A* e deve, seguindo a ordem de classificação, pagar $ 80 a *C*. Considere, ademais, que na falência de *B*, a soma dos créditos com preferência ultrapassa $ 100 e que não há nenhum outro ativo além do crédito perante *A*. Ora, se, nesse caso, *C* conseguisse negociar com *A* a assunção de sua dívida com deságio (recebendo desse, por exemplo, o valor de $ 80), e fossem as obrigações compensáveis, o resultado final seria o pagamento de crédito quirografário titulado por *C*, *antes* dos demais. Haveria, como se vê, inversão da ordem de classificação dos créditos. O mesmo exemplo pode ser utilizado para ilustrar a transmissão da obrigação por cessão de crédito, substituindo--se *C* por *A* como o sujeito que pleitearia a compensação.

Para evitar essa inversão, a lei proíbe, em regra, a compensação de créditos transmitidos aos credores do falido *após* a decretação da falência. Também é proibida a compensação se a transmissão operou-se *antes* da falência, mas quando já conhecido das partes o estado de crise em que se encontrava o terceiro (devedor de um e credor do outro). Finalmente, também proíbe a lei a compensação em caso de fraude ou dolo na transferência. Ressalva da proibição apenas os créditos transmitidos após a decretação da falência em razão de sucessão negocial ou por morte. Se no exemplo acima, *A* e *C* são sociedades empresárias e uma incorpora a outra, opera-se a compensação, mesmo após a decretação da falência.

Art. 123. Se o falido fizer parte de alguma sociedade como sócio comanditário ou cotista, para a massa falida entrarão somente os haveres que na sociedade ele possuir

e forem apurados na forma estabelecida no contrato ou estatuto social.

§ 1.º Se o contrato ou o estatuto social nada disciplinar a respeito, a apuração far-se-á judicialmente, salvo se, por lei, pelo contrato ou estatuto, a sociedade tiver de liquidar-se, caso em que os haveres do falido, somente após o pagamento de todo o passivo da sociedade, entrarão para a massa falida.

§ 2.º Nos casos de condomínio indivisível de que participe o falido, o bem será vendido e deduzir-se-á do valor arrecadado o que for devido aos demais condôminos, facultada a estes a compra da quota-parte do falido nos termos da melhor proposta obtida.

347. Apuração de haveres

A matéria contida na cabeça do dispositivo e no § 1.º repete, com poucas mudanças na redação, o disposto no art. 48 e seu parágrafo único da lei anterior.

Se o falido era sócio de uma sociedade limitada (a hipótese da comandita, por ser rara, não será tratada aqui), determina a lei que se proceda à apuração dos haveres, na forma do direito societário. Assim, de início, deve o administrador judicial notificar a sociedade limitada de que faz parte o falido, para que ela promova a apuração dos haveres, levantando o balanço de determinação apto a mensurar o valor do seu patrimônio líquido na data da decretação da falência. Feito o balanço, a sociedade deve entregar à massa falida o valor apurado proporcional à participação do falido no capital social, encerrando-se a apuração.

Vindo os sócios do falido a retardar a providência, cabe à massa falida ingressar com a ação de dissolução parcial de sociedade.

348. Condomínio indivisível

Se entre os bens do falido encontra-se algum sob condomínio, sendo este indivisível, a falência importará sua necessária extinção. Extingue-se o condomínio com a venda do bem e a entrega aos condôminos da parte correspondente.

A venda da coisa objeto de condomínio será feita, em princípio, na realização do ativo dos bens arrecadados, a menos que o juiz da falência determine sua venda em separado, quando disso puder resultar maior proveito para a massa.

Art. 124. Contra a massa falida não são exigíveis juros vencidos após a decretação da falência, previstos em lei ou em contrato, se o ativo apurado não bastar para o pagamento dos credores subordinados.

Parágrafo único. Excetuam-se desta disposição os juros das debêntures e dos créditos com garantia real, mas por eles responde, exclusivamente, o produto dos bens que constituem a garantia.

349. Suspensão da fluência dos juros

Entre os efeitos da sentença declaratória da falência encontra-se a suspensão da fluência de juros.

Apenas os juros devidos à data da decretação da falência podem ser cobrados da massa. Após a quebra, não mais correm juros enquanto não se pagar o principal corrigido devido a *todos* os credores. Se a venda dos bens da falida gerou produto suficiente para pagar as dívidas da massa e a totalidade dos credores do falido (isto é, o valor da obrigação com correção monetária até a data do pagamento) e ainda sobraram recursos, então pagam-se os juros posteriores à quebra, observando-se novamente a ordem de classificação.

A regra da suspensão da fluência dos juros combinada com a da antecipação do vencimento das obrigações do falido viabilizam a equalização dos créditos (LF, art. 77).

350. Exceções à regra de suspensão dos juros

Excetuam-se da regra de suspensão dos juros após a falência as obrigações com garantia real, em relação às quais, se o bem onerado suportar, eles serão pagos junto com o principal.

Também os credores debenturistas são mencionados como exceção na lei, mas se cuida apenas dos titulares de debêntures com garantia real. Os titulares de debêntures flutuantes, quirografárias ou subordinadas não têm direito ao recebimento dos juros posteriores à decretação, senão quando esse consectário for pago aos demais credores, após a satisfação dos credores subordinados.

Art. 125. Na falência do espólio, ficará suspenso o processo de inventário, cabendo ao administrador judicial a realização de atos pendentes em relação aos direitos e obrigações da massa falida.

351. Falência de espólio

Pode ser decretada a falência do espólio do empresário individual, sempre que presentes os pressupostos legais (impontualidade injustificada, execução frustrada etc.). Nesse caso, o espólio falido será representado, na falência, pelo inventariante. Como o inventário é também concurso de credores e não há separação patrimonial no direito brasileiro, deve o processo sucessório ficar suspenso enquanto tramita a falência. Após o trânsito em julgado da sentença de encerramento, prossegue o inventário para se decidir sobre a sucessão relativa ao saldo remanescente do concurso falimentar.

Constituem crédito com privilégio geral as despesas com o funeral do falido, com o luto do seu cônjuge e filhos, com a doença de que faleceu feitas no semestre anterior à morte, bem como com a manutenção dele e da família no trimestre anterior ao falecimento (CC, art. 965, I e III a V).

Na lei anterior, a disciplina da matéria era idêntica (art. 39, parágrafo único).

Art. 126. Nas relações patrimoniais não reguladas expressamente nesta Lei, o juiz decidirá o caso atendendo à unidade, à universalidade do concurso e à igualdade de tratamento dos credores, observado o disposto no art. 75 desta Lei.

352. Relações patrimoniais não reguladas na Lei de Falências

O dispositivo acima – que não tem nenhum correspondente na lei anterior – introduz no direito falimentar brasileiro uma norma de clausura. Em razão dela, qualquer relação patrimonial do falido passa a submeter-se às finalidades precípuas do processo de falência (satisfação do passivo falimentar, paridade dos credores, otimização dos recursos da massa, preservação do uso produtivo dos bens etc.), estando ou não expressamente disciplinada pela lei de quebras.

> **Art. 127. O credor de coobrigados solidários cujas falências sejam decretadas tem o direito de concorrer, em cada uma delas, pela totalidade do seu crédito, até recebê-lo por inteiro, quando então comunicará ao juízo.**
>
> **§ 1.º O disposto no *caput* deste artigo não se aplica ao falido cujas obrigações tenham sido extintas por sentença, na forma do art. 159 desta Lei.**
>
> **§ 2.º Se o credor ficar integralmente pago por uma ou por diversas massas coobrigadas, as que pagaram terão direito regressivo contra as demais, em proporção à parte que pagaram e àquela que cada uma tinha a seu cargo.**
>
> **§ 3.º Se a soma dos valores pagos ao credor em todas as massas coobrigadas exceder o total do crédito, o valor será devolvido às massas na proporção estabelecida no § 2º deste artigo.**
>
> **§ 4.º Se os coobrigados eram garantes uns dos outros, o excesso de que trata o § 3.º deste artigo pertencerá, conforme a ordem das obrigações, às massas dos coobrigados que tiverem o direito de ser garantidas.**

353. Falência de devedores solidários

Na disciplina da falência de devedores solidários, a lei atual manteve o disposto na anterior (arts. 27 e 28). A regra, na verdade, é bastante simples e se limita a tratar as massas como sucessoras dos devedores solidários. Desse modo, o credor pode habilitar a totalidade do crédito em todas as massas, como poderia cobrar toda a obrigação de qualquer um dos coobrigados. Se uma massa pagar integralmente o credor, terá direito de regresso contra as demais, proporcionalmente ao valor da quota de cada uma na obrigação solidária, assim como o devedor solidário que paga a dívida toda tem ação regressiva contra os demais coobrigados. Por fim, se o credor acabar recebendo mais do que o valor do crédito, terá que restituir o excesso às massas, proporcionalmente à quota de cada uma delas na obrigação solidária.

Art. 128. Os coobrigados solventes e os garantes do devedor ou dos sócios ilimitadamente responsáveis podem habilitar o crédito correspondente às quantias pagas ou devidas, se o credor não se habilitar no prazo legal.

354. Credores coobrigados e garantes

A norma tem o mesmo conteúdo de sua equivalente da lei anterior (art. 29).

Na falência do afiançado, avalizado ou garantido, o fiador, avalista ou garante *solvente* tem o direito de habilitar, como crédito, tudo que pagou a terceiros em razão da fiança, aval ou garantia.

Além disso, esses coobrigados têm o direito também de habilitar como crédito a importância por que podem vir a ser cobrados em razão da fiança, aval ou garantia, salvo, nesse caso, se o terceiro credor tiver já habilitado o mesmo valor. O objetivo da ressalva é claro: impedir que a massa pague em duplicidade o crédito objeto da garantia.

Seção IX
Da Ineficácia e da Revogação de Atos Praticados antes da Falência

Art. 129. São ineficazes em relação à massa falida, tenha ou não o contratante conhecimento do estado de crise

econômico-financeira do devedor, seja ou não intenção deste fraudar credores:

I – o pagamento de dívidas não vencidas realizado pelo devedor dentro do termo legal, por qualquer meio extintivo do direito de crédito, ainda que pelo desconto do próprio título;

II – o pagamento de dívidas vencidas e exigíveis realizado dentro do termo legal, por qualquer forma que não seja a prevista pelo contrato;

III – a constituição de direito real de garantia, inclusive a retenção, dentro do termo legal, tratando-se de dívida contraída anteriormente; se os bens dados em hipoteca forem objeto de outras posteriores, a massa falida receberá a parte que devia caber ao credor da hipoteca revogada;

IV – a prática de atos a título gratuito, desde 2 (dois) anos antes da decretação da falência;

V – a renúncia à herança ou a legado, até 2 (dois) anos antes da decretação da falência;

VI – a venda ou transferência de estabelecimento feita sem o consentimento expresso ou o pagamento de todos os credores, a esse tempo existentes, não tendo restado ao devedor bens suficientes para solver o seu passivo, salvo se, no prazo de 30 (trinta) dias, não houver oposição dos credores, após serem devidamente notificados, judicialmente ou pelo oficial do registro de títulos e documentos;

VII – os registros de direitos reais e de transferência de propriedade entre vivos, por título oneroso ou gratuito, ou a averbação relativa a imóveis realizados após a decretação da falência, salvo se tiver havido prenotação anterior.

Parágrafo único. A ineficácia poderá ser declarada de ofício pelo juiz, alegada em defesa ou pleiteada mediante ação própria ou incidentalmente no curso do processo.

355. Atos ineficazes do falido

O devedor (em caso de empresário individual) e os sócios, acionista controlador ou administradores de uma sociedade empresária, ao pressentirem que a empresa se encontra em situação econômica pré-falimentar – caracterizada pela dificuldade de receber e realizar pagamentos, redução da demanda dos produtos e serviços oferecidos, retração do crédito bancário –, podem ser tentados a evitar a decretação da quebra ou a contornar suas consequências por meios ilícitos, fraudando os credores ou as finalidades da execução concursal (que são a realização do ativo, o pagamento do passivo, o tratamento paritário dos credores etc.). Poderão, nesse contexto, simular atos de alienação de bens do patrimônio social ou instituir, em favor de credor quirografário, garantia real em troca de alguma vantagem indevida. Mesmo inexistente o intuito fraudulento, podem frustrar-se os objetivos do processo de falência pela prática de atos de gestão empresarial incompatíveis com a sua realização.

Para coibir esses comportamentos, a Lei de Falências considera determinados atos praticados pelo empresário individual em nome da sociedade falida antes da quebra como *ineficazes perante a massa*.

Os atos considerados ineficazes pela Lei de Falências não produzem qualquer efeito jurídico perante a massa. Não são atos nulos ou anuláveis, ressalte-se, mas ineficazes. Quer dizer, sua validade não se compromete pela lei falimentar – embora de alguns deles até se pudesse cogitar de invalidação por vício social, nos termos da lei civil. Por isso, os atos referidos pela Lei de Falências como ineficazes diante da massa falida produzem, amplamente, todos os efeitos para os quais estavam preordenados em relação aos demais sujeitos de direito. Se determinado ato, além de ineficaz perante a massa falida, de acordo com a Lei de Falências, for também invalidável com base no Código Civil, isso abre a possibilidade de coibi-lo por qualquer uma dessas duas vias. Se o administrador judicial, por exemplo, encontrar provas de simulação de negócio jurídico, ele pode optar pela propositura da ação revocatória (falimentar) ou anulatória (civil).

O termo legal da falência, fixado pelo juiz na sentença declaratória ou por decisão interlocutória posterior, tem utilidade na definição da ineficácia de alguns atos praticados pela falida.

Certos autores, inspirados em Carvalho de Mendonça, tomam a expressão "período suspeito" como sinônima de "termo legal da falência"; outros preferem chamar de suspeito todo o lapso temporal, diferente do termo legal, em que o estado falimentar já se prenunciava.[137] Dê-se-lhe, contudo, o nome que for, interessam para a ineficácia dos atos praticados pelo falido ou em nome da sociedade falida as condições estabelecidas em lei, inclusive as pertinentes ao fator temporal.

Outra questão que se deve anotar é a utilização pelo legislador de duas expressões para designar o conjunto de atos ineficazes perante a massa falida. Em relação aos listados no art. 129 da LF, o legislador denomina-os propriamente "ineficazes", enquanto aos abrangidos pelo art. 130 chamou de "revogáveis".

Há, com efeito, diferenças significativas entre um e outro conjunto de atos. Dizem, contudo, respeito à fraude como condição para a coibição do ato, e não à ineficácia diante da massa falida. Tanto os atos que o legislador chamou de "ineficazes" quanto aos que se referiu como "revogáveis" não produzem, perante a massa falida, qualquer efeito. O que diferencia os atos do art. 129 dos alcançados pelo art. 130 não é a suspensão da eficácia, preservada a validade, sanção comum a ambos, e, sim, as condições a que a suspensão está sujeita.

Dessa forma, pode-se dizer que tanto os atos ineficazes em sentido estrito quanto os revogáveis são ineficazes em sentido largo perante a massa falida. É certo que alguma doutrina distinguia os dois gêneros de atos reprimidos pelo direito falimentar, afirmando que os do art. 129 seriam ineficazes perante a massa falida, mas os do art. 130 seriam anuláveis. É a posição, entre outros, de Waldemar Ferreira.[138] A formulação tecnológica mais corrente hoje em dia, contudo, não reproduz essa distinção.[139] Assim, encontra-se nas hipóteses do art. 129 a ineficácia *objetiva* (porque independente de perquirição sobre as intenções dos sujeitos), e nas do art. 130 a ine-

137. Cf. Requião, *Curso de direito falimentar*, cit., v. 1, p. 110-113.

138. *Obra citada*, v. 14, p. 590-594.

139. J. C. Sampaio de Lacerda, *Manual de direito falimentar*, 13. ed., Rio de Janeiro: Freitas Bastos, 1996, p. 145-147.

ficácia *subjetiva* (porque dependente dessa perquirição). Em relação à primeira, o legislador listou os atos que, praticados com ou sem fraude, não produzirão efeitos perante a massa falida; em relação à ineficácia subjetiva, preferiu assentar um conceito largo o suficiente para coibir qualquer prática fraudulenta.

356. Ineficácia objetiva

Tenha ou não havido intuito fraudulento de prejudicar credores, o ato, se colhido por quaisquer das hipóteses do art. 129 da LF, será ineficaz perante a massa falida, desde que praticado dentro do prazo da lei ou de acordo com outros pressupostos.

Na descrição dos atos objetivamente ineficazes, em geral, a ineficácia é condicionada à prática num certo lapso temporal (termo legal da falência ou os 2 anos anteriores à quebra, dependendo do inciso). É irrelevante se a falida agiu ou não com fraude para que o ato, realizado no interregno referido na lei, seja ineficaz.

São objetivamente ineficazes perante a massa falida os seguintes atos do falido: a) o pagamento, no transcorrer do termo legal da falência, de dívida não vencida, por qualquer meio extintivo do direito creditício; b) o pagamento, dentro do termo legal da falência, de dívida vencida, por qualquer meio extintivo do direito creditício, salvo o pactuado entre as partes quando da criação da obrigação; c) a constituição, dentro do termo legal da falência, de direito real de garantia em relação a obrigação anteriormente contraída; d) os atos a título gratuito praticados nos 2 anos anteriores à decretação da falência; e) renúncia a herança ou a legado, até 2 anos antes da falência; f) alienação do estabelecimento comercial (trespasse) sem a anuência expressa ou tácita de todos os credores ou seu pagamento, salvo se o empresário conservou, em seu patrimônio, bens suficientes para garantir o atendimento do passivo; g) Registro no Cartório de Imóveis de direito real de constituição de garantia ou de transferência de propriedade imobiliária por ato inter vivos posterior à decretação do sequestro ou da falência, salvo prenotação anterior; h) reembolso, à conta do capital social, quando o acionista dissidente não foi substituído, em relação aos credores da sociedade falida anteriores à retirada (LSA, art. 45, § 8.º).

357. Pagamento de dívida não vencida

É ineficaz perante a massa o pagamento, no transcorrer do termo legal da falência, de dívida não vencida, por qualquer meio extintivo do direito creditício. O pagamento pode ter-se realizado estritamente pela forma pactuada ou por qualquer outra extintiva de obrigação por ato de vontade dos contratantes, tais a cessão de crédito ou a compensação. O que fulmina a eficácia do ato perante a massa falida é a circunstância de não ter a obrigação, à época do pagamento, o atributo da exigibilidade. Se não era exigível a dívida, e, ainda assim, o devedor pagou, então é necessário desconstituir os efeitos do ato e repetir à massa o montante pago, para que os recursos correspondentes possam atender ao objetivo do processo falimentar de tratamento paritário dos credores. Se credor que não tinha ainda direito de exigir a satisfação do seu crédito teve-o atendido, e faltaram meios para o pagamento dos credores com títulos vencidos, operou-se uma preferência não admitida pela lei falimentar, sendo indispensável corrigi-la.

358. Pagamento de dívida por meio não contratado

Também o pagamento, dentro do termo legal da falência, de dívida vencida, por qualquer meio extintivo do direito creditício, salvo o pactuado entre as partes quando da criação da obrigação, é ineficaz. Se o falido havia pago, mesmo no transcurso do termo legal, dívida vencida, não há nesse ato nenhuma irregularidade, invalidade ou ineficácia que reclame coibição. Quando vence a obrigação, o que o devedor deve fazer é cumpri-la. Se o pagamento era exigível, o empresário tinha mesmo que o realizar; é isso que o direito prescreve. O ato ineficaz é o pagamento de dívida vencida *por forma diversa da contratada*. Se, no termo legal, vence uma duplicata, e a sociedade empresária devedora quita-a mediante dação em pagamento, transferindo ao credor bens de seu ativo imobilizado, ela não cumpriu a obrigação vencida como houvera pactuado. Esse pagamento frustra o tratamento paritário, na medida em que os bens da sociedade empresária devedora representam a garantia de todos os credores, atendidas as preferências legais. Se esses bens são apartados do patrimônio social para satisfazer um único credor, compromete-se o objetivo do concurso falimentar.

359. Constituição de garantia real no termo legal da falência

A constituição, dentro do termo legal da falência, de direito real de garantia em relação a obrigação anteriormente contraída é outra hipótese de ineficácia prevista em lei. Ela é denominada "falsa preferência".[140] Atente-se que, sendo coincidentes o surgimento da obrigação e a constituição da garantia real, não há ineficácia desta última, mesmo se realizados os atos no termo legal. Se os responsáveis pela sociedade empresária em estado pré-falimentar buscam, por meio de financiamento bancário, os recursos para o reequilíbrio da empresa, e só os obtêm se outorgada garantia real em favor do banco (hipoteca, caução de títulos, alienação fiduciária em garantia, penhor mercantil etc.), o ato não é ineficaz perante a massa falida em razão da concomitância entre a concessão do empréstimo e a constituição do ônus real. O que a lei quer coibir é a atribuição a credor quirografário de garantia que o promove a classe preferencial na ordem de classificação dos credores. O objetivo do concurso é possibilitar o tratamento paritário, que significa tratar igualmente os sujeitos de direito titulares de créditos de igual natureza. Se a concessão da garantia real é posterior à constituição da obrigação, frustra-se esse objetivo, já que um dos credores quirografários terá tratamento preferencial. Assim, impõe-se corrigir a distorção, subtraindo-se a eficácia dessa subversão das preferências.

360. Atos gratuitos

Os atos a título gratuito praticados nos 2 anos anteriores à decretação da falência são ineficazes. Como os objetivos do empresário individual ou da sociedade empresária são sempre lucrativos, não se justificam atos de mera liberalidade, prática que, inclusive, importa responsabilização dos administradores (LSA, art. 154, § 2.º, a). Põem-se a salvo, nesta hipótese de ineficácia, as doações de valor ínfimo, feitas, por exemplo, em benefício de entidades culturais ou assistenciais ou mesmo para fins de promoção da imagem institucional, como as de brindes de fim de ano. Para definir se o ato gratuito é de valor ínfimo, deve-se adotar o critério de comparação

---

140. Jordan-Warren, *obra citada*, p. 447.

da despesa realizada graciosamente perante as práticas de mercado. Outra exceção, segundo a doutrina, é a das gratificações pagas a diretores e empregados.[141] Como integram a remuneração ou o salário, incorporam-se aos seus direitos e não podem ser alcançadas pela ineficácia da lei falimentar.

361. Renúncia a herança ou legado

Se a renúncia a herança ou a legado ocorreu até 2 anos antes da falência, ela é ineficaz. A lei brasileira elegeu o empresário individual como figura central da disciplina jurídica, e, assim, muitos dos seus dispositivos têm aplicação somente na falência de pessoa *física* exercente de atividade econômica. É o caso de alguns dos atos ineficazes. Como a falência nunca é surpresa para o falido, que a antevê na queda do faturamento, na diminuição ou perda da capacidade de investimento, na dificuldade de obtenção de crédito e outros indicadores da deterioração da condição econômica e financeira da empresa, preocupa-se o direito falimentar com a possibilidade de o empresário individual praticar atos que frustram os objetivos do concurso de credores. Esses atos não produzem efeitos perante a massa falida, embora permaneçam válidos e eficazes em relação aos demais sujeitos de direito. Pois bem, há na lei uma hipótese de ineficácia objetiva que é exclusiva da falência de empresários individuais: trata-se da renúncia a herança ou legado até 2 anos antes da declaração da falência. É inaplicável esse dispositivo no processo falimentar de sociedade empresária, por ser esse um sujeito de direito que não titulariza vocação hereditária e não costuma ser legatário. É claro que o ato de renúncia reduziu o patrimônio do empresário individual falido. A ineficácia dela importará o retorno dos bens transferidos ao beneficiário da renúncia. Note-se, porém, que a lei fulmina apenas a eficácia do ato em relação à massa falida. Se para a satisfação integral dos credores não é necessário vender todos os bens objeto da renúncia, é claro que o ato continua a produzir seus efeitos perante o beneficiário. O falido não pode, assim, pretender qualquer direito sobre os bens cujo valor excedia o reclamado para o atendimento dos credores.

141. Requião, *Curso de direito falimentar*, cit., v. 1, p. 197.

362. Trespasse irregular

É ineficaz a alienação do estabelecimento empresarial (trespasse) sem a anuência expressa ou tácita de todos os credores ou seu pagamento, salvo se o empresário conservou, em seu patrimônio, bens suficientes para garantir o atendimento do passivo.

Na aplicação desse dispositivo, não têm alguns juízes atentado à diferença crucial entre alienação do estabelecimento e de bens componentes dele. O que a lei fulmina com ineficácia é o *trespasse*, um complexo e específico negócio jurídico de transferência da titularidade do estabelecimento, quando realizado sem a observância de certos pressupostos (anuência expressa dos credores ou notificação destes etc.), e não o apartamento de alguns dos seus bens por meio da venda em separado. A alienação de elementos integrantes do estabelecimento empresarial, quando feita de modo isolado e sem caracterizar o desmantelamento do fundo de empresa, não é alcançada pela ineficácia do direito falimentar.

A rigor, aquelas decisões judiciais incorrem em grande equívoco. A venda em separado de componentes do estabelecimento empresarial, sem a desarticulação deste, é providência que o empresário pode adotar, já às vésperas da falência, como medida legítima e necessária à obtenção de recursos para o pagamento de dívidas, com vistas a tentar evitar a quebra. Se a indústria vende algumas de suas máquinas para realizar dinheiro e solver obrigações, o efeito é eventual redução dos tipos ou quantidade de produtos fabricados, mas, desde que o funcionamento da unidade industrial não se prejudique – isto é, desde que não se verifique a desmontagem do estabelecimento empresarial –, não existe nenhuma frustração aos objetivos da falência que justifique a ineficácia do ato.

363. Desarticulação do estabelecimento empresarial

Em um dos mais eruditos e precisos precedentes acerca da ineficácia do trespasse irregular em caso de falência do alienante encontra-se no julgamento contido no Acórdão relatado pelo Eminente Desembargador José Araldo da Costa Telles, quando a Câmara Especial de Recuperações Judiciais negou provimento, em 5 de maio de 2009, ao A.I. 618.398-4/00. Colhe-se deste importante julgado (grifos do original):

"Em princípio, (...) só haveria o desfalque do patrimônio da massa quando o devedor alienasse o estabelecimento como um todo e não quando se desfaça de apenas um dos elementos que o integram, visto que, no limiar da formação da universalidade de fato, que, depois, passou a constituir a universalidade de direito, eles – os bens – podem ser desmobilizados para constituir objeto de relações jurídicas próprias".

"Ocorre que, a enfrentar-se a questão sob essa perspectiva e de forma radical, o estabelecimento, como um todo que é, pode ser desmontado aos poucos, alienando-se os bens que o compõem isoladamente até que nada reste, subtraindo-se tais atos, no entanto, da incidência do art. 129, VI, da LF".

"Construiu-se, então, o entendimento de que a disposição, em tudo semelhante à que vigia no regime anterior, deve ser interpretada de forma a preservar o estabelecimento como um todo, admitindo-se a ineficácia quando tenha havido alienação de apenas uma linha telefônica ou de várias delas ou de um imóvel, sem atentar-se para a necessidade do bem para a continuidade do negócio ou a manutenção do estabelecimento. Há julgados, entretanto, que, mesmo afirmando a ineficácia, cuidaram de anotar que o faziam porque a alienação tinha o sabor de desmonte do estabelecimento empresarial/industrial pela venda de uma máquina ou um imóvel".

"O vasculhar da doutrina, porém, não revela vacilação. Sérgio Campinho assinala a ineficácia da venda do estabelecimento como um todo, mas também a venda de um bem dele integrante, desde que se revele essencial à sua configuração. (...) A mesma opinião é expendida por Waldo Fazzio Junior, para quem a ineficácia da venda isolada de um bem no período suspeito dependerá de sua essencialidade para o conjunto patrimonial da falida. Finalmente, em coro com a doutrina antes referida, Ricardo Tepedino, invocando a lição de Pontes de Miranda, afirma que a incidência ou não da regra contida no art. 129, VI, da lei de quebras é, essencialmente, uma questão de fato a ser dirimida diante do caso concreto."

"Em sua mais recente manifestação sobre o tema, a Câmara especializada concluiu que não configura a fraude objetiva descrita naquele dispositivo a venda de um caminhão, mesmo no período suspeito, promovida por uma indústria elétrica porque o ato não significou o desmantelamento do estabelecimento".

364. Registros imobiliários extemporâneos

O Registro no Cartório de Imóveis de direito real de constituição de garantia ou de transferência de propriedade imobiliária por ato *inter vivos* posterior à decretação do sequestro ou da falência, salvo prenotação anterior, é ineficaz. A lei estabelece que a oneração ou a alienação negocial da propriedade imobiliária se operam pelo registro da escritura pública ou de instrumento de mesmos efeitos no Cartório de Imóveis (CC, arts. 1.245 e 1.492). Antes, portanto, do ato registrário, não ocorrem a oneração ou a transferência do bem, mesmo que já lavrada a escritura ou instrumento particular. Sobrevindo a falência – ou a medida preliminar de sequestro – sem que o credor ou o adquirente tenham providenciado o registro, o ato registrário tardio será ineficaz perante a massa falida. Caberá, nesse caso, ao credor titular da garantia habilitar-se como quirografário e ao adquirente o direito ao preço pago ou, sendo este superior ao apurado com a liquidação do imóvel, ao da venda judicial.

Discutia a doutrina se o inciso VII do art. 129 da LF conflita ou não com o art. 215 da Lei n. 6.015/73, que dispõe serem *nulos* os registros efetuados após a sentença de decretação da falência ou do termo legal nela fixado (salvo apresentação anterior). De fato, na medida em que a legislação falimentar subtrai a *eficácia* do ato registrário tardio perante a massa falida, mas não o invalida, e a Lei dos Registros Públicos imputa a nulidade desse ato, resultam em comandos normativos de extensão diversa. No entendimento de Waldirio Bulgarelli, os dispositivos são complementares, sendo o da lei registrária instrumental em relação ao falimentar,[142] e esse também tem sido, em geral, o entendimento predominante na jurisprudência. O art. 1.246 do Código Civil pôs fim à dúvida doutrinária, ao reconhecer a apresentação do título ao oficial e seu protocolamento como o termo inicial da eficácia do registro imobiliário que será posteriormente realizado.

142. Waldirio Bulgarelli, *Problemas de direito empresarial moderno*, São Paulo, Ed. RT, 1989, p. 82.

365. Registros mobiliários extemporâneos

Ao tratar da hipótese de ineficácia do registro de propriedade após a decretação da falência, a lei de 2005, para conferir efetiva proteção da comunidade dos credores, ampliou consideravelmente o alcance da norma. Compare-se atentamente o inciso VII do art. 52 da LF-45 com o inciso VII do art. 129 da LF-05:

Decreto-Lei n. 7.661/45 Art. 52, VII	Lei n. 11.101/05 Art. 129, VII
As inscrições de direitos reais, as transcrições de transferência de propriedade entre vivos, por título oneroso ou gratuito, ou a averbação relativa a imóveis realizadas após a decretação do sequestro ou a declaração da falência, a menos que tenha havido prenotação anterior; a falta de inscrição do ônus real dá ao credor o direito de concorrer à massa como quirografário, e a falta de transcrição dá ao adquirente ação para haver o preço até onde bastar o que se apurar na venda do imóvel.	Os registros de direitos reais e de transferência de propriedade entre vivos, por título oneroso ou gratuito ou a averbação relativa a imóveis realizados após a decretação da falência, salvo se tiver havido prenotação anterior.

O legislador de 1945 claramente restringira a ineficácia objetiva à transferência de propriedade entre vivos de bens imóveis. Percebe-se isto, pela utilização do termo técnico, que a lei registrária da época adotava para o ato ("transcrição"), bem como pela parte final do inciso, em que menciona especificamente "venda do imóvel". Mas o legislador de 2005 não prestigiou esta restrição. Ele fala em "registros de transferência de propriedade entre vivos, por título oneroso ou gratuito" sem, em nenhum momento, limitar a tipificação do ato ineficaz aos bens imóveis. Consequentemente, também os registros de transferência da propriedade de bens móveis realizados após a decretação da falência passou a ser ato objetivamente ineficaz perante a massa falida.

Exemplos de registros de propriedade de bens móveis são vários: veículos automotores terrestres, propriedade industrial, programas de computador, navios, aeronaves, ações escriturais de sociedade anônima etc. Todos estes bens, malgrado classificarem-se como móveis, têm a propriedade registrada em órgãos estatais ou entidades por eles fiscalizadas (Denatran, INPI, Tribunal Marítimo, Registro Aeronáutico Brasileiro, instituição financeira depositária etc).

A inovação legislativa tem o claro desiderato de ampliar a lista de atos objetivamente ineficazes, em benefício evidente da massa dos credores. Com ênfase, não havia mesmo razão para se tratar diferentemente os casos em que o registro da transferência de propriedade de bem do falido após a decretação da falência, tipificando como ineficaz apenas o relativo a bens imóveis; ainda mais na atualidade, em que a dinâmica da economia progressivamente atribui à propriedade mobiliária crescente importância.

366. Reembolso ao acionista dissidente

O reembolso, à conta do capital social, quando o acionista dissidente não foi substituído, em relação aos credores da sociedade falida anteriores à retirada é uma hipótese ineficácia de ato perante a massa falida prevista em legislação societária (LSA, art. 45, § 8.º). Embora prevista em norma abrigada fora da lei falimentar, a ineficácia do reembolso submete-se, quanto ao mais, à disciplina dessa lei. Sua declaração, assim, é feita segundo os preceitos estabelecidos para a dos demais atos objetivamente ineficazes. Quer dizer, ela independe de ação revocatória.

O acionista dissidente de determinadas deliberações da assembleia geral pode desligar-se da companhia e exigir o reembolso do capital investido, exercendo o direito de recesso.[143] A companhia, ao reembolsar o dissidente, utilizará recursos contabilizados sob a rubrica de "lucros ou reservas" ou sob a de "capital social", conforme lhe aprouver. Se o reembolso é feito à conta do capital social, isso redunda a redução dos recursos estáveis da companhia, expondo a maior risco os credores. Claro que, uma vez substituído o acionista desligado,

143. Coelho, *Curso de direito comercial*, cit., v. 2, p. 297-308.

reingressam na companhia recursos em montante equivalente aos do reembolso, superando-se, assim, o aumento do risco. Não se verificando a substituição e sobrevindo a falência, o acionista deverá restituir à massa falida o recebido a título de reembolso, para satisfação dos credores existentes à data do exercício do direito de retirada (que comporão, para esse efeito, um quadro em separado).

367. Declaração de ineficácia objetiva

Na lei anterior, qualquer que fosse a espécie de ineficácia (objetiva ou subjetiva), sua declaração deveria ser feita sempre por sentença terminativa de ação revocatória.

Na atual, muda-se a disciplina da matéria. A ação revocatória é exigida apenas na declaração de ineficácia subjetiva.

A ineficácia objetiva pode ser declarada, em primeiro lugar, de ofício pelo juiz nos autos principais da falência. Constatando que neles já se encontra prova da prática do ato listado no art. 129, o juiz pode, por mero despacho, declarar a ineficácia. Evidentemente, nada obsta que o administrador judicial, o Ministério Público ou qualquer credor interessado peticione indicando o cabimento da declaração de ineficácia e a requeira.

Além disso, a ineficácia objetiva pode ser declarada também em sentença terminativa de qualquer ação de conhecimento, seja a massa falida autora ou ré, desde que, evidentemente, suscitada a matéria respectivamente na petição inicial ou na defesa. Essa ação pode ser independente ou incidente em relação ao processo falimentar.

> **Art. 130. São revogáveis os atos praticados com a intenção de prejudicar credores, provando-se o conluio fraudulento entre o devedor e o terceiro que com ele contratar e o efetivo prejuízo sofrido pela massa falida.**

368. Ineficácia subjetiva

Como examinado anteriormente, qualquer um dos atos objetivamente ineficazes praticado pelo falido não produz efeitos perante a massa, mesmo que inexistente a fraude. Basta a ocorrência do ato no tempo ou nas condições referidas pelo legislador.

Já os atos subjetivamente ineficazes, não listados pela lei mas apenas descritos em termos genéricos pelo art. 130, caracterizam-se diferentemente.

Aqui é irrelevante a época em que foi praticado, próxima ou distante da decretação da falência, bastando para a ineficácia perante a massa a demonstração de que o falido ou o representante legal da sociedade falida e o terceiro contratante agiram com fraude, com o intuito de prejudicar credores ou frustrar os objetivos da falência.

Assim, independentemente da época em que o ato foi realizado, se objetivou fraudar credores ou a finalidade da execução concursal, não produzirá seus efeitos perante a massa falida. Como exemplo, pode-se dizer que qualquer ato referido pelo art. 129, I a IV e VII, da LF, mas não alcançado por esses dispositivos, porque praticado fora do prazo correspondente, será ineficaz se provado que as partes agiram com fraude.

Outros exemplos podem ser colecionados. A simulação do divórcio do empresário individual, feita com o objetivo de transferir à propriedade do ex-cônjuge os bens valiosos do casal, é ato fraudulento que não produz efeitos perante a massa falida. A constituição de uma *offshore company*, quando destinada a fraudulentamente lesar os credores, também não produz efeitos perante a massa.[144]

369. Declaração de ineficácia subjetiva

A declaração de ineficácia subjetiva só pode ser feita em sentença terminativa de ação revocatória. Não se admite tal declaração por mero despacho no processo falimentar ou por decisão proferida em ação diversa. A inobservância dessa formalidade importa desrespeito ao direito constitucional ao devido processo legal (CF, art. 5.º, LIV) titulado pelos participantes do ato ineficaz.

> **Art. 131. Nenhum dos atos referidos nos incisos I a III e VI do art. 129 desta Lei que tenham sido previstos e realizados na forma definida no plano de recuperação judicial será declarado ineficaz ou revogado.**

144. Coelho, *Curso de direito comercial*, cit., v. 2, p. 46-48.

370. Atos praticados no contexto de plano de recuperação de empresa

Alguns dos atos objetivamente ineficazes (isto é, os previstos nos incisos I a III e VI do art. 129) não perdem a eficácia se estavam previstos no plano de recuperação judicial.

Se do plano de recuperação judicial da empresa aprovado pela Assembleia dos Credores e deferido pelo juiz constava, por exemplo, a alienação do estabelecimento empresarial do devedor e esta foi feita sem a anuência expressa ou tácita de todos os credores, em sobrevindo a falência, não haverá ineficácia. O trespasse produzirá amplos efeitos contra a massa falida porque realizado como tentativa de reorganizar a empresa em estado crítico (e, portanto, no interesse indireto da comunhão dos credores). Igual decorrência se verificará na hipótese de o ato abrigar-se em plano de recuperação extrajudicial homologado em juízo.

O dispositivo aqui em comentário manifesta grave imprecisão ao dizer que nenhum dos atos indicados pode ser declarado revogado. Como seleciona apenas hipóteses de ineficácia objetiva, é *evidente* que não caberá a revogação, pertinente apenas à ineficácia subjetiva.

A imprecisão, em vista de sua clara e inegável evidência, deve ser levada em conta na interpretação do dispositivo. Explico-me: deve desconsiderar as duas últimas palavras da norma, como se não tivessem sido escritas. Em decorrência, o intérprete deve afirmar que, pela lei, se qualquer ato tiver sido praticado *com fraude* pelo devedor em recuperação judicial ou extrajudicial, nos termos do art. 130, caberá sempre a revogação, mesmo que previsto no plano.

> **Art. 132. A ação revocatória, de que trata o art. 130 desta Lei, deverá ser proposta pelo administrador judicial, por qualquer credor ou pelo Ministério Público no prazo de 3 (três) anos contado da decretação da falência.**
>
> **Art. 133. A ação revocatória pode ser promovida:**
>
> **I – contra todos os que figuraram no ato, ou que por efeito dele foram pagos, garantidos ou beneficiados;**

II – contra os terceiros adquirentes, se tiveram conhecimento, ao se criar o direito, da intenção do devedor de prejudicar os credores;

III – contra os herdeiros ou legatários das pessoas indicadas nos incisos I e II deste artigo.

Art. 134. A ação revocatória correrá perante o juízo da falência e obedecerá ao procedimento ordinário previsto na Lei n. 5.869, de 11 de janeiro de 1973 – Código de Processo Civil.

Art. 135. A sentença que julgar procedente a ação revocatória determinará o retorno dos bens à massa falida em espécie, com todos os acessórios, ou o valor de mercado, acrescidos das perdas e danos.

Parágrafo único. Da sentença cabe apelação.

371. Ação revocatória

Dependendo da espécie, o meio processual adequado para a declaração da ineficácia varia.

Quando é objetiva, ela pode ser inicialmente declarada de ofício pelo juiz nos autos da falência. Quando houver provas suficientes da frustração dos objetivos do concurso falimentar juntadas a esses autos, o juiz declara a ineficácia objetiva do ato por mero despacho. Se não houver tais provas reunidas no processo falimentar, a ineficácia deverá ser buscada pela ação própria (que não possui nenhuma designação específica na lei) ou mediante exceção, em processo autônomo ou incidente ao da falência.

Já a ineficácia subjetiva do ato deve ser declarada pelo juiz da falência numa ação falimentar específica, a *revocatória*. A diferença se explica pela extrema complexidade dessa última espécie de ineficácia, quando posta em confronto com a objetiva.

A ação revocatória é específica do processo falimentar e, julgada procedente, autoriza a inclusão na massa falida dos bens correspondentes ao ato ineficaz.

O administrador judicial tem legitimidade ativa para essa ação, concorrente com qualquer credor e o Ministério Público.

Por outro lado, têm legitimidade passiva todos os que figuraram no ato ou que, em decorrência deste, foram pagos, garantidos ou beneficiados, além dos terceiros contratantes, salvo em relação a estes, na hipótese de ineficácia subjetiva, se não tinham conhecimento da fraude. Os herdeiros e legatários dessas pessoas também têm legitimidade passiva para a ação revocatória.

O juízo competente é o da falência, e a ação processa-se pelo rito ordinário. Decai o direito à ação revocatória em 3 anos a contar da declaração da falência. O administrador judicial não responde perante a massa pelas consequências advindas da decadência do direito, em vista da legitimidade concorrente de qualquer credor e do Ministério Público.

Da decisão que julga a revocatória cabe o recurso de apelação.

Por fim, registre-se que, como destaca a doutrina, não se confunde a *ineficácia* de atos anteriores à sentença de decretação da falência com a *nulidade* dos praticados após a decisão de quebra. Em relação a estes últimos – atos que a sociedade falida não poderia mais praticar porque já se encontrava dissolvida e em processo de liquidação falimentar –, o juiz pode desconstituir os seus efeitos de ofício, mediante simples despacho, independente, pois, de ação própria.[145]

Art. 136. Reconhecida a ineficácia ou julgada procedente a ação revocatória, as partes retornarão ao estado anterior, e o contratante de boa-fé terá direito à restituição dos bens ou valores entregues ao devedor.

§ 1.º Na hipótese de securitização de créditos do devedor, não será declarada a ineficácia ou revogado o ato de cessão em prejuízo dos direitos dos portadores de valores mobiliários emitidos pelo securitizador.

145. Valverde, *obra citada*, v. 1, p. 376.

§ 2.º É garantido ao terceiro de boa-fé, a qualquer tempo, propor ação por perdas e danos contra o devedor ou seus garantes.

372. Direitos do contratante de boa-fé

A declaração de ineficácia objetiva ou subjetiva pode implicar prejuízo a pessoas que não participaram do ato ineficaz e nem são herdeiros ou legatários delas. Imagine que o estabelecimento empresarial fraudulentamente alienado pelo falido a *Antonio* tenha sido transferido, depois, a *Benedito*, sem que nesse segundo trespasse se possa vislumbrar qualquer irregularidade ou ilegalidade. Note-se que, nesse exemplo, da ação revocatória participaria como demandado *Antonio* (por força do art. 133, I), mas não *Benedito* (que não se enquadra no art. 133, II). Julgada, porém, procedente, *Benedito* perderá o estabelecimento em favor da massa falida. É um caso de pessoa prejudicada pela declaração de ineficácia, mas que não teve nenhuma responsabilidade pelo ato que frustrou os objetivos do processo falimentar.

Na lei anterior, esse terceiro prejudicado não tinha sua situação definida. A atual criou uma nova hipótese de pedido de restituição para proteger seus interesses. No exemplo acima, *Benedito* pode pedir a restituição em dinheiro do valor que pagou pelo estabelecimento empresarial ao adquiri-lo de *Antonio*.

373. Securitização de créditos

A operação de securitização de créditos consiste na emissão de título negociável lastreado em obrigação ativa a vencer. Em outros termos, o título emitido na operação é garantido pela cessão da obrigação. Como se trata normalmente de mecanismo de financiamento da atividade empresarial abrigado no mercado de capitais (não necessariamente no de valores mobiliários, esclareça-se), é indispensável à regular tutela dos interesses dos investidores que, na falência do emitente, a cessão da obrigação que serve de lastro ao título securitizado não possa ser declarada ineficaz (subjetiva ou objetivamente falando). Caso a ineficácia não fosse por lei expressamente afastada na securitização de recebíveis, essa alternativa de financiamento da atividade empresarial simplesmente deixaria de existir.

> **Art. 137. O juiz poderá, a requerimento do autor da ação revocatória, ordenar, como medida preventiva, na forma da lei processual civil, o sequestro dos bens retirados do patrimônio do devedor que estejam em poder de terceiros.**

374. Medida preventiva de sequestro de bens

O dispositivo corresponde ao que se previa, na lei anterior, no § 3.º do art. 56. O sequestro, quando justificável, é a medida apropriada para a preservação dos interesses da massa falida autora da ação revocatória porque o direito pleiteado objetiva aquele bem que foi fraudulentamente destacado do patrimônio do falido. Não se trata de buscar indenização por prejuízos – caso em que a lei deveria preferir a indisponibilidade de bens ao sequestro –, mas de chamar de volta ao patrimônio do falido exatamente a coisa transferida com fraude.

> **Art. 138. O ato pode ser declarado ineficaz ou revogado, ainda que praticado com base em decisão judicial, observado o disposto no art. 131 desta Lei.**
>
> **Parágrafo único. Revogado o ato ou declarada sua ineficácia, ficará rescindida a sentença que o motivou.**

375. Declaração de ineficácia de ato baseado em decisão judicial

Tal como previsto pela lei anterior (art. 58), a declaração de ineficácia subjetiva ou objetiva não é obstada pela circunstância de ter sido o ato praticado em razão de decisão judicial. Ao contrário, a decisão proferida pelo juízo falimentar acarreta a rescisão da sentença em que se embasara o ato ineficaz.

Uma única ressalva é feita pelo dispositivo, mais com o sentido de harmonizar os dispositivos do que de excepcionar a regra. Trata-se de alguns dos atos praticados pelo falido durante o processo de recuperação judicial ou extrajudicial que, como visto, não são objetivamente ineficazes, quando amparados no respectivo Plano.

Seção X
Da Realização do Ativo

Art. 139. Logo após a arrecadação dos bens, com a juntada do respectivo auto ao processo de falência, será iniciada a realização do ativo.

376. Apuração do ativo e passivo

Proferida a sentença declaratória da falência, tem início o processo falimentar propriamente dito. É essa decisão que instaura a execução concursal do empresário individual ou da sociedade empresária insolvável.

Entre os objetivos do processo falimentar, encontra-se a definição do ativo e do passivo da falida. Para o atingimento desses objetivos, a Lei de Falências reserva determinados atos ou medidas.

O conhecimento judicial da extensão do ativo do falido envolve atos como a arrecadação dos bens encontrados nos estabelecimentos empresariais da falida ou o depósito em cartório dos seus livros obrigatórios, que também auxiliarão na mensuração do passivo social. Envolve, por outro lado, procedimentos como embargos de terceiros ou o pedido de restituição, a ser promovido pelo titular de direito real sobre mercadoria arrecadada, pelo vendedor de mercadorias entregues às vésperas da distribuição do pedido de falência ou pela instituição financeira que antecipou ao exportador recursos com base num contrato de câmbio.

A definição do passivo da devedora falida opera-se pela verificação dos créditos, que compreende a publicação e republicação da relação de credores, a apresentação de divergência, habilitação e impugnações de crédito, além da ação rescisória de crédito admitido.

As providências atinentes aos objetivos da falência desenvolvem-se simultaneamente. Enquanto são realizadas as restituições e processam-se as habilitações e impugnações, nos autos abertos para essas finalidades, dá-se início à realização do ativo e, quando disponíveis recursos para tanto, ao pagamento do passivo.

No sistema da lei anterior, de 1945, só podia ser dado início à realização do ativo do falido ou sociedade falida após sua completa apuração. Como as providências para tanto normalmente retardam mais do que o desejável, o resultado era a deterioração dos bens arrecadados, com prejuízos imensos para toda a comunidade dos credores.

Uma das mais importantes e salutares inovações da reforma da legislação falimentar brasileira está na simultaneidade da apuração e realização do ativo. Quer dizer, tão logo concluída a arrecadação, o administrador judicial dá início à realização do ativo.

377. A realização do ativo

Tão logo arrecadados, os bens devem ser vendidos. A experiência demonstrou que a demora na realização do ativo representa um desastre para a comunidade dos credores. É extremamente difícil e cara a adequada fiscalização e conservação dos bens do falido. Quando não são roubados, os bens se deterioram pela falta de manutenção. Além disso, a maioria dos bens móveis costuma sofrer acentuada desvalorização com o passar do tempo. Uma atualizada e completa rede de computadores pode não valer nada de significativo depois de um ano sem uso. Por isso, a alienação dos ativos do falido deve-se iniciar independentemente da conclusão da verificação dos créditos e consolidação do quadro geral de credores.

Os bens arrecadados podem ser vendidos pelo modo ordinário ou extraordinário, segundo o que melhor interessar à massa.

A venda dos bens é ordinária quando realizada seguindo os parâmetros fixados pela lei para a ordem de preferência (art. 140) e a modalidade de alienação (art. 142).

É, ao contrário, extraordinária se feita sem a observância desses parâmetros (arts. 144 e 145).

Por outro lado, quando o valor dos bens não justificar o custo dos procedimentos de uma ou outra modalidade, admite-se a venda sumária (art. 111).

Em todas elas, cabe impugnação.

Art. 140. A alienação dos bens será realizada de uma das seguintes formas, observada a seguinte ordem de preferência:

I – alienação da empresa, com a venda de seus estabelecimentos em bloco;

II – alienação da empresa, com a venda de suas filiais ou unidades produtivas isoladamente;

III – alienação em bloco dos bens que integram cada um dos estabelecimentos do devedor;

IV – alienação dos bens individualmente considerados.

§ 1.º Se convier à realização do ativo, ou em razão de oportunidade, podem ser adotadas mais de uma forma de alienação.

§ 2.º A realização do ativo terá início independentemente da formação do quadro-geral de credores.

§ 3.º A alienação da empresa terá por objeto o conjunto de determinados bens necessários à operação rentável da unidade de produção, que poderá compreender a transferência de contratos específicos.

§ 4.º Nas transmissões de bens alienados na forma deste artigo que dependam de registro público, a este servirá como título aquisitivo suficiente o mandado judicial respectivo.

378. Venda ordinária dos bens (1)

Na venda ordinária, os órgãos da falência estão adstritos a determinadas balizas legais referentes a duas questões: a ordem de preferência e a forma da alienação. A lei determina, em termos gerais, uma grade de alternativas para essas questões e os órgãos da falência devem escolher entre elas a que melhor atende ao interesse da massa falida.

Na venda ordinária dos bens, a lei privilegia a alienação da empresa com a transferência do estabelecimento em bloco. Essa solução é a primeira a ser considerada pelos órgãos da falência por ser a que presumivelmente mais recursos poderá gerar para a massa. O valor duma empresa em funcionamento não se limita ao dos bens integrantes do respectivo estabelecimento. O mercado valoriza, na verdade, o potencial de geração de riqueza que a empresa oferece. Por isso, oferecer à venda o estabelecimento em bloco normalmente representa a alternativa de melhor otimização do patrimônio do falido ou da sociedade falida.

Em seguida, na ordem de preferência de venda, prevê a lei a alienação da empresa mediante a transferência de filiais ou unidades produtivas isoladas. Considere a hipótese de o falido ou a sociedade falida ter dois estabelecimentos fabris, sendo o mais antigo tecnologicamente atrasado e fisicamente mal distribuído, e o mais recente, moderno e bem resolvido em termo de *layout*. A venda dos dois em bloco pode não representar a forma mais oportuna de realização do ativo, já que o adquirente do estabelecimento fabril mais antigo, se quiser fazer dele uma fonte de geração de riquezas, deverá aportar investimentos significativos. Isso, por certo, influirá no preço para baixo. Nesse caso, o melhor parece ser a venda dos estabelecimentos em separado, como unidades autônomas de produção: a defasagem tecnológica e espacial do primeiro não contaminará o preço do segundo.

Em terceiro lugar, a ordem de preferência de venda menciona a alienação em bloco dos bens que integram cada um dos estabelecimentos do falido. É a melhor alternativa, por exemplo, quando nenhum dos estabelecimentos se encontra aparelhado de modo atraente aos olhos do mercado. Pode ser que uma ou duas máquinas da indústria falida sejam bastante valiosas, ao passo que o restante dos utensílios e instalações não despertem maior interesse. Aqui, revela-se oportuna a desarticulação parcial do estabelecimento. Organizam-se os bens do falida em blocos, de acordo com o valor de mercado, procurando não misturar bens valiosos e não valiosos.

Por fim, a lei cuida da alienação parcelada ou individual dos bens do falido. Nesse caso, o estabelecimento é totalmente desarticulado e seus bens são vendidos em separado. É a alternativa recomendável quando a empresa explorada pelo falido ou sociedade falida encontrava-se em estado de absoluto atraso tecnológico ou não tinha, por si só, nenhum valor expressivo de mercado.

Em suma, a ordem de preferência de venda ordinária distingue com clareza duas situações, a da alienação da empresa e a da de bens do estabelecimento. A empresa pode ser alienada em bloco ou desmembrada por unidades produtivas autônomas; do mesmo modo, os bens do estabelecimento podem ser vendidos em blocos ou segregados.

Os órgãos da falência devem sopesar as alternativas ligadas a essas situações, para procurar identificar a que melhor atende aos interesses da massa. Claro que também podem, observada a ordem de preferência, tentar determinada solução e, constatando-a irrealizável, partir para outra.

Como visto, a lei estabelece uma ordem de preferência para a venda ordinária dos bens do falido ou da sociedade falida. Cabe aos órgãos da falência a escolha da melhor alternativa dentro dessa ordem legal. Para tanto, o administrador judicial pode elaborar uma proposta, devidamente fundamentada, dirigida à Assembleia dos Credores. Na proposta deve indicar as razões pelas quais considera a alternativa por ele escolhida a que melhor otimizará os recursos da massa. O Comitê, se existente, deve exarar seu parecer, concordando ou discordando da indicação do administrador judicial. Convoca-se, em seguida, a Assembleia de Credores para apreciar a matéria.

A deliberação adotada servirá de subsídio para a manifestação do administrador judicial e do Comitê, quando o juiz for ouvir esses órgãos antes de decidir sobre a alternativa a ser adotada na venda ordinária.

Art. 141. Na alienação conjunta ou separada de ativos, inclusive da empresa ou de suas filiais, promovida sob qualquer das modalidades de que trata este artigo:

I – todos os credores, observada a ordem de preferência definida no art. 83 desta Lei, sub-rogam-se no produto da realização do ativo;

II – o objeto da alienação estará livre de qualquer ônus e não haverá sucessão do arrematante nas obrigações do devedor, inclusive as de natureza tributária, as derivadas da legislação do trabalho e as decorrentes de acidentes de trabalho.

§ 1.º O disposto no inciso II do *caput* deste artigo não se aplica quando o arrematante for:

I – sócio da sociedade falida, ou sociedade controlada pelo falido;

II – parente, em linha reta ou colateral até o 4.º (quarto) grau, consanguíneo ou afim, do falido ou de sócio da sociedade falida; ou

III – identificado como agente do falido com o objetivo de fraudar a sucessão.

§ 2.º Empregados do devedor contratados pelo arrematante serão admitidos mediante novos contratos de trabalho e o arrematante não responde por obrigações decorrentes do contrato anterior.

379. A questão da sucessão (2)

Uma das questões mais instigantes do direito falimentar diz respeito à sucessão do falido pelo adquirente da empresa.[146] De um lado, quando a lei expressamente nega a sucessão, amplia as chances de interessados adquirirem o negócio do falido ou da sociedade falida e, consequentemente, as de mais credores virem a ter seus créditos satisfeitos com os recursos advindos da aquisição. Se o adquirente da empresa anteriormente explorada pela falida tiver de honrar todas as

146. Requião, *Curso de direito falimentar*, cit., v. 1, p. 322-323; Valverde, *obra citada*, v. 1, p. 191.

dívidas dessa, é evidente que menos empresários terão interesse no negócio. Aliás, é provável que a própria alienação da empresa se inviabilize: se tiver de pagar tudo a que se obrigara o falido, o adquirente tende a falir também. Mas, de outro lado, a lei não pode ignorar as fraudes que a negativa expressa de sucessão pode abrigar. O controlador da sociedade falida pode, por interpostas pessoas, adquirir a mesma empresa que anteriormente explorava, liberando-se da obrigação de pagar o passivo.

Na nova lei falimentar, uma das hipóteses de negativa expressa de sucessão do adquirente de empresa explorada pelo falido empresário individual ou por sociedade empresária falida liga-se à aquisição da empresa em qualquer modalidade de venda ordinária, isto é, em hasta pública (leilão, propostas ou pregão).

Desse modo, o adquirente da empresa por meio ordinário de realização do ativo não é, por força de expressa previsão legal, sucessor do falido.

Ressalva-se a situação de adquirentes que estejam agindo em nome e por conta de um ou mais sócios da sociedade empresária quebrada. Quer dizer, se quem arrematou a empresa ou ativos da falida tiver alguma ligação com os empreendedores e investidores desta, a sucessão se estabelece. Trata-se de dispositivo destinado a evitar fraudes no manuseio de instituto jurídico de real importância para obtenção dos recursos necessários ao atendimento dos direitos dos credores. Não são beneficiados pela regra de supressão da sucessão, portanto, o sócio da falida (controlador ou não), seu parente, sociedade controladora ou controlada desta ou quem, por qualquer razão, for identificado como agente do falido.

Uma observação cabe, aqui, relativamente à alienação ordinária da empresa em que se verifica a concomitante transferência de parte do passivo. Quer dizer, se os órgãos da falência identificaram que poderia haver interesse, no mercado, pela aquisição da empresa com a assunção pelo adquirente do passivo trabalhista ou fiscal da falida, por exemplo, podem requerer ao juiz que ela seja oferecida nessa condição. Em havendo mesmo o interesse identificado e feita a alienação da empresa nesses moldes, é claro que o adquirente torna-se sucessor da falida relativamente ao passivo transferido. Não o será, porém, relativamente às demais obrigações desta, pelas quais não poderá ser responsabilizado.

Mas, e as fraudes teoricamente associadas à negativa de sucessão? Essas fraudes devem ser combatidas, sem dúvida. Em primeiro lugar, se houver indícios de que o adquirente da empresa, na realização extraordinária do ativo, age por conta e risco do controlador da sociedade falida, o juiz não deve deferir o requerimento do administrador judicial nem homologar a deliberação assemblear. Além disso, mesmo após o encerramento da falência, se o credor demonstrar, por atos posteriores à aquisição da empresa por via extraordinária, que a operação visou fraudar os interesses dos credores, ele pode, por ação individual, com base na desconsideração da personalidade jurídica, obter o pagamento de seu crédito (ou do respectivo saldo não pago no processo falimentar) diretamente do controlador da falida responsável pela fraude.

380. Constitucionalidade do dispositivo

A previsão de inexistência de sucessão, na hipótese de alienação do estabelecimento empresarial no bojo da falência, relativamente aos créditos trabalhistas foi considerada constitucional pelo STF, no julgamento da Ação Direta de Inconstitucionalidade n. 3.934-2 (DF), proposta pelo Partido Democrático Trabalhista.

De acordo com o relator Ministro Ricardo Lewandowski: "do ponto de vista teleológico, salta à vista que (a lei de falências) buscou, antes de tudo, garantir a sobrevivência das empresas em dificuldades – não raras vezes derivadas das vicissitudes por que passa a economia globalizada –, autorizando a alienação de seus ativos, tendo em conta, sobretudo, a função social que tais complexos patrimoniais exercem, a teor do disposto no art. 170, III, da Lei Maior. Nesse sentido é a lição de Manoel Pereira Calças: 'na medida em que a empresa tem relevante função social, já que gera riqueza econômica, cria emprego e rendas e, desta forma, contribui para o crescimento e desenvolvimento socioeconômico do País, deve ser preservada sempre que for possível. O princípio da preservação da empresa que, há muito tempo é aplicado pela jurisprudência de nossos tribunais, tem fundamento constitucional, haja vista que nossa Constituição Federal, ao regular a ordem econômica, impõe a observância dos postulados da função social da propriedade (art. 170, III), vale dizer, dos meios de produção ou em outras palavras: função social da empresa. O mesmo dispositivo constitucional estabelece o princípio da busca do pleno emprego (inciso VIII), o que só poderá ser atingido se as empresas forem preservadas' (...). Isto porque o processo falimentar (...) objetiva, em última análise, saldar o seu passivo mediante a realização do respectivo patrimônio. Para tanto, todos os credores são reunidos segundo uma ordem predeterminada, em consonância com a natureza do crédito de que são detentores".

381. Os contratos de trabalho com o arrematante

O adquirente da empresa do falido em juízo não está obrigado a contratar todos os empregados que trabalhavam no estabelecimento correspondente. Até mesmo porque uma das causas da falência pode ter sido a superdimensão dos recursos humanos, o prosseguimento da atividade econômica pressupõe às vezes cortes de pessoal ou substituição da mão de obra por outra mais qualificada.

Quando, porém, empregados do falido forem convidados a permanecer trabalhando naquele estabelecimento empresarial pelo novo empresário que o titula, a lei é imperativa: o vínculo trabalhista com o adquirente é novo. Inicia-se com o convite para a admissão.

Como é novo o vínculo trabalhista entre o adquirente da empresa do falido e os empregados que convidar para continuar trabalhando naquela atividade econômica, as obrigações do antigo empregador não podem ser cobradas do adquirente. O salário pode ser menor que o anteriormente contratado. Não há, em síntese, sucessão trabalhista nem continuidade do contrato de trabalho celebrado com o falido.

Art. 142. O juiz, ouvido o administrador judicial e atendendo à orientação do Comitê, se houver, ordenará que se proceda à alienação do ativo em uma das seguintes modalidades:

I – leilão, por lances orais;

II – propostas fechadas;

III – pregão.

§ 1.º A realização da alienação em quaisquer das modalidades de que trata este artigo será antecedida por publicação de anúncio em jornal de ampla circulação, com 15 (quinze) dias de antecedência, em se tratando de bens móveis, e com 30 (trinta) dias na alienação da empresa ou de bens imóveis, facultada a divulgação por outros meios que contribuam para o amplo conhecimento da venda.

§ 2.º A alienação dar-se-á pelo maior valor oferecido, ainda que seja inferior ao valor de avaliação.

§ 3.º No leilão por lances orais, aplicam-se, no que couber, as regras da Lei 5.869, de 11 de janeiro de 1973 – o Código de Processo Civil.

§ 4.º A alienação por propostas fechadas ocorrerá mediante a entrega, em cartório e sob recibo, de envelopes lacrados, a serem abertos pelo juiz, no dia, hora e local designados no edital, lavrando o escrivão o auto respectivo, assinado pelos presentes, e juntando as propostas aos autos da falência.

§ 5.º A venda por pregão constitui modalidade híbrida das anteriores, comportando duas fases:

I – recebimento de propostas, na forma do § 3.º deste artigo;

II – leilão por lances orais, de que participarão somente aqueles que apresentarem propostas não inferiores a 90% (noventa por cento) da maior proposta ofertada, na forma do § 2.º deste artigo.

§ 6.º A venda por pregão respeitará as seguintes regras:

I – recebidas e abertas as propostas na forma do § 5.º deste artigo, o juiz ordenará a notificação dos ofertantes, cujas propostas atendam ao requisito de seu inciso II, para comparecer ao leilão;

II – o valor de abertura do leilão será o da proposta recebida do maior ofertante presente, considerando-se esse valor como lance, ao qual ele fica obrigado;

III – caso não compareça ao leilão o ofertante da maior proposta e não seja dado lance igual ou superior ao valor por ele ofertado, fica obrigado a prestar a diferença verificada, constituindo a respectiva certidão do juízo título executivo para a cobrança dos valores pelo administrador judicial.

§ 7.º Em qualquer modalidade de alienação, o Ministério Público será intimado pessoalmente, sob pena de nulidade.

382. Venda ordinária de bens (2)

Quando ordinária a realização do ativo, a empresa ou os bens do falido – observada a ordem de classificação prevista no art. 140 – poderão ser vendidos por três modalidades: *leilão*, *propostas* ou *pregão*. Em qualquer caso, publicar-se-á anúncio em jornal de ampla circulação, com antecedência de 15 dias para os bens móveis e 30, para a alienação da empresa ou de imóveis. O objetivo é dar ao evento grande divulgação, procurando despertar no maior contingente de empresários o interesse pela empresa ou bens postos à venda. Por certo, se a massa não dispuser de recursos suficientes para essa publicação, não deve fazê-la, inclusive porque costuma ser bastante custosa e sua eficácia é por vezes questionável.

Considera-se leilão a venda realizada em hasta pública judicial, no transcurso da qual os interessados em adquirir a empresa ou os bens do falido apresentam, de viva voz, o preço que estão dispostos a pagar por eles (lance).

A venda por leilão deve atender às normas do Código de Processo Civil, desde que não contrariem as disposições específicas da lei falimentar sobre o instituto. Assim, não se aplicam, em primeiro lugar, as regras sobre os prazos e formas de publicação do edital. Como visto, há normas próprias para disciplina dessa matéria.

A venda por propostas realiza-se mediante a entrega em cartório, pelos interessados, do preço que estão dispostos a pagar pela empresa ou bens do falido em envelopes lacrados. No dia, hora e local designados pelo edital, o juiz abre os envelopes e decide, se não houver maiores dificuldades no confronto das propostas apresentadas, qual a melhor para os interesses da massa. Caso a complexidade da matéria o justifique, o juiz pode encerrar a audiência de abertura dos envelopes, determinar a juntada das propostas aos autos e colher a manifestação do administrador judicial e, se houver, do Comitê, antes de decidir.

O pregão, esclarece a lei, consiste na combinação das duas modalidades anteriores. A venda se inicia com a apresentação, em envelopes lacrados, das propostas. Conhecidas estas, abre-se a determinados proponentes (os que apresentaram propostas não inferiores a 90% da maior ofertada) a oportunidade de manifestarem, de viva voz, no leilão especificamente designado, lances com novas propostas. No leilão, abrem-se os trabalhos considerando como primeiro lance o da melhor proposta apresentada. Estando presente o proponente autor da melhor proposta, os demais proponentes legitimados só podem apresentar, naturalmente, lances que a superem. Caso ausente o proponente que havia apresentado a melhor proposta, qualquer dos demais proponentes legitimados ao leilão pode dar como lance inicial preço idêntico ou mesmo inferior ao da primeira proposta. Nesse último caso, se o melhor lance não superar a melhor proposta, quem havia apresentado esta fica obrigado a pagar a diferença. Afinal, o pregão se destina a otimizar os recursos da massa e não prejudicá-la. Se eventualmente frustrar-se o leilão, sem o comparecimento de nenhum dos proponentes legitimados, continua válida a melhor proposta das apresentadas em envelope lacrado.

Quem escolhe a modalidade de venda a ser praticada é o juiz. Antes de decidir, porém, diz a lei que ele deve ouvir o administrador judicial e, se houver, o Comitê. Estes, por sua vez, podem (e, em certo sentido, devem) antes colher subsídios da Assembleia dos Credores. Em qualquer modalidade de alienação escolhida, é obrigatória a intimação pessoal do Ministério Público, sob pena de nulidade do ato.

Se os bens do estabelecimento do falido serão vendidos em bloco ou separados, pode o juiz determinar, se a isso corresponder o interesse da massa, que alguns deles sejam alienados por certa modalidade e os demais, por outra.

Art. 143. Em qualquer das modalidades de alienação referidas no art. 142 desta Lei, poderão ser apresentadas impugnações por quaisquer credores, pelo devedor ou pelo Ministério Público, no prazo de 48 (quarenta e oito) horas da arrematação, hipótese em que os autos serão conclusos ao juiz, que, no prazo de 5 (cinco) dias, decidirá sobre as impugnações e, julgando-as improcedentes, ordenará a entrega dos bens ao arrematante, respeitadas as condições estabelecidas no edital.

383. Impugnação à venda ordinária de bens

A lei estabelece que, na hipótese de venda ordinária, poderá ser apresentada impugnação por qualquer credor, pelo falido empresário individual ou pela sociedade empresária falida (por meio de seu representante legal) ou pelo Ministério Público. Por exemplo, se algum licitante tiver sido preterido indevidamente no leilão, propostas ou pregão, *independentemente de outras ações a que tenha direito*, poderá procurar o representante do Ministério Público para levar-lhe as razões de seu inconformismo. Se convencido da ocorrência de ilegalidade, o Ministério Público poderá impugnar a venda realizada. Outro exemplo, se passou despercebido ao juiz, na audiência de abertura de propostas, que a segunda melhor correspondia a 90% da primeira, e, por isso, ele não convocou o pregão, um credor ou mesmo o falido ou sociedade falida pode, pela impugnação, postular a realização dessa última modalidade de venda.

O prazo de apresentação da impugnação é de 48 horas, contados da arrematação, e o juiz deve decidi-la em 5 dias.

A disposição legal que prevê o cabimento da impugnação na hipótese de venda ordinária deve ser analogicamente aplicada às demais formas de venda: extraordinária e sumária. Não há razões para subtrair-se dos legitimados o instrumento da impugnação, quando ela atende aos princípios da celeridade e economia processual, que informam a falência. A aplicação analógica do dispositivo aproveita a toda a comunhão dos credores.

De qualquer modo, a impugnação é apenas um dos meios processuais adequados para questionar a regularidade da venda dos bens na falência. Por ação própria (de conhecimento, mandado de segurança etc.), podem os prejudicados buscar a tutela de seus direitos, independentemente da impugnação que tenham ou não apresentado.

Art. 144. Havendo motivos justificados, o juiz poderá autorizar, mediante requerimento fundamentado do administrador judicial ou do Comitê, modalidades de alienação judicial diversas das previstas no art. 142 desta Lei.

384. Venda extraordinária de bens (1)

A venda dos bens do falido ou da sociedade falida pode ser feita também por meios não previstos especificamente em lei. A dinâmica do mercado de empresas e dos negócios em geral recomenda que o direito positivo não restrinja de modo absoluto a matéria, porque formas não previstas de realização do ativo podem revelar-se mais interessantes aos objetivos de otimização dos recursos da massa que as balizadas pelas regras de venda ordinária.

Entre as hipóteses de venda extraordinária, lembra a lei a formação de sociedade de credores ou de trabalhadores da própria empresa para a continuação do negócio da sociedade falida.

Em duas hipóteses cabe a venda extraordinária: decisão judicial (art. 144) ou elevado grau de consenso na Assembleia dos Credores (art. 145).

Por decisão judicial, realiza-se a venda de forma extraordinária se o administrador judicial o solicitar, em petição que esclarece como pretende proceder e a devida justificação. Imagine que o administrador judicial encontrou alguém interessado em adquirir integralmente a empresa explorada pelo falido com a assunção da totalidade do passivo, mediante o pagamento dos créditos extraconcursais do processo de falência. É, sem dúvida, o melhor negócio para todos os credores (eventualmente só os sócios da sociedade falida poderiam ter alguma objeção a essa solução, mas a lei não prevê a manifestação deles).

Apresentada pelo administrador judicial proposta de realização extraordinária do ativo, o juiz poderá autorizá-la se convencido de sua pertinência e justiça. Poderá, também, indeferi-la, hipótese em que a realização do ativo terá seu curso ordinário.

> **Art. 145. O juiz homologará qualquer outra modalidade de realização do ativo, desde que aprovada pela assembleia geral de credores, inclusive com a constituição de sociedade de credores ou dos empregados do próprio devedor, com a participação, se necessária, dos atuais sócios ou de terceiros.**
>
> **§ 1.º Aplica-se à sociedade mencionada neste artigo o disposto no art. 141 desta Lei.**
>
> **§ 2.º No caso de constituição de sociedade formada por empregados do próprio devedor, estes poderão utilizar créditos derivados da legislação do trabalho para a aquisição ou arrendamento da empresa.**
>
> **§ 3.º Não sendo aprovada pela assembleia geral a proposta alternativa para a realização do ativo, caberá ao juiz decidir a forma que será adotada, levando em conta a manifestação do administrador judicial e do Comitê.**

385. Venda extraordinária de bens (2)

A venda extraordinária de bens processa-se por decisão do juiz ou por elevado grau de consenso na Assembleia dos Credores. A primeira hipótese baseia-se no art. 144.

Por elevado grau de consenso na Assembleia, a venda extraordinária se realiza quando aprovada por credores que representam pelo menos 2/3 dos créditos titularizados pelos credores presentes. A proposta de venda extraordinária, nesse caso, parte normalmente de credor ou grupo de credores ou mesmo de terceiros interessados (como o administrador judicial tem legitimidade para requerer diretamente ao juiz a aprovação de modalidade de venda não circunscrita aos balizamentos legais, é improvável que ele se valha do caminho da construção do consenso entre os credores, bastante mais complexo).

De qualquer modo, parta de onde partir a proposta, se tiver sido alcançado em Assembleia esse grande nível de consenso sobre como realizar o ativo do falido, caberá ao juiz unicamente homologar a decisão e ao administrador judicial obediente executá-la.

Ademais, sempre que alguém propuser à Assembleia uma forma alternativa de realização do ativo (credor ou terceiro interessado), e não for a matéria aprovada por 2/3 dos créditos titularizados pelos credores presentes, prevê a lei que o juiz pode decidir adotá-la, ouvido o administrador judicial e o Comitê, se em funcionamento. Desse modo, se, por exemplo, uma pessoa se apresenta aos credores com uma proposta de aquisição da empresa falida, mas não se constrói em torno dela o elevado grau de consenso exigido pela lei, o juiz pode, apreciando-a, considerá-la uma interessante alternativa de realização do ativo. Nesse caso, levando em conta as ponderações do administrador judicial e, se houver, do Comitê, o juiz pode determinar que a alienação se proceda nos termos da proposta daquele terceiro interessado.

386. A questão da sucessão (3)

Na disciplina da venda extraordinária da empresa da falida, não prevê a lei nenhuma negativa de sucessão de *natureza geral*. A lei se refere apenas à sociedade constituída pelos credores ou trabalhadores da falida para a continuação da empresa como insuscetível de ser responsabilizada pelo mesmo passivo que motivou a quebra (§ 1.º).

Note-se que dessa sociedade podem participar também terceiros (investidores ou empreendedores) ou mesmo os antigos sócios da falida. Especial atenção deve ser prestada nessa última hipótese para que a regra de negativa de sucessão não acabe servindo de escudo para uma fraude contra credores.

Art. 146. Em qualquer modalidade de realização do ativo adotada, fica a massa falida dispensada da apresentação de certidões negativas.

387. Dispensa de exibição de certidões negativas

Trata-se de novidade da lei atual. A massa falida está sempre dispensada da apresentação de certidões negativas para a alienação dos bens arrecadados. É claro que não poderia ser diferente. Se a existência de títulos protestados, débitos fiscais e pendências judiciais impedisse a transferência da propriedade desses bens, não seria possível qualquer realização do ativo, já que o falido tem-nas invariavelmente.

Art. 147. As quantias recebidas a qualquer título serão imediatamente depositadas em conta remunerada de instituição financeira, atendidos os requisitos da lei ou das normas de organização judiciária.

388. As disponibilidades da massa falida

O dinheiro resultante da realização do ativo (venda dos bens da falida e cobrança dos devedores) deverá ser depositado pelo administrador judicial, em 24 horas, em instituição financeira, obedecidas as normas da Corregedoria Geral de Justiça de cada Estado (a lei fala impropriamente em "normas de organização judiciária"). Enquanto não iniciados os pagamentos, o dinheiro depositado deve ser aplicado em algum tipo de investimento para a preservação de seu valor em face da inflação. Quando a lei fala em "conta remunerada", não se está referindo unicamente à caderneta de poupança, mas a qualquer tipo de investimento apto a preservar o valor do dinheiro depositado.

As quantias assim depositadas podem ser movimentadas por meio de cheques nominativos, em que se convém fazer referência ao fim a que se destina a retirada. Esses cheques são assinados pelo administrador judicial.

Outra alternativa de movimentação é a que se verifica relativamente aos processos cíveis em geral; isto é, as movimentações dos recursos depositados em conta de depósito bancário vinculada à falência podem também realizar-se por *mandado do juiz*.

Em cada falência, deverá ser estabelecido pelo juiz que tipo de movimentação financeira é mais adequada à realidade do processo ou mesmo ao tipo ou valor a movimentar. Se o juiz prefere a expedição do mandado ou a de cheques, definindo uma ou outra como regra geral para todas as falências que tramitam em seu juízo, para uma determinada falência ou exclusivamente para um certo e específico movimento, o administrador judicial e o banco depositário simplesmente procedem ao movimento na forma ordenada.

Com o dinheiro em caixa, o administrador judicial pode começar a fazer os pagamentos. Devem, então, ser providenciados os mandados de levantamento ou os cheques, conforme determinação do juiz.

389. Proteção ao crédito tributário

Determina o Código Tributário Nacional que, na falência, "o produto da alienação judicial de empresa, filial ou unidade produtiva isolada permanecerá em conta de depósito à disposição do juízo da falência pelo prazo de 1 (um) ano, contado da data da alienação, somente podendo ser utilizado para o pagamento de créditos extraconcursais ou de créditos que preferem ao tributário" (art. 133, § 3.º).

O administrador judicial, assim, não pode usar os recursos da massa *provenientes* dessa alienação, no ano seguinte, a não ser para o pagamento de credores que têm, por qualquer título, prioridade sobre o crédito tributário: extraconcursais, trabalhistas, vítimas de acidente de trabalho e titulares de garantia real. Para atender aos demais credores, o administrador judicial só pode usar recursos da massa de proveniência diversa (por exemplo, o dinheiro que o falido tinha depositado em banco ou investimento, o produto da venda de um ativo estranho ao estabelecimento empresarial, como um terreno ou veículos de uso particular dos sócios), mesmo assim desde que o crédito tributário esteja amplamente garantido pelo congelamento previsto no art. 133, § 3.º, do CTN.

Art. 148. O administrador judicial fará constar do relatório de que trata a alínea *p* do inciso III do art. 22 os valores eventualmente recebidos no mês vencido, explicitando a forma de distribuição dos recursos entre os credores, observado o disposto no art. 149 desta Lei.

390. Relatório de movimentação das disponibilidades

Uma das medidas inócuas e altamente prejudiciais ao bom andamento dos processos que a lei atual infelizmente prevê é a juntada aos autos da falência de conta mensal do administrador judicial. Deveria, a meu ver, ter estabelecido que essas contas ficarão em cartório para consulta pelos interessados, mas não necessariamente nos autos. A diferença não é pouca. Ao determinar a juntada nos autos de qualquer papel, a lei cria trabalho para os serventuários da justiça: localizar os autos, perfurar o papel, abrir e fechar a "bailarina", numerar as folhas e rubricá-las, guardar os autos no local certo. Falando assim, parece pouco, mas tendo em vista a extraordinária falta de recursos do Judiciário, é preciso economizar ao máximo o trabalho desses servidores públicos. Chegou-se a tal ponto na precariedade de meios para a adequada prestação da jurisdição, que qualquer otimização dos disponíveis, por menor que seja, é bem-vinda.

As contas mensais do administrador judicial – que ninguém lê – devem indicar as movimentações de entrada e saída do período relatado. É isso que diz o dispositivo acima.

Seção XI
Do Pagamento aos Credores

Art. 149. Realizadas as restituições, pagos os créditos extraconcursais, na forma do art. 84 desta Lei, e consolidado o quadro-geral de credores, as importâncias recebidas com a realização do ativo serão destinadas ao pagamento dos credores, atendendo à classificação prevista no art. 83 desta Lei, respeitados os demais dispo-

sitivos desta Lei e as decisões judiciais que determinam reserva de importâncias.

§ 1.º Havendo reserva de importâncias, os valores a ela relativos ficarão depositados até o julgamento definitivo do crédito e, no caso de não ser este finalmente reconhecido, no todo ou em parte, os recursos depositados serão objeto de rateio suplementar entre os credores remanescentes.

§ 2.º Os credores que não procederem, no prazo fixado pelo juiz, ao levantamento dos valores que lhes couberam em rateio serão intimados a fazê-lo no prazo de 60 (sessenta) dias, após o qual os recursos serão objeto de rateio suplementar entre os credores remanescentes.

391. Ordem de pagamento na falência

O dinheiro depositado na conta da massa falida é movimentado, mediante cheques ou mandados judiciais. O valor e o beneficiário de cada instrumento de movimentação financeira devem atender ao disposto num complexo de normas legais, para que todos os interesses que gravitam em torno do processo falimentar sejam atendidos, de acordo com as forças da massa e em consonância com os objetivos da falência.

Do mais importante para o menos, esses objetivos são os seguintes: *a*) a profissionalização da administração da falência; *b*) a depuração da massa falida, coibição da má-fé presumida do falido, estímulo às exportações e tutela da boa-fé de terceiros prejudicados por declaração de ineficácia de atos; *c*) o tratamento paritário dos credores.

Em outros termos, o administrador judicial deve pagar, em primeiro lugar, os credores da *massa falida*; em segundo, os titulares de direito à restituição em dinheiro; em terceiro, os credores da *falida*; por último, restando recursos, os sócios.

São essas as quatro *espécies* de beneficiários de pagamento na falência.

Dentro de cada espécie distinguem-se *classes* e, em algumas delas, *subclasses* de beneficiários de pagamentos na falência. Além disso, cabe a antecipação, em determinadas condições, em favor dos empregados com salário em atraso.

O administrador judicial defronta-se, desse modo, com um quadro altamente complexo de hierarquias e preferências, resultante da conjugação de normas de origem e finalidades variadas e da evolução jurisprudencial, nem sempre harmônica. Observá-las não é tarefa simples, porque sempre acabam restando dúvidas e controvérsias. Quando for esse o caso, o administrador judicial deve solicitar ao juiz que as esclareça e determine como deve proceder.

392. As reservas

As disponibilidades da massa falida podem ser reservadas por ordem do juiz da falência ou daquele perante o qual tramita a reclamação trabalhista ou a ação que demanda quantia ilíquida.

Recebida a ordem judicial, o administrador deve adotar as providências necessárias ao seu cumprimento, abstendo-se de realizar qualquer pagamento que comprometa as disponibilidades reservadas.

Quando definitivamente resolvida a questão a que se refere a reserva, ela é utilizada para pagamento do credor em benefício do qual se constituiu; a menos que o beneficiário da reserva não tenha obtido em juízo o reconhecimento de seu crédito, caso em que ela será utilizada para a satisfação dos demais credores, observada a ordem de classificação.

393. Prazo para recebimento do pagamento

O credor tem um prazo (decadencial) para descontar o cheque emitido em seu nome ou processar, junto ao banco, o mandado judicial de levantamento. Esse prazo é, inicialmente, o fixado pelo juiz. Caso vença sem que o credor tenha providenciado o recebimento de seu crédito, prevê a lei que se promova sua intimação. Essa intimação não precisa ser pessoal, já que a lei não o exige de modo expresso.

Feita a intimação, o credor tem 60 dias para providenciar a liquidação do cheque ou o levantamento por mandado de seu dinheiro. Após esse prazo, decairá do direito creditório. O administrador judicial usará os recursos monetários correspondentes para satisfazer os demais credores. Se todos já foram integralmente pagos, o dinheiro não levantado no prazo pelo credor intimado deve ser restituído ao falido.

> **Art. 150. As despesas cujo pagamento antecipado seja indispensável à administração da falência, inclusive na hipótese de continuação provisória das atividades previstas no inciso XI do *caput* do art. 99 desta Lei, serão pagas pelo administrador judicial com os recursos disponíveis em caixa.**
>
> **Art. 151. Os créditos trabalhistas de natureza estritamente salarial vencidos nos 3 (três) meses anteriores à decretação da falência, até o limite de 5 (cinco) salários mínimos por trabalhador, serão pagos tão logo haja disponibilidade em caixa.**

394. Antecipações

Três tipos de antecipações de pagamento são previstos na Lei de Falências.

A primeira diz respeito às despesas indispensáveis à administração da massa. Se alguns bens arrecadados convém que sejam recolhidos a depósito ou segurados, as despesas correspondentes podem ser pagas pelo administrador judicial com os recursos disponíveis em caixa.

A segunda, que é tratada como especificidade da primeira, diz respeito aos dispêndios derivados da continuação provisória das atividades do falido. Quando decretada esta pelo juiz, na sentença de quebra, o administrador judicial passa a gerir, provisoriamente, a empresa antes explorada pelo falido. É claro que precisará fazer pagamentos – salários, fornecedores, impostos – para que isso se verifique. Os pagamentos feitos no contexto da continuação provisória da empresa do falido são considerados antecipações. Quer dizer, devem ser descontados do valor final e não podem prejudicar a classificação dos credores.

A terceira é relacionada aos salários em atraso. Dela cuido no item seguinte.

395. Pagamento de saldos salariais

Diz a lei que o administrador judicial, assim que houver disponibilidade em caixa, pagará os saldos salariais em atraso vencidos nos 3 meses anteriores à decretação da falência, até o limite de 5 salários mínimos por trabalhador.

Cuida-se, como dito no comentário ao art. 83, de mera *antecipação*, cujo valor atualizado deve ser deduzido quando do pagamento final do crédito a que tem direito o empregado. Por essa razão, inclusive, é por tudo inadequada a expressão "crédito trabalhista superprioritário" na identificação dessa parcela do devido aos empregados com salários em atraso.

O rápido atendimento aos saldos salariais em atraso justifica-se como medida de tutela da dignidade do empregado. A natureza alimentar desse crédito dá o fundamento para a antecipação. Mesmo os credores extraconcursais não podem ser pagos antes dos empregados com salários em atraso.

A norma aqui em comento não se aplica aos créditos trabalhistas desprovidos da natureza de salário. Nesse conceito deve-se compreender apenas a remuneração mensal paga ao empregado, tendo em vista as restrições da lei ("natureza estritamente salarial"). Se o falido não havia pago férias ou o terço constitucional, décimo terceiro, aviso prévio, multa sobre o FGTS ou adicionais de qualquer natureza, os créditos correspondentes não poderão ser objeto de antecipação e só serão atendidos no rateio destinado a satisfazer a classe dos credores trabalhistas e equiparados.

Além disso, como se trata de mera antecipação, *não* representa uma preferência. Isto é, a norma que determina a antecipação não inverte a ordem de pagamentos dos beneficiários na falência. Se o administrador judicial puder calcular que os recursos da massa não serão suficientes para o atendimento da classe dos empregados e equiparados (porque os credores extraconcursais tendem a consumi-los todos, por exemplo), não deverá fazer a antecipação, sob pena de responder perante os beneficiários que restarem desatendidos.

Art. 152. Os credores restituirão em dobro as quantias recebidas, acrescidas dos juros legais, se ficar evidenciado dolo ou má-fé na constituição do crédito ou da garantia.

396. Indenização punitiva

O dispositivo acima estabelece mais uma hipótese de indenização punitiva no direito brasileiro por cobrança indevida. As outras se encontram no art. 42 do CDC e no art. 940 do CC.[147] Se, na constituição do crédito ou da garantia, houve dolo ou má-fé, eventual pagamento feito em favor do credor que se beneficiar do ilícito importará a obrigação da restituição em dobro.

Art. 153. Pagos todos os credores, o saldo, se houver, será entregue ao falido.

397. Restituição do saldo ao falido ou sócios da falida

A hipótese é raríssima, mas, uma vez pagos os credores do falido, no principal corrigido e nos juros, inclusive os posteriores à falência, e os subordinados, se ainda houver recursos na massa, estes serão entregues ao empresário individual falido ou aos sócios ou acionistas da sociedade falida.

É o derradeiro pagamento na falência que esvazia por completo o caixa da massa.

Esse desembolso, quando verificado na falência de sociedade empresária, deve ser tratado como partilha judicial do acervo remanescente de uma pessoa jurídica dissolvida, tendo em vista que a falência é espécie de dissolução. Desse modo, a cada sócio ou acionista o administrador judicial paga a parcela do saldo de caixa proporcional à participação no capital social da falida.

Não se confunde o devido aos sócios e acionistas em função de sua participação societária na falida com eventual crédito subordinado que titularizassem. Este último integra o passivo da sociedade falida, enquanto o devido em função da participação societária corresponde ao seu patrimônio líquido. O crédito subordinado deve ser atendido, se houver recursos após o atendimento dos sub-

147. Coelho, *Curso de direito civil*, cit., v. 2, p. 339-441 e 432-434.

quirografários por ilícito, apenas em favor daquele sócio ou sócios que emprestaram dinheiro à falida. Seu pagamento, portanto, não guarda nenhuma relação com a proporção da participação de cada sócio no capital social.

Seção XII
Do Encerramento da Falência e da Extinção das Obrigações do Falido

Art. 154. Concluída a realização de todo o ativo, e distribuído o produto entre os credores, o administrador judicial apresentará suas contas ao juiz no prazo de 30 (trinta) dias.

§ 1.º As contas, acompanhadas dos documentos comprobatórios, serão prestadas em autos apartados que, ao final, serão apensados aos autos da falência.

§ 2.º O juiz ordenará a publicação de aviso de que as contas foram entregues e se encontram à disposição dos interessados, que poderão impugná-las no prazo de 10 (dez) dias.

§ 3.º Decorrido o prazo do aviso e realizadas as diligências necessárias à apuração dos fatos, o juiz intimará o Ministério Público para manifestar-se no prazo de 5 (cinco) dias, findo o qual o administrador judicial será ouvido se houver impugnação ou parecer contrário do Ministério Público.

§ 4.º Cumpridas as providências previstas nos §§ 2.º e 3.º deste artigo, o juiz julgará as contas por sentença.

§ 5.º A sentença que rejeitar as contas do administrador judicial fixará suas responsabilidades, poderá determinar a indisponibilidade ou o sequestro de bens e servirá como título executivo para indenização da massa.

§ 6.º Da sentença cabe apelação.

398. Processamento das prestações de contas

Na falência, o administrador judicial deve prestar contas de sua administração em duas hipóteses: ordinariamente, ao término do processo, e, extraordinariamente, quando deixa as suas funções por renúncia, substituição ou destituição.

Quando deixar de fazê-lo nessas oportunidades, será intimado para cumprir a obrigação legal no prazo de 5 dias, sob pena de desobediência.

A prestação de contas, acompanhada dos documentos comprobatórios, será autuada em separado e julgada após aviso aos credores e interessados (como, por exemplo, os sócios da sociedade falida), para eventual impugnação, em 10 dias.

Caso haja impugnação, o juiz determinará a realização das diligências que considerar cabíveis à apuração dos fatos porventura alegados. Segue-se, então, a oitiva do Ministério Público e a resposta do administrador judicial.

Na sequência, o juiz julgará as contas apresentadas. Se a sentença proferida rejeitar as contas apresentadas, ela poderá decretar a indisponibilidade ou o sequestro de bens do administrador judicial. Note-se, contudo, que, não havendo impugnação, o juiz julgará as contas independentemente de oitiva do Ministério Público e nova manifestação do administrador judicial.

Art. 155. Julgadas as contas do administrador judicial, ele apresentará o relatório final da falência no prazo de 10 (dez) dias, indicando o valor do ativo e o do produto de sua realização, o valor do passivo e o dos pagamentos feitos aos credores, e especificará justificadamente as responsabilidades com que continuará o falido.

Art. 156. Apresentado o relatório final, o juiz encerrará a falência por sentença.

Parágrafo único. A sentença de encerramento será publicada por edital e dela caberá apelação.

399. Encerramento da falência

Após fazer o último pagamento (em atenção ao valor integral do devido a todos os credores ou, como é mais comum, por exaurimento dos recursos da massa), o administrador judicial deverá apresentar sua prestação de contas.

O prazo é de 30 dias. Processadas e julgadas as contas, ele terá 10 dias para submeter ao juiz seu relatório final. Nele, informará o valor do ativo e o do produto de sua realização, bem como o do passivo e o dos pagamentos feitos aos credores. Também do relatório final devem constar as responsabilidades que continuam imputáveis ao falido, isto é, o saldo não pago dos créditos admitidos.

Em seguida à apresentação do relatório final, se não houver mais nenhuma outra pendência, o juiz proferirá a sentença de encerramento da falência.

Contra essa decisão terminativa do processo falimentar cabe apelação. Em que hipótese alguém poderia recorrer? Imagine que determinado credor havia insistido, ao longo do processo de falência, na adoção de uma certa diligência tendente a localizar bens desviados da massa, mas sua sugestão havia sido descartada pelo administrador judicial e indeferida pelo juiz. Como nada podia o credor fazer contra esse indeferimento (não havendo expressa previsão na Lei de Falências do recurso cabível, a decisão é irrecorrível), tem ele interesse de apelar da sentença de encerramento do processo. Procurará demonstrar, no recurso, que ainda não é o caso de pôr fim à execução concursal, na medida em que haveria diligências úteis a adotar. O Tribunal, então, apreciando a apelação, decidirá se é pertinente a diligência pretendida pelo credor apelante ou se o encerramento da falência sem ela foi a decisão mais correta.

400. Ilegitimidade do credor não habilitado

Apenas o credor que se habilitou tem legitimidade para recorrer contra a sentença de encerramento da falência. Não terá legitimidade para interpor o recurso nem mesmo o credor que formulou o pedido de falência, se, ao não constar da lista de credores posteriormente apresentada pelo falido, deixar de fazer a habilitação a que estava obrigado.

É o entendimento sumulado no âmbito do TJSP: "quem não se habilitou, ainda que seja o requerente da falência, não tem legitimidade para recorrer da sentença de encerramento do processo" (Súmula 45).

Art. 157. O prazo prescricional relativo às obrigações do falido recomeça a correr a partir do dia em que transitar em julgado a sentença do encerramento da falência.

Art. 158. Extingue as obrigações do falido:

I – o pagamento de todos os créditos;

II – o pagamento, depois de realizado todo o ativo, de mais de 50% (cinquenta por cento) dos créditos quirografários, sendo facultado ao falido o depósito da quantia necessária para atingir essa porcentagem se para tanto não bastou a integral liquidação do ativo;

III – o decurso do prazo de 5 (cinco) anos, contado do encerramento da falência, se o falido não tiver sido condenado por prática de crime previsto nesta Lei;

IV – o decurso do prazo de 10 (dez) anos, contado do encerramento da falência, se o falido tiver sido condenado por prática de crime previsto nesta Lei.

Art. 159. Configurada qualquer das hipóteses do art. 158 desta Lei, o falido poderá requerer ao juízo da falência que suas obrigações sejam declaradas extintas por sentença.

§ 1.º O requerimento será autuado em apartado com os respectivos documentos e publicado por edital no órgão oficial e em jornal de grande circulação.

§ 2.º No prazo de 30 (trinta) dias contado da publicação do edital, qualquer credor pode opor-se ao pedido do falido.

§ 3.º Findo o prazo, o juiz, em 5 (cinco) dias, proferirá sentença e, se o requerimento for anterior ao encerramento da falência, declarará extintas as obrigações na sentença de encerramento.

§ 4.º A sentença que declarar extintas as obrigações será comunicada a todas as pessoas e entidades informadas da decretação da falência.

§ 5.º Da sentença cabe apelação.

§ 6.º Após o trânsito em julgado, os autos serão apensados aos da falência.

Art. 160. Verificada a prescrição ou extintas as obrigações nos termos desta Lei, o sócio de responsabilidade ilimitada também poderá requerer que seja declarada por sentença a extinção de suas obrigações na falência.

401. Extinção das obrigações do falido

As regras sobre reabilitação do falido também se aplicam, em tese, à hipótese de falência de sociedade empresária. Mas não há nenhum interesse em reabilitar pessoas jurídicas quebradas; em relação ao empresário individual, entretanto, o quadro é diverso: para poder voltar a exercer atividade empresarial como pessoa física, integrar sociedade limitada como sócio ou exercer cargo de administrador de sociedade anônima, ele deve necessariamente requerer a sua reabilitação no juízo falimentar. Por essa razão, só se costuma verificar, na prática, o procedimento de reabilitação quando o falido era empresário individual ou se o representante legal da sociedade empresária falida foi condenado por crime falimentar. A reabilitação compreende a extinção das responsabilidades civis e penais do falido.

No campo do direito cível, deverá o falido requerer a declaração por sentença de extinção das obrigações. Esta ocorre nas seguintes hipóteses: *a*) pagamento dos créditos; *b*) rateio de mais de 50% do passivo, após a realização de todo o ativo, sendo facultado o depósito da quantia necessária para atingir-se essa percentagem; *c*) decurso do prazo de 5 anos após o encerramento da falência se o falido não foi condenado por crime falimentar; *d*) decurso do prazo de 10 anos após o encerramento da falência se houve condenação penal do falido; ou *e*) prescrição de todas as obrigações anteriormente ao decurso dos prazos decadenciais de 5 ou 10 anos. A declaração da falência suspende a fluência dos prazos prescricionais das obrigações do falido, os quais recomeçam a fluir do trânsito em julgado da sentença de encerramento da falência. Se antes de 5 ou 10 anos do encerramento verificar-se a prescrição de todas as obrigações, extinguem-se estas, dando ensejo à reabilitação civil do empresário falido.

O pagamento é causa de extinção das obrigações que pode ocorrer antes ou depois da sentença de encerramento da falência. O rateio de mais de 50% do passivo, após a realização de todo o ativo, por sua vez, é causa que se verifica necessariamente antes do encerramento da falência. Já as demais causas extintivas de obrigação ocorrem sempre após o término do processo falimentar. Por *levantamento da falência* compreende-se a ocorrência de causa extintiva de obrigação enquanto se encontra em trâmite a execução concursal.

O falido deverá apresentar requerimento de declaração de extinção das obrigações, acompanhado da prova de quitação dos tributos relativos ao exercício de sua atividade econômica (CTN, art. 191). Autuado em separado, será publicado por edital com prazo de 30 dias no órgão oficial e em jornal de grande circulação. Nesse prazo, qualquer credor pode opor-se ao pedido, hipótese em que o falido deverá ser novamente ouvido. Após, o juiz profere a sentença. Se for o caso de levantamento de falência, o juiz declarará encerrado o processo na mesma sentença que julgar extintas as obrigações do falido.

A decisão judicial que declara a extinção das obrigações é publicada e comunicada aos mesmos agentes e órgãos públicos que receberam a sentença declaratória da falência.

Se o falido não estiver sendo processado penalmente ou tiver sido absolvido por sentença definitiva, poderá, com a simples extinção das obrigações, voltar a exercer atividade empresarial, contratar sociedade limitada ou administrar companhia, visto que se encontra plenamente reabilitado. Se, no entanto, ele está sendo processado ou já foi condenado por crime falimentar, deverá ainda reabilitar-se no plano penal. A vigente lei do registro do comércio, ademais, não admite o arquivamento de firma individual de empresário condenado pela prática de crime falimentar (Lei n. 8.934/94, arts. 11, II, e 37, II). A mesma vedação de arquivamento obsta o registro de contrato social (ou alteração contratual) de sociedade limitada e o de ata de eleição de administrador de sociedade anônima se o sócio, no primeiro caso, ou o eleito, no segundo, estiver condenado por crime falimentar. Assim sendo, para voltar ao exercício regular de atividade empresarial, o falido deve ser penalmente reabilitado.

O pressuposto da reabilitação penal é o transcurso do prazo de 2 anos, contados do término do cumprimento da pena (CP, art. 94), prazo que vigora desde a reforma da Parte Geral ocorrida em 1984.[148] A petição da reabilitação será dirigida ao juiz que proferiu a condenação penal, que decidirá após a oitiva do representante do Ministério Público.

Capítulo VI
DA RECUPERAÇÃO EXTRAJUDICIAL

Art. 161. O devedor que preencher os requisitos do art. 48 desta Lei poderá propor e negociar com credores plano de recuperação extrajudicial.

§ 1º Não se aplica o disposto neste Capítulo a titulares de créditos de natureza tributária, derivados da legislação do trabalho ou decorrentes de acidente de trabalho, assim como àqueles previstos nos arts. 49, § 3º, e 86, inciso II do *caput* desta Lei.

§ 2º O plano não poderá contemplar o pagamento antecipado de dívidas nem tratamento desfavorável aos credores que a ele não estejam sujeitos.

§ 3º O devedor não poderá requerer a homologação de plano extrajudicial, se estiver pendente pedido de recuperação judicial ou se houver obtido recuperação judicial ou homologação de outro plano de recuperação extrajudicial há menos de 2 (dois) anos.

§ 4º O pedido de homologação do plano de recuperação extrajudicial não acarretará suspensão de direitos, ações

148. Damásio Evangelista de Jesus, *Código de Processo Penal anotado*, São Paulo: Saraiva, 1994, p. 242.

ou execuções, nem a impossibilidade do pedido de decretação de falência pelos credores não sujeitos ao plano de recuperação extrajudicial.

§ 5º Após a distribuição do pedido de homologação, os credores não poderão desistir da adesão ao plano, salvo com a anuência expressa dos demais signatários.

§ 6º A sentença de homologação do plano de recuperação extrajudicial constituirá título executivo judicial, nos termos do art. 584, inciso III do *caput*, da Lei n. 5.869, de 11 de janeiro de 1973 – Código de Processo Civil.

402. A recuperação extrajudicial de empresas

Até a entrada em vigor da nova Lei de Falências, o direito brasileiro não estimulava soluções de mercado para a recuperação das empresas em estado crítico. Isto porque sancionava como ato de falência qualquer iniciativa do devedor no sentido de reunir seus credores para uma renegociação global das dívidas. O empresário individual ou a sociedade empresária que se arriscasse a convocar os credores para lhes submeter um plano qualquer de recuperação podia ter a falência requerida e decretada, frustrando-se assim a solução de mercado que tentara encaminhar.

Com a nova lei, muda-se substancialmente o quadro. Ao prever e disciplinar o procedimento de recuperação extrajudicial, ela cria as condições para a atuação da lógica do mercado na superação de crises nas empresas devedoras.

403. Requisitos subjetivos para homologação da recuperação extrajudicial

Para simplesmente procurar seus credores e tentar encontrar, em conjunto com eles, uma saída negociada para a crise, o empresário ou sociedade empresária não precisa atender a nenhum dos requisitos da lei para a recuperação extrajudicial.

Estando todos os envolvidos de acordo, assinam os instrumentos de novação ou renegociação, e assumem, por livre manifestação da vontade, obrigações cujo cumprimento espera-se proporcione o reerguimento do devedor.

Quando a lei, no art. 161 e outros dispositivos, estabelece requisitos subjetivos para a recuperação extrajudicial, ela está se referindo apenas ao devedor que pretende, oportunamente, levar o acordo à homologação judicial. Se essa não é necessária (porque todos os atingidos aderiram ao plano) nem conveniente (porque não tem interesse o devedor em arcar com as despesas do processo), é irrelevante o preenchimento ou não das condições legalmente referidas.

Assim, o empresário ou sociedade empresária que precisa ou pretende requerer a homologação da recuperação extrajudicial deve preencher os seguintes requisitos: a) atender às mesmas condições estabelecidas pela lei para o acesso à recuperação judicial, a saber: a.*i*) exercer sua atividade empresarial regularmente há pelo menos 2 anos; a.*ii*) não ser falido ou, se o foi, terem sido declaradas extintas suas obrigações por sentença transitada em julgado; a.*iii*) não ter sido condenado ou não ter como administrador ou controlador pessoa condenada por crime falimentar (LF, art. 48, *caput* e incisos I e IV); b) não se encontrar nenhum pedido de recuperação judicial dele (art. 161, § 3.º, primeira parte); c) não lhe ter sido concedida, há menos de 2 anos, recuperação judicial ou extrajudicial (art. 161, § 3.º, segunda parte).

404. Requisitos objetivos para homologação da recuperação extrajudicial

Para ter direito à homologação em juízo do plano de recuperação extrajudicial, não basta o atendimento aos requisitos subjetivos, isto é, relacionados à pessoa do devedor.

Também exige a lei o preenchimento de requisitos objetivos, que dizem respeito ao conteúdo do plano de recuperação acordado entre o devedor e os credores envolvidos (ou parte significativa deles).

São cinco os requisitos dessa ordem: a) não pode ser previsto o pagamento antecipado de nenhuma dívida (art. 161, § 2.º, primeira parte); b) todos os credores sujeitos ao plano devem receber tratamento paritário, vedado o favorecimento de alguns ou o desfavorecimento apenas de parte deles (art. 161, § 2.º, segunda parte); c) não pode abranger senão os créditos constituídos até a data do pedido de homologação (art. 163, § 1.º, *in fine*); d) só pode contemplar a alienação de bem gravado ou a supressão ou substituição de garantia real se com a medida concordar expressamente o credor garantido (hipotecário, pignoratício etc.) (art. 163, § 4.º); e) não pode estabelecer o afastamento da variação cambial nos créditos em moeda estrangeira sem contar com a anuência expressa do respectivo credor (art. 163, § 5.º).

405. Desistência de adesão ao plano de recuperação extrajudicial

O credor que aderiu ao plano de recuperação extrajudicial não pode dele desistir, após a distribuição do pedido de homologação judicial, a menos que os demais signatários concordem.

A anuência do devedor e de todos os credores é condição para a existência, validade e eficácia do arrependimento porque o plano de recuperação extrajudicial deve sempre ser considerado em sua integralidade. Se faltar qualquer um de seus elementos, é possível que o objetivo pretendido – a recuperação da empresa do devedor – não seja alcançado.

Desse modo, como a adesão de cada credor é sempre feita no pressuposto de que todos os signatários, na forma prevista pelo plano, vão dar sua parcela de contribuição para a realização desse objetivo, a desistência de qualquer um deles compromete os interesses dos demais. Atenta a isso, a lei exige a concordância tanto do devedor como dos outros credores aderentes para que um destes últimos possa se liberar do previsto no plano.

Não cabe interpretar o § 5.º do art. 161 *a contrario sensu*, para sustentar-se que até a distribuição do pedido de homologação do plano extrajudicial qualquer credor poderia, por ato unilateral de vontade, desistir de sua adesão. Na verdade, a lei está acrescentando uma condição a mais para a existência, validade e eficácia da desistência, após a distribuição do pedido de homologação judicial do plano. O credor aderente assume com o devedor as obrigações que decorrerem do encontro de vontades, nos termos do acordado por escrito entre eles. Se, de acordo essas obrigações, o credor aderente não pode desvincular-se do plano sem a anuência do devedor em crise, prevalece o acordo.

406. Credores preservados da recuperação extrajudicial

A recuperação extrajudicial não altera minimamente os direitos de algumas categorias de credores. São sujeitos que não podem renegociar os créditos que detêm perante empresário ou sociedade empresária por meio do expediente da recuperação extrajudicial. A renegociação se faz exclusivamente por regras próprias da disciplina legal do crédito em questão ou, quando inexistentes, pelas do direito das obrigações.

Os credores preservados da recuperação extrajudicial são:

a) Credores trabalhistas. Tanto os créditos derivados da relação empregatícia como os de acidente de trabalho não podem ser alterados por meio de recuperação extrajudicial. Salários, férias e indenizações por rescisão do contrato de trabalho, bem assim as perdas e danos e outros consectários devidos ao acidentado, não podem ser considerados no plano de recuperação extrajudicial.

b) Créditos tributários. Em razão do regime de direito público disciplinar dessa categoria de crédito, a renegociação no plano da recuperação extrajudicial é inadmissível. O credor tributário só mediante lei pode conceder remissão ou anistia, ou prorrogar o vencimento da obrigação do contribuinte. O regime jurídico de direito público, informado pelo princípio da indisponibilidade do interesse público, impede que a autoridade tributária renegocie o crédito. Prevê a lei própria a possibilidade de parcelamento, em determinadas condições. Atendidas estas, o empresário, ou sociedade empresária, devedor terá direito ao benefício especificamente outorgado pela legislação tributária. Não atendidas, porém, a autoridade tributária não tem meios de autorizar o parcelamento, muito menos para conceder qualquer outro benefício ao contribuinte. A impossibilidade de renegociação, assim, exclui o crédito tributário da recuperação extrajudicial.

c) Proprietário fiduciário, arrendador mercantil, vendedor ou promitente vendedor de imóvel por contrato irrevogável e vendedor titular de reserva de domínio. Os credores identificados no art. 49, § 3.º, da LF não se submetem aos efeitos da recuperação extrajudicial. Não significa dizer que estejam impedidos de renegociarem, tal como acontece com o credor tributário (e, em certa medida, até mesmo com os trabalhistas, em algumas hipóteses). Se esses credores considerarem do seu interesse, podem entabular negociações com o devedor em crise, com o objetivo de contribuir para a superação desta. A exclusão significa apenas a absoluta impossibilidade de a homologação da recuperação extrajudicial atingir seus créditos, mesmo quando o plano tiver sido aprovado por 3/5 dos credores.

d) Instituição financeira credora por adiantamento ao exportador (ACC). Também os bancos, pelos créditos derivados do adiantamento ao exportador de contrato de câmbio, estão preservados da recuperação extrajudicial. Quer dizer, não há hipótese em que seu crédito seja alterado contra a sua vontade, mesmo que a alteração fosse essencial à superação da crise do devedor.

> **Art. 162. O devedor poderá requerer a homologação em juízo do plano de recuperação extrajudicial, juntando sua justificativa e o documento que contenha seus termos e condições, com as assinaturas dos credores que a ele aderiram.**

407. Homologação facultativa

Na lei, há duas hipóteses distintas de homologação em juízo do plano de recuperação extrajudicial.

A primeira hipótese, que denomino aqui facultativa, é a homologação do plano que conta com a adesão da totalidade dos credores atingidos pelas medidas nele previstas. Dela cuida o art. 162 da LF.

De fato, quando todos os credores cujos créditos são alcançados pelo plano (altera-se seu valor, vencimento, condições de pagamento, garantias etc.) aderiram a ele, a homologação judicial não é obrigatória para a sua implementação. Se o plano de recuperação extrajudicial ostenta a assinatura de todos os credores por ele atingidos, a homologação não é condição para obrigá-los. Eles já se encontram obrigados nos termos do plano por força da adesão resultante de sua manifestação de vontade. O ato judicial não é necessário para que o crédito seja alterado em sua extensão ou condições.

Dois são os motivos que podem justificar a homologação facultativa. O primeiro é revestir o ato de maior solenidade, para chamar a atenção das partes para a sua importância. O segundo é possibilitar a alienação por hasta judicial de filiais ou unidades produtivas isoladas, quando prevista a medida (art. 166).

Ao requerer a homologação facultativa, o devedor deve instruir o pedido com a justificativa do pleito e o instrumento de recuperação extrajudicial (plano, acordo, termo etc.) assinado por todos os credores aderentes. A instrução é, nesse caso, mais simples porque os efeitos da homologação têm menor alcance.

A segunda hipótese de homologação de plano de recuperação extrajudicial, que chamo de obrigatória, é objeto de disciplina pelo art. 163.

> **Art. 163. O devedor poderá, também, requerer a homologação de plano de recuperação extrajudicial que obriga a todos os credores por ele abrangidos, desde que assinado por credores que representem mais de 3/5 (três quintos) de todos os créditos de cada espécie por ele abrangidos.**
>
> **§ 1º O plano poderá abranger a totalidade de uma ou mais espécies de créditos previstos no art. 83, incisos II, IV, V, VI e VIII do *caput* desta Lei, ou grupo de credores de mesma natureza e sujeito a semelhantes condições de pagamento, e, uma vez homologado, obriga a todos os credores das espécies por ele abrangidas, exclusivamente em relação aos créditos constituídos até a data do pedido de homologação.**
>
> **§ 2º Não serão considerados para fins de apuração do percentual previsto no *caput* deste artigo os créditos não incluídos no plano de recuperação extrajudicial, os quais não poderão ter seu valor ou condições originais de pagamento alteradas.**

§ 3º Para fins exclusivos de apuração do percentual previsto no *caput* deste artigo:

I – o crédito em moeda estrangeira será convertido para moeda nacional pelo câmbio da véspera da data de assinatura do plano; e

II – não serão computados os créditos detidos pelas pessoas relacionadas no art. 43 deste artigo.

§ 4º Na alienação de bem objeto de garantia real, a supressão da garantia ou sua substituição somente serão admitidas mediante a aprovação expressa do credor titular da respectiva garantia.

§ 5º Nos créditos em moeda estrangeira, a variação cambial só poderá ser afastada se o credor titular do respectivo crédito aprovar expressamente previsão diversa no plano de recuperação extrajudicial.

§ 6º Para a homologação do plano de que trata este artigo, além dos documentos previstos no *caput* do art. 162 desta Lei, o devedor deverá juntar:

I – exposição da situação patrimonial do devedor;

II – as demonstrações contábeis relativas ao último exercício social e as levantadas especialmente para instruir o pedido, na forma do inciso II do *caput* do art. 51 desta Lei; e

III – os documentos que comprovem os poderes dos subscritores para novar ou transigir, relação nominal completa dos credores, com a indicação do endereço de cada um, a natureza, a classificação e o valor atualizado do crédito, discriminando sua origem, o regime dos respectivos vencimentos e a indicação dos registros contábeis de cada transação pendente.

408. Homologação obrigatória

Ao lado da homologação facultativa do plano de recuperação extrajudicial ao qual aderiram todos os credores alcançados por seus termos (art. 162), prevê a lei também a homologação obrigatória.

Trata-se, agora, da hipótese em que o devedor conseguiu obter a adesão de parte significativa dos seus credores ao plano de recuperação, mas uma pequena minoria destes resiste a suportar suas consequências. Nesse caso, é injusto que a oportunidade de reerguimento da empresa do devedor se perca em razão da recusa de adesão ao plano por parte de parcela minoritária dos credores. Com a homologação judicial do plano de recuperação extrajudicial, estendem-se os efeitos do plano aos minoritários nele referidos, suprindo-se desse modo a necessidade de sua adesão voluntária.

Para ser homologado com base no art. 163, o plano de recuperação extrajudicial deve ostentar a assinatura de pelo menos 3/5 de todos os créditos de cada espécie por ele abrangidos. Por "espécies" de crédito se deve entender, para os fins de aplicação desse dispositivo, as classes referidas nos incisos II, IV, V, VI e VIII do art. 83, a saber: a) crédito com garantia real; b) crédito com privilégio especial; c) crédito com privilégio geral; d) crédito quirografário; e) crédito subordinado. São essas cinco as espécies de crédito a serem consideradas na recuperação extrajudicial.

Desse modo, a adesão ao plano de recuperação extrajudicial, para autorizar sua homologação obrigatória, deve ser de credores titulares de pelo menos 3/5 dos créditos com garantia real, de credores titulares de pelo menos 3/5 dos créditos com privilégio especial, de credores titulares de pelo menos 3/5 dos créditos com privilégio geral e assim por diante.

Só têm relevância considerar, na aferição do elevado grau de adesão ao plano de recuperação extrajudicial, os créditos alcançados pelo plano (LF, art. 163, § 2.º).

Um exemplo aclara a exposição da matéria. Imagine que no passivo do devedor há credores de três espécies: com garantia real, privilégio geral e quirografário. Considere que, para o reerguimento da empresa em crise, é necessário dilatar o vencimento apenas dos créditos com garantia real e quirografários. Isso porque, suponha-se, todos os créditos com privilégio são representados por debêntures flutuantes com vencimento a longo prazo e não representam preocupação atual para o devedor. Além disso, considere que 50% dos créditos com garantia real são também representados por títulos de longo prazo e igualmente não preocupa o devedor. A adesão desses credores é irrelevante para o sucesso do plano.

Pois bem, nesse exemplo, a recuperação extrajudicial depende da adesão da totalidade dos credores quirografários e de metade dos titulares de crédito com garantia real (os que não possuem títulos de longo prazo). Eles são os credores "alcançados" pelo plano. Se o devedor conseguir a adesão de todos eles, a homologação é, como visto, facultativa. Não a conseguindo, contudo, mas obtendo o apoio de parcela significativa dos credores alcançados, poderá cogitar da homologação obrigatória.

Considere, então, que credores titulares de 70% dos créditos quirografários e de 40% dos com garantia real (sendo que nenhum deles possui títulos de longo prazo) aderiram ao plano. Confiaram na seriedade do devedor e na consistência da proposta e concordam em renegociar seus direitos para contribuir com a superação da crise. Nesse caso, está atendida a condição para a homologação, já que credores titulares de pelo menos 3/5 de cada espécie de crédito alcançado pelo plano manifestaram a adesão. Homologado, o plano se estende a todos os credores alcançados, mesmo aqueles que não haviam concordado em assiná-lo.

No cálculo do percentual de adesões mínimas (3/5), duas regras devem ser observadas. Em primeiro lugar, os créditos em moeda estrangeira devem ser convertidos para a moeda nacional, segundo a taxa de câmbio da véspera da assinatura do plano pelos credores aderentes. Em segundo, não se computam os créditos titularizados por pessoas ligadas ao devedor, ou seja, as listadas pelo art. 43.

409. Instrução da petição inicial

Para o pedido de homologação facultativa, a lei estabeleceu instrução singela, consistente na justificativa e no plano. Não há mesmo sentido em exigir-se mais do devedor nessa hipótese, porque os efeitos da homologação facultativa são pequenos. O plano conta já com a adesão de todos os credores por ele alcançados e a homologação não lhes afeta os direitos creditórios.

Contudo, a instrução do pedido de homologação obrigatória, em vista do maior alcance dos efeitos desta, deve ser mais complexa.

Além da justificativa e do plano (com a assinatura da maioria aderente), deve o devedor apresentar em juízo: a) exposição de sua situação patrimonial; b) demonstrações contábeis relativas ao último exercício; c) demonstrações contábeis referentes ao período desde o fim do último exercício e a data do plano, levantadas especialmente para o pedido; d) documento comprobatório da outorga do poder para novar ou transigir para os subscritores do plano em nome dos credores (por exemplo: ato de investidura do administrador de sociedade empresária acompanhado do estatuto ou do contrato social, instrumento de procuração com poderes específicos etc.); e) relação nominal de todos os credores, com endereço, classificação e valor atualizado do crédito, além da origem, vencimento e remissão ao seu registro contábil (art. 163, § 6.º).

Art. 164. Recebido o pedido de homologação do plano de recuperação extrajudicial previsto nos arts. 162 e 163 desta Lei, o juiz ordenará a publicação de edital no órgão oficial e em jornal de grande circulação nacional ou das localidades da sede e das filiais do devedor, convocando todos os credores do devedor para apresentação de suas impugnações ao plano de recuperação extrajudicial, observado o § 3.º deste artigo.

§ 1.º No prazo do edital, deverá o devedor comprovar o envio de carta a todos os credores sujeitos ao plano, domiciliados ou sediados no país, informando a distribuição do pedido, as condições do plano e prazo para impugnação.

§ 2.º Os credores terão prazo de 30 (trinta) dias, contado da publicação do edital, para impugnarem o plano, juntando a prova de seu crédito.

§ 3.º Para opor-se, em sua manifestação, à homologação do plano, os credores somente poderão alegar:

I – não preenchimento do percentual mínimo previsto no *caput* do art. 163 desta Lei;

II – prática de qualquer dos atos previstos no inciso III do art. 94 ou do art. 130 desta Lei, ou descumprimento de requisito previsto nesta Lei;

III – descumprimento de qualquer outra exigência legal.

§ 4.º Sendo apresentada impugnação, será aberto prazo de 5 (cinco) dias para que o devedor sobre ela se manifeste.

§ 5.º Decorrido o prazo do § 4.º deste artigo, os autos serão conclusos imediatamente ao juiz para apreciação de eventuais impugnações e decidirá, no prazo de 5 (cinco) dias, acerca do plano de recuperação extrajudicial, homologando-o por sentença se entender que não implica prática de atos previstos no art. 130 desta Lei e que não há outras irregularidades que recomendem sua rejeição.

§ 6.º Havendo prova de simulação de créditos ou vício de representação dos credores que subscreverem o plano, a sua homologação será indeferida.

§ 7.º Da sentença cabe apelação sem efeito suspensivo.

§ 8.º Na hipótese de não homologação do plano o devedor poderá, cumpridas as formalidades, apresentar novo pedido de homologação de plano de recuperação extrajudicial.

410. Processamento do pedido de homologação

Tanto o pedido de homologação facultativa quanto o da obrigatória segue o mesmo procedimento, estabelecido no art. 164 da LF.

Após receber a petição inicial devidamente instruída, o juiz determina a publicação de edital convocando os credores a apresentarem eventuais impugnações. O prazo para impugnar o plano de recuperação extrajudicial é de 30 dias, seguintes à publicação do edital.

Nos mesmos 30 dias, o devedor requerente deve provar que comunicou, por carta, todos os credores sujeitos ao plano domiciliados ou sediados no Brasil, informando-lhes a distribuição do pedido de homologação extrajudicial, as condições do plano apresentado e o prazo para a impugnação.

A impugnação deve vir instruída com a prova do crédito do impugnante (condição que o magistrado pode relevar, se não houver dúvidas acerca de sua titularidade e extensão) e só pode versar sobre um dos fundamentos admitidos pela lei. O impugnante, em outros termos, não pode suscitar contra o pedido de homologação senão as seguintes matérias: *a)* não preenchimento do percentual mínimo de 60% (3/5) de cada espécie de crédito envolvido; *b)* prática de ato de falência previsto no art. 94, III; *c)* prática de ato que terá sua ineficácia subjetivamente suspensa, com base no art. 130 da LF, se vier a ser decretada a quebra do requerente; *d)* desatendimento a requisito subjetivo ou objetivo para a homologação; *e)* descumprimento de qualquer outra exigência legal (art. 164, § 3.º).

Apresentada a impugnação, o requerente será intimado para se manifestar em 5 dias. Em seguida, os autos são conclusos para o juiz deferir a petição inicial e homologar o plano ou acolher a impugnação e indeferir a homologação. Da sentença cabe, em qualquer caso, apelação sem efeito suspensivo.

Na hipótese de indeferimento da homologação, nada obsta a reapresentação do pedido, desde que afastado o motivo que justificou a decisão denegatória. Se a homologação havia sido negada, por exemplo, porque o percentual mínimo de apoio dos credores de certa espécie não havia sido atendido, o devedor pode tentar refazer o plano. Se a recuperação extrajudicial puder ser obtida (embora com maior dificuldade) sem alteração nos créditos correspondentes a essa espécie, o novo plano pode ser reapresentado para homologação.

Art. 165. O plano de recuperação extrajudicial produz efeitos após sua homologação judicial.

§ 1.º É lícito, contudo, que o plano estabeleça a produção de efeitos anteriores à homologação, desde que exclusivamente em relação à modificação do valor ou da forma de pagamento dos credores signatários.

§ 2.º Na hipótese do § 1.º deste artigo, caso o plano seja posteriormente rejeitado pelo juiz, devolve-se aos credores signatários o direito de exigir seus créditos nas condições originais, deduzidos os valores efetivamente pagos.

411. Efeitos pretéritos da homologação

Os efeitos da homologação não podem ser pretéritos, a não ser que diga respeito ao valor ou forma de pagamento de crédito titularizado por credor que assina o plano. Para as demais alterações (garantia, por exemplo) e para os créditos de quem não aderiu ao plano, os efeitos são necessariamente posteriores à homologação.

Rejeitada a homologação por qualquer motivo, o credor que havia concordado com a mudança do valor ou da forma de pagamento readquire seus direitos anteriores à adesão, nas condições originais.

Art. 166. Se o plano de recuperação extrajudicial homologado envolver alienação judicial de filiais ou de unidades produtivas isoladas do devedor, o juiz ordenará a sua realização, observado, no que couber, o disposto no art. 142 desta Lei.

412. Alienação em hasta judicial

Quando prevista no plano de recuperação extrajudicial homologado a venda judicial de filiais ou unidades produtivas isoladas, esta se fará por hasta, nos moldes estabelecidos para a realização do ativo dos falidos (leilão, propostas ou pregão).

Art. 167. O disposto neste Capítulo não implica impossibilidade de realização de outras modalidades de acordo privado entre o devedor e seus credores.

Capítulo VII
DISPOSIÇÕES PENAIS
Seção I
Dos Crimes em Espécie
Fraude a Credores

Art. 168. Praticar, antes ou depois da sentença que decretar a falência, conceder a recuperação judicial ou homologar a recuperação extrajudicial, ato fraudulento de que resulte ou possa resultar prejuízo aos credores, com o fim de obter ou assegurar vantagem indevida para si ou para outrem.

Pena – reclusão, de 3 (três) a 6 (seis) anos, e multa.

Aumento da pena

§ 1.º A pena aumenta-se de 1/6 (um sexto) a 1/3 (um terço), se o agente:

I – elabora escrituração contábil ou balanço com dados inexatos;

II – omite, na escrituração contábil ou no balanço, lançamento que deles deveria constar, ou altera escrituração ou balanço verdadeiros;

III – destrói, apaga ou corrompe dados contábeis ou negociais armazenados em computador ou sistema informatizado;

IV – simula a composição do capital social;

V – destrói, oculta ou inutiliza, total ou parcialmente, os documentos de escrituração contábil obrigatórios.

Contabilidade paralela

§ 2.º A pena é aumentada de 1/3 (um terço) até metade se o devedor manteve ou movimentou recursos ou valores paralelamente à contabilidade exigida pela legislação.

Concurso de pessoas

§ 3.º Nas mesmas penas incidem os contadores, técnicos contábeis, auditores e outros profissionais que, de qualquer modo, concorrerem para as condutas criminosas descritas neste artigo, na medida de sua culpabilidade.

Redução ou substituição da pena

§ 4.º Tratando-se de falência de microempresa ou de empresa de pequeno porte, e não se constatando prática habitual de condutas fraudulentas por parte do falido, poderá o juiz reduzir a pena de reclusão de 1/3 (um terço) a 2/3 (dois terços) ou substituí-la pelas penas restritivas de direitos, pelas de perda de bens e valores ou pelas de prestação de serviços à comunidade ou a entidades públicas.

Violação de sigilo empresarial

Art. 169. Violar, explorar ou divulgar, sem justa causa, sigilo empresarial ou dados confidenciais sobre operações ou serviços, contribuindo para a condução do devedor a estado de inviabilidade econômica ou financeira:

Pena – reclusão, de 2 (dois) a 4 (quatro) anos, e multa.

Divulgação de informações falsas

Art. 170. Divulgar ou propalar, por qualquer meio, informação falsa sobre devedor em recuperação judicial, com o fim de levá-lo à falência ou de obter vantagem:

Pena – reclusão, de 2 (dois) a 4 (quatro) anos, e multa.

Indução a erro

Art. 171. Sonegar ou omitir informações ou prestar informações falsas no processo de falência, de recuperação judicial ou de recuperação extrajudicial, com o fim de induzir a erro o juiz, o Ministério Público, os credores, a assembleia geral de credores, o Comitê ou o administrador judicial:

Pena – reclusão, de 2 (dois) a 4 (quatro) anos, e multa.

Favorecimento de credores

Art. 172. Praticar, antes ou depois da sentença que decretar a falência, conceder a recuperação judicial ou homologar plano de recuperação extrajudicial, ato de disposição ou oneração patrimonial ou gerador de obrigação, destinado a favorecer um ou mais credores em prejuízo dos demais:

Pena – reclusão, de 2 (dois) a 5 (cinco) anos, e multa.

Parágrafo único. Nas mesmas penas incorre o credor que, em conluio, possa beneficiar-se de ato previsto no *caput* deste artigo.

Desvio, ocultação ou apropriação de bens

Art. 173. Apropriar-se, desviar ou ocultar bens pertencentes ao devedor sob recuperação judicial ou à massa falida, inclusive por meio da aquisição por interposta pessoa:

Pena – reclusão, de 2 (dois) a 4 (quatro) anos, e multa.

Aquisição, recebimento ou uso ilegal de bens

Art. 174. Adquirir, receber, usar, ilicitamente, bem que sabe pertencer à massa falida ou influir para que terceiro, de boa-fé, o adquira, receba ou use:

Pena – reclusão, de 2 (dois) a 4 (quatro) anos, e multa.

Habilitação ilegal de crédito

Art. 175. Apresentar, em falência, recuperação judicial ou recuperação extrajudicial, relação de créditos, habilitação de créditos ou reclamação falsas, ou juntar a elas título falso ou simulado:

Pena – reclusão, de 2 (dois) a 4 (quatro) anos, e multa.

Exercício ilegal de atividade

Art. 176. Exercer atividade para a qual foi inabilitado ou incapacitado por decisão judicial, nos termos desta Lei:

Pena – reclusão, de 1 (um) a 4 (quatro) anos, e multa.

Violação de impedimento

Art. 177. Adquirir o juiz, o representante do Ministério Público, o administrador judicial, o gestor judicial, o perito, o avaliador, o escrivão, o oficial de justiça ou o leiloeiro, por si ou por interposta pessoa, bens de massa falida ou de devedor em recuperação judicial, ou, em relação a estes, entrar em alguma especulação de lucro, quando tenham atuado nos respectivos processos:

Pena – reclusão, de 2 (dois) a 4 (quatro) anos, e multa.

Omissão dos documentos contábeis obrigatórios

Art. 178. Deixar de elaborar, escriturar ou autenticar, antes ou depois da sentença que decretar a falência, conceder a recuperação judicial ou homologar o plano de recuperação extrajudicial, os documentos de escrituração contábil obrigatórios:

Pena – detenção, de 1 (um) a 2 (dois) anos, e multa, se o fato não constitui crime mais grave.

Seção II
Disposições Comuns

Art. 179. Na falência, na recuperação judicial e na recuperação extrajudicial de sociedades, os seus sócios, diretores, gerentes, administradores e conselheiros, de fato ou de direito, bem como o administrador judicial, equiparam-se ao devedor ou falido para todos os efeitos penais decorrentes desta Lei, na medida de sua culpabilidade.

Art. 180. A sentença que decreta a falência, concede a recuperação judicial ou concede a recuperação extrajudicial

de que trata o art. 163 desta Lei é condição objetiva de punibilidade das infrações penais descritas nesta Lei.

413. A designação "crime falimentar"

A Lei de Falências não se vale da expressão "crime falimentar" para identificar os crimes por ela tipificados.

O motivo provável é o contido no dispositivo acima, que estabelece como condição objetiva de punibilidade não só a Sentença Declaratória da Falência (SDF), como também a de concessão da recuperação judicial e homologação da recuperação extrajudicial.

Deve ter parecido ao legislador que o crime tipificado após a concessão da recuperação judicial ou extrajudicial, mas sem a decretação da falência, não poderia ser mais adequadamente chamado de "falimentar".

Continuarei utilizando a expressão, até porque crime falimentar pode ser entendido como o tipificado na Lei de Falências e não aquele para o qual é condição a decretação da quebra de um empresário.

Art. 181. São efeitos da condenação por crime previsto nesta Lei:

I – a inabilitação para o exercício de atividade empresarial;

II – o impedimento para o exercício de cargo ou função em conselho de administração, diretoria ou gerência das sociedades sujeitas a esta Lei;

III – a impossibilidade de gerir empresa por mandato ou por gestão de negócio.

§ 1.º Os efeitos de que trata este artigo não são automáticos, devendo ser motivadamente declarados na sentença, e perdurarão até 5 (cinco) anos após a extinção da punibilidade, podendo, contudo, cessar antes pela reabilitação penal.

§ 2.º Transitada em julgado a sentença penal condenatória, será notificado o Registro Público de Empresas para que tome as medidas necessárias para impedir novo registro em nome dos inabilitados.

414. Efeitos da condenação penal por crime falimentar

A condenação por crime falimentar implica ao condenado as seguintes restrições, enquanto não for penalmente reabilitado: a) não pode exercer atividade empresarial; b) não pode integrar a administração de nenhuma sociedade simples ou empresária, seja como diretor, seja como membro de conselho; c) não pode gerir empresa na condição de mandatário ou de gestor de negócio.

Esses efeitos não são necessários (a lei diz "automáticos") de qualquer sentença declaratória da falência e devem ser motivadamente declarados na sentença penal. Quando assim ocorrer, eles perduram por até 5 anos após a extinção da punibilidade, salvo se o condenado obtiver a reabilitação penal antes disso. Para dar efetividade à norma, prevê-se que, após o trânsito em julgado da decisão penal condenatória, notifica-se a Junta Comercial, para que adote as providências no sentido de impedir qualquer novo registro que conflite com a inabilitação.

Art. 182. A prescrição dos crimes previstos nesta Lei reger-se-á pelas disposições do Decreto-Lei n. 2.848, de 7 de dezembro de 1940 – Código Penal, começando a correr do dia da decretação da falência, da concessão da recuperação judicial ou da homologação do plano de recuperação extrajudicial.

Parágrafo único. A decretação da falência do devedor interrompe a prescrição cuja contagem tenha iniciado com a concessão da recuperação judicial ou com a homologação do plano de recuperação extrajudicial.

Seção III
Do Procedimento Penal

Art. 183. Compete ao juiz criminal da jurisdição onde tenha sido decretada a falência, concedida a recuperação judicial ou homologado o plano de recuperação extrajudicial, conhecer da ação penal pelos crimes previstos nesta Lei.

415. Competência do juiz criminal

Essa norma, na verdade, é inconstitucional. Cabe à lei estadual de organização judiciária definir a competência para a ação penal por crimes falimentares. Na distribuição de competências que a Constituição estabelece, não é da União, mas sim dos Estados, a de estruturar os serviços judiciários, definindo que órgãos serão criados e com qual competência jurisdicional.

Art. 184. Os crimes previstos nesta Lei são de ação penal pública incondicionada.

Parágrafo único. Decorrido o prazo a que se refere o art. 187, § 1º, sem que o representante do Ministério Público ofereça denúncia, qualquer credor habilitado ou o administrador judicial poderá oferecer ação penal privada subsidiária da pública, observado o prazo decadencial de 6 (seis) meses.

Art. 185. Recebida a denúncia ou a queixa, observar-se-á o rito previsto nos arts. 531 a 540 do Decreto-Lei n. 3.689, de 3 de outubro de 1941 – Código de Processo Penal.

Art. 186. No relatório previsto na alínea e do inciso III do *caput* do art. 22 desta Lei, o administrador judicial apresentará ao juiz da falência exposição circunstanciada, considerando as causas da falência, o procedimento do

devedor, antes e depois da sentença, e outras informações detalhadas a respeito da conduta do devedor e de outros responsáveis, se houver, por atos que possam constituir crime relacionado com a recuperação judicial ou com a falência, ou outro delito conexo a estes.

Parágrafo único. A exposição circunstanciada será instruída com laudo do contador encarregado do exame da escrituração do devedor.

Art. 187. Intimado da sentença que decreta a falência ou concede a recuperação judicial, o Ministério Público, verificando a ocorrência de qualquer crime previsto nesta Lei, promoverá imediatamente a competente ação penal ou, se entender necessário, requisitará a abertura de inquérito policial.

§ 1.º O prazo para oferecimento da denúncia regula-se pelo art. 46 do Decreto– Lei n. 3.689, de 3 de outubro de 1941 – Código de Processo Penal, salvo se o Ministério Público, estando o réu solto ou afiançado, decidir aguardar a apresentação da exposição circunstanciada de que trata o art. 186 desta Lei, devendo, em seguida, oferecer a denúncia em 15 (quinze) dias.

§ 2.º Em qualquer fase processual, surgindo indícios da prática dos crimes previstos nesta Lei, o juiz da falência ou da recuperação judicial ou da recuperação extrajudicial cientificará o Ministério Público.

Art. 188. Aplicam-se subsidiariamente as disposições do Código de Processo Penal, no que não forem incompatíveis com esta Lei.

416. Mudanças gerais no capítulo penal da Lei de Falências

A nova lei introduziu profunda mudança na disciplina da matéria atinente à investigação e persecução do crime falimentar. Na antiga, os arts. 103 e seguintes previam que a investigação do crime falimentar seria feita em juízo, e não pela delegacia de polícia, e não classificava expressamente o crime.

De acordo com a sistemática da lei atual, o crime falimentar é classificado como de ação penal pública, admitindo-se, contudo, a ação penal privada subsidiária no prazo decadencial de 6 meses.

Em vez de uma investigação completa no bojo do inquérito judicial, prevê a lei uma pré-investigação, pelo administrador judicial, que deve ser encaminhada ao Ministério Público pela exposição circunstanciada prevista no art. 22, III, e. De qualquer modo, independentemente dessa pré-investigação, o Ministério Público, intimado da sentença de decretação da falência ou da concessão da recuperação judicial, pode promover de imediato a ação penal ou requisitar o inquérito policial.

Verifica-se, também, sensível mudança na tipificação dos crimes falimentares.

Capítulo VIII
DISPOSIÇÕES FINAIS E TRANSITÓRIAS

Art. 189. Aplica-se a Lei n. 5.869, de 11 de janeiro de 1973 – Código de Processo Civil, no que couber, aos procedimentos previstos nesta Lei.

417. Aplicação subsidiária do Código de Processo Civil

Inicialmente, por se tratar de um processo, aplicam-se à falência, em caso de lacuna da Lei de Falências, as disposições comuns de direito processual, civil ou penal, conforme o caso.

A legislação adjetiva geral é supletiva do direito falimentar em caso de omissão deste. Um exemplo: a legislação falimentar é silente quanto ao cabimento de honorários de sucumbência na denegação do pedido de falência. Apesar das vacilações jurisprudenciais de algum tempo atrás,[149] predomina o entendimento de que é devida essa verba, na condenação do requerente, por aplicação subsidiária do art. 85 do CPC.

149. Requião, *Curso de direito falimentar*, cit., v. 1, p. 115-118.

Claro está que, em prevendo a Lei de Falências uma determinada disciplina para certa matéria, o socorro ao processo geral é incabível: deve-se aplicar o que a legislação falimentar preceitua, ainda que diferente da norma do Código de Processo Civil ou do Código de Processo Penal.

418. Inaplicabilidade do art. 229 do CPC

Súmula 58 do TJSP: "Os prazos previstos na Lei n. 11.101/2005 são sempre simples, não se aplicando o artigo 191, do Código de Processo Civil".

A referência constante da Súmula é ao art. 191 do CPC-73, equivalente, no CPC-15, ao art. 229.

419. Sistema recursal próprio da lei falimentar

O processo falimentar adota sistema recursal próprio, distinto do processo comum.[150] Nele cabe agravo por instrumento contra sentenças (a que decreta a falência, por exemplo) e apelação contra decisões interlocutórias (como a que decide o pedido de restituição, por exemplo). No processo civil comum, é o contrário que vigora: agravo apenas contra decisões não terminativas e apelação contra as sentenças.

Justifica-se submeter a falência a sistema recursal próprio, tendo em vista os vários atos do juízo falimentar de natureza administrativa. Se coubesse recorrer de cada um deles, o processo estaria exposto a demoras ainda maiores. Lembre-se que um dos princípios do processo falimentar é o da celeridade (art. 75, parágrafo único).

Se toda apelação projetasse efeito suspensivo, também estar-se-ia desrespeitando o princípio da celeridade.

Desse modo, o legislador disciplinou os recursos no processo falimentar de forma específica, com vistas à adequada e célere prestação jurisdicional.

Há de se registrar, contudo, que, embora sendo próprio o regime recursal do processo falimentar, ele mudou substancialmente em re-

---

150. Orci Paulino Bretanha Teixeira, *Recursos em matéria falimentar*, Porto Alegre, Livr. do Advogado, 1997.

lação à Lei de 1945. Sob a égide da norma anterior, em regra, quando fosse omissa a Lei de Falências, a decisão era irrecorrível, a despeito do que pudesse eventualmente decorrer da interpretação analógica ou supletiva do direito processual civil. Considerava-se que nessa matéria – recorribilidade das decisões judiciais –, a Lei Falimentar de 1945 era exaustiva.[151] Agora, exceto quando a nova lei trouxer algum preceito incompatível com o sistema de recursos do Código de Processo Civil, é este aplicável ao processo falimentar, mesmo no tema da recorribilidade.

420. Recorribilidade do despacho de processamento da recuperação judicial

No início, o TJSP manifestou-se no sentido da irrecorribilidade da decisão de primeiro grau que manda processar a recuperação judicial (art. 52). Posteriormente, o entendimento foi alterado, como se verifica do caso *Agrenco Administração de Bens S.A.* (Agravo de Instrumento n. 604.160 4/8-00).

Do relator Des. Pereira Calças: "Em que pese os diversos precedentes desta Câmara Especializada que perfilham o entendimento da irrecorribilidade do ato que apenas defere o processamento do pedido de recuperação judicial, após meditar sobre a questão, estou convencido de que, em virtude do conteúdo do pronunciamento judicial prolatado com fundamento no artigo 52, da Lei n. 11.101/2005, impõe-se o reconhecimento de sua natureza de decisão interlocutória. (...) Apesar de, aparentemente, tratar-se de despacho de simples expediente ou ordinatório, em rigor, dele poderão advir diversos prejuízos para os credores, sendo possível ainda que dele derive malferimento à Lei n. 11.101/2005, que é de ordem pública. Imagine-se, por exem-

151. Em lição referente à lei anterior, que, ademais, traz explícito o princípio da celeridade como informador do processo falimentar, Rubens Requião, com base em lições doutrinárias e precedente jurisprudencial, anota: "A Lei de Falências organizou um sistema recursal próprio, que não deve nem pode ser ampliado por invocação subsidiária do processo comum. Em matéria de recursos, a Lei de Falências é autossuficiente, e a exaure em suas previsões. Não cabe, pois, ampliar os recursos nela previstos" (*Curso de direito falimentar*, cit., v. 2, p. 187-189).

plo, que o magistrado nomeie administrador judicial sem observar os requisitos do artigo 21 da Lei; ou ainda, defira o processamento da recuperação judicial, sem exigir a presença dos pressupostos do artigo 48, ordenando a suspensão das execuções individuais pelo prazo legal, circunstância, que, efetivamente, poderá causar severos percalços etc. (...). Por tais motivos, reformulo meu posicionamento anterior para admitir a recorribilidade do pronunciamento judicial que defere o processamento da recuperação judicial, com supedâneo no art. 51 da Lei n. 11.101/2005, reconhecendo sua inegável natureza de decisão interlocutória, passível de causar gravame aos credores ou a terceiros interessados, bem como afrontar à lei de ordem pública, a ensejar a intervenção do Ministério Público".

Concordo com o entendimento atual, expresso pelo Des. Pereira Calças no julgado acima, no sentido de se admitir o agravo contra o despacho que determina o processamento da recuperação judicial para fins de discutir o acerto da decisão de primeiro grau na apreciação dos pressupostos da fase postulatória (legitimidade para o pedido, devida instrução legal, nomeação do administrador judicial etc.). Não teria cabimento, sem dúvida, recurso para avançar outras questões, como, por exemplo, as condições econômicas, financeiras ou patrimoniais do requerente para conseguir superar a crise em que se encontra.

Este entendimento, oportuno salientar, está também se firmando no âmbito do STJ. Ao apreciar o Agravo Regimental no Agravo de Instrumento n. 1.008.393-RJ, o Min. Fernando Gonçalves assentou: "na fase postulatória é analisada a legitimidade ativa da empresa para a recuperação judicial, enquanto na fase deliberativa é apurada a viabilidade econômica do benefício. Nesse contexto, os recursos questionando a condição de sociedade empresária da requerente do benefício, bem como a ausência de certidão de sua regularidade junto ao Registro Público de Empresas devem ser tirados contra a decisão que defere o processamento da recuperação judicial (...). Não é por outra razão que a decisão que concede a recuperação judicial sequer faz menção aos requisitos do art. 51 da Lei de Falências e Recuperação de Empresas, cuidando apenas da viabilidade do plano de recuperação. É de se ver, porém, que as condições da ação constituem matéria de ordem pública e, portanto, passíveis de reconhecimento em qualquer fase do processo".

420-A. Questões suscitadas pelo advento do CPC-15

Naturalmente, a entrada em vigor do Código de Processo Civil (Lei n. 13.105/15) suscitou diversas questões relativamente à aplicabilidade de suas inovações ao processo falimentar ou recuperacional. As principais são as seguintes:

1) Mediação e conciliação (arts. 3º, § 3º, e 166): são aplicáveis à falência e à recuperação judicial, nada havendo de incompatível entre as disposições do CPC e as da LF. Na aplicação destes dispositivos, convém o juiz verificar a oportunidade de se convocar a assembleia de credores, como o ambiente institucional propício à *discussão* acerca da possível composição direta entre os envolvidos. Evidentemente, a minoria discordante não se submete, nesse caso, à vontade da maioria, porque se trata de mediação e conciliação, e não de deliberação.

2) Colaboração jurisdicional nacional (art. 69): são admissíveis os pedidos de cooperação formulados pelos juízos falimentares ou recuperacionais, ou a estes endereçados, em todo o território nacional, observadas as normas do CPC.

3) Honorários em recurso (art. 85, § 11): também nos recursos interpostos nos processos de falência ou recuperação judicial, o tribunal deve majorar os honorários fixados em primeiro grau.

4) Classificação dos honorários de advogado na falência do devedor (art. 85, § 14): a questão ficou complexa, porque a classificação passou a variar de acordo com a espécie dos honorários de que se trata. Os honorários devidos pelo falido em função de contrato (isto é, aos seus próprios advogados) continuam a ser classificados na forma do art. 24 do Estatuto da Advocacia, como créditos dotados de privilégio geral. Já os sucumbenciais passaram a ser equiparados aos créditos trabalhistas. Note-se que, nesta equiparação, os honorários de sucumbência não estão limitados a 150 salários mínimos, devendo a integralidade do devido ser pago com antecedência. Isto porque o limite foi estabelecido na lei para evitar desvio de recursos pelo falido em conluio com um empregado (geralmente, administrador). Este conluio com o credor é impossível quando se trata de honorários de sucumbência, cujo valor é fixado pelo juiz.

5) Incidente de desconsideração da personalidade jurídica (art. 134, § 3º): descabe a suspensão do processo falimentar ou recuperacional em razão da instauração do incidente, ficando sobrestados, evidentemente, apenas os atos que dependem do julgamento desta.

6) *Amicus curiae* (art. 138): plenamente admissível na falência e na recuperação judicial.

7) Negócio jurídico processual (art. 190): também é admissível, na falência e na recuperação judicial, sendo a assembleia de credores um ambiente propício para a sua *discussão*. Atente-se, porém, que não se trata de deliberação da maioria dos componentes deste órgão, mas de autocomposição, de modo que a unanimidade é pressuposto para a conclusão válida e eficaz do negócio jurídico processual.

8) Contagem dos prazos judiciais em dias úteis (art. 219): o melhor entendimento é a da inaplicabilidade, pura e simples, desta inovação aos feitos falimentares ou recuperacionais, tendo em vista a "coerência interna" dos prazos fixados na LF. Têm, contudo, prevalecido os esforços interpretativos visando distinguir quais prazos desta lei classificar-se-iam especificamente como "judiciais".

9) Incidente de demandas repetitivas (art. 982): inaplicabilidade aos feitos falimentares e recuperacionais da regra de suspensão derivada da instauração do incidente, por sua incompatibilidade com a dinâmica e os objetivos próprios destes feitos.

10) Agravo de instrumento (art. 1.015): em vista do sistema recursal próprio dos feitos falimentares e recuperacionais (ver nota 419), cabe o recurso mesmo que a decisão interlocutória não se enquadre especificamente em nenhuma das hipóteses estabelecidas pelo CPC.

Art. 190. Todas as vezes que esta Lei se referir a devedor ou falido, compreender-se-á que a disposição também se aplica aos sócios ilimitadamente responsáveis.

421. Os sócios ilimitadamente responsáveis

Esse dispositivo tem sua aplicação restrita às sociedades empresárias de tipo menor: em nome coletivo, comandita simples e comandita por ações. Somente nelas há sócio ilimitadamente responsável pelas obrigações sociais.

Quando a falida é sociedade limitada ou anônima, portanto, as normas com referências a devedor ou falido espalhadas pela lei *não* são aplicáveis aos sócios ou acionistas. Se cuidarem de matéria processual, serão imputáveis ao representante legal (administrador, diretor ou liquidante) da sociedade empresária falida (ver comentário n. 230 ao art. 104).

Art. 191. Ressalvadas as disposições específicas desta Lei, as publicações ordenadas serão feitas preferencialmente na imprensa oficial e, se o devedor ou a massa falida comportar, em jornal ou revista de circulação regional ou nacional, bem como em quaisquer outros periódicos que circulem em todo o país.

Parágrafo único. As publicações ordenadas nesta Lei conterão a epígrafe "recuperação judicial de", "recuperação extrajudicial de" ou "falência de".

422. Publicações dos atos judiciais

A lei disciplina de modo específico certas publicações de interesse do processo falimentar ou de recuperação. Ao tratar, por exemplo, da divulgação dos anúncios da hasta de alienação dos bens da massa (art. 142, § 1.º), em preceito também aplicável à recuperação judicial e extrajudicial, contentou-se o legislador com uma só publicação em jornal de ampla circulação.

Quando, porém, a lei não especificar a regra acerca da publicação de ato judicial, aplica-se o disposto na norma acima. Isto é, as inserções serão feitas preferencialmente na imprensa oficial. Far-se-á adicionalmente inserção em jornal ou revista de circulação regional ou nacional quando a massa falida ou o devedor possuírem meios para absorver o custo correspondente.

Deve-se considerar que veiculação de anúncios na rede mundial de computadores (*internet*) atende também à figura do periódico de circulação nacional, mencionada no fim da cabeça do artigo.

Em todas elas, a menção à epígrafe correspondente ao estado do empresário ou sociedade empresária é obrigatória.

Art. 192. Esta Lei não se aplica aos processos de falência ou de concordata ajuizados anteriormente ao início de sua vigência, que serão concluídos nos termos do Decreto-Lei n. 7.661, de 21 de junho de 1945.

§ 1.º Fica vedada a concessão de concordata suspensiva nos processos de falência em curso, podendo ser promovida a alienação dos bens da massa falida assim que concluída sua arrecadação, independentemente da formação do quadro-geral de credores e da conclusão do inquérito judicial.

§ 2.º A existência de pedido de concordata anterior à vigência desta Lei não obsta o pedido de recuperação judicial pelo devedor que não houver descumprido obrigação no âmbito da concordata, vedado, contudo, o pedido baseado no plano especial de recuperação judicial para microempresas e empresas de pequeno porte a que se refere a seção V do Capítulo III desta Lei.

§ 3.º No caso do § 2.º deste artigo, se deferido o processamento da recuperação judicial, o processo de concordata será extinto e os créditos submetidos à concordata serão inscritos por seu valor original na recuperação judicial, deduzidas as parcelas pagas pelo concordatário.

§ 4.º Esta Lei aplica-se às falências decretadas em sua vigência resultantes de convolação de concordatas ou de

pedidos de falência anteriores, às quais se aplica, até a decretação, o Decreto-Lei n. 7.661, de 1945, observado, na decisão que decretar a falência, o disposto no art. 99 desta Lei.

§ 5.º O juiz poderá autorizar a locação ou arrendamento de bens imóveis ou móveis a fim de evitar a sua deterioração, cujos resultados reverterão em favor da massa. (§ 5.º acrescentado pela Lei n. 11.127, de 28-6-2005.)

423. Os processos de falência e concordata em curso

Os processos de falência e concordata em curso na data da entrada em vigor da nova lei prosseguem de acordo com a anterior, isto é, obedecendo ainda aos ditames do Decreto-Lei n. 7.661/45, feitas quatro ressalvas.

A primeira diz respeito à concordata suspensiva, que não poderá mais ser impetrada a partir da entrada em vigor da nova lei. Prosseguem, é claro, as que estiverem já em curso. O falido que não a tiver impetrado até o dia anterior à da vigência da nova lei perde o direito ao favor legal.

A segunda ressalva é pertinente à recuperação judicial, que pode ser solicitada pelo concordatário (exceto se for microempresário ou empresário de pequeno porte) a despeito do pé em que estiver a concordata, preventiva ou suspensiva. Para que o concordatário possa requerer a recuperação judicial, é necessário que ele não haja descumprido qualquer das obrigações relativas à concordata. Se o concordatário tiver feito pagamento de parte do devido, a recuperação só diz respeito ao saldo devedor em aberto. Quer dizer, a lei não autoriza que o concordatário preveja, como plano de recuperação, qualquer devolução de valor pago aos seus credores na concordata.

A terceira toca à possibilidade de se promover, nos processos falimentares em curso na data da entrada em vigor da nova lei, desde logo à venda dos bens da massa falida, independentemente da conclusão da fase cognitiva prevista na sistemática de 1945. Como o legislador estabeleceu uma faculdade, compete ao juiz de cada feito verificar se é caso ou não de determinar a antecipação da realização do ativo. Normalmente, será. A venda imediata dos bens arrecadados é uma das mais importantes alterações no processo falimentar brasileiro e só não se justificará observá-la nos feitos em curso em casos muito particulares.

Por fim, a última ressalva consiste que a falência instaurada a partir da entrada em vigor da nova lei a ela se submete, ainda que o pedido de falência tenha sido apresentado antes disso ou que a concordata seja anterior. Em outros termos, o pedido de falência apresentado *antes* da entrada em vigor da nova lei segue o disposto na lei anterior (arts. 11 ou 12). Uma vez, porém, decretada a falência *após* sua entrada em vigor, o concurso de credores sujeita-se inteiramente à nova lei. Do mesmo modo, a concordata preventiva impetrada *antes* da entrada em vigor da lei atual será processada de acordo com a anterior (arts. 139 a 176), mas em sendo convolada em falência, submeter-se-á o concurso falimentar à nova disciplina legal.

Art. 193. O disposto nesta Lei não afeta as obrigações assumidas no âmbito das câmaras ou prestadoras de serviços de compensação e de liquidação financeira, que serão ultimadas e liquidadas pela câmara ou prestador de serviços, na forma de seus regulamentos.

Art. 194. O produto da realização das garantias prestadas pelo participante das câmaras ou prestadores de serviços de compensação e de liquidação financeira submetidos aos regimes de que trata esta Lei, assim como os títulos, valores mobiliários e quaisquer outros de seus ativos objetos de compensação ou liquidação serão destinados à liquidação das obrigações assumidas no âmbito das câmaras ou prestadoras de serviços.

424. Câmaras de Compensação e Liquidação Financeira

As Câmaras de Compensação e Liquidação Financeira são "sistemas" integrantes do SPB (Sistema de Pagamentos Brasileiro) (Lei n. 10.214/2001, art. 2.º, parágrafo único). Trata-se de instrumentos de diluição do risco sistêmico das entidades financeiras (bancos e outros agentes econômicos), que se encontrava altamente concentrado, antes da instituição do SPB, no Banco Central. Sua implantação no Brasil inspirou-se nas recomendações, de 1997, do Comitê de Supervisão Bancária da Basileia, constituído pelos dez países mais desenvolvidos (G-10).

Essas Câmaras são chamadas pelos operadores do mercado financeiro de *clearings*. Há diversas em operação: *Clearings* de Câmbio e de Derivativos da BM&F (Bolsa de Mercadorias e Futuro), Companhia Brasileira de Liquidação e Custódia (CBLC), Companhia Brasileira de Meios de Pagamentos – Visanet, Redecard S.A., Tecnologia Bancária S.A. – Tecban, Central de Custódia e de Liquidação Financeira de Títulos – Cetip (Comunicado Bacen n. 9.419) etc.

As Câmaras e os prestadores de serviços de compensação e de liquidação responsáveis por operações sistemicamente importantes (quem os define é o Banco Central) estão sujeitos a duas regras específicas: *1.ª*) assumem a posição de parte contratante, na liquidação das obrigações realizadas por seu intermédio, garantindo assim o adimplemento destas e a liquidez do sistema que operam; 2.ª) são obrigados a constituírem um patrimônio especial (vale dizer, separado) com os bens e direitos necessários ao cumprimento das obrigações correspondentes (se organizam dois ou mais sistemas de compensação, cada um deles terá seu respectivo patrimônio segregado).

A assunção da posição de parte contratante e a constituição do patrimônio separado são medidas *facultativas* na instituição de sistemas de compensação e liquidação financeira não consideradas sistemicamente importantes pelo Banco Central.

Os bens e direitos integrantes de patrimônios especiais de Câmaras ou prestadores de serviços de compensação e liquidação financeira não podem ser penhorados, arrestados, sequestrados, apreendidos ou objeto de nenhum outro ato de constrição judicial, a não ser para o cumprimento de obrigação assumida pela própria Câmara ou prestador de serviço enquanto parte contratante. Essa proteção contra a constrição judicial também alcança os bens dados em garantia pelos participantes.

Pois bem, a falência de qualquer participante de operação no âmbito de *clearing*, inclusive desta, não afeta minimamente a compensação ou liquidação das obrigações nela albergadas. Continuarão essas obrigações a serem compensadas e liquidadas de acordo com o disposto no regulamento específico de cada sistema, inclusive no que diz respeito à realização das garantias dadas. Somente se houver saldo resultante da efetiva compensação e liquidação, ele será entregue à massa falida ou poderá ser objeto de Plano de recuperação judicial ou extrajudicial.

Art. 195. A decretação da falência das concessionárias de serviços públicos implica extinção da concessão, na forma da lei.

425. Falência de concessionária de serviço público

Em consonância com o previsto pelo art. 35, VI, da Lei n. 8.987/95, a falência de sociedade empresária concessionária de serviços públicos acarreta a extinção da concessão.

Com a extinção, todos os bens reversíveis, direitos e privilégios transferidos à sociedade empresária falida retornam, de imediato, ao Poder Público concedente, observados o edital e o contrato correspondentes. Só os demais bens serão arrecadados pela massa falida. Além disso, o Poder Público concedente assume o serviço, ficando legalmente autorizado a utilizar os bens reversíveis.

Art. 196. Os Registros Públicos de Empresas manterão banco de dados público e gratuito, disponível na rede mundial de computadores, contendo a relação de todos os devedores falidos ou em recuperação judicial.

Parágrafo único. Os Registros Públicos de Empresas deverão promover a integração de seus bancos de dados em âmbito nacional.

426. Cadastro de empresas em crise

Duas inovações de grande relevância se encontram nesse dispositivo.

A primeira diz respeito à disponibilização na *internet* da relação de todos os devedores falidos ou em recuperação judicial, a ser providenciada pelas Juntas Comerciais.

A segunda, à integração dos bancos de dados mantidos pelas Juntas Comerciais em âmbito nacional. Quando cumprida essa norma, terá ocorrido um decisivo aperfeiçoamento do registro público de empresas e atividades afins. A lei, infelizmente, não fixou prazo para a medida, mas espera-se que o Departamento Nacional de Registro do Comércio (DNRC) estimule seu cumprimento pelas Juntas o mais breve possível.

Art. 197. Enquanto não forem aprovadas as respectivas leis específicas, esta Lei aplica-se subsidiariamente, no que couber, aos regimes previstos no Decreto-Lei n. 73, de 21 de novembro de 1966, na Lei n. 6.024, de 13 de março de 1974, no Decreto-Lei n. 2.321, de 25 de fevereiro de 1987, e na Lei n. 9.514, de 20 de novembro de 1997.

427. As liquidações extrajudiciais

O legislador parece ter introduzido uma norma programática, no dispositivo acima. Sugere sua leitura que as disciplinas atualmente em vigor acerca da crise em instituições financeiras (Lei n. 6.024/74 e Decreto-Lei n. 2.321/87), seguradoras (Decreto-Lei n. 73/66) e integrantes do sistema financeiro imobiliário (Lei n. 9.514/97) devam ser revistas, para adequação ao novo direito falimentar brasileiro.

Enquanto isso não ocorre, aplica-se, de forma subsidiária aos regimes de liquidação extrajudicial – não só das sociedades empresárias sujeitas às normas listadas no dispositivo, mas a qualquer uma passível de ser extrajudicialmente liquidada – a lei nova.

Por exemplo, o art. 34 da Lei n. 6.024/74 elege o Decreto-Lei n. 7.661/45 como fonte subsidiária da liquidação extrajudicial das instituições financeiras. Com a entrada em vigor da nova lei, a remissão deve ser feita a ela, e não mais à antiga. Outras pequenas mudanças devem também ser observadas: na aplicação subsidiária, o liquidante equipara-se ao administrador judicial (e não mais ao "síndico", que deixa de existir) e o dispositivo referente à ação revocatória passa a ser o art. 132 da LF (e não mais o 55).

> **Art. 198. Os devedores proibidos de requerer concordata nos termos da legislação específica em vigor na data da publicação desta Lei ficam proibidos de requerer recuperação judicial ou extrajudicial nos termos desta Lei.**

428. Sociedades empresárias excluídas da recuperação judicial

Na entrada em vigor da Lei de Falências, estavam proibidas de impetrar concordata: *a*) as instituições financeiras, as sociedades integrantes do sistema de distribuição de títulos ou valores mobiliários no mercado de capitais ou corretoras de câmbio (Lei n. 6.024/74, art. 53); *b*) sociedades seguradoras (Decreto-Lei n. 73/66, art. 26); *c*) operadoras de planos privados de assistência à saúde (Lei n. 9.656/98, art. 23); *d*) exploradoras de serviços aéreos de qualquer natureza ou infraestrutura aeronáutica (Lei n. 7.565/86, Código Brasileiro de Aeronáutica, art. 187).

A lei disciplinou de modo diferente a situação dessas sociedades empresárias.

Às dos três primeiros grupos (letras *a*, *b* e *c*) negou o acesso à recuperação judicial, assim como lhes havia negado o favor da concordata. Elas não têm, portanto, legitimidade ativa para pedir a recuperação judicial. Aliás, o art. 2.º, II, já as havia excluído do benefício de forma expressa, de modo que o dispositivo acima é redundante.

Às sociedades empresárias do último grupo acima referido (letra *d*), a lei tratou de modo diverso, abrindo a possibilidade de elas pleitearem a recuperação judicial (ver comentário ao artigo seguinte).

Posteriormente, a lei incluiu as concessionárias de energia elétrica, enquanto não extinta a concessão (Lei n. 12.767/12, art. 18), na lista de sociedades empresárias impedidas de requererem a recuperação judicial.

Art. 199. Não se aplica o disposto no art. 198 às sociedades a que se refere o art. 187 da Lei n. 7.565, de 19 de dezembro de 1986.

§ 1.º Na recuperação judicial e na falência das sociedades de que trata o *caput* deste artigo, em nenhuma hipótese ficará suspenso o exercício de direitos derivados de contratos de locação, arrendamento mercantil ou de qualquer outra modalidade de arrendamento de aeronaves ou de suas partes.

§ 2.º Os créditos decorrentes dos contratos mencionados no § 1.º deste artigo não se submeterão aos efeitos da recuperação judicial ou extrajudicial, prevalecendo os direitos de propriedade sobre a coisa e as condições contratuais, não se lhes aplicando a ressalva contida na parte final do § 3.º do art. 49 desta Lei.

§ 3.º Na hipótese de falência das sociedades de que trata o *caput* deste artigo, prevalecerão os direitos de propriedade sobre a coisa relativos a contratos de locação, de arrendamento mercantil ou de qualquer outra modalidade de arrendamento de aeronaves ou de suas partes.

429. Empresas de transporte e infraestrutura aeronáutica

O art. 187 da Lei n. 7.565/86 (Código Brasileiro de Aeronáutica) estabelecia: "Não podem impetrar concordata as empresas que, por seus atos constitutivos, tenham por objeto a exploração de serviços aéreos de qualquer natureza ou de infraestrutura aeronáutica".

Esse preceito está revogado com a entrada em vigor da nova lei. As sociedades empresárias com objeto voltado à exploração de serviços aéreos de qualquer natureza (Varig, Tam, Gol, BRA etc.) ou de infraestrutura aeronáutica (Infraero), além de continuarem sujeitas à falência, podem, a partir de agora, se beneficiar da recuperação judicial ou extrajudicial. Evidentemente, elas devem atender aos requisitos estabelecidos pela nova lei para o acesso ao instituto.

Os parágrafos (incluídos pela Lei n. 11.196, de 21 de novembro de 2005) não cuidam de matéria transitória. São normas gerais que estariam mais bem alocadas nos desdobramentos do art. 119. Assim, os contratos de locação, arrendamento mercantil ou outros similares de aeronaves ou de suas partes serão cumpridos como disposto em suas cláusulas, na hipótese de a empresa de transporte aéreo impetrar recuperação judicial ou ter sua falência decretada. Se, por exemplo, uma dessas cláusulas possibilitar ao arrendador rescindir o arrendamento e exigir a devolução da aeronave, em caso de falência ou recuperação judicial da empresa de aviação arrendatária, o exercício desse direito não ficará suspenso em hipótese nenhuma. Por outro lado, se o contrato estabelecer o contrário, o exercício do direito da arrendatária em recuperação ou da massa falida de continuar arrendando a aeronave também não poderá ser suspenso.

O disposto nesses parágrafos não se aplica aos processos em andamento quando da entrada em vigor da Lei n. 11.196/2005, em razão do art. 123 desta Lei. Em relação a esses processos, a norma a aplicar é a que constava como parágrafo único do art. 199, cuja redação ditava: "na recuperação judicial e na falência das sociedades de que trata o *caput* deste artigo, em nenhuma hipótese ficará suspenso o exercício de direitos derivados de contratos de arrendamento mercantil de aeronaves ou de suas partes".

Art. 200. Ressalvado o disposto no art. 192 desta Lei, ficam revogados o Decreto-Lei n. 7.661, de 21 de junho de 1945, e os arts. 503 a 512 do Decreto-Lei n. 3.689, de 3 de outubro de 1941 – Código de Processo Penal.

Art. 201. Esta Lei entra em vigor 120 (cento e vinte) dias após sua publicação.

Brasília, 9 de fevereiro de 2005; 184º da Independência e 117º da República.
Luiz Inácio Lula da Silva

430. Entrada em vigor

A vigência da nova Lei de Falências teve início em 8 de junho de 2005, 120 dias após a data da edição extra do *Diário Oficial* em que foi publicada (9 de fevereiro de 2005).

Diagramação eletrônica:
TCS - Tata Consultancy Services - CNPJ 04.266.331/0001-29
Impressão e encadernação:
Geo-Gráfica e Editora Ltda., CNPJ 44.197.044/0001-29.

A.S. L9196